36.5℃ 365일

인간중심 글로벌 학교경영

한상윤 저

강현출판사

추천사

서정화 (홍익대 명예교수)

'코로나19'라는 팬데믹 상황을 맞아 온 세계가 아직도 많은 어려움을 겪고 있다. 우리나라에서도 아직도 마스크를 벗지 못하고 있고 코로나19 위중증 환자도 크게 줄지 않고 있다. 우리의 학교는 그동안 코로나 19라는 팬데믹 상황에서 몇 달 동안 학교 문을 열지 못하고 원격수업을 진행하기도 하였다. 그러다가 상황이 호전되면 부분 등교수업을 진행하기도 하였다. 이 과정에서 학교에서는 어떤 학년이 며칠을 등교해야 하는가, 어떤 학년이 급식을 먼저 먹어야 하는가, 어떤 학년이 등교를 먼저 해야 하는가 등 많은 의사결정을 하였다. 이러한 의사결정이 과거의 의사결정과 다른 것은, 이번 의사결정의 내용은 모든 가족의 일상생활에 미치는 영향이 크다는 점이다. 또, 자녀의 안전 생활과 깊은 관련이 있다는 점이다. 그리고, 앞에서 제시한 요인과 관련된 것인데, 직접 민주주의에 대한 요구가 강했다는 점으로 학부모들 요구로 전체 학부모를 대상으로 투표를 하여 의사결정을 했다는 점이다.

학교 교장들은 이번 코로나 19 팬데믹 상황에서 의사결정 과정을 거치면서 사이먼(Simon)이 말한 "행정은 곧, 의사결정이다."라는 말을 실감할 수 있었다. 학교에서는 많은 의사결정이 이루어진다. 그런데 학교라는 조직의 특성상 소수 사람의 중심으로 의사결정이 이루어지는 경우가 많았다. 그 결과 학교 행정에서 결정된 것을 집행하는 데 어려움이 따른다. 그것은 필연적이다. 그런데 이러한 코로나19 시대의 의사결정은 학교공동체 구성원 다수가 참여하는 '참여형 의사결정'을 했던 것 같다. 이런 참여적 의사결정의 특징은 의사결정은 다소 어려움이 있으나 의사결정의 집행은 용이하다는 점이다. 이런 특성이 코로나19라는 위기를 극복하는 데 많은 도움을 줬다고 생각된다.

그런 차원에서 '참여형 의사결정'을 중심으로 포스트 코로나 시대를 대비한 학교 경영 관련 책을 출간한다고 하니 매우 기쁘다. 많은 영역에서 포스트 코로나 시대를 대비하고 있다. 교육 부문에서도 포스트 코로나 시대를 잘 대비를 해야 한다. 어떤 측면에서는 대비가 아니라 선제적 대응, 적극적 대처가 필요하다. 다른 차원에서 보면 소위 '코로나 엔데믹'상황을 대비한 교육행정의 만반의 준비, 대비가 필요한 때다.

이번에 한상윤 교장의 학교경영 도서 출간은 두 가지 측면에서 의의가 있다고 보았다. 첫째, 현장 출신이 보편성이 있는 한 가지의 주제로 책을 출간했다는 점이다. 우리나라에서 교육행정 분야에 많은 연구서가 출간되었다. 그러나 항상 한 가지 아쉬움이 있었다. 그것은 현장성에 기반한 초등 학교경영서가 없다는 점이었다. 그런데 오랜 기간 교육행정에서 봉직하다가 2022년 2월 퇴직한 한상윤 교장이 출간한 「36.6℃ 365일 인간중심 글로벌 학교경영」이라는 다소 긴 제목의 책을 보고 매우 기뻤다. 특히, 참여형 의사결정이라는 관점을 가지고 학교경영을 고찰했다는 점이다. 전문적인 학자들도 쉽게 도전하기 힘든 교육행정 과제를 현장 교장 출신이 현장성에 기반하여 시도했다는 점에서 매우 의의가 있다.

둘째, 교직 문화에 대한 흥미로운 분석이 제시되었다는 점이다. 무엇보다 눈길을 끄는 내용은 소위 교직 문화 중에 'MZ세대의 문화'와 '왕언니 문화'를 나름대로 분석하여 처음으로 제시하였다는 점이다. 일반적인 'MZ세대'에 대해 개괄적인 논의들은 있었으나, 교원을 대상으로 분석을 한 것은 의미가 있었다. 또한, '왕언니 문화'에 대한 고찰과 단위학교 의사결정과의 관련성 등의 분석은 앞으로도 좀 더 분석하고 연구하면 학교경영에 좋은 연구물이 될 수 있다고 생각된다.

한상윤 교육장은 2000년 학교 교감으로 학교 현장에서 교육행정에

임하면서 지금까지 참여형 의사결정에 대해 고민해왔고 그 산출물을 세상에 내놓았다는 점에서 참 의미가 있다. 물론 학자가 아닌 만큼 완벽한 연구서는 아니다. 그러나, 나름의 고민의 흔적들이 묻어나는 연구서라고 판단하며 일독을 권한다. 특히, 학교에 근무하는 교장, 교감과 교육부와 교육청 등에 근무하는 교육행정가들에게 많은 시사점을 제공할 것으로 본다. 그뿐만 아니라, 이 책에는 학교 교육 현장의 이론과 실제에 대한 문제의식과 이를 개선하려는 의욕, 열정 그리고 소중한 경험을 토대로 한 다양한 아이디어가 담겨있다. 이런 점이 학교경영, 교육행정을 연구하는 대학원생들에게 좋은 연구 주제들을 제공할 수 있고, 많은 시사점을 제공할 것으로 본다. 따라서, 대학원생들에게도 일독을 권하고 싶다.

추천사

전제상 (공주교육대학교 교육학과 교수,
前 한국교원교육학회 회장)

코로나 19(COVID-19)의 불확실성 파고(波高)는 정치, 경제, 사회, 문화 그리고 교육 등에 막대한 영향을 미치면서 개인적 삶이나 조직 운영에 있어 새로운 인식 전환과 문제해결 방식을 요구합니다. 학교조직은 기존 면대면 집합교육에서 비대면 원격교육체제로의 대전환을 경험하였다. 원격교육체제의 온라인 학교로 전환하는 과정에서 교직사회 종사자들은 학교조직 및 교원의 기능과 역할이 무엇인가에 관한 깊은 고민과 성찰의 시간을 갖게 되었습니다. 일반적으로 조직은 특정 목적을 달성하기 위해 설립된 것으로 공식적인 관료적 속성을 갖게 됩니다. 학교조직도 관료적 속성을 가지며 위계에 의한 의사결정을 하게 됩니다. 학교조직 책임자인 교장은 코로나 상황 속에서 학교운영 전반에서 제기된 생소한 교육 문제를 해결하기 위해 교장의 리더십 실행방식을 바꿀 수밖에 없습니다. 교장 자신이 코로나 19의 불확실한 교육문제 상황을 극복하기 위해 전통적인 권위적 의사결정이 아닌 구성원 모두가 주인이 되는 참여적 의사결정으로 대전환을 모색해야 한다는 것은 놀라운 일이 아닐 수 없습니다.

Victor Vroom의 참여적 의사결정 모델에서 의사결정의 효과성은 그것의 질(quality)과 수용(acceptance), 그리고 적시성(timeliness)에 달려 있음을 강조하였듯이, 코로나 위기상황에서 학교 경영자로서 교장은 구성원 모두가 주도적으로 참여하는 참여적 의사결정 리더십을 발휘하는 실천적 정보를 제공했다는 점이 다른 교재와 크게 차별됩니다. "36.5℃ 365일 인간중심 글로벌 학교경영"은 학교현장에서 코로나 시대의 학교경영에 크고 작은 어려움을 경험하는 교장들에게 지혜의 샘물 역할을 할 것으로 기대되는 책입니다. 흔히들 교직은 다른 직종과는 차별되는 전문적 특성을 가진 것으로 인간을 인간답게 만드는 예술 과정으로 비유되기도 합니다. 이렇듯 학교경영 운영에 있어서도 교장은 전통적 위계적 의사결정 방식에서 벗어나 참여적 의사결정 방식으로의 전환은 창조적 예술 과정처럼 보입니다.

코로나 이전에도 우리나라 교직사회는 크고 작은 변화가 일어났고, 학교 경영자인 교장은 학교조직을 안정적으로 이끌어가기 위해 다양한 방식으로 도전하였습니다. 교직생활 40년 이상을 경험하면서 축척된 교육적 위기 극복의 지혜와 노하우가 인간중심 글로벌 학교경영에 고스란히 반영되었음을 곳곳에서 발견할 수 있었습니다. 이번 책 발간은 교직생활 40년 이상을 회고하면서 교직사회에 관한 인간관은 무엇이고, 교직관에 따른 학교경영은 어떻게 해야 하는가를 지성적 실천가로서 다양한 사례를 중심으로 진솔하게 제시하였습니다. 한국인의 특성과 인간 본질적 속성 등을 인간존재 특성과 현대 사회의 인간 본성 등에 대한 진단과 분석으로 이해할 수 있도록 구체적으로 제시하였다는 점에서 공감을 불러일으키기에 충분합니다. 또한 학교조직은 교육행정 이론에서 제시하는 것보다 훨씬 복잡 다원한 문화적 속성을 가진다는 점을 부각하면서 '다양한 직렬간의 불안한 동거'. 'Me-ism으로 무장한 MZ세대 교사', '왕언니 문화 탄생과 대립', '개방사회의 지역과학부모 요구'등과 같은, 실재적 표현으로 섬세한 사례들을 기반으로 직설하였다는 점이 차별적입니다. 학교경영 경험자로서 참여형 의사결정이 학교경영에서 왜 중요하고 필요한가에 관한 철학적 성찰과 논리적 근거를 비판적 관점에서 명료하게 제시하여 교육학 박사다운 면면을 보여주었습니다. 마지막으로 참여형 의사결정 교장 역량을 강화하기 위한 방안과 전략은 그 동안 학교장과 교육장으로서 교육행정 경험을 기반으로 자연스럽게 그리고 부드러운 문장으로 실천적 지혜를 농축하여 담아내었습니다. 학교현장에 대한 담대한 그림을 체계적으로 진단하고 분석하여 소개한 연구 결과라고 생각합니다.

한상윤 교육학 박사는 40년 이상 교직사회에 근무하면서 자신만의 교육철학과 비전을 찾고자 많은 노력을 기울였으며, 이 책은 이러한 교직생활에 대한 자기 반성적 성찰의 결실이라는 점에서 커다란 의미를 가집니다. 교육행정 실천가로서 교직사회와 학교조직 경영을 이해하고 탐구하고자 하는 후학들이 관심 있게 살펴볼 연구 주제와 정책적 시사점이 다양하게 담겨있습니다. 이 책이 코로나 시대의 학교현장 이해하고 학교행정가들에게 학교경영의 경험을 나누고 공유되기를 기대합니다.

들어가며

최근 '코로나19'라는 팬데믹 사태를 겪으며 학교를 떠나는 교장들이 매년 증가하고 있다. 이것은 학교를 경영하기가 무척 어렵다는 증거이다. 교장들이 모이면 지금이 단군 이래 학교경영이 가장 어려운 때라고 말한다. 또한 교장들은 지금 학교 상황을 보면 '학부모는 슈퍼 갑'이고 '교장은 을도 아닌 병'이라고 말한다. 최근 교장들이 학교를 떠나며 후배 교장에게 하는 말이 교장이란 '월급을 많이 받는 자리'도 아닌 작은 명예만 있고, '무한 책임을 지는 자리'라고 한다. 대한민국에서 어느 조직의 최고 경영자가 자기 발로 내려오는 조직을 과연 얼마나 보았는가? 오히려 최고 경영자의 자리를 유지하기 위해 영향력이 있는 사람에게 로비하는 사람이 넘쳐나는 세상이 아닌가? 오늘도 최고 경영자의 자리를 얻거나 유지하기 위해 로비를 하였다는 언론 보도가 나왔을 것이다.

이 책을 집필하게 된 동기가 '코로나19라는 팬데믹 상황에서 교장들이 겪고 있는 이런 어려움을 어떻게 하면 극복할 방법이 없을까?'라는 소박한 문제의식에서 출발했다. 그러나, 문제의식은 문제의식일 뿐이었다. 실제는 호랑이를 그리려고 출발했으나 호랑이 근처에는 가지도 못하고 고양이도 제대로 그리지 못했다고 스스로 고백한다. 지금의 어려운 상황을 바꾸기 위해서는 가장 먼저 필요한 것이 교장 제도의 개혁이다. 그러나 이것은 이미 많은 학자가 연구를 했고 좋은 안들이 나와 있다. 따라서 본 책에서는 학교경영에 외부적 요인이라 할 수 있는 제도 개혁이 아닌 학교경영의 당사자인 교장의 변화에 초점을 맞추고자 하였다. 즉, 학교경영의 가장 중요한 요인인 학교 경영자의 리더십에 한정하여 논의하고자 한다. 어떤 측면에서는 현재의 학교경영의 어려운 문제해결에 있어 매우 소극적인 방법, 책임 회피적 해결책이어서 민망하기 짝이 없다.

리더십에 관한 이론서는 시중에 넘쳐난다. 그러나 초등학교 학교경영에 관한 책, 초등 교장 리더십 관련서는 찾아보기 어렵다. 또한, 초등 교장의 리더십에 관해서 적합성과 정합성을 갖춘 논의를 찾아보기 힘들다. 어떤 측면에서 보면 학교경영은 종합예술이다. 본래 예술은 창조의 영역이다. 학교경영은 창조성이 요구되는 매우 어려운 영역이다. 최근 초등학교는 헌팅톤(Samuel P. Huntington) 이 언급한 문명의 충돌과 유사한 문화의 충돌이 발생하고 있다. 그것은 전후 세대와 MZ세대 간의 문화충돌이다. 전후 세대의 수직적 문화와 MZ세대의 수평적 문화, 전후 세대의 집단 우선의 문화와 MZ세대의 개인 우선의 문화, 전후 세대의 양적·질적 중심의 성실 문화와 MZ세대의 질 중심의 열심히 문화, 전후 세대의 미래 추구형 승진 문화와 MZ세대의 현재 추구형 워라벨 문화 등 많은 부문에서 충돌하고 있다.

초등학교를 잘 경영하기 위해 무엇을 알아야 하고, 무엇을 준비해야 하는가? 필자는 초등학교에서의 경영의 핵심은 인간 욕망 간의 거친 충돌과 세대 간 가치관의 부딪침을 어떻게 이해하고 해석할 것인가라고 생각한다. 또, 초등 조직의 특성에 대한 이해라고 생각한다.

먼저, 인간에 대한 이해다. 교육행정학에서는 학교라는 조직 속에 있는 전통적으로 인간들을 크게 보면 이분법으로 보고 있다. 그것은 종교적인 영향으로 인하여 선한 인간과 악한 인간으로 보고 있다. 즉, 교육행정에서도 종교적 인간 유형을 그대로 수용하여 X이론, Y이론으로 발전을 시켜왔다. 이 이론은 이분법에 터하고 있어 인간을 설명하기에 쉬운 측면이 있다. 그러나 이런 이론은 학교를 경영하는 현장 경영자가 볼 때 많은 한계를 가지고 있다. 교장이 나를 '선한 인간'으로 보지 않으면, 나는 당연히 '악한 인간'이 되고, 교장이 나를 '성실한 인간'으로 보지 않으면, 나는 당연히 '게으른 인간'이 되고 만다. 그 결과, 이런 인간관은 학교경영을 하는 데에 있어서 많은 문제점을 낳게 된다. 따라서 새로운 인간관이 요구되며, 본서에서는 이익에 따라 움직이는 '이익형 인간'을 제시하여 논의를 전개하고자 한다.

둘째, 학교라는 조직은 다른 조직과는 매우 다른 특성이 있다. 이런 특성으로 인하여 많은 '리더십 실패' 사례가 발생하고 있다. 학교라는 조직은 관료제적 성격과 전문가 조직의 성격을 동시에 가지고 있다. 관료제적 성격은 계층제, 보수성 등의 속성을 가지고 있으며, 전문가 조직의 성격은 수평적 의사소통, 변화 지향성 등의 속성을 가지고 있다. 이처럼 상호이질적인 속성을 가진 조직으로 인해 추구하는 목표도 다를 수밖에 없다. 관료제적 성격에서는 효율성 등을 중심으로 하는 경제성을, 전문가적 조직의 성격에서는 수평성 등을 중심으로 하는 교육성과를 추구한다. 이런 야뉴스적 학교 조직의 특성으로 인하여 많은 리더십 실패 사례가 발생한다. 그런 사례가 발생하는 원인은 이 두 가지의 목표 중 한 가지만을 추구하기 때문이다. 즉, 경제성과 효율성을 달성하기 위해서는 권위적 리더십을, 교육적 성과와 효과성을 달성하기 위해서는 민주적 리더십을 필요로 한다. 그런데, 학교에서는 민주적 리더십으로 말하고 실제 행동은 방임형 리더십을 채택하고 있기 때문이다.

따라서 학교에서는 두 가지 목표를 달성하기 위한 새로운 리더십 유형을 요구한다. 본서에서는 확신에 찬 겸손의 리더십 즉, 미래를 준비하고 대비하는 비전 제시는 확실하게 하되, 방법에서는 겸손하게 교직원의 의견을 잘 수용하면서 경영하는 일종의 '신소통형 리더십'을 말한다. '겸손의 리더십'은 인간에 대한 전제가 불완전하다는 것을 바탕에 깔고 있다. 고로 교장인 나도 불완전하고, 교직원도 불완전하다. 따라서 불완전한 인간인 교장이 내리는 결정은 불완전할 수밖에 없다. 결국 교직원이 참여하는 참여형 의사결정을 통해 그 불완전을 보완해야 한다. 의사결정을 할 때의 불완전성을 보완하기 위해서 필연적으로 사람을 초대해야 한다. 초대는 다른 사람을 존중하는 것이 기본정신이다. 교장은 학교경영 시 중요한 의사결정에 교직원을 초대하는 마음으로 해야 한다는 기저에서 논의를 전개하고자 했다.

본서는 크게 5부로 나누어져 구성되어 있다.

1부는 본서의 기본 편, 바탕 편에 해당한다. 1장은 인간에 대한 이해를 통해 학교라는 조직을 이해하기 위해 먼저 인간은 합리적인가? 아니면 행동경제학 등에서 말하는 것과 같이 비합리적인 면도 있는 것인가? 등을 살펴보고자 했다. 2장은 대한민국에서 인간의 마음을 움직이는 것이, 존중받고 싶은 마음과 인정투쟁인지 등을 알아보고자 했다. 3장은 한국인의 특성을 살펴보고자 했다. 3장은 조심스러운 장이다. 다른 시각으로 보면 오리엔탈리즘으로 폄하될 수가 있어서 최대한 기존에 연구된 자료를 중심으로 살펴보고자 하였다.

2부는 학교 조직의 특성을 살펴보고자 하였다. 4장은 다양하고 복잡한 직업군이 공존하고 있는 학교의 실상을 알아보고자 하였다. 5장은 교직관이 MZ세대에게까지 어떻게 변화되었는가를 살펴보고자 하였다. 6장은 왕언니 문화라는 학교에서 새롭게 등장한 독특한 교직 문화의 등장 배경부터 긍정적인 면, 부정적인 면 등을 살펴보고자 하였다. 7장은 최근 들어서 교장이 힘들어하는 학부모, 지역사회의 참여 요구의 원인 등을 알아보고자 하였다.

3부는 참여형 의사결정에 대하여 살펴보고자 하였다. 먼저, 8장에서는 참여형 의사결정과 관련성이 높은 이론들을 중심으로 살펴보았다. 조금은 이론적인 성격이 있어 뒤에 읽어도 될 것으로 생각한다. 9장에서는 학교 조직이 성격상 어떻게 변화가 되어 왔으며, 그에 따른 참여형 의사결정을 왜 해야 하는지를 알아보았으며, 10장에서는 교장이 의사결정을 하면서 범하는 오류를 인간의 비합리성 측면에서 살펴보고 참여형 의사결정의 필요성을 살펴보았고, 11장에서는 참여형 의사결정 회의 문화를 만드는 과정을 필자의 경험담을 중심으로 제시를 해보았다.

4부는 참여형 의사결정을 성공시키기 위한 교장의 역량 제고 방안을 알아보고자 했다. 이를 위하여 12장에서는 교장은 교직원을 지지하는 교장되기, 13장은 책을 읽는 교장되기, 14장은 이해 당사자들을 의사결정과정에 참여시키는 교장되기, 15장은 진정성과 참을성을 가지고 설득하는 교장되기, 16장은 지역사회, 학부모와 소통하는 교장되기를 알아보고자 하였다.

5부를 처음의 의도는 참여형 의사결정의 실제 사례를 제시하고자 했으나, 실제는 능력 부족으로 인해 전략만을 제시했다. 17장에서는 학교비전을 함께 만들기, 18장은 학교 교육과정을 함께 만들기, 19장은 학교예산을 함께 편성하기를 제시하였다.

영글지 않은 생각이 책이 되어 나오도록 도움을 준 사람들이 너무 많아 언급하기가 힘들 정도다. 한없이 부족한 사람에게 넘치는 애정을 가지시고 교육행정에 대한 문제의식을 심어 주어, 이런 자리까지 서게 해주신 은사님이신 홍익대학교의 서정화 선생님과 은사님처럼 언제나 관심을 듬뿍 주시는 공주교육대학의 전제상 선생님께 감사를 드린다. 3개 학교 교장으로 근무하는 동안 행복한 학교를 만들기 위하여 함께 고민하고 토론하며 좋은 방안을 주셨던 서울중광초등학교, 서울경일초등학교, 서울봉은초등학교 교육 가족에게 감사드린다. 10년이 넘는 긴 세월 동안 독서 모임을 통해 교육공동체를 함께 하는 '책동지'들께 매우 큰 도움을 받았다. 서울특별시교육청, 교육연구정보원의 교육정책연구소, 학생교육원, 강남서초교육지원청에서 함께 근무하면서 힘들 때마다 용기를 불어넣어 주신 분들께 깊이 감사를 드린다. 또한, 저와 함께 인연을 맺었던 모든 분께 이렇게나마 감사의 인사를 드린다.

시간 여행자 크리스토퍼 놀런 감독의 영화 '테넷'을 보면 인간이 주인공이 아니라, 시간이 주인공인 영화다. 감독은 시간이라는 스토리 텔러에 스파이라는 흥미진진한 옷을 입히고, 그 순행과 역행의 역동적인 움직임을 스크린이라는 공간 안에 펼쳐 놓았다. 엔트로피의 방향을 바꾸면, 시간이 휘면서 과거와 미래가 한 공간에서 만날 것이라는 가설이 이

영화의 가설이다. 인버전이라는 특수 장치를 통해 '구부러진 시간' 속으로 들어가면, 주인공은 물론 자동차도 총알도 폭파된 건물도 빠른 속도로 거꾸로 움직인다. 그러나 내 마음을 더 끄는 것은 사랑하는 이를 구하기 위해 과거의 사건에 개입하려는 인간의 의지다. 이미 벌어진 사고와 재난을 돌이켜, 더 나은 상태로 바로잡고 싶은 것이 보편적인 인간의 욕망이었다. 그러나 엎질러진 물이 채워지고, 이미 날아간 총알이 총구로 되돌아가는 일이, 영화처럼 가능할까? 과거로 돌아가 실수를 바로잡는 상상은, 그것이 선이든 악이든 달리는 고속도로에서 후진 기어를 넣고, 태어난 아이를 엄마 뱃속으로 집어넣는 것만큼이나 부질없는 짓이다. 기어이 일어날 일은 일어나기 때문이다.

44년이라는 긴 교직 생활을 하면서 돌아갈 수만 있다면 되돌리고 싶은 일과 행동이 너무나 많다. 그러나 그 큰 잘못들을 씻지 못하고, 기어이 일어날 일(정년퇴직)은 일어나고 말았다. 이 책을 보시는 분들께 그동안의 저의 수많은 잘못에 대해 용서를 빈다. 다 부질없는 짓이지만, 그러나 어찌하랴. '일어날 일은' 일어났지만, 그 끝은 다른 시작이라는 생각으로 열심히 살아가려고 한다. 영화 '테넷'에서 마침내 전체 시간을 볼 수 있게 된 주인공은 말한다. "세상을 새롭게 보게 됐지." 저도 이제 세상을 질문자가 되어(Be A Questioner)새롭게 보면서, 열심히 진심으로 용서를 구하면서 살아보려고 한다.

차 례

제 4 부 참여형 의사결정 역량의 제고 방안

제 5 부 참여형 의사결정을 통한 학교경영 전략

제 1 부

인간에 대한 이해

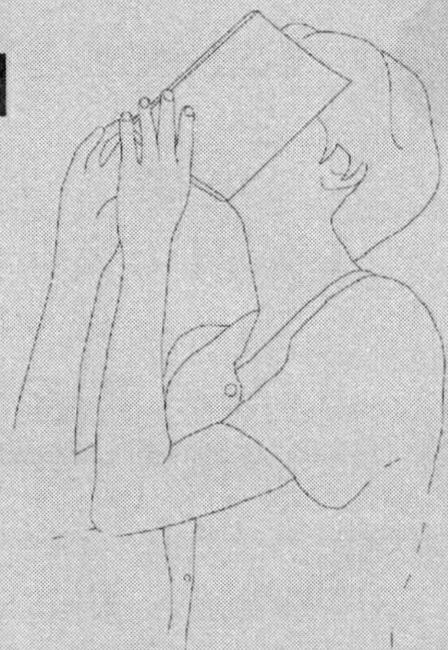

제1장 인간은 이성적이고 합리적인가?

인간은 완전한 존재인가: 유대인의 성공 비결

유대인은 78 대 22이라는 자연의 법칙이 있다고 하면서 인간은 그 78의 78퍼센트인 60점만 되어도 사람으로서 합격점을 준다고 한다. 그들은 탈무드에서 성직자인 랍비들의 타락과 변절도 숨김없이 나타냄으로써 인간의 불완전성을 가르친다고 한다. 어떤 학자들은 동양의 국력이 서양의 국력을 명나라 때까지 앞섰음에도 불구하고 서양의 지배를 받게 된 원인으로 과학 기술문명에 대한 인식 차이, 부에 대한 인식 차이, 인간의 불완전성에 대한 관점의 차이 등을 주장한다. 그중에 인간의 불완전성을 보는 인식의 차이는 유대인의 사례에서 보는 것처럼 오늘날 동·서양의 큰 차이를 만든 요인 중에 하나라고 주장을 한다. 서양은 일반적으로 인간의 불완전성을 인정하고 그 불완전성을 보완하기 위한 노력을 다양한 각도에서 해왔다.

반면에 동양에서는 인간에 대한 논의를 도덕론을 중심으로 해왔고 그런 인간상을 지향해 왔다. 특히 우리나라의 경우에는 중국에서도 그 위세가 약한 성리학을 조선 시대의 정치와 학문의 중심에 두고 있었다. 그 결과 우리나라 위인전을 보면 대개 위인들의 단점을 기록해 놓은 책은 거의 없다. 위인들이 신이 아닌 인간임에도 불구하고 결점이 없다는 것은 이상적인 인간 모습일 뿐이며, 다른 측면에서 보면 허구일 가능성도 있다. 2022년 치러진 대통령선거를 돌아보면 여야를 막론하고 우리가 읽었던 위인전에서 볼 수 있는 위인은 단 한 사람도 없다. 대통령 후보들 모두 결점이 많이 있다. 심지어 장관을 비롯한 고위공직자 청문회를 봐도 별반 차이가 없다. 이것을 보면 인간은 본래 결점을 가질 수밖에 없다. 현실이 이러함에도 대한민국에서는 성리학이라는 도덕론에 매몰되어 도덕인을 찾고 도덕 정치를 부르짖고 있다. 심지어 국회 청문회에서 장관 후보자 등 고위직 공무원을 향해 호통치던 그 사람이 장관 후보자가 되어보니 그 사람이 흠결이 더 많았다. 결국 우리 현실에서 흠결이 없는 사람을 찾는다는 것이 불가능한 것임을 알 수 있다.

인간의 불완전성을 이해하는 것이 중요한 것은 우리가 아무리 똑똑하고 배움을 지속하더라도 신이 될 수 없는 것처럼 이 세상에 신과 같은 완전무결한 인간이 될 수 없다는 것이다. 천재라던가 똑똑하다는 말은 절대적인 평가가 아닌 상대적인 평가로 사람들끼리 서로 격려하는 말일 뿐이다. 우리의 지식과 지능은 지식의 거인 앞에선 한없이 작은 것일 뿐이다. 또한, 한 분야의 천재이더라도 모든 분야에서 천재일 수 없는 불완전한 인간일 뿐이다. 천재로 알려진 뉴턴도 주식투자에 실패했고, 그 당시 결혼을 정상으로 생각하던 시대이었음에도 평생 독신으로 살았다. 우리나라의 위대한 임금으로 알려진 세종대왕도 한글을 창제하는 등 수 많은 업적을 남겼지만, 운동 부족과 비만으로 생긴 당뇨병으로 시력을 잃었다. 또한 중국 삼국시대의 천재로 알려진 제갈량과 최근 미국의 위대한 창조적 기업가로 알려진 스티브 잡스는 과로로 죽었다. 4대 성인 중 한 명인 공자는 위대한 통치 철학을 가지고 있었으나 평생 자신의 꿈을 정치에서 펼치지 못했다. 그런가 하면 한비자는 친구의 질투로 죽었고, 손자병법의 손빈은 친구의 질투로 다리가 잘렸다.

이처럼 인류 역사상 천재라고 불렸던 사람들도 불완전한 인간이었다. 우리가 몰랐을 뿐 우리가 아무리 배우고 노력해도 세상의 이치에 대해서 다 알 수 없으며, 심지어는 자신에 대해서도 잘 모르고, 더군다나 타인에 대해서는 더 모른다. 인간관계에서 보면 지피지기면 백전불태라는 고사성어처럼 자신과 타인에 대해서 알기만 하여도 위태롭지 않을 뿐이다. 심지어는 우리 인간은 이성과 본능도 잘 구별할 줄 모른다. 따라서 똑똑하다고 하는 사람이 사리에 맞지 않는 말과 행동을 하는 것도 당연하다. 어떤 면에서는 똑똑하다는 말 자체가 잘못된 표현이다. 사람에게는 똑똑하다는 말 자체가 성립하지 않는 것이다. 어쩌면 '저 사람은 덜 무식한 사람이다'란 말이 더 정확한 표현일 수 있을 것이다.

유대인의 성공 비율이 높은 것은 인간은 불완전한 존재라는 것을 인식하기 때문이다. 이것이 중요한 이유는 인간은 본래 불완전한 존재라는 바탕 위에서 거기에 맞는 방법과 해법을 찾아야 하기 때문이다. 마찬가지로 우리가 인간의 불완전성을 받아들일 때, 우리는 겸손해질 수 있고 배움을 지속할 수 있으며 서로를 이해할 수 있게 된다. 서로에 대한 이해를 확장하면 인류가 겪어왔던 문제에 대한 원인이 바로 불완전한 우리 자신으로부터 비롯된 것임을 알게 됨으로써 그에 대한 바른 해법을 마련할 수 있을 것이다.

인간은 불완전하기에 누구든 부족한 점이 있을 수밖에 없다. 그렇기에 일이 잘못되었을 때, 문제가 발생하였을 때 책임을 회피하기 위하여 남을 비난하거나, 혐오하려고 마음을 먹는다면 그것처럼 쉬운 것이 없다. 완벽한 인간은 없다. 신이 아닌 사람은 불완전하기에 누구든 실수를 할 수밖에 없다. 그렇기에 완벽해 보이려고 할 필요도 없고 실수를 했을 때 사과를 하면 된다. 또한 인간은 불완전하기에 어떤 결정을 한다는 것은 이미 그 안에 실수할 가능성을 이미 내포하고 있다. 따라서 결정을 한다는 것은 또 결정을 할 수가 있음을 내포하고 있다. 완벽해 보이고 싶어서 실수를 인정하지 않으면 그로 인하여 다른 실수를 저지르게 된다.

인류가 겪어온 모든 문제의 원인은 인간의 불완전성이다. 인간은 논리적 판단을 하는 능력이 부족하기에 멀리 있는 이익을 보지 못하고 가까운 곳의 이익만 보고 이익과 본능에 따라서 판단하기 때문에 모든 다툼, 혐오, 정쟁 등의 문제가 발생하는 것이다. 인간의 불완전성을 이해하는 것이 중요한 것은 그것을 이해하면서부터 겸손과 배움이 시작되기 때문이다. 그리하여 배움을 지속하게 되면 인류는 가까이 있는 이익이 아닌 멀리에 있는 이익을 볼 수 있게 될 것이다. 그리고 눈에 보이는 이익이 아닌 눈에 보이지 않는 이익을 볼 수 있게 될 것이며 인류가 겪어왔던 많은 문제를 해결할 수 있게 될 것이다. 인류 진화의 시작은 바로 '역사와 철학'이다.

마약, 성매매, 동성연애, 안락사를 인정하는 네덜란드

세계 여러 나라 중 크기는 작지만 강하고 부유한 나라들이 여러 국가가 있다. 유럽의 네덜란드가 그중에 하나다. 이 나라는 국토가 바다보다 낮은 나라, 풍차의 나라, 낙농업이 발달한 농업국가 등으로 잘 알려져 있다. 그러나, 최근에는 다른 나라에서는 금지된 것들이 시행되고 있는 나라로 더 알려져 있다. 그것은 안락사, 동성연애, 성매매, 소프트한 마약 등이 인정되거나 허용되고 있는 나라이다. 일반적으로 사람들은 좋은 표현으로 이런 네덜란드를 보고 다양성이 허용되는 나라라고 말한다. 이것은 우리가 생각을 조금만 달리해보면 인간을 바라보는 근본적인 관점이 다르다는 것을 알 수 있다. 많은 다른 나라에서는 위의 4가지 것을 행하는 사람을 범법자, 죄인이기에 사회와 격리를 해야만 하는 사람으로 보는 관점에서 정책을 시행하는 나라가 대부분이다. 그러나 네덜란드에서는 그런 사람을 다른 나라와는 다르게 보고 있다. 인간은 신과 같은 완전한 존재가 아니며, 불완전한 존재이기에 그 부족함을 인정하여, 어느 정도의 흠결은 치유하고 치료를 할 수 있는 기회를 부여한다. 다만, 정해진 선을 넘어서는 과도한 것은 다른 나라와 같이 처벌을 한다.

네덜란드에서는 노사정간 대타협을 통해 상생의 노사관계를 정립하여 국가 발전을 꾀하고 있는 나라이다. 과거 우리나라에서도 네덜란드의 노사정위원회를 벤치마킹하였으나 실패한 경험이 있다. 물론, 현 정부에서도 계속하여 추진하고 있으나, 아직도 뚜렷한 성과를 내지 못하고 있다. 우리나라에서는 그렇게 노력을 하고 있음에도 성공을 거두지 못하고 있는 노사정위원회가 네덜란드에서는 왜 성공하였는가? 그 원인은 인간을 바라보는 근본관점의 차이에서 비롯되었다. 우리나라의 사람들은 많은 사람이 내로남불의 사고방식을 가지고 있다. 왜냐하면 그것은 앞에서 지적한 바처럼 성리학 입장에서의 도덕적 인간을 지향하고 있고, 그 인간을 기준에 두고 평소에 말하고 타인을 평가하기 때문이다. 그것은 본인이 성리학에서 말하는 그런 도덕적 인간이란 것을 전제하고, 타인을 평가하고 비판하고 있기에 그럴 수밖에 없는 것이다. 즉, 내로남불이 될 수밖에 없다. 그것은 어쩌면 한국 사회의 영원한 숙제이기에 내가 하면 로맨스이고, 남이 하면 불륜은 매일 매일 벌어지는 이야기이고 논쟁이고 비판이다. 그러나 이것은 우리의 내면이 그러하기에 앞으로도 이런 논쟁은 지속될 것으로 본다.

우리나라에서 간통죄가 폐지된 것이 불과 몇 년이 되지 않았다. 가정에서의 애정의 문제마저도 높은 도덕성이라는 잣대를 들이대어 비도덕적 인간으로 낙인찍고, 국가가 나서 그런 사람에게 벌을 주어야 한다는 것이 이성적인 주장인가? 개인이 아닌 강력한 국가가 도덕주의 사회를 건설하기 위하여 가정에 도덕성을 침투하고 그것을 지키지 못하면 벌을 주어야 한다는 것이다. 이것이 시사하는 것은 조선 시대 이후 유학[1]의 영향을 많이 받은 우리나라에서는 인간은 당연히 도덕적이어야 한다고 생각한다. 고로 도덕적이지 않은 인간은 본인이 수양하지 않았기 때문에, 노력을 하지 않아 군자가 되지 못하였기에 비난을 받는 것은 당연한 것으로 여겨진다. 그러기에 한국 사회에서는 도덕성을 매우 강조하고 있다. 매일 쏟아지는 언론 보도도 보면 대부분이 도덕성에 관한 것이다. 그런데 사실 비난하는 사람들도 보면 그렇게 도덕적인 사람이라고 보기 어렵다. 고위공직자 청문회에서도 매번 비난 여론의 도마 위에 오르는 것의 하나가 도덕성이다. 대한민국에서 훌륭하다고 뽑고 뽑은 사람 중 한 명인 장관 후보자 중 그 기준에 부합하는 도덕적인 사람은 찾아보기 힘들다. 심지어 청문회 대상자인 장관들을 매몰차게 몰아쳐 낙마를 시켰던 사람마저도 나중에 장관 후보자가 되었을 때 보면 스스로 한 말이 부메랑이 되어 낙마하기도 한다. 이 얼마나 우스운 이야기인가? 아니 서글프기도 하고 너무나 슬픈 이야기이다.

그 훌륭하다고 하는 최고위 공직자도 우리 사회가 정해놓은 도덕적 기준에 한참 미달하며, 심지어 법적 기준으로 보아도 그러하다. 그런데도 보통 사람들끼리 법적인 기준도 아닌 그들도 지키지도 못하는, 지킬 수도 없는 매우 높은 도덕성을 요구한다는 것이 가능한 일인가? 그런데도 우리 사회에서 남을 평가하는 주요 잣대가 도덕성이다. 그 결과 한국문화 속에서는 사람들의 위선이 많이 나타난다. 대화를 나누다 보면 당위론으로 귀결되고, 원칙론(본말론[2])으로 끝

---

1) 엄밀하게 말하면 유교와 유학은 구별되어 사용되어야 한다. 간략하게 설명하면 유교는 공맹사상이라고 할 수 있고, 유학은 유교를 정치에 도입하여 사용한 관학을 지칭하는 것이라고 할 수 있으나, 여기서는 혼용하여 쓰고자 한다.

2) 본말론은 성리학의 이론의 하나이다. 본질은 중요하고, 말은 중요하지 않다는 입장이다. 이런 이론의 영향으로 기술이 천시되었고, 말을 논리적으로 잘하는 것, 설득하는 것, 회화에서도 명암기법이 발달하지 않았으며, 건축 등에서도 기교를

맺는 경우가 대부분이다. 그래서 대화나 토론은 거의 없고 논쟁이나 말싸움만 난무하게 된다. 그러나 과연 인간은 완벽하게 도덕적인가? 신이 아닌 인간이 어떻게 완벽할 수 있는가? 어쩌면 보통 인간은 불완전한 인간이며, 매일 매일 죄를 짓고 있다고 해도 과언이 아니다. 교장의 학교경영은 바로 여기로부터 출발해야 한다. 학교에 근무하는 교직원에 대해서 다음과 같은 가정에서 출발해야 한다, '인간은 신이 아니다, 고로 인간은 불완전하다. 나도 또한 그렇다.'

인간은 합리적 존재가 아니라는 행동경제학자들의 주장

넛지로 노벨 경제학상을 수상한 리처드 탈러(Richard H. Thaler)는 행동경제학이라는 새로운 분야를 개척한 사람이다. 그의 주장의 핵심은 고전 경제학 이론의 전제가 틀렸다는 것이다. 인간에 대한 고전 경제학의 핵심 전제는 사람들은 최적화를 추구하고 시장은 안정적 균형을 이루어 간다는 것이다. 경영자는 지출과 수익이 극대화되는 방향으로 선택을 할 것이고, 최대 이윤을 달성할 때까지 고용을 늘릴 것이라고 주장한다. 인간이 경제적으로 가장 효율적인 방향으로 선택한다는 것인데, 실제는 인간은 전혀 최적화된 선택을 하지 않는다. 고전 경제학에 따르면 증시 거품을 설명할 수 없고 충동구매도 설명할 수 없다. 그러나 현대 자본주의 사회에서 인간은 고전 경제학에서 말한 인간처럼 그렇게 행동하지 않는다는 것을 잘 알고 있다.

고전 경제학자들이 이러한 인간의 어리석은 선택은 학습을 통해서 최적화 상태에 이른다고 주장한다. 행동경제학자들은 고전 경제학을 반박하기 위해서 '빈모어 연속체'라는 개념을 사용한다. 왼쪽은 매일 선택해야 하는 목록, 오른쪽은 살면서 한두 번 선택할 목록을 놓는

중시하지 않았다.

다. 예를 들어, 식사 메뉴, 의류구매, 자동차, 직장, 배우자 순이다. 우리는 매일 식사 메뉴를 고른다. 대부분 맛있는 메뉴를 고르지만 맛없는 메뉴를 고르기도 한다. 그러면 다음에는 그것을 빼고 다른 메뉴를 선택할 수 있다. 학습을 통해 우리는 더 괜찮은 메뉴를 선택할 수 있을 것이다.

그렇다면 배우자는 어떨까? 우리는 살면서 배우자를 선택하는 것은 대부분 한번의 선택 기회밖에 없다. 다시 말하면 배우자를 선택하는 것은 학습을 할 수 있는 기회가 매우 제한되어 있다. 이처럼 중요한 일도 올바르게 처리하기가 어렵다. 국가의 최고 권력자라고 하여 별반 다르지 않다. 우리의 경우 5년 단임제 대통령이기 때문에 대통령이 되기 전까지는 과거 대통령의 정책들을 비판을 많이 했을지 모르나 정작 본인도 대통령처럼 중요한 선택을 한 경험은 없다. 그렇기에 올바른 선택을 하지 못하는 것은 당연할지 모른다. 모든 부모가 첫 아이를 양육할 때 책을 읽고 강의를 열심히 듣기도 하여 나름의 준비를 하지만 막상 자녀를 양육할 때는 부모의 경험이 없기에 많은 실수를 하는 것과 같다. 마찬가지로 국가 최고 권력자들도 그런 중대한 일은 처음이라 실수를 한다. 그들의 실수는 보통 우리가 하는 실수와 비슷한 정도의 수만큼 한다. 단지 그 파급력이 다를 뿐이다.

노벨 경제학상 수상자인 허버트 사이먼(Herbart A. Simon)은 '제한적 합리성'에 관한 주제로 쓴 논문에서 중요한 내용은 인간에게는 복잡한 문제를 해결할 수 있는 인지능력이 부족하다는 것이며, 이는 분명하다는 것이다. 권력층의 비리들이 과연 치밀한 계획에서 나온 것일까?란 생각을 하곤 한다. 필자는 아니라고 생각한다. 최고 권력층은 비전을 제시한다. 국가가 나아갈 방향은 그들의 가치를 따라간다. 그러나 그들이 모든 것을 계획하기엔 그들은 능력이 부족하다. 그들은 단지 본래 인간이 가진 한계에 의해서 시야가 좁기에 한

가지 일을 처리하면서 다른 여러 가지를 놓쳤을 뿐이다. 우리도 마찬가지이고 최고 권력자 또한 예외 없이 불완전한 인간이기 때문에 그렇다. 하지만 그들이 가지는 파급력은 국민의 생명이 달려 있고 국가의 안위가 달려 있다. 따라서 그들의 잘못된 결정은 당연히 비판받아야 하며 고쳐가야 한다. 그러나 비판이 모든 인간이 가질 수 있는 원초적인 불완전성을 지적하는 데에 집중한다면 그것은 좋은 비판이 아니다. 오히려 좋은 비판이 되려면 인간이 가지는 불완전성을 이해하고 해결책을 제시해야 한다.

최고 권력이 오른쪽만 바라보다 보면 왼쪽에서 무슨 일이 일어나는지 모른다. 반대 경우도 마찬가지다. 두 곳을 동시에 보기는 불가능하다. 최고 권력자가 보지 못한 곳, 신경 쓰지 못한 부분은 그 아래 참모들이 살펴보아야 한다. 여당은 최고 권력자와 같은 곳을 보기에 반대편에서 일어나는 일을 알기 어렵다. 따라서, 야당이 목소리를 내줘야 한다. 지금 어떤 불합리한 일이 일어나고 있는지 말해줘야 하며, 최고 권력자와 여당은 당연히 야당 말에 귀를 기울여야 한다. 육군은 땅을 보며 나라를 지키고, 해군은 바다를 보며 나라를 지킨다. 그들 모두 하나의 대한민국 군대다. 그리고 모든 정치는 하나의 대한민국을 위한 것이다. 인간의 한계성은 최고 권력자에게 더 도드라지게 드러났을 뿐이지 사실 보통 사람도 마찬가지다. 교장이 그럴 수 있고 교감도 그럴 수 있다. 나 또한 역시 모든 것을 알 수 없고, 신경 쓸 수 없는 불완전한 인간일 뿐이다.

고전 경제학자들은 인간을 이상적인 존재로 전제하고 연구를 해왔다. 그러나 현대에 와서 많은 연구를 통해서 그들의 인간에 대한 전제가 틀렸다는 것을 알게 되었다. 이런 주장을 하는 대표적인 학자들이 행동경제학자이다. 그들은 합리적인 이코노미쿠스를 버리고 오류가 많은 현실적인 인간을 전제로 하여 연구를 한다. 우리가 상정한 이상적인 권력, 경영자, 부모, 자식, 교사, 학부모, 학생, 주무관 등 어떤 인간이든 우리는 이상적인 인간상을 버려야 한다. 우리가 상대하는 인간들은 어떤 측면에서 보면 좀 어리석고 불완전한 존재임을 인정해야 한다.

학교경영을 할 때나 학교 행정을 할 때 인간에 대해서 이렇게 상정하고 대하는 것이 문제의 더 본질에 가까워지는 길이라고 생각한다. 불완전함을 인정할 때 우리는 서로 도울 수 있다. 모든 것을 맡기고 잘하겠거니 하는 안일함은 버리는 게 좋다. 모든 사람은 분명히 오류를 저지를 수 있다. 그런 논리는 똑같이 나에게도 예외 없이 적용되어야 한다. 내가 학교경영이나 학교 행정을 하면서 내리는 의사결정도 오류가 있기에 번복을 하거나 변경해야 한다는 것을 항상 염두에 두어야 한다. 그렇기에 교감은 할 일이 많을 수밖에 없다. 교장이 의사결정을 할 때, 교장이 인지하기 어려운 부분, 보지 못하는 곳을 교감은 봐주고, 이야기해주는 것이 학교의 발전을 위해 필요하다.

요즘 집단지성의 효과에 대해 많이 이야기한다. 많은 사람의 생각이 더해질 때 보다 더 합리적인 의사결정이 이루어진다는 것이다. 이것은 우리 보통 삶에서도 마찬가지다. 각자가 다른 이의 불완전함만 지적하다가 정작 해결해야 할 문제를 놓칠 때가 많다. 불완전함을 서로가 이해할 때 비로소 더 나은 방향으로 나갈 수 있다.

인간은 중요한 의사결정을 꼭 합리적으로 하는가?

일반적으로 사람들은 인간은 매우 합리적인 존재라고 생각한다. 인간은 동물이 아니며 신에 상당히 가까운 존재이기에 판단할 때 이성적인 판단을 할 거라고 믿는다. 그러나 심리학에서의 연구를 통해 밝혀낸 것을 보면 인간은 우리가 생각하는 것처럼 그렇게 이성적이지 않다. 인간과 유인원의 DNA를 비교해보면 놀랍게도 약 98퍼센트 같고 약 2퍼센트만 다르다고 한다. 심지어 인간 DNA와의 일치율은 바나나와는 50퍼센트 암소와는 80퍼센트라고 한다. 그렇다면 DNA로만 본다면 인간은 신과 가까운 합리적 존재, 이성적 존재가 아니라 동물과 가까운 비합리적 존재, 비이성적인 존재, 다시 말하면 충동적인 존재이다.

일반적으로 많이 회자되는 오류의 하나가 확증편향[3](Confirmation bias)이다. 이것에 사로잡혀 현실을 부정하며 어리석은 결정을 내리는 일은 국가와 문화를 넘어서는 보편적인 현상이다. 확증편향은 1960년대부터 지금까지 다양한 실험을 통해 심리학자들이 입증했다. 그중에 한 연구는 스탠퍼드대 학생들에게 사형 제도에 대한 자료를 나눠주었다. 그랬더니 사형에 찬성하는 이들도, 사형 제도에 반대하는 이들도 모두 그 자료가 자신의 입장을 지지한다고 해석했다. 문제는 두 그룹의 학생들이 모두 같은 자료를 제공받았는 데도 선입견에 따라 동일한 데이터를 자신의 입맛에 맞는 방향으로 읽었다는 것이다. 그런데 확증편향은 사실 오랜 역사를 두고 논쟁을 벌여온 것이다. 영국 철학가 베이컨은 인간의 지성은 어떠한 입장을 택하고 나면 그것을 지지하고 확신하는 방향으로 모든 것을 끌어들인다. 설령 기존의 입장을 반박하는 훌륭한 사례가 넘쳐나도, 최초의 결론을 희생하는 대신 반대되는 증거를 거들떠보지 않고 무시하며, 때로는 폭력과 부당한 편견을 동원해가며 거부하고야 만다 라고 말한다.

최근 심리학자 사이에서 '확증편향'을 '우리 편 편향'이라고 보는 것이 맞는다는 의견이 힘을 얻고 있다. 인류는 협동하지 않으면 살아

---

3) 확증편향은 자신의 원래 신념을 유지하는 쪽으로 작동하는 심리적 경향성을 말한다. 이것은 본래의 생각이 잘못되었다는 증거나 나와도, 어떻게든 논리를 끼워 맞추고 때로는 증거를 무시하거나 아예 왜곡하는 형태로 나타난다.

남을 수 없는 환경 속에서 진화했다. 구석기 시대의 원시인이라면 객관적 증거를 따지고 논쟁하느니 가족과 동료의 견해를 따라 움직이는 것이 생존 확률이 높았을 것이다. 아직도 아프리카에는 정치적 부족주의[4]가 만연하는 것도 이런 영향이라고 할 수 있다. 물론 각국의 정치 현상에 이런 정치적 부족주의는 정도의 차이일 뿐 모두 남아있다고 생각이 된다. 다만 강한 정치적 부족주의가 만연한 사회는 정치 발전이 더딜 수밖에 없다. 그것은 전쟁에서 승리한 부족이 모든 전리품을 차지하고 패배한 부족은 패배의 아픔만을 안고 살아가야 하는 것이 부족 전쟁의 현실이기 때문이다. 따라서, 이런 문화가 살아있는 나라에는 두 부족, 즉 여당 후보 진영과 야당 후보 진영으로 갈라져 서로 줄 세우고 죽기 살기로 싸울 수밖에 없다. 이 때문에 이런 정치적 부족주의 문화가 존재하는 나라에서는 최고 지도자는 사회 갈등을 통합하고 조정하는 역할을 해야 함에도 통합의 지도자로 나설 정당성이 사라져버린다. 경쟁 상대를 통합하려는 노력을 시도하기조차 어렵고 상대 진영은 최고 지도자의 임기 내내 반대를 위한 반대를 하면서 절치부심 기다릴 뿐, 어떤 협력도 할 수가 없게 된다. 혹시라도 상대편 진영에 협력하는 사람은 자기 편 진영에서 배반자로 낙인이 찍혀 평생을 외톨이로 살아가게 된다.

부족하지만 복잡한 현대사회 속에서 확증편향은 득이 아니라 독이

---

4) 에이미 추아(2020). 정치적 부족주의. 부키. 추아는 주장하기를 인간은 본능적으로 애착을 갈구하며, 이러한 본능은 집단을 이루고 집단에 속해 유대감을 얻는 것으로 나아간다. 우리는 태어나면서부터 가족이라는 최소 집단에 속해, 유대감을 형성하고 사회로 나아가 클럽, 팀, 동아리 등을 이루며 '부족 본능'을 채워 나간다. 이러한 부족 본능에는 소속 본능만 존재하는 것은 아니다. 부족 본능은 소속 본능과 동시에 배제 본능도 존재한다. 집단 역시 행복이나 봉사가 원천인 집단이 있는 반면, 권력이나 증오가 원천인 집단도 있을 수 있다. 그러나 어느 집단이건 일단 집단에 속하고 나면 개인의 정체성은 그 집단에 단단하게 고착된다. 이 때문에 소속 집단의 이득을 위해 외부인을 배척하거나, 맹렬히 비난하기도 하며 때로는 개인을 희생하기도 한다. 극단적인 경우 자신의 목숨을 걸거나 남의 목숨을 빼앗는 경우도 있다.

될 때가 많다. 영화 〈돈 룩 업(Don'Look Up)〉에서 올린 대통령은 날아오는 혜성의 위험성을 경고하는 이들을 무시하면서 '위를 보지 말라((Don'Look Up)'는 구호를 내걸고 선거전에 몰두한다. 이것은 부족주의적 확증편향을 불러일으키는 효과적인 선거운동이다. 문제는 그게 나쁜 판단이라는 데 있다. 결국 인류는 혜성이 날아온다는 것을 알면서도 SNS로 잡담이나 하다가 파멸을 맞이한다는 내용이다. 이 영화는 트럼프 대통령을 모델로 했다는 이야기가 있다. 그러나, 이 이야기는 비단 미국의 대선 이야기가 아니라 우리의 대선 이야기이며, 우리 학교 조직의 이야기라고 할 수 있다.

2022년 대통령선거를 앞두고 치열한 선거전이 벌어지고 있었다. 이로 인하여 여야 각 대선 후보들이 각종 미디어에 많이 노출되었다. 그 결과 각 가정에서 비슷한 양상이 나타났었다. 각자가 지지하지 않는 후보가 TV에 등장하여 연설하면 비웃거나 혼자 말을 하며 반대의 주장을 한다. 심지어는 화면을 돌리기도 한다. 내가 지지하지 않는 후보의 의견이나 주장은 아예 들을 생각이 없다. 그런데 문제는 이런 일이 정치 영역에서만 일어나는 것이 아니라 학교 현장에서도 비일비재하게 일어나고 있다. 대상도 다양하다. 교직원들이 교장을 상대로 발생하기도 하고, 교장이 교직원을 대상으로 발생하기도 한다. 이렇게 인간은 비이성적인 생각을 하고, 그에 따라서 비이성적 판단을 하고 비합리적인 의사결정을 하는 경우가 매우 많다. 어떻게 보면 학교에서 교장이 의사결정을 함에 있어서 이성적 의사결정, 합리적 의사결정보다는 오히려 비이성적 의사결정, 비합리적 의사결정이 더 많다고 할 수 있다.

합리적인 의사결정을 하기 위해서는 두 가지가 전제되어야 한다. 첫째, 의사결정을 하는 인간이 완벽한 합리성을 소유하고 있어야 한다. 그런데 앞에서 살펴본 것처럼 의사결정을 하는 사람이 완벽한 합리성을 갖추고 있다고 말하기 어렵다. 둘째, 의사결정을 하는 사람이 의사결정을 하는 것에 대해서 완전한 정보를 가지고 있어야 한다. 그런데 일반적으로 그것이 가능하지 않다. 예를 들어 최근 2022년 1월 7일자 언론 보도에 따르면 대전광역시에 사는 어떤 사람이 술을 먹고 다음 날 술을 빨리 깨기 위하여 약국에서 숙취해소제 1병을 신용카드로 결제를 하였다. 나중에 보니 50,000원이 지불 되어 돈을 돌려받으려고 노력하고 있으나, 현행 약사법상으로 '자유가격제'이기에 돌려받을 가능성이 크지 않다는 보도를 접한 일이 있다.

위 사례를 보면 이 사람이 만약 고전 경제학에서 전제하는 경제인이었다면, 다음과 같이 행동을 해서 구매를 했을 것이기에 위와 같은 사례는 발생하지 않았을 것이다. 첫째, 대전에 있는 모든 약국에서 판매하는 모든 숙취해소제 제품을 조사하여 어떤 제품이 품질이 제일 좋은지를 조사하여 그 제품 ⓐ를 선택한다. 둘째, 대전 시내 모든 약국에서 ⓐ제품의 판매가격을 모두 조사하여 그 약국 ⓑ를 선택한다. 셋째, ⓑ약국을 방문하여 ⓐ 제품을 구매한다. 그러나, 위의 보도처럼 제품을 구매하는 사람들은 거의 없다. 대부분 사람은 출근하다가, 가까운 약국에 들러 사거나 아니면 직장 근처 약국에 들러 사게 된다. 이런 소비행태에는 합리적 의사결정이 없다.

그러면 이렇게 숙취제는 가격이 비싼 것이 아니기 때문에 비합리적인 구매를 하기도 하지만 중요한 의사결정을 할 때는 합리적으로 한다고 반박을 할 수 있다. 그렇다면 가장 중요한 결혼의 경우를 살펴보겠다. A라는 미혼 여성이 있다. 아버지는 직업이 공무원이며, 애주가이고, 친구들을 무척 좋아하는 성격의 소유자다. 어머니는 전업 가정주부이고 성격이 온순하며 내향적이며 가정에 헌신하는 성격이다. 가족 관계는 A가 맏이고, 남동생이 한 명 있다. 평소 A는 엄마로부터 이런 이야기를 듣고 자랐다. '너는 절대로 술 먹는 남자와 결혼

하면 안 된다. 너의 아버지를 봐라. 그러면 너도 엄마처럼 고생하게 된다.'

A는 학교를 졸업하고 취직을 하게 되었다. 직장에서 신입사원들 환영식을 하는 날이 되었다. A는 술이라면 지긋지긋하기에 술을 체질적으로 받지 않아 먹지 못한다고 말하고 술잔을 받기만 하고 먹지 않았다. 그렇게 직장 생활을 몇 년을 하게 되었다. 술을 먹지 않는 B라는 남자와 연애도 하게 되었다. 직장에서와 마찬가지로 술을 먹지 못한다고 하고 술을 먹지 않는 사람을 만나서 연애를 10개월째 하게 되었다. 그러나 10개월 정도 연애를 해오고 있으나 마음이 그렇게 끌리지는 않고 있었다. 무어라 표현을 할 수는 없으나 케미가 잘 맞지 않는 느낌이 들었다. 그러던 어느 날 회사에서 일이 생겼다. 우리 팀이 우수 부서로 선정되어 연말에 포상을 받게 되었다. 팀장님 이하 분위기가 업(up)되어 회식을 하게 되었다. 팀장님이 따라주는 술을 많이 먹어야만 하는 상황이 되었고, 분위기가 좋아져서 모든 팀원이 어느 정도 과음하게 되었다. A도 억지로 3~4잔을 먹게 되었다. 2차를 가게 되었고 분위기는 더욱 고조되어 모든 팀원이 상당 정도 과음을 하게 되었다. 2차가 끝나고 집으로 가게 되었다. 팀장과 선배들을 보내고 잠시 기다리고 있는데 술에 취한 C대리와 몇 명이 남게 되었다. 우연히 C대리가 사는 집의 방향과 A가 사는 집의 방향이 같아서 같은 택시를 타게 되었다. 그런데 택시를 타고 가는 약 15분을 가다가 C대리가 급하다고 하여 택시에서 내려 구토를 하게 되었고 A는 평소 아빠에게 하던 일이어서 능숙하게 등도 두드려 주고 부축하여 이야기도 하면서 안정을 시킨 후 아파트 입구에 내려주고 집으로 왔다.

다음 날 A는 출근하면서 C대리에게 속이 괜찮은지 물어보고 숙취제와 알약을 건네주었다. 며칠 후에 C대리가 A에게 매우 고맙다고 하며 저녁을 사겠다고 하였다. 그러나 A는 C대리에게 큰 호감이 없는 상대라 거절할까 하였다. 그러나, 오늘 친구와 약속이 있었으나 친구가 사정이 갑자기 생겨 약속이 취소되었고 집에 저녁을 먹고 간다고 이야기를 한 상태라 그냥 시간을 메우기 위해 약속을 하였다. 저녁 약속 장소에 도착하고 보니, 평소 A가 좋아하는 식당이었다. 회사의 이야기, 지난 회식의 이야기와 함께 매우 반갑다는 이야기 등을 하면서 즐겁게 식사를 마쳤다. 그리고, 헤어지려고 하는 데 A는 C대리에게 2차를 간단히 하자는 제안을 받아 아직 시간이 얼마 되지 않아 2차를 가게 되었다. 2차 장소에서 익숙한 술인 소주를 마시게 되었고 둘은 대학 때의 이야기부터 시작하여 많은 이야기를 나누게 되었다. A는 2차를 통해 C대리의 평소와는 다른 모습을 발견하게 된다. 대학 때 동아리 회장을 했고, 그 동아리는 A가 했던 동아리와 같았으며, 이야기하다 보니 A가 좋아하던 친구의 선배였다는 사실도 알게 된다.

그날 C대리와 헤어진 뒤 집에 와서 친구에게 전화하여 C대리를 아느냐고 물었더니, 너무나 잘 안다는 것이었다. 그리고 그 친구의 말을 들어보니 꽤 괜찮은 남자, 인기남이라는 사실을 알게 되었다. A는 이 남자와는 케미가 잘 맞는다고 생각하고 선입견과는 달리 매력이 있는 남자로 훅 다가온 것이다. 결국 몇 년 후 이 두 사람은 결혼하게 된다. A가 합리적이고 이성적인 선택이라고 생각한 이 결혼은 과연 합리적이고 이성적인 선택이었을까?

학교 행정은 합리적으로 행동하는 경제인이 아닌 행정인이 대상이다.

경제학이란 학문에서의 인간은 합리성을 지닌 경제인을 가정하고 있다. 고전학파 경제이론가들은 부를 추구하는 데 여념이 없는 개인

즉 경제인을 상정하고 있으며, 모든 인간이 이러한 경제인이 될 때 사회의 부가 극대화된다고 보았다. 즉 경제인은 동기 여하에 구애받지 않고 경제법칙에 지배되는 합리적인 인간이다. 이런 경제인은 다른 학문 분야에서도 빌려 사용하고 있다.

행정학 분야에서의 사이먼은 의사결정의 수행자로서 사람이나 조직을 도식화한 모델(schematized model)로 경제인 개념을 사용하고 있다. 이 경제인은 환경에 대하여 완벽하지는 않아도, 최소한 명확하고 풍부한 지식을 보유하고 있고, 이용 가능한 행동 등을 계산하고 분석하여 최상층 지점에 도달할 수 있는 대안을 선택할 수 있는 기술을 소유하고 있다. 의사결정의 합리모형에서 상정하는 선택자가 바로 이 경제인이다. 사이먼은 이 경제인 개념의 비현실성을 지적하고 그에 대비되는 의사결정자의 모형으로 행정인을 제시한다. 교육경제학에서는 교육의 사회적 수요를 설명하기 위해 경제인 개념을 이용하고 있다. 경제인은 교육을 하나의 투자재로 보고 경제적 가치를 극대화할 수 있는 종류와 수준의 교육을 구매한다. 사회의 다른 부문보다 교육에 대한 투자수익률이 높으면 교육에 대한 수요가 늘어나고, 수요의 증가와 함께 이후 노동 시 인력공급이 증가하면서 교육의 투자수익률이 낮아진다. 결국 사회의 모든 투자재 간에 수익률이 같아지는 지점에서 교육의 사회적 수요가 결정된다. 그러나 최근에는 교육투자의 금전적 가치뿐만 아니라 비금전적 가치도 고려하며, 교육을 통해 얻는 이득(기대이득)뿐만 아니라 교육을 받지 않을 때 감수해야 할 손실(기대손실)을 고려하여 교육수요를 이해하려는 관점의 대두와 함께 경제인 개념에 대한 보완이 이루어지고 있다.

행정학에서 이런 합리성을 가진 인간은 실제로 존재할 수 없다고 보고 행정인을 제안하였다. 1978년 노벨 경제학상을 수상하기도 한 인지과학의 거목 중 한 사람인 사이먼은 일찍이 인간의 인지능력이 지니는 한계점에 주목했다. 어떤 의사결정 상황이든 그 선택의 대상이 될 수 있는 대안의 수는 매우 많을 것이다. 그러나 그 대안들 모두를 일일이 평가 한다는 것은 애초부터 인간의 인지능력 밖의 일이라는 것 역시 분명하다. 따라서 모든 부분을 빈틈없이 고려해서 최적의 대안을 선택하는 것은 인간에게 있어서 그다지 현실적이지 못한 방법이다. 그보다는 자신이 만족하는 순간이나 수준에서 판단을 확정하고 결정을 내린다는 것이다.

작은 분식점의 주인이 아르바이트 학생을 한 명 채용하려고 한다고 가정을 해보자. 광고를 본 학생들이 계속해서 면접을 보러 온다. 5~6명 정도 만나본 후 주인이 이런 생각을 한다. 두 번째 온 여학생과 다섯 번째 온 남학생이 괜찮을 것 같은데? 둘 중에 누가 나을까? 이렇게 생각하는 순간 주인의 생각은 이제 나름대로 치밀해지기 시작한다. 두 번째 여학생은 상냥해서 손님들이 좋아할 것 같고 다섯 번째 남학생은 무거운 짐도 잘 나를 수 있을 것 같은데 말이야. 그래! 우리 가게는 매장이 넓지 않아 덩치가 큰 남학생은 일하기가 쉽지 않을 거야. 참! 그리고 손님들 앞에서 음식을 직접 볶아 주는 일도 해야 하니 이 여학생이 좋겠군. 주인이 이런 생각을 하면서 만족스러운 표정을 짓는 순간 판단과 결정은 이루어진다. 그리고 더 이상의 면접은 없다. 만약 그 분식점 주인이 더 많은 학생을 면접했다면 어땠을까? 아마도 더 괜찮은 후보자를 만날 수도 있었을 것이다. 하지만 만족스러운 몇 개의 대안(즉, 여학생과 남학생)을 발견하는 순간 의사결정자는 일단 멈추고 그 대안들을 비교하게 된다. 그리고 지금부터는 본격적으로 '합리적'인 사람인 양 치밀하게 그 대안들을 비교한다. 이를 사이먼은 '제한된 합리성'이라고 불렀다. 그리고 그 기저에는 최적의 것을 찾는 것이 아니라 만족을 추구하는 인간의 모습이 있다고 했다.

사이먼의 제한적 합리성 이론은 이후 그 유명한 트버스키(Tversky)와 카너먼(Kahneman)의 프레임 효과, 그리고 더 나아가 조망이론을 탄생시키는 출발점이 된다. 또한 70년대 이후의 무수한 휴리스틱(heuristic) 연구들도 여기에 뿌리를 둔다고 할 수 있다. 이 모든 것들은 한 권의 책으로 다루어야 할 방대한 내용이지만 분명한 것은 인간이 합리적이지 못한 존재라기보다는 합리성 이외의 것을 더 중요하게 추구하는 존재일 가능성이 크다는 것이다. 어떤 사람은 최적의 것보다 '후회를 제일 덜 할만한 것'을 선택하면서 더 만족감을 느낄 것이다. 또한 어떤 사람은 '가장 정당화하기 쉬운 것'을 선택하면서 더 만족감을 가질 수 있을 것이다. 시대와 연령, 개인차 그리고 상황 등 다양한 요소들의 영향을 받거나 이들을 고려하면서 인간은 가장 만족스러운 것을 선택하기를 원한다. 주위에 많은 사람에게 왜 사느냐고 물으면 대답은 대부분 '행복'을 위해 산다고 한다. 그리고 행복은 만족이라는 벽돌들로 지어진 하나의 집이다. 확률에 결과의 값을 곱하여 계산되는 기대 가치가 아무리 높다 하더라도 만족감을 주지 못하면 깡그리 무시되는 이유가 바로 여기에 있는 것이다.

결론적으로 말하면 학문에 따라서 가정하는 인간이 다르다. 경제학[5]에서의 경제활동을 하는 경제 주체로서의 인간은 합리적인 인간

5) 이런 것은 정통 경제학에 해당이 되는 이야기이다. 최근에 등장한 행동경제학에서는 인간의 선택행위, 경제행위에 있어서 불완전성에 훨씬 더 주목하고 있다. 대표적인 학자는 대니얼 커너먼(Daniel Kahneman), 댄 에리얼리(Dan Ariely) 등이 있다. 대니얼 커너먼은 심리학자 출신으로는 최초로 2002년 노벨 경제학상을 수상했다. 그의 대표적인 행동경제학 저서는 〈생각에 관한 생각〉이 있다. 댄 에리얼리는 우리가 매일 크고 작은 문제와 마주치면서 자신이 가장 이성적으로 똑똑한 결정을 내린다고 자부를 한다. 이런 밑도 끝도 없는 자부심의 근간에는 '인간은 합리적인 존재'라고 공공연히 이야기하는 상식적인 모든 경제학자의 주장이 깔려 있다고 보는 데 이런 주장에 통쾌한 반격을 한다. 그는 〈상식 밖의 경제학〉(원제: Predictably Irrational)을 통해 자신이 수년에 걸쳐 실시한 다양하고 기발한 실험을 보여주며 이러한 생각이 완전히 터무니없는 것임을 증명한다. 그는 정답이 빤히 보이는 확실한 상황에서도 전혀 말도 안 되는 결정을 내리고 마

으로 가정을 한다. 예를 들면 재화에 대한 정보, 가격에 대한 정보 등에 대한 많은 정보를 가지고 있다. 따라서, 재화 공급을 할 때 재화에 대한 가격이 가장 비싼 곳에 공급하며, 소비할 때도 재화에 대한 모든 가격을 비교하여 가장 싼 재화를 구입한다고 가정을 한다. 행정학에서의 행정을 하는 행정 주체로서의 인간은 경제학에서 가정하는 합리적인 완벽한 인간도 물론 가정을 하지만 행정에서는 이런 인간은 많지 않다고 본다. 오히려 실제 행정행위에서는 완벽한 합리성을 가진 인간보다는 제한된 합리성을 가진 인간이 더 많다는 가정을 한다.

그렇다면 학교 행정에서는 학교 행정 주체로서의 인간은 어떤 인간을 가정해야 하는가? 학교 행정에서의 행정인은 욕망을 가진 인간, 불완전한 인간을 가정해야 한다. 그 이유는 교육의 대상으로 삼는 학생은 그 대전제가 미성숙하고, 욕망을 추구하는 불완전한 인간이라고 보기 때문이다. 교사들은 이런 학생관을 사범교육을 통해 교육받아왔고, 그런 학생관을 가지고 학생을 교육하고 있다. 그렇기에 교사들은 부지불식간에 학생은 불완전하고 욕망하는 인간이라는 생각이 몸에 체화되어있다. 그래서 교사들은 본인들이 학생들을 대하는 것처럼 교육행정의 장에서 일상적으로도 행동을 한다. 또한, 그들은 부지불식간에 그런 인간이 정상적 인간이라는 생각을 마음에 가지고 본인들이 불리한 상황에서 학교 경영자, 학교 행정가에게 요구하며, 심지어는 정당화시킨다. 그들은 곤란한 상황에 닥치면 나는 그것을 잘 몰랐다, 나에게 그것에 대하여 누가 가르쳐 준 바도 말을 해준 적도 없었다. 그런데 내가 어떻게 알 수 있느냐고 말한다.

는 인간이란 결국 '불완전하고 비합리적인 존재'라 단정을 한다.

제 2 장 인간을 움직이게 하는 것은 무엇인가?

현대 사회를 살아가는 인간 본성

인간의 본성에 대하여는 동서양을 막론하고 많은 논란이 제기되었다. 그동안 동양에서 논의된 것들을 종합해보면 크게 성선설, 성악설로 정리할 수 있다.

맹자의 성선설은 인간의 본성은 본래 선하다라는 입장에서 출발한다. 이것은 잘 알려진 대로 순자의 성악설과 대비되는 개념이다. 사실상 맹자나 순자나 천하에 왕도 정치를 구현하겠다는 뜻을 가졌다는 측면에서는 동공이곡(同工異曲)이라 할 수 있는데, 양자의 차이는 그 길로 나가는 방법에 있다. 곧 순자는 인간 사회의 갈등에 주목하였으며, '인간 본성을 방치하면 사회적으로 큰 혼란을 불러온다'라고 생각하여 '예의를 통해 인간의 악한 성향을 철저히 규제함으로써 왕도에 도달할 수 있다'라고 보았다. 이에 반해 맹자는 '동물과 다른 인간 고유의 심성에 주의를 기울여, 원초적으로 선한 본성을 지닌 인간의 도덕적 능력을 신뢰하였다. 그래서 사람의 어진 마음을 가족으로부터 천하로 확충함으로써 왕도를 구현할 수 있다'라고 생각했다.

맹자는 인간의 선한 마음이라는 것이 외재적으로 주어진 것이 아니라 본래 타고난 것이라 주장하고 있다. 곧 어린아이가 우물에 빠지려는 것을 보고 구해야겠다고 마음먹는 것은 그 순간 아이의 부모를 기쁘게 해주기 위함도, 그를 통해 이익을 보기 위함도 아닌 순수한 측은지심의 발로라고 본 것이다. 이것이야말로 남의 불행한 처지를 보고 '차마 어찌지 못하는 마음(不忍之心)'일 터이니, 인간을 인간답게 만드는 결정적인 것이라고 말한다. 그래서 이러한 마음이 충분히 발현된다면 마치 미약한 불이 타올라 거대한 들판을 태우고, 작은 샘물이 거대한 바다에 이르게 되듯이 퍼져나가 천하를 보전할 수 있게 되겠지만, 그렇지 못한다면 자신의 부모마저 제대로 모실 수 없게 될 것이라고 말한다. 그러나 그런 마음은 아무런 노력도 없이 지켜지는 것은 아니다. 여기에서 우리는 맹자가 강조하고 있는 것이 인간의 본성이 선한가 그렇지 않은가 하는 데 있지 않다는 것을 알 수 있다. 실제로 인간에게는 선한 측면도 있지만, 반대로 악한 측면도 있기 때문이다. 그러니 인간의 본성을 놓고 선한가 악한가를 논하는 것은 조금은 부질없는 일일 수도 있다. 그런 맥락에서 맹자는 인간의 주체적인 능동 작용과 후천적인 객관적 환경의 영향을 강조했다고 말할 수 있다. 공자도 저마다 타고난 본성은 서로 가깝지만, 후천적인 습관 탓에 나중에 서로 멀어지게 된다(性相近, 習相遠)고 말했다. 그렇기에 맹자 역시 '심신 수양'을 거듭 강조했다.

순자의 성악설은 맹자의 성선설과 대립이 되는 이론이다. 맹자는 사람이 태어나면서 악을 거부하고 선을 실행하려는 마음씨, 즉 도덕성을 지니고 있다고 주장하였다. 순자는 이와 정반대로 사람은 누구나 다 관능적 욕망과 생의 충동이 일고 개인의 이익을 추구하게 되는 것이라고 보았다. 우리에게 이러한 측면이 성장하여 서로 쟁탈하는 싸움이 일어나고 사회적 혼란이 생긴다. 여기서 도덕 질서가 파괴되는 것이라고 보았으므로 이를 가리켜 인성이 악하다고 규정지은 것이다. 순자는 인성이 비록 악하지만, 그러나 인간의 후천적 노력으로 얼마든지 선한 방향으로 그것을 교정할 수가 있다고 보았다. 이것을 일러서 '위(僞)'를 쌓는 일이라고 하였다. 여기서 위는 우리가 일상 말하는 거짓이라는 뜻의 허위가 아니고 '인위'를 가리킨다. 인위는 사람이 선천적으로 가지는 자연스러운 감정이나 욕망과는 명확하게 구분이 되는 개념이다. 바로 인간의 능동적인 작위를 의미한다. 선천적 인간의 본성을 후천적으로 개조할 수 있는 능력이 사람 누구에게나 갖추어져 있는 것이기 때문에 그것을 완전히 다 발휘할 수만 있다면 범인도 역시 성인이 될 수 있다는 것이다. 밖으로부터 작용을 가해 인성을 교정하는 작업을 교육이라고 하였다. 순자는 교육의 수단으로 우리의 이상적 지도자 선왕이 제정한 예의와 사법(師法)을 들고 있다. 예의는 바로 우리가 살아가는 데 반드시 지켜야 할 최고의 표준이다.

공자는 인을 강조하고 맹자는 인과 의를 강조하였다. 이는 모두 인간의 내면으로부터 발하는 요소이고 천명에 통하는 것이었다. 이에 대해 순자의 예와 의는 외재적인 규정이다. 우리의 사회적 집단생활을 원활히 하기 위해서 강제된 것이었다. 인간이 만들어낸 외재적인 규정으로 인간을 규제하고 성정의 방향을 전환시키려는 것이다. 여기서 예와 의는 법률과 근사한 뜻을 가진다고 하겠다. 순자는 자연을 이용해 생산성을 높이고 인간의 생활을 풍부하도록 하기위해 인간의 자각적인 능력을 크게 자부하였다. 순자의 이와 같은 인간의 능력에 대한 신뢰와 자연개조의 욕구를 개인에게 적용을 시킨 논리가 바로 성악설이다. 다시 말해서 성악설은 인간의 자연적 본성이 악하기에 악의 현상을 그대로 인정하자는 것이 아니고 선왕이 제정한 예의를 가지고 이를 교정하자는 의욕의 표현이었다.

그러나 이러한 학설들은 현대 사회를 설명하는 데는 일정 부분 한계를 가지고 있다. 가치 지향적 입장을 택하게 되어 어느 한 부분만을 설명하거나 해석할 수밖에 없는 한계를 갖는 것이다. 그래서 필자는 성익설(性益說)을 주장하고 있다. 성익설은 가치 지향의 입장보다는 가치중립적 입장이다. 인간의 본성은 선하지도 악하지도 않고 상황에 따라서 변할 수 있다라는 입장이다. 인간은 그때, 그때 본인에게 이익이 되는 쪽으로 행동한다는 것이다.

인간이 이기심6)에 의하여 행동한다는 주장을 처음 말한 것은 자본주의의 아버지라고 하는 영국의 자유주의 사상가인 아담 스미스(Adam Smith)다. 그는 시장은 어느 누가 발명한 것도 아니고, 국가의 법에 의해 인위적으로 만들어진 것도 아니며, 다만 모든 인간이 가지고 있는 교환 성향에서 발생했다고 그는 말했다. 시장은 교환이 이루어지는 곳이다. 사람들이 시장에 참여하는 이유는, 교환 성향이 인간의 본성이기도 하지만, 시장에서의 교환이 모든 사람에게 이익을 가져다주기 때문이다. 거래 참여자 쌍방이 모두 이익을 얻기 때문에 사람들은 자발적으로 시장 참여를 한다. 다시 말해 교환이 거래 쌍방 당사자 모두에게 이익이 될 때만 시장에서 자발적인 교환이 이루어진다. 만약 어느 한쪽이 이익을 얻지 못한다면 두 사람 사이에 자발적인 교환은 일어나지 않는다. 시장제도는 자비심이 아니라 이기심이라는 인간의 본성에 근거하고 있다. 아담 스미스의 저 유명한 〈국부론〉의 인용문이 바로 그것을 의미한다.

> "우리가 식사할 수 있는 것은 정육점 주인, 양조장 주인, 빵집 주인의 자비에 의한 것이 아니라 자기 자신의 이익에 대한 그들의 관심 때문이다. 우리는 그들의 인간성에 호소하지 않고 그들의 이기심에 호소하며, 그들에게 우리의 필요를 이야기하지 않고 다만 그들의 이익만을 이야기한다."

인간의 가장 중요한 특징은 자신의 이익을 추구하는 것이다. 그것

6) 필자가 이야기하는 '이익'과 아담 스미스가 말하는 이기심은 엄밀하게 말하면 다른 개념이다. 이익은 가치중립적인 용어이나 이기심은 자기 이익만을 추구하는 마음이다. 그러나 여기서는 유사 개념으로 문맥에 따라 혼용하여 사용하고자 한다.

이 가장 효율적으로 실현되는 곳이 시장이다.

이런 입장은 현대 사회 영향에 있는 인간의 행동 패턴을 이해하는 데 매우 유용하다. 현대사회에서 보면 부모와 자식 간에도 이익을 따라 움직이는 경우가 대부분이다. 본래 인간은 진화생물학적 입장에서도 이익에 따라서 행동을 한다. 남녀의 만남과 결혼을 보아도 알 수 있다. 결혼이 과연 이타적인 행동인가? 오히려 결혼은 인간의 이익 추구 행동의 산물이다. 결혼하기 전의 일반적인 남녀의 행동과 심리를 살펴보면 남성은 가능한 결혼을 빨리하려고 하며, 여성은 가능한 연애 기간을 길게 가지려고 한다. 이런 행동의 이면에는 여성은 남성을 오랜 기간 관찰하여 2세를 충분히 양육하기 위한 경제력이 있는지, 가족을 부양하기 위해 필수적인 건강한 몸을 가졌는지, 2세를 양육하는 데 얼마나 헌신적인 마음이 있는지 등을 세밀하게 확인하기 위한 시간이 필요한 것이다. 반면에 남자는 오랜 시간 동안 연애를 하게 되면 최종적인 사랑을 얻기 위한 희생이 크며, 만약에 결혼에 실패하게 되면 많은 자원(돈, 시간 등)이 낭비되기 때문에 결혼을 서두르게 되는 것이다. 결혼한 후에 여자들이 많이 하는 말이 '오빠가 변했어'라는 말이다. 이 말을 하는 여성의 심리를 보면 나는 오빠에게서 이익을 얻기 위해서 결혼을 한 것이라는 것을 알 수 있다. 결혼하기 전까지는 남자가 여러 가지 것을 주겠다고 약속했으나, 결혼 후에 약속을 지키지 않는다는 것이다.

그렇다면 자식의 양육과정은 어떠한가? 옛날 어른들이 하신 말씀이 있었다. '외손주는 업어서 가고, 친손주는 걸려서 간다'는 말은 친손주와 외손주가 있을 때 친할머니 입장을 보면 모두 귀한 손주임에는 틀림이 없다. 그러나, 친손주보다 외손주가 더 귀하다, 아니 더 가깝다는 것이다. 왜 그럴까? 외손주는 내 딸이 낳았기에 나의 핏줄일 확률이 100퍼센트이지만, 친손주는 며느리가 낳았기 때문에 나의 핏줄일 확률이 50퍼센트로 줄어든다는 것이다. 그렇기에 외손주가 훨씬 가깝기에 예쁘게 보이는 것이다.

그런 예는 많다. 결혼하지 않아 자식이 없는 이모와 고모 중에서 이모가 조카를 더 많이 사랑하는 것도 같은 논리로 설명을 할 수 있다. 이종 조카는 나의 유전자 일부를 언니로부터 확실히 물려받았기 때문이다. 그러나 고모 입장은 고종 조카는 그렇지 않을 수도 있는 것이다. 이것도 알고 보면 나도 모르게 DNA가 내리는 명령에 따라 하는 행동이다. 그런데 DNA는 이기적으로 판단하고 행동을 한다[7]. 그 기준은 나의 DNA를 어떻게 해야 더 전할 수 있을까다.

학교 조직에서도 보면 많은 교직원이 행동할 때 대부분 자기 이익에 따라서 행동하고 사고한다. 그러나, 이런 행동을 비난하거나 욕할 필요가 없다. 본디 현대 사회를 사는 인간들의 대부분은 자기 이익에 따라 행동하기 때문이다. 오히려 자기 이익에 따라 행동을 하지 않는 사람이 이상한 것이다. 그런 사람은 언젠가 큰 물의를 일으킬 가능성이 크기 때문이다. 왜냐하면 그동안에 챙기지 못한 이익을 언제가 나중에 한꺼번에 챙길 가능성이 크기 때문이다. 그들이 교장의 뒤통수를 언제 칠 것인가? 기회를 엿보고 있을지도 모르는 일이다.

인간은 누구나 존중받고 싶어 한다.

진화생물학자 도킨스는 생물학적으로 보면 '인간은 DNA의 기계'라고 말한다. DNA가 명령한 대로 움직인다는 것이다. 또한, 생물 진화론 입장으로 보면 인간은 부모로부터 최고의 유전자를 물려받는다. 그렇기에 이 지구상의 약 70억의 인간 중에 동일한 얼굴을 가진 사람은 단 한 사람도 없다. 또한 인간이 태어나는 과정의 관점에서

7) 최근 니컬러스 크리스타키스는 〈블루프린트〉에서 뤼트허르 브레흐만은 〈휴먼카인드〉에서 도킨스의 이기적 유전자에 의문을 제기하는 인간본성을 주장하고 있다.

보면 인간의 정자와 난자가 만나는 과정은 엄청난 경쟁을 뚫고 수태가 되고 그 결과 한 인간이 태어난다.

한편 심리학적으로 보면 남에게, 혹은 자기 자신에게 자기의 어떠한 종류의 능력이 뛰어나다는 것을 인정받는 일은 자기가 생존할 이유가 충분하다는 것을 확신하는 일이다. 이는 자신이 가치 있는 존재라는 믿음, 다시 말해 나의 존재에 자신감, 자부심, 살아갈 맛을 느끼게 되어 삶의 목표까지 생기게 만드는 기제이다. 또한, 천부인권설에 의하면 모든 인간은 동일한 인격권을 가지고 있으며 법 앞에 평등하다. 이렇게 인간은 매우 소중한 존재이다. 이렇게 소중한 존재이기에 인정을 받고 싶어한다.

몇 년 전 2월에 직장 상사에게 자신의 험담을 했다는 이유로 여직원에게 시너를 뿌리고 불붙여 살해한 혐의로 이모(63)씨가 징역 22년을 선고받기도 했다. 이런 사례는 극단적이지만 직장 내 '뒷담화'로 인한 크고 작은 갈등이 이어지고 있다. 2018년 모 취업포털이 직장인 2천356명을 상대로 직장 상사로부터 받은 스트레스를 해소하는 방법으로 40.8퍼센트(복수 응답)가 '동료와 술을 마시며 뒷담화를 한다'고 꼽았다. 직장인 41퍼센트는 사내에서 뒷담화가 갈수록 늘어난다라고 생각한다는 조사 결과도 있다. 그만큼 직장 내에서 뒷담화가 만연해 있다는 방증이다. 직장인 김모(41)씨는 동료들끼리 만든 사회관계망서비스(SNS) 단체 채팅방에 절대 글을 올리지 않는다. 과거에 무심코 올린 짧은 글 때문에 발목을 잡혔기 때문이다. 김씨는 상사가 포함된 단톡방에 상사가 연차 휴가를 승인하는데 고까운 표정을 지었다고 험담했다가 상사의 눈 밖에 났다. 이후 상사는 뒷담화를 당할까 봐 일을 못 시키겠다면서 비아냥대는 바람에 김씨는 불편한 나날을 보내고 있다. 김씨는 별생각 없이 투정식으로 올린 글이 이런 결과를 불러올지 몰랐다며 뒷담화의 후폭풍을 제대로 겪었다고 진저리를 쳤다. 이와 같이 많은 직장에서 뒷담화로 고생을 하면서도 뒷담화는 끊이지 않고 지금도 하고 있다. 어쩌면 뒷담화는 인류가 태어날 때부터 시작되었다고 볼 수 있다.

그렇다면 왜 뒷담화는 줄어들지 않을까? 전문가들은 그 이유를 뒷담화는 '인정받고 싶은 욕망'에서 비롯됐다고 본다. 미국 철학자 존 듀이는 인간의 근원적 욕망은 인정받고 싶은 욕구라고 말했다. 인정에 목마른 이들이 뒷담화를 통해 관계를 형성하는 동시에 존재를 드러내고 인정·이해받고 있다. 카카오톡 등 SNS는 뒷담화의 욕망이 발현되는 수단으로 변질하기도 한다. 도대체 인정받고 싶은 욕구란 무엇이기에 이처럼 남녀노소를 막론하고 매달리는 것일까?

미국의 심리학자 윌리엄 제임스(William James)의 연구에 의하면, 인간이 가진 가장 깊은 욕구 가운데 하나는 타인으로부터 '인정받고 싶은 욕구'라고 한다. 이 욕구가 긍정적으로 작용할 때는 사람들에게 자신이 하는 일에 대한 의욕을 불러일으켜 주고 자신감도 높여준다. 하지만 부정적으로 작용할 때는 적절한 실력이나 능력을 갖추고 있지 않으면서도 타인의 인정만을 기대하기 때문에 내면에 불안감이 커질 수 있다고 한다. 인간은 선천적으로 자신의 생존 이유에 대해 늘 어떤 확신이 필요한 데 그 확신으로 인해 인간은 생존력을 완성하게 된다. '살고자 하는 의지'를 생존력이라고 할 수 있다면, 생존력의 완성을 위해 필요한 욕구 중 식욕과 수면욕이 인간의 생존을 위해 꼭 필요한 생리적 욕구고, 인정 욕구는 인간의 생존을 위해 꼭 필요한 '심리적 욕구'이다.

우리는 상대방으로부터 인정받고자 하는 욕구가 매우 크다. 그러하기에 그 욕구를 만족시켜 주는 것은 무엇보다 소중하다. '인정'은 정말 중요한 근본적인 욕구이다. 인간의 욕구를 연구한 철학자이자 심리학자인 매슬로우(Maslow)는 우선순위에 의해 정리된 5단계를 피라미드로 제시한 바 있다. 그것은 생리적 욕구, 안전의 욕구(개인적인 안정·고용 안정·건강·사고로부터의 안전 등), 애정과 소속의 욕구(우정, 사랑, 소속감, 유대감), 존경의 욕구(타인으로부터의 존중 욕구, 자기 존중, 성취 등), 그리고 자기의 발전을 계속하여 도모하는 자아실현의 욕구로 구분된다.

인간의 뇌는 살아남기 위해 가장 유리한 가치를 선택하며, 이타성은 뇌가 선택한 하나의 생존 전략이다. 김학진 교수는 〈이타주의자의 은밀한 뇌 구조〉에서 살아남기 위해 이타주의를 선택하는 뇌의 작동 원리를 설명한다. 동시에 인정 욕구를 건강하고 합리적인 이타주의로 발전시키는 방법을 논의한다. 뇌과학을 통해 자세히 들여다보면 지금껏 숭고한 가치로만 여겨졌던 이타주의의 본질이 서서히 드러난다. 김 교수는 인간은 이미 본격적으로 사회화가 이뤄지기 전부터 타인의 감정을 구분하며, 타인의 호감을 보상으로 환산할 수 있는 가치 계산 기제를 사용한다는 것이다. 또한 도파민 신경 세포부터 측핵, 편도체, 전전두피질 등 선택과 관련된 뇌 속 구조들을 하나하나 짚어가면서, 뇌에서 보상을 추구하고 위험을 회피하는 의사결정의 메커니즘이 어떻게 구성되어 있는지를 보여준다. 특히 '평판 관리 기제'로도 꼽히는 복내측 전전두피질이라는 뇌 부위를 통해, 우리의 선택 과정이 타인으로부터 인정받으려는 동기와 연결된 방식을 체계적으로 설명한다. '평판'이라는 말을 들으면 우리는 흔히 부정적인 의미부터 떠올리곤 한다. 평판에 민감한 사람을 기회주의적이고 타인의 시선을 의식하는 나약한 인간으로 여겨지기도 한다. 하지만 우리 뇌 속의 평판 관리 기제를 적절한 수준에서 사용한다면 긍정적인 사회적 행동을 가능케 하는 원동력으로 삼을 수 있다. 그는 이처럼 타인으로부터 인정받으려는 욕구가 대부분의 긍정적인 사회적 행동을 하도록 하는 데 매우 중요한 역할을 한다고 말한다.

대한항공 부사장의 땅콩 회항 사건, 백화점 VIP 고객의 갑질 횡포, 층간 소음으로 다툰 끝에 이웃을 살해한 사건……. 이러한 사례들을 해석하는 전문가들은 한결같이 설명한다. 현대인들이 분노를 조절하는 데 큰 어려움을 갖고 있다고 말이다. 그런데 한동안 우리 사회를 시끄럽게 했던 이 사건들의 공통점이 다름 아닌 '인정 중독'이라면 어떤가? 타인과 비교하여 자신의 지위가 상대적으로 높다는 사실을 확인하는 것은 적응 능력, 즉 생존 적합도를 판단하는 데 중요한 정보가 된다. 이러한 인식은 주로 타인으로부터 존중을 받으면서 지각된다. 그런데 인정 욕구가 증가함에 따라 이전과 동일 수준의 존중으로는 만족감을 느끼기 어렵게 되면, 점차 높은 수준의 존중을 요구하게 된다. 마치 약물 중독이 심해질수록 같은 효과를 위해 더 많은 약물을 원하는 것처럼, 인정 중독이 심해지면 더 많은 칭찬과 존경심, 혹은 경외감을 원하게 되는 것이다.

인간의 생존과 적응에 필수적인 인정 욕구가 자연스럽게 확장되어 나타난 건강한 도덕적, 이타적 행동은 그 이면의 동기를 이해한다고 해서 결코 사라질 수 없다. 자신의 신체 상태를 정확히 인식하면 건강에 해로운 습관을 피하기 쉬워진다. 이처럼 이타성과 공정성의 실체를 정확히 파악하는 일은 인정 욕구가 자신을 포함한 사회 전체를 파괴하는 것을 막아줄 수 있다.

나를 인정받기 위한 투쟁은 계속된다.

현대사회에서 인간들은 타자로부터 자신을 인정받기 위해서 투쟁을 벌인다. 목숨을 걸고 자기를 인정해달라고 투쟁을 한다. 목숨을 건 인정투쟁. 이것이 바로 헤겔이 〈정신현상학〉에서 말하는 자기의식의 핵심 개념이다. 독일의 철학자 호네트(Axel Honneth)는 헤겔의 인정투쟁 개념을 조금 더 발전시킨다. 호네트는 우리는 어느 특정 한 타자에게 인정을 받으려 하는 것이 아니라 사회적으로 일반적인 다수의 타자로부터 인정을 받으려 한다고 말한다. 그래서 우리는 가방끈 길게 매보겠다고 죽어라 공부하고 승진하겠다고 머리에 넥타이 졸라매고 상사 앞에서 재롱을 떤다. 그리고 먹을 때마다 사진을 찍어 SNS에 올리고 '좋아요' 숫자를 확인하고 유튜브 구독자 수를 매일매일 확인한다.

호네트는 우리가 이처럼 사회적 평판에 민감하게 반응하는 이유는 바로 우리가 일반화된 타자로부터 인정을 받기 위해서라고 말한다. 호네트는 인정에 대한 우리의 요구가 거부될 때 심한 모욕감을 느낀다고 말한다. 그래서 사람들은 모욕을 자신의 인정을 위한 도구로 사용하기도 한다. 타자와의 인정투쟁에서 자신이 인정받지 못할 때 타자에게 모욕감을 줌으로써 자신의 인정 욕구가 채워지는 듯한 효과를 가질 수 있기 때문이다. 그래서 갑질하는 것인지도 모른다. 갑질을 함으로써 상대방에게 모욕을 주고 그렇게 함으로써 자신이 인정을 받겠다는 거다. 이러한 과도한 인정 욕구는 우리를 불행하게 만든다. 인정 욕구는 채워지지도 않을뿐더러 설령 한번 채워진다고 해도 더 많은 인정을 욕구하게 되기 때문이다. 그것은 마치 갈증 난다고 바닷물을 마시면 더 강한 갈증이 나는 것과 같은 거다. 〈퀵 앤 데드(The Quick and The Dead)〉에서 레오나르도 디카프리오(Leonardo DiCaprio)는 자신이 빠른 총잡이라는 것을 아버지에게 인정받기 위해서 아버지와 결투를 벌인다. 결국 아버지의 손에 죽는다. 아버지 또한 자신의 빠른 총잡이라는 것을 타자들로부터 인정받기 위해서 아들과 결투를 벌인다. 그리고 아들을 죽인다. 과도한 인정 욕구의 결과가 죽음인 셈이다.

미드(Margaret Mead)가 분석한 바와 같이 내(I)가 타인을 통해서 인식된다는 것은 타인이 나(I)에 대해서 가지고 있는 나의 모습(me)을 인식하면서 나를 알게 된다. 하지만 타인에게 인식된 나(me)와 실제의 나(I)는 동일 모습은 아니다. 적어도 두 번의 굴곡 과정을 거치게 되는데, 타인에게 인식되는 과정에서 첫 번째 왜곡이 발생하며, 타인에게 인식된 나를 내가 알아가는 과정에서 두 번째 왜곡이 발생한다. 따라서 나(I)를 제대로 보기 위해서는 다양한 타인들에게 인식된 나(me)를 통합적으로 보는 노력이 필요하게 된다.

타인에게 인식된 나(me)는 나(I)의 일부분일 수밖에 없다는 점, 그리고 타인에게 인식되는 과정에서 왜곡될 수밖에 없다는 점에서 목적격 나(me)와 주격 나(I)의 간극이 발생한다. 그 간극을 줄여가기 위한 제반 활동이 필요한데, 이 과정에서 인정투쟁이 발생한다. '인정 운동'을 불러일으키는 힘은 '주격 나'의 통제할 수 없는 충돌이다. 이 충돌은 오로지 '일반화된 타자'의 동의를 얻게 될때 비로소 자유로워질 수 있다. 그러므로, 사람들은 이런 자유로운 상황에 다다를 때까지 주격 나(I)의 압력을 받게되어 일반적 규범들을 계속하여 해체하려는 시도를 하게 된다. 그러기에, 그들은 어떤 점에서는 인정관계의 확장을 위해 전력을 다하게 되는 심리적인 강제 상태에 놓이게 된다. 이렇게 '공동체를 풍부화'하기 위한 노력의 산물인 모든 사회적 실천을 미드는 사회심리학에서 '인정투쟁'이라고 부른다.

평등한 사회 속에서의 잉여 인간의 증가

현대사회는 계급이 사라진 무계급사회이며, 평등한 사회이다. 어떻게 보면 인간이 가장 꿈꾸어 왔던 사회가 도래하였다. 그런데 이런 사회가 왔으나 많은 대중은 행복하지 않다. 그것은 평등한 사회인만큼 더 존중을 받고 싶은 욕구는 더 강해졌으나 그 욕구를 충분히 충족시켜주지 못하기 때문에 그로 인하여 주관적으로 나는 쓸모가 없는 인간이라고 생각하는 잉여 인간이 점차 증가하기 때문이다. 다시 말하면 계급사회, 불평등 사회에서는 인간으로서 존중받고 싶은 욕구를 일찍 포기하고 작은 욕구를 소망하며 그것을 달성하면 행복해한다. 왜냐하면 그 욕구를 실현하기가 매우 어렵기 때문이다. 이런 모습은 행복 지수가 세계 1위~ 2위를 하는 네팔이라는 나라를 통해서도 알 수 있다. 왕족 국가인 이 나라는 1인당 국민소득(GNP)이 낮은 나라임에도 불구하고 행복 지수는 매우 높다. 이런 사례는 최근에 유행하고 있는 소확행[8]에서도 찾을 수 있다. 잉여 인간은 두 가지 원인으로 증가한다.

첫째, 내가 욕망하고 있는 집단, 자기 정체성을 규정 받고 싶은 집단에 소속되지 못하게 됨으로써 잉여 인간이 나타난다. 계급사회가 급속히 붕괴가 되고, 압축성장을 통한 급격한 산업사회가 도래하면서 교육을 통한 계층상승이 일어났다. 이러한 계층상승은 많은 사람에게 꿈을 주었다. 그러나 아이러니하게도 우리 사회는 오히려 이로 인하여 행복 지수가 가장 낮은 나라 중 하나가 되었다. 다시 말하면, 모든 사람이 의사가 되고 싶어 하며, 모두가 교수가 되고 싶어 하고, 모두가 판사가 되고 싶어 한다. 우리나라의 대학입시는 다른 모든 학

---

8) '소확행'은 '작지만 확실한 행복'을 뜻한다. 일본 작가 무라카미 하루키의 수필집 〈랑겔한스섬의 오후〉에 등장하는 말이다. 갓 구운 빵을 손으로 찢어 먹는 것, 서랍 안에 반듯하게 접어 돌돌 만 속옷이 잔뜩 쌓여 있는 것, 새로 산 정결한 면 냄새가 풍기는 하얀 셔츠를 머리에서부터 뒤집어쓸 때의 기분을 소확행이라고 했다. 1980년대 일본 버블 경제 붕괴가 불러온 경기 침체의 영향으로 소소한 행복을 추구하는 심리가 묻어나는 용어다. 〈트렌드 코리아 2018〉은 2018년 대한민국의 행복 트렌드는 소확행이라고 했다. 소확행을 추구하는 사람들은 좌절에 빠지기보다 실리를 추구한다. 값비싼 레스토랑에 가기보다 제일 비싼 편의점 도시락을 사서 수입 캔맥주와 함께 마시며 만족하는 현실적인 만족을 원한다. 소확행은 세계적인 추세다. 미국 브루클린에서는 '100m 마이크로 산책(Micro Walks)'이 유행이다. 매일 공간의 구석구석을 세밀하게 관찰하며 소소한 행복을 얻는 것이다.

과보다 전국의 의대의 점수가 높다. 모두가 자식을 의사로 만들기 위해 올인을 하기 때문이다. 집안에 최소한 한 사람은 의사가 있어야 하고, 최소한 한 사람은 변호사가 있어야 한다. 그로 인하여 그 꿈을 실현하지 못한 사람들은 자기 스스로 잉여 인간이 된다. 서울 강남에서는 자식이 국제중학교를 진학하지 못했다고, 특수목적고를 진학하지 못했다고 부모들이 자식을 투명 인간 취급을 한다. 너는 우리 집안사람이 아닌 잉여 인간으로 여긴다. 그로 인하여 많은 중학생, 고등학생이 수포자, 영포자가 된다. 이들은 일찍이 잉여 인간으로 전락한다.

둘째, 내가 욕망하는 집단에 소속은 되었으나 그 집단에서 영향력을 발휘할 수 없는 사람으로 전락하여 이로 인한 존재감 상실로 잉여 인간이 된다. 내가 속하고 싶은 집단에 일단 진입은 하였으나, 그 집단에서 그 집단의 중요 구성원으로서 의사를 결정하는 존재로 존중받지 못하거나, 동료들로부터 인정을 받지 못하여 사실상 그 집단에 소속되지 못하게 된다. 통상적으로 인간은 자기의 존재감을 윗사람을 통해서 또는 동료들을 통해서 규정되게 된다. 그런데 조직의 공공의 장소[9]에서 말할 수 없는 사람은 자기의 존재감을 타자가 일깨워주지 못하기 때문에 잉여 인간이 된다. 다시 말하면, 인간은 누구나 존중받고 싶어 한다. 인간은 누구나 겉으로는 무관심한 것 같으나, 속으로는 중요한 그룹에 속하고 싶어 하고 내 생각을 표현하고 실현하고 싶어한다. 그들은 인정을 받기위하여 인정운동을 하고 인정투쟁을 한다. 그러나, 그것이 이루어지지 않을 때 소외감을 느끼고 잉여인간이 된다.

9) '공공의 장소'라 함은 여기서는 조직에서의 정책을 결정하는 공식적인 회의, 조직의 공식적인 만남의 장소 등 공식화된 모임을 말한다.

잉여 인간의 빗나간 갈망의 표현들: 놀이, 냉소를 담은 뒷담화에 탐닉

잉여 인간들은 자기 자신이 조직으로부터, 집단으로부터 존중받고 있지 못한다는 상실감의 표현인 외로움을 수시로 느끼게 된다. 이런 외로움을 소비하기 위하여 놀이를 즐긴다. 그러나 놀이시간은 여전히 우리가 생활하는 데 여전히 요구되는 모든 고민과 활동으로부터 완전히 해방되어 오로지 나만을 위하여 문화를 자유롭게 쓸 수 있는 시간이 아니다. 즉, 놀이시간은 아직도 여전히 생물학적으로는 노동과 수면으로 쓰고 남은 시간이다. 놀이에 제공되고 있는 상품들을 보면 사용되고 교환되기 위해 존재하는 것이 아닌 다른 모든 소비상품과 마찬가지로 소비되어 없어질 운명에 있는 것이다.

잉여 인간들은 속할 곳을 찾는 방향성을 기준으로 세 부류로 구분할 수 있다. 첫 번째 부류는 속할 곳을 가정에 두는 부류이다. 따라서 이들은 자발적 잉여 인간이다. 가정을 가장 중요한 가치로 여기기 때문에 가정에서 존중받고 싶어 하고 가정에서 권력을 가지고 싶어 한다. 특히, 자녀의 성장과 발전에 가치를 둔다. '자녀의 성공 = 나의 성공'이다. 자녀의 성공을 자녀의 대학진학에 두고 있는 대한민국 현실에서 자녀의 국제중 진학이나 자녀의 특목고 진학에서 행복감을 느낀다. 결국 자녀의 SKY대 진학이 곧 나의 성공이다. 최근에 와서 이런 부류의 인간은 급속도로 증가하고 있다. 이것은 갈수록 격화되고 있는 취업 경쟁 속에서 가정을 지키기 위한 최후의 몸부림인지도 모른다. 이들은 가정에 우선 가치를 두기 때문에 직장의 중요성은 매우 낮아진다. 어쩌면 직장은 부차적인 수단으로 전락한다.

두 번째 부류는 놀이에 탐닉하는 인간으로서 자발적 잉여 인간이다. 이들은 인간을 놀이할 줄 아는 인간과 놀이할 줄 모르는 인간으로 구별 지우려고 한다. 인간의 행복이 놀이에 있다고 표현한다. 놀이는 생활 속의 이해관계를 떠나서 자발적으로 참여하는 목적이 없는 활동으로서 즐거움과 흥겨움을 동반하는 가장 자유롭고 해방된 인간 활동이다. 따라서 막연한 휴식은 놀이가 아니다. 일정한 육체적·정신적인 활동을 전제로 하며, 정서적 공감과 정신적 만족감을 바탕으로 이루어지는 활동이다. 인간으로서 삶의 재미를 적극적으로 추구하고 즐기고자 하는 의지적인 활동이다. 그러므로 놀이는 재미가 있어야 하고 다른 사람들을 끌어들이는 공감력이 있어야 하며, 모든 제약으로부터 해방을 해주는 자유스러움과 놀이 주체의 자발적인 참여가 보장되어야 한다.

사람들은 누구나 놀이를 즐긴다. 놀이를 즐기는 까닭은 재미있고 즐겁기 때문이다. 놀이의 즐거움을 통하여 생활 속에서 맞닥뜨리는 여러 가지 정신적 고통을 잊어버리고, 생업에 종사하는 동안 지쳐 있던 육체적 피로를 풀어내기도 한다. 이러한 놀이는 정신적·육체적 긴장을 이완시켜 주므로 생업을 보다 정열적으로 할 수 있는 새로운 활기를 불어넣어 주는 구실을 한다. 놀이는 이러한 기능 때문에 흔히 레크리에이션의 중요한 부분을 차지하기도 한다. 그것은 놀이가 피로를 풀어 주고 원기를 회복시켜 생활에 탄력을 주는가 하면, 삶의 기쁨을 표현하는 계기와 생활상의 열등감을 극복하는 기회를 제공하게 되어, 성숙한 삶을 위한 준비의 기능을 지니고 있기 때문이다. 그러나 놀이의 이러한 기능도 일을 전제로 하였을 때 상대적으로 발휘되는 것이다. 일하지 않는 상태에서 놀이에만 탐닉하는 경우 그 기능들이 발휘될 수 없다. 일하지 않는 사람들에게 놀이가 별 의미를 지니지 못하는 것도 이러한 사정 때문이다. 열심히 일하고 생업에 적극적인 사람일수록 놀이가 드세며, 흥이 오르고 신바람이 나는 놀이를 즐긴다. 이처럼 놀이와 일이 적절하게 조화를 이룰 때 놀이의 건강한 기능이 온전하게 발휘되고, 일의 능률도 올리게 되며 삶의 보람을 느끼게 된다.

놀이의 본질은 재미를 즐기는 데 있다. 따라서 재미가 없다면 놀이와 일이 별도로 구분되어 있다고 하기 어렵다. 같은 활동이 재미를 주는가, 주지 않는가에 따라 놀이일 수도 있고 일일 수도 있다. 어떤 사람에게는 일인 것도 특정한 사람에게는 놀이가 될 수 있다. 그 반대도 있을 수 있다. 춤추는 일은 어떤 사람에게는 놀이이지만 직업적인 무용수에게는 일이다. 직업적으로 춤을 추는 무용수에게는 놀이와 같은 재미나 자유로움을 춤추면서 느끼기 어렵다. 자기 신명에 의한 춤이 아니기 때문이다. 반대로 고기를 잡는 일은 어부에게는 일이지만 다른 사람에게는 놀이일 수 있다. 재미로 고기를 잡는 일을 즐기기 때문이다. 그러므로 자기 일에 만족하기 위해서는 자기 일에 재미를 붙일 필요가 있다. 자기 일에 재미를 붙이고 일하는 사람에게 그 일은 놀이나 다름없다. 아무리 훌륭한 놀이라도 재미를 느끼지 못하면 일처럼 따분하고 고된 노동이 된다. 마찬가지로 아무리 힘든 일이라도 재미를 느끼게 되면 놀이처럼 신바람 나는 오락이 된다.

세 번째 부류는 직장에 언제나 속하고 싶은 열망이 존재하는 부류이다. 이들은 비자발적 잉여 인간이기에 '일상생활에서 속할 곳이 없음'이 속할 곳을 찾는 열망 자체가 없다는 것을 의미하는 것은 아니다. 이들은 직장의 주변부로 버려진 사람들, 절박한 상황 속에 놓인 존재다. 이들은 각 학교에 모두 존재한다. 어쩌면 이들은 자발적 잉여 인간보다 훨씬 더 위험하다. 이들은 속할 곳을 주는 자를 열심히 찾아 헤매고 그에게 추종과 충성을 바칠 각오는 항상 준비되어 있다. 즉, 속할 곳으로의 통로를 열어주는 자, 속할 곳으로 채널을 열어주는 자에게 열광한다. 그런데 이들은 겉으로는 집단에 무관심한 척하면서, 심지어는 냉소주의 경향마저 띤다. 이들은 대부분 직장, 집단에서 자연스럽게 뒷담화[10]에 빠져들게 된다. 그러면서 직장에서 빅마우스[11])를 만들어 낸다. 그런데 빅마우스는 이런 귀중한 자리보전을 위해 대부분 작은 소그룹별로 대화를 나눌 때 심심하지 않을 간식거리를 준비하여 사람들을 불러 모은다. 그리고 작은 단서 하나를 가지고 거창한 소설을 창작한다. 같은 직장에서 사람을 만날 때마다 소설 같은 이야기들을 재생산해 내어 여론을 만들어 낸다. 즉, 직장에서 주류에 속하고 싶었으나 비자발적으로 주변부로 밀려난 잉여인간들은 뒷담화를 통해 열심히 이야기를 만들고 그것을 확산시켜 학교내 여론을 형성한다.

유발 하라리(Yuval Noah Harari)에 의하면 우리의 언어가 진화한 것은 세상에 대한 정보를 공유하는 수단으로서였다고 주장한다. 하지만 여기서는 전달할 가장 중요한 정보가 사자나 들소에 대한 것이 아니라 사람에 대한 것이다. 인간의 언어가 진화한 것은 소문을 이야기하고 수다를 떨기 위해서라는 것이다. 이 이론에 따르면, 호모 사피엔스는 무엇보다 사회적 동물이다. 사회적 협력은 우리의 생존과 번식에 핵심적 역할을 한다. 개별 남성이나 여성이 사자와 들소의 위치를 아는 것만으로는 충분치 않다. 그보다는 무리 내의 누가 누구를 미워하는지, 누가 누구와 잠자리를 같이하는지, 누가 정직하고 누가 속이는지를 아는 것이 훨씬 더 중요하다.

---

10) 영어로는 "Backbite", 명사형으로는 "Backbiting". 뒤에서 헐뜯는다는 표현이다. 1990년대 초반까지도 "뒷다마 깐다"라는 비속어가 2000년대 중반 이후 "뒷담화"로 순화되어 정착된 것이다. 담화라는 단어는 '이야기', '대화', 혹은 정치적인 발언 등에 가까운 의미다. 다마에서 알 수 있듯이 당구 용어에서 유래하였다. 4구 당구에서 "두번째 적구를 정면으로 맞추지 않고 코너를 한번 돌아 나와 뒤쪽부터 맞추는 것"을 "뒷다마(뒷+일본어 球)를 깐다"라고 부르는 데서, "싫은 사람에게 직설적으로 말 못 하고(정면으로 맞추지 못하고) 다른 사람에게 흉을 보는(코너를 돌아 맞추는) 행위"를 뒷다마로 비유하게 된 것이다. 2000년대 초등학생 사이에선 '뒷땅'이란 말도 쓰인 적이 있는데 아마도 어린이들이 '뒷다마'라는 단어의 구조를 잘 이해하지 못하고 사용한 것으로 보인다. 반대말로 일부러 들리게 뒷담화를 까는 것을 일컫는 '앞땅'이란 단어도 있었다.

11) 사전적 의미는 수다쟁이, 허풍쟁이, 입이 가벼운 사람이나, 우리 사회에서는 이런 세 가지 의미를 포함하여 조직 내 여론을 형성하는 사람이란 의미로 사용된다.

뒷담화는 악의적인 능력이지만, 다른 측면에서는 조직에 많은 숫자가 모여 협동하려면 사실상 꼭 필요한 것이다. 현대 사피엔스가 약 7만 년 전 획득한 이 능력은 호모 사피엔스가 몇 시간이고 계속해서 수다를 떨 수 있게 해주었다. 누가 신뢰할 만한 사람인지에 대한 믿을 만한 정보가 있으면 작은 무리는 더 큰 무리로 확대될 수 있다. 이는 사피엔스가 더욱 긴밀하고 복잡한 협력관계를 발달시킬 수 있다는 뜻이기도 하다. 심지어 오늘날에도 의사소통의 대다수는 남의 얘기다. 이메일이든 전화든 신문 칼럼이든 마찬가지다. 이것은 매우 자연스러운 현상이라, 우리의 언어가 바로 이런 목적으로 진화한 것처럼 착각할 정도다. 예를 들면 역사학 교수들이 함께 점심을 먹을 때 제1차 세계대전의 원인에 관해 대화할 것 같은가? 핵물리학자들이 휴식 시간에 쿼크(quark)에 대한 과학적 대화를 나눌 것 같은가? 물론 그럴 때도 있겠지만, 대개는 남편이 바람피우는 것을 적발한 교수, 학과장과 교수 사이의 불화나 루머 등을 소재로 한 뒷담화를 떠든다.

현대 사피엔스는 오늘도 조상으로부터 물려받은 능력을 직장 어딘가에서 열심히 발휘하고 있을 것이다. 그래서 조직에서 CEO는 외롭다. CEO는 뒷담화의 주인이 될 수 없기에 오늘도 CEO는 꿈을 꾼다. 다른 회사의 CEO를 만나 실컷 뒷담화할 수 있는 시간을 갖기를, 내 부하에 대해 다른 회사의 CEO에 대해 때론 회장님 뒷담화를 할 수 있기를 꿈꾼다.

제 3 장 한국인의 특성은?

어떤 민족의 민족성을 이야기하는 것은 매우 위험한 일이다. 특히, 동양 민족에 대한 언급은 잘못하면 오리엔탈리즘이나, 식민주의 사관으로 폄하되거나 비판을 받을 수 있기 때문이다. 그러나 우리가 일상생활에서 다른 사람의 집을 방문하는 경우 특히 아파트일 경우 아파트의 문을 열면 바로 그 집만의 독특한 냄새를 느끼게 된다. 그런데 놀라운 사실은 그 집에 계속해서 사는 사람은 그 냄새를 잘 모른다는 것이다. 운동 경기에서도 그런 모습은 쉽게 찾아볼 수 있다. 야구 경기를 보면 투수마다 공을 던지기 전 자기만의 독특한 투구 버릇이 있다. 어떤 선수는 모자를 만지고, 어떤 투수는 얼굴의 땀을 닦고, 어떤 투수는 몸을 좌우로 흔들고, 어떤 투수는 발바닥을 여러 번 터는 등 그 양상은 다양하다. 이처럼 우리는 이런 것을 일상적으로 경험하고 있다.

마찬가지로 우리가 다른 나라를 여행할 때 그 나라 사람들만의 독특한 특성을 발견하게 된다. 예를 들어 유럽을 여행하는 경우 독일에서는 많은 사람에게서 무뚝뚝한 표정을 읽을 수 있다. 심지어는 어떤 경우에는 상대방을 노려본다는 말이 적당할 정도의 무뚝뚝한 표정으로 보여 무서운 감정마저 느낀다. 반면에 이탈리아를 여행할 때는 다른 상황을 맞이하게 된다. 거의 예외없이 사람들의 표정이 밝고 다양하다. 물론 관광이 국가의 수입에서 중요한 비중을 차지하기에 외국인에게 친절하다고 생각할 수도 있다. 그러나, 그들은 사람을 보면 비교적 쉽게 웃는 표정을 짓고, 특히 손동작이 매우 다양하며, 심지어는 손동작이 현란하다는 생각마저 들게 된다.

이런 것은 동양을 여행하면서도 느낄 수 있다. 일본을 여행하는 경우 세계 사람들이 공통으로 이야기하는 것처럼 친절함을 느낄 수 있다. 외국인이 말하면 높은 톤으로 '하이', '하이'를 외친다. 그래서 세계 사람들이 일본인은 친절하다고 말한다. 한편, 외국인들이 한국사람에 대해서는 '성격이 급하다', '정이 많다'라고 이야기한다. 따라서 이런 것들을 종합해보면 민족성이라고 명백하게 규정할 수는 없으나 그 나라 사람들의 경향성이 있는 것만은 부인할 수 없다.

그런 측면에서 한국인의 특성을 살펴보고자 한다. 한국인의 특성에 대한 연구는 여러 사람이 연구했지만, 그중에 핸더슨, 오구라 기조, 함재봉, 허태균 등이 있다. 핸더슨은 〈소용돌이의 한국정치〉를 통해 한국정치의 특성을 밝혔다. 일본인 오구라 기조는 한국 철학을 내재적으로 접근하여 서술한 〈한국은 하나의 철학이다〉에서 주자 성리학자로서의 한국인에 대한 장단점을 동시에 제시하였다. 유학자 함재봉은 〈한국인 만들기〉 등의 저술에서 한국인이 형성된 역사적 계보를 밝혔다. 심리학자 허태균은 〈어쩌다 한국인〉에서 한국인의 심리학적 성격을 논했다.

한국인은 정의를 추구한다.

한국 사람은 정의를 추구하는 사람들이다. 세상에 옳음을 추구하지 않는 민족은 없다. 그러나, 한국 사람들의 옳음에 대한 추구, 집착은 남다르다. 그러한 흔적들은 자연스럽게 언어에 녹아 있게 되는데 그 좋은 증거를 우리가 평소 사용하는 말에서 찾을 수 있다. 대표적으로 일상생활 속에서 우리가 자주 사용하는 말 중 하나가 그럴 리가 없다. 그 사람이 그럴 리가 있느냐? 등의 말이다. 그런데 중요한 것은 이렇게 누구나 자주 아무런 거리낌도 없이 사용하는 이 말속에 성리학이 들어있다는 것이다. 여기서 '리'는 주자학의 이기론(理氣論)에 나오는 '리(理)'이다. 이기론에서의 리란 원리이고 옳음이고 명분인데, 이 리가 우리의 정신이라고 할 수 있는 일상의 언어 속에 깊이 뿌리가 박혀있다. 그런데 우리는 이 리를 우리 고유어로 착각을 하고 있다.

우리가 부지불식간에 자주 사용하는 표현 중에 합리적으로 생각을 해봐라, 비리를 저지르지 말라는 말이 있다. 또한 이론, 이치, 이유 등을 생활에서 자주 사용하고 있는데, 이 또한 그 안에 리를 품고 있다. 합리(合理)란 리(理)에 맞음이고, 비리(非理)란 리(理)가 아님이다. 이론(理論)이란 리(理)를 논함이고, 이치(理致)란 리(理)에 다다름이며, 이유(理由)란 리(理)로 말미암음이다. 우리가 이렇게 자주 사용하는 단어에 리가 들어있다. 이것은 우리가 사용하는 이런 말들은 우리에게 리의 정신을 무의식 중에 각인시킨다.

리란 무엇인가? 리는 유교, 그중에도 주자 성리학의 핵심 개념으로서 인간 본성에서 우러나오는 도덕적 감정이다. 남을 불쌍히 여기는 측은지심, 자신이 옳지 못함을 부끄러워하고 남의 옳지 못함을 미워하는 수오지심, 겸손하여 남에게 양보하는 사양지심, 잘잘못을 분별하여 가리는 시비지심의 사단이 그것이다. 여기서 측은지심과 사양지심은 다른 사람과의 정서적 연결과 관련이 있다. 반면에 수오지심과 시비지심은 옳고 그름을 따지는 감정이다. 이런 이기론을 조선 시대 통치의 기본 철학으로 받아들였다. 이렇기에 한국 사람은 타인과의 정서적 유대와 함께 '옳고 그름'을 따지는 도덕적 감정을 인간이 되기 위한 근본 전제로 삼았음을 알 수 있다.

리(理)와 대비되는 것은 '기(氣)'다. 그것은 인간의 본성이 사물을 접하면서 표현되는 자연적인 감정이다. 그것은 희노애구애오욕, 즉 기쁨(희), 노여움(노), 슬픔(애), 두려움(구), 사랑(애), 미움(오), 욕망(욕)의 일곱 가지를 말한다.

기는 불완전하여 선하지 않음과 옳지 않음으로 갈 수 있다. 리는 곧 선함이며, 옳음이어서 인간은 리를 옳음을 추구하는 존재이며 인간이라면 당연하게 옳음을 추구해야 한다. 조선 시대 이후 한국 사람은 이러한 성리학의 통치 이념이 오랜 기간 유지되어 오면서 '해야 한다'라는 강박 관념에 매몰되어 왔다.

옳음, 명분으로서의 리를 추구해온 한국인에게는 어떤 면에서는 훌륭한 장점이다. 그것은 명분에 강하다는 것이다. 우리는 이것을 잘 인식하고 있지 못할 수도 있으나, 외부인의 눈에는 그것이 잘 보인다. 일본인 오구라 기조는 그 예를 2002년 월드컵 유치 경쟁 과정을 통해 이야기한다. 2002 월드컵 유치전은 일본이 먼저 뛰어들었지만, 이후에 한국이 끼어들면서 일본을 압도하게 되고 결국 한국과 일본이 공동으로 개최하게 되었다.

월드컵 개최 전에 늦게 뛰어든 한국이 그렇게 할 수 있었던 요인은 무엇이었을까? 그것은 한국이 명분 싸움에서 강점을 발휘했기 때문이라고, 오구라 기조는 말한다. 그는 말하기를 "한국은 월드컵을 한국과 북한에서 동시에 개최하게 되면 '남북통일과 동아시아의 평화에 기여할 수 있다'라는 장대한 기상과 큰 계획의 의지가 넘치는 제언을 했다. 반면에 일본에는 그런 대의명분이 없었고 단지 '세계 일류의 플레이를 눈으로 직접 보고 싶다'라는 욕망만이 있었다." 오구라는 "메시지란 대외명분이다. 메시지가 없는 자가 세계를 바꿀 수는 없다"라고 말한다.

리는 맹자의 핵심 사상인 데, 맹자의 이런 사상은 중국에서는 큰 주목을 받지 못했다. 맹자는 춘추전국시대에 명성을 떨친 여러 학자 중 한 명일 뿐이었다. 중국 사람이 버린 맹자를 주자를 거쳐서 조선의 통치 이념과 유학의 주류가 되면서 조선인에게 내면화됐다. 그 결과 중국인 학자인 맹자는 중국인보다 한국인들에게 더 친숙해졌다. 맹자는 민이 천을 끌어 내릴 수도 있다는 혁명의 사상가여서, 역대 중국의 왕으로부터 환영을 받지 못했다. 그런데 주자가 〈사서집주〉를 쓰면서 유학자가 읽어야 할 책으로 〈논어〉 〈대학〉 〈중용〉과 함께 〈맹자〉을 꼽으면서 맹자가 역사적으로 복권된 것이다.

맹자를 복권을 시킨 주자의 성리학은 조선의 건국이념이 되었고 조선사람의 사상이 되었다. 도올 김용옥은 〈맹자〉라는 책을 정몽주가 원나라에서 구해 정도전이 이성계에게 읽도록 하여 혁명에 나서도록 한 책이라고 설명한다. 또한, 김용옥은 그가 저술한 책 〈맹자, 사람의 길〉 표지에서 조선 왕조는 〈맹자〉로 건설되었고 〈맹자〉로 유지되었다. 한국인의 대장부 기질, 그 호연지기와 그 언어가 〈맹자〉를 모르면 이해할 수 없다고 쓰고 있다.

명나라가 무너지고 청나라가 건국되어 양명학이 중국에서 유행할 때도 조선은 '소중화(小中華)'를 자처하며 주자의 성리학을 고수했다. 그런 측면에서 보면 조선은 다른 어느 나라보다, 심지어는 중국보다도 더 주자학을 내면화한 나라다. 우리나라에서는 유교 경전하면 사서삼경을 뜻하지만 정작 중국 사람들에게는 유학의 십삼경이 있을 뿐 사서라는 개념은 없다. 맹자와 맹자의 옳음 사상이 한국 사람들에게 큰 영향을 주었다. 미국의 철학자 마이클 샌델이 쓴 책 〈정의란 무엇인가〉가 한국에서 유달리 베스트셀러에 오른 것도 옳음이 한국인의 머릿속에 각인되어 있기 때문이다.

주자의 성리학을 내면화한 국가의 국민은 외국인의 눈으로 보면 매우 특이한 행동 양식을 갖는다. 이런 한국인의 특성을 몸으로 체험한 사람이 오구라 기조다. 그가 보기에 한국 사람들은 모두 옳음을 추구하는 도덕주의자로 보고 있다. 그는 "한국인의 일거수일투족이 모두 주자학이었다"라고 말한다. 그는 "한국인은 비뚤어진 것에는 올곧은 것으로 맞서고, 올곧은 것을 상대할 때는 올곧음을 겨룬다. 상대보다 자신이 올곧으면 상대방의 정신적 주인이 되고, 그 반대의 경우에는 상대방에게 동화되려고 한다"라고 주장한다.

제도는 현대화되어 있으나 의식은 전통적 가치관과 현대적 가치관이 얽혀있다.

심리학자 허태균은 그의 책 〈어쩌다 한국인〉에서 한국 사람의 현재 심리를 '사춘기'라고 표현했다. 사춘기란 성숙한 어른이 되기 전에 거치는 '질풍노도의 시기'를 말한다. 한국 사람들이 전통의 가치관과 현대의 가치관 사이에 혼돈을 느끼고 있다는 것이다. 함재봉도 그의 책 〈유교, 자본주의, 민주주의〉에서 한국은 전통의 예절을 잃어버렸고 새로운 예절은 아직 정립되지 않았다고 지적한다. 그는 지난 100년에 걸친 근대화 과정에서 근대의 사적 개인과 유교적 군자의 두 가지 정치적 인간형이 끊임없이 충돌을 일으키면서 한국인의 정치적 사고를 규정하여 왔다며, 우리는 자유주의를 이상으로 삼고 있는 동시에 도덕 정치도 요구하고 있다. 이것은 과연 가능한지를 묻고 있다.

이러한 가치관의 충돌은, 예컨대 정계에서 자주 볼 수 있다. 서구적 민주주의를 운용하는 데 필요한 총리를 비롯한 장관 중, 많은 사람이 유교적 도덕 기준을 맞추지 못해서 청문회를 통과하지 못한다. 그러나 이것은 정계에서만의 일이 아니다. 국민의 일상에서도 이런 갈등은 끊임없이 일어난다. 서구의 갈등이론을 무턱대고 한국 사회에 적용되기 어려운 것은 이 때문이다.

유교적 도덕, 정의 등으로 무장한 한국 사람들은 일상의 언어생활에서 치열하기에 갈등도 심하다. 그리고 그 갈등이 자주 '가치관 갈등'의 형태로 드러나며, 특히 '감정'의 문제로 발전되는 경우가 많다. 이런 한국인의 갈등 특성은 드라마에서도 나타난다. 한국 드라마에서는 뺨을 때리는 장면이 자주 나온다. 뺨을 때리는 것은 '너는 부도덕한 사람이야'라고 말하는 행동의 표현이다. 일본인 오쿠라 기조는 이렇게 자신만의 도덕으로 무장한 캐릭터들 때문에 한국 드라마는 '매우 드라마틱하다'라고 말한다.

이런 양상은 실제의 우리의 삶에서도 엿볼 수 있다. 말다툼이나 논쟁을 하다가도 '너 몇 살이야?'라며 이 상황과 전혀 맥락이 없는 말을 불쑥 꺼낸다. 이것은 일종의 위계성을 드러내며 위압을 가하는 모습이다. 허태균은 이것을 '가족확장성', 즉 우리는 모두 한 가족이며, 고로 연장자를 우대해야 한다는 생각을 일반적인 생활 속으로까지 받아들이고 있다는 증거라고 말한다.

이런 현상은 물건을 사고파는 가게 등에서도 볼 수 있다. 물건을 사려고 하다가 종업원의 태도가 마음에 들지 않으면 손님이 갑자기 소리를 치르며 내가 누군지 알아?라며 위력을 행사하려는 태도를 보인다. 이런 모습은 구시대적인 행태다. 이 말은 내가 리(理)를 실현하는 사람이다, 이 사회에서 리(理)를 실현하는 권력 집단과 나는 굵은 줄을 가지고 있다는 말이며, 그러니, 너는 내게 무릎 꿇어야 한다는 뜻이다. 현재 상황에서는 옳고 그름과 같은 기나긴 논쟁은 닥치고 내가 옳으니 너는 무조건 나에게 굴복하라는 뜻이 포함되어 있다. 한국의 많은 제도는 매우 현대적이다. 그러나, 의식은 아직도 전통과 근대에 머물러 있다. 이런 이유로 직장에서 갈등이 잠재되어 있다.

학교에서 큰 행사를 마치면 교장은 고생한 선생님들과 회식을 한다. 그동안의 고생한 것에 대한 상찬의 의미와 함께 그 행사를 진행하면서 쌓인 피로와 스트레스도 풀어 주면서 행사에 대한 평가회를 겸하여 선생님들과 소통하려는 의미다. 그러나, 선생님들에게는 회식 자체가 스트레스다. 그것은 학교에서는 학생들을 가르치고 나면 힘든 상황에서도 학부모의 민원, 학생상담 그리고 행정업무를 해야 하기 때문이다. 힘든 업무를 하다가 퇴근을 하면 자녀 양육을 하는 등 하루 동안 힘든 생활을 한다. 이런 교사들에게 회식은 그 자체가 오히려 스트레스다.

교장은 회식을 통해 소통하려고 한다. 그러나, 정작 교사들은 회식 때 교장에 대한 '어려움'으로 평소에 하고 싶었던 이야기, 행사를 추진하면서 겪게 된 힘들었던 것에 대한 자신의 생각을 명확히 말하지 못한다. 사실 '어렵다'라는 말은 외국어로 번역하기 힘든 한국어 고유의 언어다. 상사가 어렵다는 것은, 상사가 싫거나 상사가 무능하다는 것이 아니라 오히려 상사가 능력이 있고 좋지만 그렇기에 오히려 소통이 수월치 않음을 의미한다. 이는 수직적 질서, 상사나 연장자에 대한 예의를 강조하는 한국문화의 독특한 점이다. 유능한 교장은 학교 내의 이런 문화나 상황을 재빨리 알아채고 그 바탕에서 원활한 소통을 위해 학년 배정, 업무분장, 회식 문화 등을 바꾸어가야 한다.

진영 간의 논쟁은 넘쳐나나 제도의 개선에는 관심이 적다.

한국 사람들에게는 인종 갈등이나 종교 갈등이 없다. 한국 사람들은 단군 이후 5,000년 역사로 표현되는 공동체 의식도 공유하고 있다. 그런데도 한국에는 언론에 갈등을 전하는 뉴스가 가득하다. 진영에 따라 각기 몇만 명이 모여 서로 반대되는 주장을 내세우며 집회하는 풍경은 다른 어느 나라에서는 찾아보기 어렵다. 객관적인 갈등 요인은 잘 보이지 않는 데도 갈등이 심한 이유는 무엇일까? 그것은 '옳음의 추구'로부터 기인하는 상대방에 대한 '비판 정신'에 기반을 둔 한국 철학에서 유래한다.

비판 정신 이것은 한국 사람들의 위대함의 하나다. 왕의 전횡이나 독재를 견제하기 위해서 끊임없이 비판해야 한다는 정신 때문에 조선 왕조는 나름의 도덕률을 지킬 수 있었고, 약 500년을 이어갈 수 있었다. 1987년 권위주의 정권에 대한 항거도 그런 정신에서 비롯됐다. 사실은 산업화를 이룬 정신도 같은 철학에서 나왔을 것이다. 오구라 기조는 '한국은 하나의 철학이다'라고 주장하고 있다. 그런데, 하나의 철학을 가지고 있는 민족이 이룬 두 업적이 서로 다른 정신에서 나왔을 리가 없다는 것이다.

그러나, 그 위대한 비판 정신은 때로는 한국 사람에게 부정적 측면을 초래한다. 비판이 내 편이나 우리 가문의 이익을 위한 방편으로 전락할 때 그 결과는 전혀 다른 결과를 초래한다. '옳음'을 위한 투쟁과 '우리 편의 이익'을 위한 투쟁 사이에는 경계는 모호하며, 현실에서 사람들은 자주 경계선을 넘는다. 그런데, 경계를 넘지 않으려는 필요한 성찰은 보이지 않는다. 핸더슨은 한국 정치의 이런 측면을 소용돌이에 비유한다. 한국의 정치는 모든 것을 쓸어버리는 소용돌이와도 같아서, 별 의미도 없는 '정치투쟁으로 나라에 남아나는 것이 아무것도 없다'라는 것이 '소용돌이 정치'의 핵심이다. 핸더슨의 이런 주장은 한국 사람의 철학에 대한 몰이해로부터 비롯된 면이 있다는 사실은 부정할 수 없다. 그러나 공리공론으로 시간을 허비한다는 말은 한국 사람들이 스스로 한국 사람을 비판할 때 쓰는 단어이기도 해서 전혀 틀린 말은 아니다. 핸더슨은 1987년 현재 세계에서 가장 오래되고 지속된 정치 체제를 가진 나라 중 하나인 한국에 어째서 7년 이상 지속된 정당이 현재 하나도 없을까?라는 질문을 던진다. 한국에서 창당이나 당명의 개칭은 추상적 이념보다는 명망가들의 이합집산에 의해서 이루어진다. 언론에서도 정치를 묘사하는 단어들도 나라의 정책이 아니라 정치인의 이합집산에 집중된다.

한국 정치의 부정적인 측면 중 하나는 계파 간의 투쟁, 정당 간의 투쟁이 치열한 한국 정치에서 제도나 시스템에 대한 고민은 묻혀 버린다. 여당과 야당은 과거의 여당과 야당이었을 때 자신들의 주장을 아무 성찰도 없이, 논리도 없이, 그때와 지금의 주장이 왜 바뀌었는지에 대한 아무런 설명도 없이 손바닥 뒤집듯이 뒤집는다. 이에 대한 문제를 제기하면 다른 당으로 가라고 하거나, 심지어는 북한으로 가라고 하거나, 친일파라는 비난을 한다. 2020년 새해 벽두에 열린 토론회에서 한 패널은 이렇게 말했다. 대한민국처럼 미디어가 과잉 정치화된 나라도 없다. 그러면서도 거기에 정치적 내용은 없다. 프랑스 철학자 기 소르망은 동아일보의 '신년 석학 인터뷰'에서 한국 정치는 복수에 함몰된 내전을 벌이고 있다며 한국 현실을 안타깝게 생각했다.

이런 행태의 배경에는 인간관계를 중시하는 태도, 그리고 그에 기반한 '진영논리'가 그 바탕에 있다. 내가 존경하는 우리 선생님은 항상 옳다, 우리 편은 옳고 상대편은 틀리다는 정치적 부족주의가 강하다. 이런 특성은 우리와 그들이 만나서 만들어내는 객관적 상황이나 문화, 제도, 시스템에는 관심을 기울이지 않는다. 사람을 중시하는 한국의 철학은 어디에서건 사람을 원인으로 지목하려고 한다. 불행한 사건이 발생하면 희생양을 찾는 데 온 관심을 쏟아붓는다. 나쁜 놈을 찾아서 벌하여 정의를 실현하려는 욕구는 강하지만 '나쁜 시스템'을 고치는 데는 그만한 관심과 열의를 가지지 않는다. 우리는 세월호 사건이라는 비극적 사건을 거쳤다. 그리고 그 원인에 대하여 오랜 기간에 걸쳐 많은 조사를 하였고, 그에 따른 많은 예산을 들여 시스템도 고치고 제도도 정비했다고 하였다. 그러나, 다시 비극적인 이태원 참사가 발생하였다. 이번 '이태원 참사'를 보면서 세월호 사건으로 대통령이 탄핵되고, 정권이 바뀌었음에도 거기에서 제대로 된

교훈을 얻지 못하고 확실한 제도의 개선은 없었음을 알 수 있다.

히딩크는 이런 한국 사람들의 장단점을 간파하고 한국 축구의 문화를 바꿈으로써 큰 효과를 거두었다. 단체 운동인 축구는 선수들 간의 소통이 팀워크를 위해서 매우 중요하다. 그런데, 선배 선수의 이름을 부르는 것을 불경한 행동으로 여기는 한국 축구 문화 때문에 운동장에서 소통이 제대로 이루어지고 있지 않다는 사실을 간파하였다. 그래서 그는 선배건 후배건 이름을 부르도록 한 것이다. 히딩크는 이렇게 하나 하나 한국의 축구 문화를 바꾸었고, 거기에 자신의 축구 전략을 입혀서 월드컵 4강의 신화를 이루어냈다. 마찬가지로 교장은 학교경영을 할 때 의견을 충분히 경청하며, 비판도 겸허히 듣고 부족한 점을 재발 방지를 위한 제도화에 신경을 써야한다.

제 2 부

학교 조직의 특성

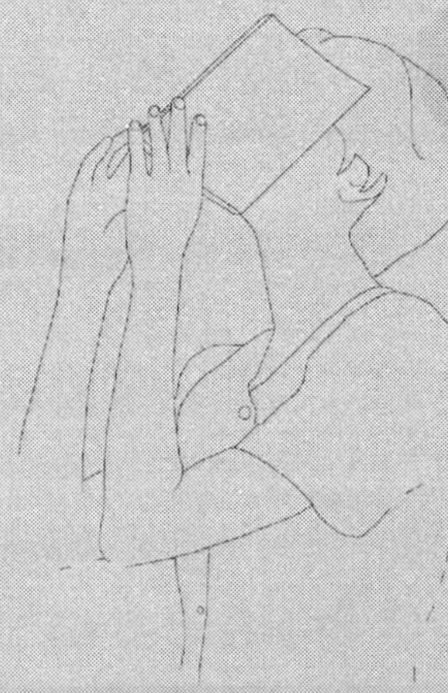

제4장 다양한 직렬 간의 불안한 동거

'교육부 – 시·도 교육청 – 시·군·구 교육지원청 – 학교(교장-부장-교사)'라는 관료제화된 구조 속에서 효율성을 추구해야만 하는 교장

대한민국 학교는 커다란 관료제라는 생태계 속에 속해 있다. 현재 대한민국 교육은 '교육부 – 시·도교육청 – 시·군·구 교육지원청– 학교'(교장–부장교사–교사)라는 관료제 시스템으로 움직여지고 있다. 이것을 가장 보여주고 있는 자료가 있다. 초등학교에는 통상적으로 두 개의 학교가 존재한다. 하나는 정식학제에 의한 학교가 있고, 다른 하나는 법제에도 없는 방과후 학교가 있다. 교육부에서 학교에 정기적으로 요구하는 자료가 있다. 그중에 하나가 방과후 학교에 대한 통계자료인데 이 자료를 보면 교육부가 학교에 대해서 얼마나 많은 통제를 하고 있는가를 알 수 있다.

모든 정권이 들어서면서 항상 하는 말이 있다. 단위학교에 자율권을 주겠다는 것이다. 그러나, 지금까지의 단위학교 회계관리시스템을 제외하고는 그 어떤 것도 실질적으로 학교에 경영자율권을 준 적이 없다고 할 정도로 미미하다. 왜 이런 것들이 지속적으로 반복되고 있는가? 두 가지 차원이라고 본다. 첫째, 우리의 독특한 행정문화에서 기인한다. 우리의 행정문화는 아직도 근대적인 정치·행정 일원론에 머물러 있기 때문이다. 즉, 행정이 정치에 종속되어 있기에 여의도 중심의 행정이 이루어지고 있다. 국회의원들이 시골 학교의 방과후 학교에서 무슨 과목이 어떤 내용으로 이루어지고 있으며 강사료가 얼마인지까지 알려고 한다. 왜 알려고 할까? 방과후 학교의 정책 고민을 하기 위하여 알려고 하는 것이 아니다. 무엇인가 다른 의도가 있다.

우리 사회는 유교 중심의, 가족 중심의 보여주기식 문화[12]이다. 많은 사람이 출세하려는 목적 중 하나가 가족에게 보여주기 위해서, 동네에 보여주기 위해서, 문중에 보여주기 위해서이다. 이런 문화로 인하여 국회의원이 되면 국민을 위해서, 시민을 위해서 일하는 것보다는 먼저 가족과 동창과 문중에 나의 출세한 것을 보여주려고 한다. 그런데 국회의원들은 앞에서 언급한 바와 같이 정책을 통해 국민의 삶, 학교 교육의 질을 개선하기보다도 나의 힘, 권력을 보여주려고 하다 보니 이상하게도 정보를 원한다. 어느 학교에서 무엇을 하는지를 알기 위해 전국의 학교 상황, 심지어 시골 학교의 상황까지 파악하려고 한다. 그러면서도 성리학의 도덕적 인간, 리(理)에 대한 의식은 잘 가지고 있어서, 절대 내가 나의 모교를 챙기는 사적인 인연을 중시하는 사람이라는 평판은 거부한다. 나는 겉으로는 현대의 가치인 백성을 섬기고, 국민을 섬기며 현대적인 가치를 중시하는 민주적이고 합리적인 모습으로 보이려고 노력한다. 비합리적인 사람으로 보이지 않기 위해 전국에 있는 모든 초등학교의 방과후 학교 운영 현황 자료를 요구하는 것이다. 그 자료의 엑셀 파일에 한 강좌당 약 20여 가지의 내용을 기록해야 한다. 이런 현상은 비단 국회의원만이 아니다. 도의원, 시의원, 군의원, 구의원 그들도 마찬가지이다. 이런 것들로 인하여 발생하는 행정의 낭비, 행정의 병폐는 여기에서 실로 따질 수가 없을 정도이다. 이런 상황에서 학교 교육이 잘 이루어질 수 있겠는가?

---

12) 아직도 시골에 가면 '초등학교 00회 졸업생 홍길동 군수 취임, 행정고시 합격, 서울대합격, 도지사 취임, 장관 취임' 등의 많은 현수막을 볼 수 있다. 심지어 사무관 승진 현수막도 볼 수 있다.

둘째, 교장들의 역량의 문제이다. 이 문제는 사실 복잡한 문제이다. 학교 자율화가 먼저 이루어져야 하는지, 교장 역량 강화가 먼저 이루어져야 하는지 보는 시각에 따라 다르게 볼 수 있다. 그러나 학교에서 교장으로 근무했던 사람의 입장으로 보면 학교 자율화 조치가 선행되어야 한다. 지금의 학교 상황을 보면 교장의 자율권은 보장되는 것이 거의 없다[13]. 최근에 교장의 재산등록 문제가 발생된 적이 있다. 그런데, 대도시의 일부 학교를 제외하면 많은 학교가 인건비, 경직성 경비를 제외하면 순수한 사업 성격의 학교 예산이 수천만원이 되지 않는다. 아무튼 교장에게 권한을 충분히 주지 않은 상태에서는 교장들이 학교경영 역량을 제대로 키울 기회가 별로 없다. 이번 재산등록 추진 시에도 교장을 4급 상당이라고 표현하였다. 그러나 과연 교장을 4급 상당으로 대우하고 있는가 그렇지 않다.

기관장이나 관리직이 역량을 충분히 발휘하도록 하기 위해서는 연수가 매우 중요하다. 그렇게 중요한 연수의 측면만을 살펴보아도 그렇다. 교육행정직의 경우 사무관에서 교장과 동급이라는 서기관으로 승진하면 업무에서 배제된 후 6개월 동안 전일제 연수를 받고 부서에 배치가 된다. 반면 교장은 1달 정도 연수[14]를 받고 교장으로 부임한다. 이렇게 교장이 되기 위한 자격연수 기간이 짧기에 연수의 내용도 빈약하다. 이렇게 빈약한 연수를 받은 교장이 훌륭한 리더십을 발휘하기를 바라는 것은 연목구어다. 초등 교장의 진정한 변화를 도모하기 위해서는 교장자격연수 체제의 근본적 변화가 필요하다.

---

13) 교장의 권한의 범위 및 내용에 대한 것은 각 시도별로 많은 차이가 있다. 일반적으로 보면 대도시는 적고, 중소도시는 많다. 물론 객관적인 권한과 교사들이 주관적으로 느끼는 권한 간에는 커다란 간극이 있을 수 있다.

14) 2022년 서울특별시 소속 초등교장자격 연수의 경우 연수 시간이 다음과 같다. 총 212시간(중앙교육연수원 국가정책연수 11시간, 서울특별시교육청교육연수원 정책연수 30시간, 서울교육대학교 연수 171시간)

❖ 전문직이라는 자부심에서 나오는 교사의 급진성과 갈등 발생

현재 학교에 근무하고 있는 교원들은 대부분이 여교사들이다. 지금은 조금 달라지기는 했지만, 부모들이 자녀에게 권하고 싶은 직업군에 1위, 2위가 교직일 정도로 아직도 인기가 높다. 그러다 보니 고등학교 때까지 소위 '엄친아'가 대부분이다. 그렇기에 자존감이 매우 높다. 최근 들어와서는 근무환경이 여성 친화적으로 바뀌면서 과거와는 다르게 가정 형편이 좋은 사람들도 많이 들어오게 되었다. 이렇게 되면서 학교에 많은 변화를 원하고 있다.

첫째, 보통 사람, 일반적인 사람보다 존중받기를 더 원한다. 교육행정의 관료제적 속성으로 인하여 학교 행정도 교원들의 행복 추구보다는 효율성, 능률성을 추구한다. 즉, 적은 자원을 투입하여 최대의 성과를 내려는 속성을 가지고 관료조직을 활용하여 지시적인 방식-그들은 권위적인 방식으로 이해-으로 업무를 추진하게 된다. 이때 교원들은 소위 중상층 가정 출신들이기 때문에 비교적 민주적인 문화, 허용적인 문화, 개인 존중의 문화 속에서 성장을 해왔다. 그렇기에 개인이 충분히 존중받지 못하는 학교 상황의 원인을 구조적인 문제 다시 말하면 관료제 특성으로 보기보다는, 교장 개인적 리더십 문제로 본다. 그로 인하여 교장과의 갈등이 생기게 된다. 그리하여 학교 안에서는 직장 상사이고, 교장이기 때문에 존중하는 태도를 유지한다. 그러나 이들은 학교 밖에서 교장을 만나면 아는 척하며 인사를 하는 경우는 드물다.

둘째, 여자 교사가 다수를 구성하고 있다 보니 소위 여성들의 관계 지향 문화의 부산물인 '뒷담화 문화'가 나타나게 된다. 이 문화는 장단점이 모두 있다. 장점은 리더에 대한 견제 장치로서 큰 역할을 한다. 리더가 의사결정을 하게 될 때 교사들의 의견을 충분하게 수렴하거나 수용하지 않고 하게 되는 경우 강력한 견제 장치로서 작동을 하게 된다. 그러나 반대로 단점은 의사결정이 정식적인 의사결정 기구가 아닌 왕언니라는 비공식적인 지위를 가진 빅마우스가 탄생하여 비공식적 의사 통로를 통해 사실상 결정되기 때문에 공식적인 기구나 구조를 무력화하는 부작용을 초래한다.

셋째, 교수·학습은 본래부터 미래지향적이다. 왜냐하면 교육은 원래 20년, 30년 후를 살아갈 미래의 세대들을 대상으로 하는 것인 만큼 미래성을 담보할 수밖에 없다. 그리고 아침마다 눈을 뜨고 나면 매일 매일 미래에 대한 새로운 전망이 쏟아져 나온다. 그리고 모든 학자, 모든 명망가, 모든 교수, 모든 사람이 미래의 이야기를 할 때마다 미래 대비를 위하여 변해야 하는 것으로 꼭 교육을 이야기한다. 그러나 교사의 내재적인 입장에서는 교사들은 교실에서 미래지향적인 교수·학습을 전개하고 있다고 생각을 한다. 문제는 교수·학습 환경이 문제라고 생각한다.

이런 현상은 코로나19 사태로 인해 등교수업과 온라인 원격수업이 이루어지고 있는 요즈음에도 확연히 볼 수 있다. 교사들은 언제나 그렇듯이 학교 행정가에게 부단히 교수·학습 기자재를 비롯한 교수·학습 환경의 초현대화를 요구한다. 언론에 나오는 것, 최첨단의 기자재를 요구한다. 더 나아가서 리더십에 대한 현대화, 교육행정의 현대화를 요구한다. 그래서 학교는 언제나 근본적으로 갈등이 상존한다. 즉, 학생을 가르치면서 최첨단 기자재와 지원을 원하는 교사와 한정된 예산, 제한된 시간이라는 제약 속에서 지원하기에 보수성을 갖게 되는 교장, 행정실장 등과의 갈등이 있다.

라떼 세대[15] 와는 다른 Me-ism으로 무장한 MZ세대 교사

우리나라에서 밀레니얼세대[16]는 전체 인구의 21.1퍼센트 차지하고 있으며, 전 세계의 약 1/4 정도가 밀레니얼세대이다. 현재 학교에서도 소위 밀레니얼세대가 다수를 이루고 있다. 이들의 특징은 여러 가지로 말하고 있으나 초등학교에 근무하고 있는 교사들을 중심으로 살펴보면 4C의 특징을 지니고 있다. 지금의 초등학교 조직은 3대(베이비붐 세대-X세대-밀레니얼세대)가 함께 일하고 있는 형국이다. 기성세대들은 조직의 허리까지 밀고 들어온 밀레니얼세대와 일하며 부딪혔던 황당했던 경험을 꺼내어 자신이 꼰대인지 아닌지 확인하고 싶어한다.

시대와 역사를 막론하고 세대 갈등은 항상 존재했지만, 지금 학교 조직에서의 세대 갈등은 더 복잡하다. 서로 다른 가치관과 경험을 가진 사람들이 한마음이 되어 목표를 달성하기란 쉽지 않다. 세대 갈등은 일과 관련된 모든 부분에서 일어난다. 업무를 주고받을 때의 태도, 소통 방식, 위기 상황에 대한 인식 등 출근에서 퇴근까지 하루 대부분을 보내는 업무적 일상이 갈등의 도화선이 될 수 있다. 이러한 갈등을 줄이기 위해 가장 우선 필요한 부분은 밀레니얼세대가 무엇을 생각하고, 어떻게 행동하는지 이해하는 것이다. 요즘 애들이 다

---

15) 표준어는 라테 세대이나 일반적으로는 라떼 세대로 사용하고 있다. 라떼는 카페라테에서 차용해 온 말로 생각된다.

16) 닐 하우, 윌리엄 스트라우스가 1991년 출간한 〈세대들, 미국 미래의 역사〉에서 처음 사용한 용어로, 1980년대 초반에서 2000년대 초반에 출생한 세대를 가리킨다. 이들은 베이비부머 세대의 자녀들로 청소년 때부터 인터넷을 사용해 모바일, 소셜네트워크서비스(SNS) 등 정보기술(IT)에 능통하며 대학 진학률이 높다는 특징이 있다. 반면 2008년 글로벌 금융위기 이후 사회에 진출해 고용 감소, 일자리 질 저하 등을 겪었고 이로 인해 평균 소득이 낮으며 대학 학자금 부담도 안고 있다. 이러한 경제적 부담 때문에 결혼을 미루고 내 집 마련에 적극적이지 않다. 여기서는 문맥에 따라 밀레니얼세대와 MZ세대를 혼용하여 사용할 수도 있다.

그렇지 뭐라는 말로 체념하기보다 그들의 성장 과정과 그들이 추구하는 가치를 알아야만 한다. 세상의 중심이 된 젊은 세대를 이해하고 인정하는 것은 비단 성과 창출 문제가 아니라 기성세대가 살아남기 위해 반드시 실천해야 하는 생존의 과제이다.

요즘 MZ세대의 특징은 과연 무엇일까. 이들 세대의 특징을 몇 가지로 요약을 하는 것은 불가능하다. 그러나 이해를 돕기 위하여 학교에 근무하는 교사를 중심으로 몇 가지의 특징을 찾아서 간략히 요약하면 4C라고 할 수 있다. 그것은, 탈이념(Cross-ideology), 의미가 있는 일을 내가 선택해서 하기(Choice-work), 커피마니아(Coffee-holic), 회식은 거절하는(Cut-company dinner)특성을 가진 세대이다.

첫째, 탈이념 성향을 가지고 있다. 이들은 이념에 대해서는 그다지 관심이 없다. 이들은 무거운 주제, 거대 담론들에 대해서는 불편하게 생각한다. 각종 교직(원) 단체인 한국교원단체총연합회나, 전국교직원노동조합, 교사노동조합연맹에 가입하지 않는다. 그들이 가진 관심 사항은 오늘을 행복하게 사는 것이다. 그들은 재미를 추구한다. 이생망(이번 생은 망했어), 사이다(답답한 것을 통쾌하게 해주는)와 같은 신조어를 보면 그들의 재치에 감탄하게 된다. 밀레니얼세대는 갑갑한 현실도 가볍고 재미있게 보려고 하며, 일하는 분위기나 사람들과의 관계에서도 유머와 생동감을 추구한다. 그들이 말하는 재미는 꼭 펀(fun)을 뜻하기보다 새롭고, 흥미로워서 배우는 점이 많은 것을 의미한다. 그래서 그들은 뻔하고 단순하고 반복적인 일에 흥미를 보이지 않는다. 밀레니얼이 조직에서 재미를 추구하는 점은 다행스러운 일이다. 일에서 한번 재미를 발견하면 '덕후17)'와 같은 특유

17) 일본어인 오타쿠(御宅)를 한국식 발음으로 바꿔 부르는 말인 '오덕후'의 줄임말로 뜻은 오타쿠와 같다. 오타쿠는 1970년대 일본에서 등장한 신조어로 본래 '집'이나 '댁(당신의 높임말)'이라는 뜻을 가지고 있었다. 그러다가 의미가 확장되면서 초기에는 집 안에만 틀어박혀서 취미생활을 하는, 사회성이 부족한 사람이라는 의미로 사용되었다. 그러나 현재는 어떤 분야에 몰두하여 전문가 이

의 몰입력을 발휘할 수도 있고, 기존에 없었던 창의적인 아이디어가 더 많아질 것이다. 그들이 신나게 일할 수 있는 판을 깔아주고 자율성을 주는 것은 매우 중요하다.

둘째, 지시받는 것을 싫어하고 의미를 추구한다. 일방적으로 지시를 받아서 하는 일, 상사의 손과 발이 되어서 하는 일에 거부감을 가진다. 그들은 내가 왜 이 일을 해야 하고, 이것이 우리 학교와 우리 학년의 성과에 어떻게 연결이 되는지, 나의 성장에 어떤 도움이 되는지를 알고 싶어 한다. 내가 하는 일이 가치가 없다고 느끼거나 학교의 비전이나 미션에 어떤 영향력도 없다고 느낄 때 그들은 무기력해진다. 일에 대한 배경과 맥락을 설명하는 것은 리더의 의무이다. 더 나아가 의미를 전달하는 것을 넘어서 그들이 성장하고 싶은 모습과 어떻게 연결을 시킬 수 있을지를 고민해야 한다. 그런데, 이것은 그들과 대화를 나눈다면 스스로 자신이 하는 일에 높은 가치를 부여하고, 몰입할 수 있으며, 더 반짝이는 아이디어나 제안을 할 수 있다.

또한 MZ세대는 '너는 특별한 존재야' 같은 주문을 듣고 자라온 세대다. 그러기에 그들은 조직에서도 당연히 '무리에 속한 누군가'가 아닌 '자신의 목소리를 가진 개인'으로 바라봐주길 원한다. 그들이 회사 내에 롤모델이 없다라고 말하거나 미래의 성공보다 현재의 워라밸이 더 중요하다라고 말하는 배경에는 기존의 획일화된 행복이나 성공을 따르기보다 자기만의 생각, 가치, 감정 등 고유의 영역을 존중받기를 원하는 마음이 내재되어 있다. 밀레니얼세대는 학교에 들어왔으면 교장이 되어야지 라든가 그 정도의 좋은 능력을 가졌는데 왜 도전을 안 하는 거야? 같이 본인이 요청하지 않은 누군가의 조언이나 충고를 불편하게 생각한다. 따라서 학교에서 나이가 많을수록, 높은 직위에 있는 사람일수록 그들에게 평가나 판단의 언어로 다가

상의 열정과 흥미 가지고 있는 사람이라는 긍정적인 의미로 사용되고 있다.

가는 것을 경계해야 한다. 밀레니얼에게는 어떤 인생을 살고 싶은지, 무엇이 성공적인 인생이라고 생각하는지 묻는 작은 호기심을 담은 질문이 더 좋다.

셋째, 술보다는 커피를 좋아한다. 밀레니얼세대 하면 빼놓을 수 없는 것이 3포 세대(연애, 결혼, 출산 포기)이고, 더 나아가 이제는 이들을 N포세대로 부르고 있다. 이로 인하여 이들은 불확실한 미래에 투자하는 것보다는 현재의 가치를 극대화시켜 주는 것에 관심이 많다. 소확행을 가장 즐기는 세대이기도 하다. 큰돈을 들여 무언가를 사기보다는 분위기 좋은 맛집에서의 식사, 좋아하는 커피 브랜드에서의 커피 한 잔 등 스스로 즐겁게 하는 작은 것에 돈을 쓰며 현재를 즐기고 있다. 그래서 이들 세대는 출근할 때도 내가 먹고 싶은 커피를 테이크 아웃하여 들고 온다. 출근 시간에 조금 늦는 한이 있더라도 내가 좋아하는 모닝커피를 포기할 수는 없는 것이다. 그러나, 술은 싫어한다. 우리 문화 속에서는 알콜(술)은 보통 회식을 하거나 누군가와 함께 먹는 경우가 많다. 만약 술을 먹는다면 이들은 퇴근하여 집에서 에어컨을 켜 놓고, 내가 좋아하는 음악을 들으며 시원한 맥주를 먹는 것을 더 좋아한다. 부담되는 직장 상사와 먹는 것을 싫어한다, 그것도 퇴근한 후에 내 시간을 뺏기면서 말이다.

넷째, 회식을 싫어한다. 그 이유는 미 제너레이션(Me Generation)이라는 별명답게 타인보다는 나 자신을 가장 중요하게 생각한다. 베이비 붐 세대나 X세대의 경우 다른 사람을 신경 쓰는 경향이 강했고, 인맥 관리나 조직문화에 굉장히 익숙하다. 그러나 MZ세대는 타인보다는 자신에게 만족감을 주는 것, 자신 삶의 질을 높이는 것에 관심이 많다. 조직이나 단체보다는 자기 계발이나 건강관리 등 본인 스스로를 위한 것에 시간과 돈을 쓰는 경향이 있다. 그렇기에 MZ세대는 일과 삶의 균형이 잘 맞는 워라밸을 중요하게 생각한다. 따라서 갑자기 회식한다고 하거나, 또한 예정되어 있던 회식이라 하더라도 퇴근 후에 이루어지는 회식을 좋아하지 않는다. MZ세대는 퇴근 후 자신의 역량을 개발하고 취미생활에 시간 보내기를 더 좋아한다. 간혹 기성세대들이 MZ세대는 일하는 것을 싫어하고 노는 것을 좋아한다고 생각한다. 일할 땐 일하고 놀 땐 놀며 자신만의 시간을 소중하게 생각한다. 또한 이들은 '예의 없다'라는 이야기도 종종 듣는다. 예의가 없는 것이 아니라 예고도 없이 갑자기 회식하자고 하는 부당한 것에 대해서 부당하다고 말하는 세대다.

MZ세대의 말을 종합하면 그들이 선호하는 리더들에게서 한 가지 공통점을 발견할 수 있다. 자신의 성공만을 위해 달려가기보다 함께 하는 사람들을 성장시키는 데 집중하고, 그것을 바탕으로 공동의 성과에 집중한다. 교장은 밀레니얼세대에게 필요한 부분을 정확히 간파하여 지원하되, 그렇지 않은 것들은 무심한 척 지켜보아야 한다. 따뜻한 말로 공감하며 격려하는 한편으로 단호한 지적으로 도전에 직면하게도 해야 한다. 이러한 MZ세대의 미묘한 심리를 파악해 적절하게 대응하는 리더들은 한마디로 밀당(밀고 당기기)의 귀재라고 할 수 있다.

지원자가 아닌 주역으로 인정받고 싶은 일반직 사람들

학교에는 다양한 직렬의 사람들이 근무하고 있다. 크게는 교원과 직원으로 구분된다. 그러나 실상을 들여다보면 훨씬 복잡하다. 특히 직원들이 복잡하다. 직원 중에 일반직 정규직을 보면, 광의의 일반직에도 일반직과 시설관리직이 있다. 일반직은 학교 행정실에 근무하는 사람들이다. 보통 교육행정직 공무원 시험을 봐서 9급 공무원으로 임용된 사람들이다. 과거에는 특별한 경우가 아니면 고등학교를 졸업하고 9급부터 출발한 경우가 대부분이었다. 그러나, 요즘은 대학 진학률이 높아지고 IMF를 거치면서 공무원에 대한 인기가 높아지면서, 교육청에서 '고졸 전성시대' 정책으로 시설직에 고졸 출신을 채용한 경우를 제외하고는 대부분이 대학 출신이며 경쟁률도 몇십 대 일이다. 학교에서는 아직도 교원과 교육행정직 간에 갈등이 상존한다. 이런 갈등은 큰 틀에서 보면 참으로 부질없는 일이다. 그런데도 현실은 그렇지 않다.

갈등의 가장 큰 원인은 상호이해 부족이다. 교원들은 교육행정직에 대하여 지원하는 부서인 만큼 지원을 제대로 하라는 것이다. 그러나 일부 교원들의 마음속에는 지원 부서에 대한 존중하는 마음이 부족하다. 요즘은 모든 학교 행정이 전자화, 디지털화되면서 기안하는 교사들이 물품을 구입요청을 할 때, 구입을 요구하는 제품의 사양까지도 정해서 기안을 해야 하는 상황이 되었다. 이것은 두 가지 측면으로 볼 수 있다. 첫째, 그만큼 회계 행정의 과정이 투명해졌다고 볼 수도 있다. 둘째, 그만큼 교사들의 재량권이 커진 만큼 일거리가 많아졌다는 의미이다. 따라서, 교사들이 공문 기안자일 경우 학교의 예산을 집행하는 과정에서는 회계 담당 부서의 협조 결재를 받는 과정이 필요하다. 협조 결재를 받아야 하는 이유는 예산을 집행하는 과정에서 예산담당 부서에서 편성된 예산의 범위 내에서 집행하는지를 확인하는 과정이다. 다시 말하면 학교 금고에 돈이 있는지를 확인하여 돈이 있는 것만 집행할 수 있도록 하기 위한 병렬적인 협조 결재인데 이것을 마치 상급자로서의 결재로 생각한다. 협조 결재의 의미를 오해하고 있다. 이런 부분들이 지원 부서인 행정실에 근무하는 사람들에게는 매우 섭섭한 생각을 들게 한다. 그 결과 지원 부서인 행정실에 근무하는 사람들이 교사가 예산을 집행하는 과정에서 예산업무, 회계 업무의 절차를 잘 모르는 교사들에게 불친절하거나 충분한 안내를 하지 않게 되어 상호 불신이 쌓이게 되는 결과를 낳게 된다.

이런 결과는 교사와 교육행정직 간의 차원을 넘어서서 교감과 행정실장 간의 갈등으로 비화가 되기도 한다. 더 나아가서는 교장과 행정실장의 갈등으로까지 커지기도 한다. 한편, 최근 몇 년 전부터는 학교회계직에서 교육일반직으로 전환시험을 통해 전환된 사람들이 초등학교 행정실장으로 배치되는 비율이 늘어나면서 초등학교에서 새로운 문제로 부각이 되고 있다. 그들이 과연 교육행정직으로서 전문성을 가지고 학교 행정실장이라는 자리를 훌륭하게 수행해 낼 수 있는지에 대한 의문을 가지게 하는 경우가 있어 초등 교장은 회계 업무를 처리하는 데에 있어서 여러 가지 어려움에 직면하고 있다.

학교에는 통칭하는 행정실 직원 중에는 교육행정직을 제외한 시설관리직이 있다. 이 사람들의 선발은 크게 보면 두 부류이다. 첫째, 경력이 많은 사람은 학교 자체에서 공채가 아닌 특채형식으로 선발을 한 사람, 과거 노태우 정부 때 운전직으로 선발하였다가 전환한 사람들이 이에 해당한다. 둘째, 경력이 많지 않은 사람들은 교육청에서 공채로 선발한 사람들이다. 첫째 부류에 속하는 분들은 대체로 전통적인 학교 시설직의 업무를 충실히 수행하려고 하는 편이다. 반면에 둘째 부류의 사람들은 전통적 의미의 학교 시설직 업무 수행에 대하여 다양한 평가가 존재한다. 그 이유는 여러 가지가 있으나, 가장 큰 이유는 그들 대부분이 4년제 대학 졸업자가 많기에 학교시설관리 업무에 대한 업무 만족도가 높지 않기 때문이다. 4년제 정규 대학을 졸업하고 안정적인 일자리인 교육 시설직을 선택하였으나, 주로 하는 업무의 내용이나 어려운 정도가 4년제 정규 대학을 졸업할 정도의 업무도 보람을 느낄 수 있는 업무도 아니다. 또한, 전통적인 관점이나 관습적으로 그 업무를 바라보는 시선이 있어 불만족할 수밖에 없다. 그들은 이처럼 자기가 하는 업무에 대한 불만족을 마땅히 표출한 수단이 많지 않다. 그렇기에 그들의 불만은 다른 형태로 표출되게 된다. 이런 다양한 요인으로 인하여 학교는 항상 갈등이 있는 조직이다. 겉으로는 평온한 듯 보이는 조직이지만, 안으로는 항상 시끄럽고 복잡하다.

중요한 역할을 수행하지만 소외감을 갖고 있는 교육공무직 사람들

勿輕小人(물경소인)　소인을 그저 보아 넘겨서는 안 된다.
小人賊國(소인적국)　소인이 나라를 해친다.
[관윤자(關尹子)·구약(九藥)]

학교에는 교원 외에 여러 직렬의 직원이 존재한다. 직원에는 일반직과 교육공무직이 있으며, 일반직에는 협의의 일반행정 직렬과 학교 시설 직렬이 있다. 한편 교육공무직에는 매우 다양한 직군이 있다. 교무실무사, 과학실무사, 교무행정지원사, 전산실무사, 사서(실무사), 돌봄전담사, 연계형돌봄전담사, 조리종사원, 당직전담원, 청소용역(원)까지 매우 다양하다. 그런데, 과거에는 교무실 보조, 과학실 보조, 전산 보조라는 표현으로 부르던 사람들이다. 이 사람들은 학교에서 교육활동을 직접적으로 지원하는 사람들이다. 최근 교육계 사람 중에서 파업을 하는 사람들이 이 직종에 속한다.

일반적으로 이 사람들은 학교에서 소외되어 있다. 소외된 원인을 살펴보면

첫째, 학교 조직 문화적으로 소외되어 있다. 교사들은 많은 경우에는 1주에 1번, 최소 1달에 한 번씩 교직원 회의를 개최한다. 이 회의를 통해서 필요한 정보들을 공유한다. 그런데 교육공무직에게는 이런 기회가 거의 없다. 따라서 정보에서 소외되어 있다. 또한, 중요한 의사결정 과정에서 배재가 되어 있다. 이런 것들이 이들의 소외감을 극대화시키게 된다. 어떻게 보면 이 사람들은 그림자가 없는 사람들이다. 최근 학교 교직 문화를 보면 교원들은 교육공무직을 한 직장의 구성원으로 소통하고, 연대하고, 협력하는 사람으로 잘 보지 않는다. 대부분 최근의 직장문화가 그렇듯이 직장에서 잠깐 함께 근무하다

헤어지는 사람으로 여긴다. 그러기에 그들이 이런 임시적 즉흥적 교직 문화에서 삶의 소외감은 더 커지고 있다. 그래서 어떤 교장은 사적 모임을 이처럼 학교 조직에서 소외되기 쉬운 교육공무직 중심[18]으로 만들어 운영하는 사람도 있다. 효과는 만점이라고 한다. 이러한 방법도 한 대안이 될 수 있다.

둘째, 정신적으로 소외되어 있다. 학교라는 조직은 그 특성상 가르치는 일이 중심이라 다수가 교사들이다. 그런데 교사들은 그 자체가 학교라는 조직에서 다른 직종의 사람들에게는 불편한 존재들이다. 초등학교의 경우 교사 대부분이 여자이다. 그런 것이 교육공무직의 소외현상을 더 강화를 시킨다. 부모들이 딸에게 가장 추천하는 직업이 교사이다. 그로 인하여 문제의 시발점이 된다. 첫째, 교사는 학벌이 좋다는 점이다. 요즘에 교직에 입문하는 교사는 대부분이 특목고, 자사고 출신이 다수를 이룬다. 특목고를 다녔다고 하는 것은, 많은 논란이 있는 것처럼, 가정 배경이 좋다는 것이다. 둘째, 좋은 가정 배경으로 인하여 경제력이 있다는 점이다. 최근 젊은이들에게서 나타나는 소비패턴은 내가 하고 싶은 것을 남들이 무어라고 하든 소비하는 패턴이 있다. 과거에는 학교에 외제 승용차를 몰고 오는 것이 사실상 금기시 되어왔다. 문화가 그랬었다. 그러나 지금은 확연히 다르다. 최근에 교사들은 특히 젊은 교사들은 오히려 국산 승용차보다 외제 승용차를 더 선호한다. 이런 면에서 보이지 않는 심리적 갈등이 발생한다. 교육공무직들은 일부를 제외하고는 외제 승용차가 드물다. 반면에 그들은 교사들이 고급 외제 승용차를 몰고 오는 것을 보며 경제 수준의 비교를 통한 상대적 소외감을 더 느낀다.

또한 학교에는 정식 학교 직원이 아닌 사람이 있다. 대표적인 사람

---

18) 모임 구성원의 대상을 교육공무직 + 보건교사 + 영양교사 + 교육 시설직 등으로 한다. 즉, 대상을 학교 조직에서 소외감을 가질 수 있는 사람으로 한다.

들이 방과후 학교 강사다. 이들은 두 종류의 고용 형태가 있다. 하나는, 교장과 1대 1로 고용계약을 맺은 1인 사업자 신분이다. 이들은 형태가 1인 사업자다. 그러기에 교장과의 계약이 1대 1 직접 계약 형태다. 그래서, 노동법을 비롯한 법의 충분한 보호를 받지 못하고 있다. 그러나, 이들의 삶의 궤적을 보면 경력상으로 보면 대단한 사람들이 많다. 그런데도 개인적으로는 충분한 대우를 받지 못한다. 근무 형태도 그렇고, 근무 여건도 열악하다.

다른 하나는, 학교와 위탁회사와의 일괄 방과후 학교 계약으로 인한 방과후 학교 회사에 소속된 사람이다. 이들은 급여도 충분하지 않고, 고용 조건이 좋다고 보기 어렵다. 방과후 학교를 위탁받아 운영하는 회사는 소규모 영세회사다. 소규모 회사이기에 경영이 전문적이지 않다. 자본이 충분하지 않기에 장기적 관점에 긴 호흡으로 경영을 할 수 없고, 단기적 관점에서 경영할 수밖에 없다. 그렇기에 회사에 채용하는 강사들을 질 높은 강사들을 고용하기 어렵다. 설령 질 높은 강사를 채용했다 하더라도 모든 강사를 그렇게 할 수가 없다. 왜냐하면, 수강료 상한제가 있고 회사 차원에서 이익을 내야 하기에 다른 부분에서는 저임금 강사를 채용해야만 하기 때문이다. 또한, 소규모 회사이기에 노무 관리 등도 전문적일 수 없다. 그로 인한 강사들의 복지 등도 충분하지 않아 직업적 만족도가 낮을 수밖에 없다.

이들은 학교 교육에서 매우 중요한 역할을 하고 있다. 서울시교육청이 전국 시·도교육청 대상의 청렴도 조사, 교육 만족도 조사를 하면 높은 순위를 유지하는 경우가 매우 드물다. 그 이유 중 하나가 학부모들의 방과후 학교에 대한 불만족이 중요한 요인을 차지한다. 학부모들은 투입 비용 대비 효과를 고려한 만족도 개념이 아닌 절대 효과만을 고려한 절대 만족도를 비교하기 때문이다. 예를 들면, 학원에서는 이런 것도 해주고, 저런 것도 해주는데, 학교에서 왜 해주고 있지 않는다고 비교를 하는 것이다. 다시 말하면 학부모가 치루는 비용의 개념은 사라지고 서비스의 내용과 질 만을 이야기하는 것이다. 학부모는 방과후 학교를 정규 학교 교육이라고 생각하고 평가하는 것이다.

이외에도 최근 학부모들의 최대 관심사 중 하나인 돌봄교실의 업무를 담당하는 돌봄교실 전담사가 있다. 초등돌봄전담사는 초등학교 정규수업 과정 이후 아동 돌봄이 필요한 맞벌이, 한부모, 조손 가정 등의 아동이 안전하고 유익한 시간을 보낼 수 있도록 마련된 초등돌봄교실에 근무하는 교육공무직이다. 초등돌봄교실은 아동의 돌봄 기능을 수행함으로써 돌봄 공백을 최소화하고 있다. 또한 아동의 입장에서 보면 차별 없는 돌봄을 받고 있어 해마다 학부모에게 높은 만족도를 얻고 있다. 이처럼 돌봄교실은 학교라는 안정적인 공간에서 아이들을 마음 놓고 맡길 수 있어 매년 입실 전쟁을 치르곤 한다. 추첨에서 떨어진 가정에서는 아이들을 '학원셔틀'을 해야 하는 안타까운 상황이 생기기도 하지만 돌봄교실은 부모들이 믿고 맡기는 공적 돌봄의 역할을 하고 있는 것은 분명하다.

지난 몇 년 동안 예견치 못한 코로나19라는 상황에서 학교는 멈추어도 돌봄교실은 단 하루의 멈춤 없이 긴급돌봄 역할까지 맡았다. 그들은 코로나 감염 위험을 감수하며 아이들을 돌봐왔다. 사회적 거리두기가 3단계로 격상되더라도 돌봄교실은 운영하겠다던 교육부장관의 발언처럼 돌봄교실은 학교에서 꼭 필요한 곳이고 돌봄전담사는 필수 근로자다. 돌봄교실은 여성의 사회진출에 따른 맞벌이 가정의 증가와 양육환경의 변화로 저소득, 한부모, 다문화, 다자녀에 이르기까지 각기 다른 가정환경을 가진 아이들이 온다.

초등 돌봄전담사의 애로 사항은 많다. 교실에서의 학생들끼리의 아주 사소한 갈등이 아이들부터 학부모까지 확대되는 사례는 비일비재하다. 이런 학부모의 다툼이 돌봄전담사를 해고하라는 일로 번지고 징계와 사과를 동반하기도 한다. 저학년 아이들이라 손이 많이 간다. 잠시라도 느슨해져선 안 된다. 한편 아이들이 정규수업 교실보다는 돌봄교실에서 훨씬 자유롭다 보니 많은 말들을 한다. 이런 영향으로 건강에 이상을 느껴 병원을 다니는 사람이 많다. 그러나 돌봄교실이 법적 근거도 없이 17년째 학교에서 운영되고 있다는 점이 초등 돌봄전담사의 위태로움을 웅변으로 말해준다. 이들은 한편으로는 어린아이를 상대하고 다른 한편으로는 학부모의 민원에 대응해야 하는 힘든 업무를 수행하는 사람들이다.

이런 측면에서 보면 교장은 학교 내에서 여러 영역에서 교육하는 사람에 대해 촘촘한 관심을 기울여야 한다. 여러 가지 이유로 목소리를 내지 못하고 스스로 침묵하는 것에 익숙해져 있는 그룹에도 관심을 기울여야 한다. 목소리를 잃는다는 것은 자신의 고통을 공동체가 함께 해결할 것을 요청하는 힘을 잃게 되는 것이다. 그 결과 그들이 겪고 있는 문제들은 해결되지 못한 채 우선순위에서 뒷전으로 밀리게 된다. 학교라는 조직에서 교장은 모든 구성원이 서로 존중하고 서로 존중받는 조직 풍토를 조성할 수 있도록 노력을 기울여야 한다. 이것이 21세기 문명사회를 살아가는 학교 조직이 나아가야 할 방향이다.

제5장 교육을 바라보는 교사의 생각 변화

성직자라는 자부심을 가지고 살아가는 교원

현재 대한민국 초등학교에 근무하고 있는 교원들의 교직관을 크게 보면 4가지 교직관으로 구분할 수 있다. 교직관에 대해서는 대부분 잘 알고 있기에 간략하게 살펴보고자 한다. 다만 MZ세대의 교직관에 대해서는 다른 교직관에 비해 조금 상세하게 살펴보고자 한다. 교직에 대한 성직자 교직관은 우리나라 전통적인 교직관으로 교직을 성직과 유사한 관점에서 보는 것이다. 성직은 목사, 신부, 스님과 같이 특정 종교를 섬기는 사람들의 직분을 말하며, 그들은 절대자를 섬기고 세속적인 욕구를 멀리한다. 성직자 교직관은 보수나 지위, 직업 조건이나 환경을 중시하기보다는 사랑과 봉사 그리고 헌신을 강조한다. 이러한 교직관을 지닌 교원은 교직을 천직으로 여기며 자기 직업에 대한 소명 의식을 가지고 학생 교육에 임한다. 그러기에 자기 이익을 구하기보다는 학생을 위해서 희생하는 것을 가치 있게 여기며, 교직에 종사한다는 사실에 자부심과 사명감을 느낀다.

시대적으로 성직자 교직관은 과거 스승의 그림자도 밟지 않던 시절, 교사를 '군사부일체'의 시각으로 보던 시대의 전통적인 교직관이다. 현재도 미국의 종교계 사립학교나 우리나라도 종교적 성향이 강한 학교에서 존재한다. 오늘날 이런 교직관을 가지고 있는 사람은 매우 드물다. 다만 관리자 중에 일부가 성직자 교직관을 바람직한 교직관으로 보고 있다. 이들은 전후 세대로서 60년대의 농업시대에 출생하여 성장한 세대이다.

이들의 성직자 교육관은 세 가지 측면에서 보면 너무나 자연스러운 것이다. 첫째, 유교문화권에서 자란 세대이기에 당연하고 자연스러운 현상이다. 그들이 자란 60년대의 농업사회 문화는 공동체 성격이 강하게 남아있었고, 유교문화가 강하게 영향력을 발휘하고 있었다. 농촌문화는 가족주의 문화가 뿌리 깊게 자리를 잡고 있었다. 그러기에 그 당시에는 군사부일체라는 생각이 너무나 자연스러운 것이었다. 둘째, 60년대는 산업화, 도시화가 이루어지기 전이었기 때문에 경제적으로 우리나라가 매우 어려운 시기였다. 모두가 힘든 시기였다. 고로 농촌사회에서 대학을 졸업한 사람은 소수였다. 그래서 대학을 졸업하고 영어를 쓰고 읽을 줄 안다는 것은 대단한 것으로 인정을 받던 시절이다. 따라서, 교육에 관심이 많던 부모들은 교사에 대한 존경심이 있었다. 그로 인하여 교사들도 학생들을 가르치는 데 큰 사명감과 소명감을 가지고 임했다. 교사들은 학생 교육에 있어서 최선을 다하여 가르쳤다. 그 결과 마을에는 심심치 않게 선생님들의 송덕비를 볼 수 있었다. 셋째, 학교 문화 속에는 일제 강점기 문화가 여전히 자리를 잡고 있었다. 일제시대에는 교육을 통해 조선사람을 황국신민으로 육성하고자 하였기 때문에 교사를 다른 직업군에 비하여 우대하였다. 따라서, 이들은 일본 천황의 생각을 전하는 교직관을 가진 교사로부터 교육을 받은 세대이기에 그들도 자연스럽게 성직자 교직관을 갖게 된 사람들이다.

성직자 교육관을 가진 교원의 특성은 첫째, 의사소통 방식에서 보면 수직적 의사소통 방식에 익숙하다. 유교적 문화에 익숙한 세대이기 때문에 수평적 의사소통 방식보다는 수직적 의사소통 방식에 훨씬 익숙하다. 또한 선배를 모실 줄 알고 후배를 사랑하려고 하는 세대이다. 둘째, 정보화 1세대이기 때문에 비대면 보고보다는 대면보고를 선호한다. 스킨십을 좋아하고, 고로 정중심의 문화에 익숙한 세대이다. 그래서 그들은 비공식적 문화인 저녁 문화를 통해 학교 행정의 여러 가지 문제들을 해결하려고 하는 성향이 있다. 그러나 한국이 서구화되고 물질문명이 고도화되면서 교원사회에서 개인주의화하는 양상이 나타나고 있다. 이에 따라 희생과 봉사 정신으로 무장한 교원보다는 교직을 일반적인 직업의 하나로 여기며 교직의 상대적 장점을 보고 선택하는 교사가 점점 증가하고 있다. 교직이 이렇게 변화하고 있음에도 아직 많은 국민이나, 학부모는 성직자 교직관에 익숙하여 교원들에게 학생 교육과 지도에 헌신해 주길 바라고 희생해 주기를 기대한다. 이에 따라 학부모들 중에 교원들에게 높은 윤리적·도덕적 기준을 적용하면서 전통적인 선비상 혹은 훈장상을 기대하고 요구하는 사람이 많다.

노동자라는 마음으로 일하는 교원

노동자 교직관은 교직도 다른 노동직과 다를 것이 없고, 교원도 노동의 주체로 보는 관점이다. 노동자 교직관은 교직도 일반의 다른 직업과 마찬가지로 노동에 대한 대가로 임금을 받는다고 보며, 통상적으로 교원을 고용인과 피고용인의 관계에서 피고용인으로 간주한다. 이 관점에서는 교원의 고용 및 근무조건에 일차적으로 관심을 가지게 된다. 즉, 교직에서 교원의 현실이 의사나 법률가 같은 전문직과는 다르다는 점에 초점을 두고, 교사 임용권자와 교원의 고용-피고용관계의 측면에서 교원의 현실을 분석한다. 따라서, 노동자 교직관은 교원이 수행하는 업무의 특성, 즉 교직의 특수성보다는 고용관계라는 직업의 일반성에 더 강조점을 둔다. 이에 노동자 교직관에 입각한 교원은 직업의 평등성과 보편성을 강조하면서 다른 노동자와의 유대

등을 통해 전체 노동자의 지위와 노동조건 개선에 관심을 갖는다. 이런 점에서 노동자 교직관은 이분법으로 보면 성직자 교직관, 전문직 교직관과는 상반된 입장에 서있다고 볼 수 있다.

노동자 교직관에 입각한 교사들은 일반 직장에서처럼 노동조합을 결성하여 자신의 고용 및 근무조건에서 발생하는 불이익과 편견에 적극적으로 대처한다. 그들의 일차적 관심은 조합원의 권익옹호와 상호부조다. 노동자 교직관은 우리나라에서 전국교직원노동조합(이하 '전교조')이 걸어 온 길을 돌아보면 우리 사회에서 얼마나 험난한 길을 걸어왔는가를 알 수 있다. 전교조 합법화 이전에 전교협(전국교직원협의회)시절에 여기에 소속된 교원들이 대거 해직되는 사태가 벌어진 적이 있다. 이처럼 전교조는 우리의 교직풍토에서 쉽게 받아들여지지 않았고, 질곡의 시간을 보낸 끝에 김대중 정부 때 합법화되어 정식으로 제도권에 진입했다.

이후 전교조가 공식적으로 활동을 하는 과정에서도 이들이 표방하는 이념과 노선 등에 따른 교육방안과 내용은 정부 당국과 관리자 사이에서 갈등을 초래하기도 하였다. 이러한 갈등은 노동자 교직관이 표방해온 고용 및 근무환경에서의 권익옹호라는 노동자 권리의 표방을 넘어서는 주장에서 비롯될 수밖에 없었다. 정부 당국에서는 교장을 사용자로 규정하였고 이로 인하여 교장은 교사들과 많은 부분에서 대립과 갈등을 겪게 되었다. 이로 인하여 일부 교장들과 노동자 교직관을 가진 교사들과의 갈등의 앙금이 아직도 남아있으며, 일부 학부모들은 학교를 걱정하고 학교에 지나칠 만큼 관심을 가지게 되는 계기가 되었다.

한편 이들 중 일부는 학교를 개혁하는 운동에 참여하여 '혁신학교'의 태동과 확산에 열심히 참여하여 학교를 개혁하는 데 일정 부문 성과를 거두었다. 혁신학교의 공은 여러 가지가 있으나, 가장 큰 것은 과거의 위로부터의 개혁, 외부 주도의 개혁이 아닌, 아래로부터의 개혁, 내부 주도의 개혁이다. 과거에 했던 학교개혁은 주로 정부에서 주도하면서 교사를 개혁의 대상으로 보았다고 한다면, 이번 개혁은 교사 주도, 교사가 주체가 되어 전개한 개혁이라는 점이다. 한편, 노동자 교직관은 교사를 '노동자'로 전락을 시켰다는 비판을 받기도 한다. 이로 인하여, 일부 중산층 거주 밀접 지역에서는 학부모가 중심이 되어 '혁신학교 지정 거부 운동'이 일어나기도 한다. 좀 더 실상을 들여다보면 사실은 내 자식을 노동자로 만드는 것에 대한 거부 운동이자, 노동자 교직관에 대한 거부로도 해석할 수 있다.

전문직이라는 생각으로 가르치는 교원

교직에 대한 전문직 교직관은 교직을 다른 전문직과 같은 종류의 직업으로 이해하려는 관점이다. 여기서는 교직을 의사, 변호사, 교수와 같이 고도의 전문성을 바탕으로 자율성을 최대한 보장받는 직종으로 본다. 이 관점에서는 전문직의 조건과 기준을 정하고, 그에 따라 일반적인 직업과 전문직을 차별적으로 구별한다. 일반적으로 전문직의 조건과 기준으로는 정교한 지식과 기술체계, 장기간에 걸친 작업준비 훈련, 엄격한 자격표준, 공인기구에 의한 엄격한 자격통제, 전문직 단체 운영을 통한 전문성 신장, 고도의 직업윤리와 봉사성을 들고 있다. 전문직 교직관은 교직의 형식적 측면보다는 본질적 가치와 내용적 측면을 강조하며, 이 점에서 미래지향적 직업관을 반영한다고 볼 수 있다.

전문직 교직은 대다수 교원이 추구하는 교직관임에도 불구하고 여전히 과연 교직이 전문직인가에 대한 회의적 시각도 만만치 않다. 변호사, 의사, 교수에 비해 고도의 직업적 전문성이 있는지 의심받고 있으며, 입직을 위한 준비과정도 기간과 내용 그리고 자격요건 면에서 부족한 것이 사실이다. 특히 교직에 들어오기 전 교육대학교에서 이루어지는 교사 교육에 대한 교사들의 불만[19]은 매우 높다. 이러한 현실에 대해 어떤 학자는 교직을 반(半)전문직이라고 표현하였다. 그럼에도 불구하고 많은 사람이 교직을 전문직이라고 믿고 있으며, 교원들은 자신들이 전문직에 종사한다는 자부심을 느끼고 있다. 문제는 교직이 지금처럼 '인정을 요구받는 전문직'이 아니라 '인정받는 전문직'이 되도록 교원이 전문가로서 자질과 자격을 두루 갖추기 위해 어떤 노력이 필요한지에 대한 진지한 고민이 필요한 것이다.

학부모들은 교직을 전문직이라고 보지 않는 사람들이 많다. 그 원인을 보면 첫째, 과거와 달리 학부모들의 학력이 매우 높아졌다는 것이다. 대졸자가 많아진 것이다. 과거에는 학부모 모두가 대학졸업자인 경우가 많지 않았으나 지금은 학부모 모두가 대학교 졸업자가 많아졌다는 것이다. 둘째, 학부모 중에 교직 관련 공부를 했다거나 교육 관련 종사자가 많다는 것이다. 아직도 학부모들이 딸의 직업으로 바라는 순위를 보면 교사가 매우 높다. 따라서, 엄마들의 경우 사범대학을 졸업한 비율, 일반대학을 졸업하였으나 교직을 이수한 경우, 교육대학을 졸업한 사람들의 비율이 높아지고 있다. 또한 학부모 중에는 가르치는 직업에 종사하는 사람들이 많다는 것이다. 동종 교사, 교수, 학원 강사[20] 등 우리 사회가 배우는 일에 유달리 관심이 많기

19) 원인중에 하나는 교육대학에 교수의 충원 문제다. 첫째, 교양과목 수가 매우 부족하다. 교양과목의 수를 보면 부족하다 못해 빈약한 수준이다. 이같이 교육대학에서 반쪽 진리만을 배우기 때문에 학교 현장에 나오면 외눈박이가 된다. 둘째, 교수들의 출신대학이 다수가 사범대학이다. 따라서 이들은 본인들이 사범대학을 다닐 때 배웠던 대로 교과교육학이 아닌 (교과)이론을 가르치게 된다. 이는 초등교육에서는 그다지 효용성이 없게 된다. 이것은 다른 측면에서 보면 교사들에게 높은 수준의 이론을 동경하게 하고 이것을 알지 못하는 자신을 비하하게 만든다. 결국에는 교사들이 초등교육에 대한 정체성을 가지지 못하는 결과를 초래한다.

에 가르치는 직업이 많다는 것이다. 따라서, 이런 학부모들이 바라보는 교직에 대한 눈높이는 높아질 수밖에 없다. 셋째, 초등교육의 목적에 대한 시각의 차이에서 비롯된다. 초등학교 교사들은 교육의 본래 목적인 인간교육에 충실하나 학부모들은 초등교육을 대학입시를 위한 준비기관 정도로 인식을 하고 있다. 그래서 인간교육 대 지식교육에 대한 큰 인식 차이로 인하여 기본교육, 기초교육에 대한 경시로 나타나고 있다.

정년이 보장된 안정된 직장이라는 생각으로 즐겁게 근무하는 교원

세상은 변화하고 있고 그것은 너무도 당연하다. 이것을 필자는 생활에서 깊이 느끼고 있다. 필자는 현재의 서울의 한 마을에서 약 15년을 살고 있다. 그런데 놀라운 것은 15년 동안의 마을의 변화 모습이다. 현재 동네의 모습에서는 15년 전에 이사를 올 때의 비닐하우스들과 논과 밭이 대부분이던 마을의 예전의 모습을 찾아내기 쉽지 않다.

이런 비슷한 예를 커피를 통해서도 발견할 수 있다. 우리나라에서 '아메리카노'라는 단어가 보편적으로 쓰인 게 얼마나 되었을까? 언론 등을 통해 기록을 찾아보면 2013년경으로 추정된다. 놀라운 것은 지금은 우리의 귀와 입맛에 익숙해진 것은 얼마 되지 않았다. 설탕과 크림을 넣지 않는 일명 '쓴 커피', '시커먼 커피'는 2008년경 주로 젊은 여성들 중심으로 즐기는 음료였다. 그 당시 중년 세대를 포함한 대부분의 한국 사람들에 커피라고 하면 소위 '다방 커피', '봉지 커

20) 매우 다양한 교원들이 있다. 예를 들면 대학 종사자만 해도 4년제 대학, 2년제 대학, 방송통신대학, 사이버대학, 평생교육원, 겸임교수 등 교수라고 호칭되는 사람도 많다. 교사들은 어린이집, 유치원, 초등학교, 중학교, 고등학교, 각종 대안학교 등 매우 많다.

피'로 알려진 '믹스커피'였다. 일부 사람들은 쓴 커피를 무슨 맛으로 먹는지 모르겠어. 색깔은 꼭 담배꽁초를 끓일 물 같고, 맛은 약처럼 쓴 것을 비싼 돈을 주고 마시는 젊은 사람들을 이해할 수가 없다는 말을 했다. 그랬던 아메리카노가 이제는 중년 남자들도 습관처럼 마시는 '식후땡' 음료가 되었다. 이제는 노인들도 친구들과 함께 호프집에서 맥주를 마시는 대신 카페에서 마시는 대표 음료가 되었다. 그런가 하면 주말이면 노부부가 유명 빵집에서 오픈런[21]으로 파스타, 빵과 함께 창가에서 풍광을 즐기면 마시는 커피가 되었다.

2021년 현재 한국에 카페가 약 9만 개가 있다고 본다. 커피 시장 부동의 1위인 스타벅스의 매장이 전국에 1,500개가 넘는다고 하고, 1년 매출은 2조 이상이 되는 데, 아직도 전체 카페의 숫자를 보면 아직 뻗어나갈 여지가 충분해 보인다고 한다. 그것은 선생님들의 최근의 출근 모습에서도 예측할 수 있다. 요즘 선생님들은 출근할 때 커피가게에서 테이크 아웃(takeout)[22]한 커피를 들고 여유 있게 교문을 들어오는 사람이 점점 늘어나고 있다. 최근 학교에서의 음료 문화도 바뀌어 아침 9시의 커피는 아침을 여는 커피, 오후 3시의 커피는 학교생활의 고단함을 달래주는 진정제 커피라고 여기며 하루에 2잔 정도를 마신다. 과거에는 급하게 출근하느라 아침을 제대로 먹고 오지 못했기에 2교시 끝나고 허기를 달래기 위해 각자 가져온 간식과 함께 달달한 차를 주로 마셨다. 그러나 이제는 본인이 각자 테이크 아웃한 '아메리카노'를 마시며 아침을 깨우는 것이다.

이렇게 학교에서의 간식 문화가 허기를 채우는 문화에서 대화를 나누기 위한 커피를 마시는 문화로 바뀌었듯이 학교에서의 교직관도

---

21) 'Open'(문 등이 열려있는 것)과 'Run'(달리다)의 합성어로, '매장이 오픈하면 바로 달려간다'라는 뜻으로 원하는 물건을 구매하기 위해 백화점 등 매장 개점 시간을 기다리다가 문이 열리면 달려가 구매하는 것을 의미한다.

22) 식당이나 매장 등에서 음식물을 구입하고, 그 음식물을 매장 안에서 먹지 않고 가져가는 것을 말한다.

엄청나게 변화되어 이제 교직관을 보면 소위 '라떼 세대'의 성직자 교직관이나 전문직 교직관은 낡은 교직관이 되었다. 이제는 점차 교원들의 다수를 점하는 MZ세대에게는 정년이 보장된 안정된 직장관을 가지고 있다. 이것은 MZ세대의 성장과도 관련이 되어 있다. 이들이 성장한 시대는 부모들이 열심히 노력하여 나라가 빠르게 경제성장을 하던 시기이다. 그들은 부모님의 노력으로 국가 경제가 폭발적으로 성장하여 경제적 풍요를 누렸다. 그러나, 일부 MZ세대는 IMF 위기를 겪으면서 부모 세대가 그토록 충성을 다 바쳤던 직장이 부모를 평생 책임져주지 않는다는 사실을 깨닫게 되었다. 그 결과 안정된 평생직장을 중요하게 생각한다.

MZ세대는 유치원을 입학할 시기에는 영어유치원을 입학하기 위하여 레벨 테스트를 치루고 치열한 경쟁을 뚫고 영어유치원을 입학했다. 초등학교에 입학해서는 국제중학교를 입학하기 위하여 5학년, 6학년의 성적을 관리해야 했으며, 입학 계획서를 작성하여 국제중학교에 입학했다. 중학교에 입학해서는 특수목적고, 자율형사립고를 진학하기 위하여 치열한 내신 경쟁을 해야 했다. 고등학교 입학해서는 죽음의 트라이앵글이라는 내신과 수시전형, 논술, 수능 준비 등 숨을 쉴 틈도 없을 정도의 치열한 고등학교 생활을 마치고 대학에 입학하였다. 대학에 와서는 내신 관리와 함께 교사 임용 시험에 합격하여 교사가 된 것이다.

이들에게 교사가 되었다는 것은 과거의 선배 교사와 달리 그 자체가 엄청난 경쟁, 더 이상 있을 수 없는 경쟁을 뚫고 살아남은 승리자이기에 그 자체만으로도 충분한 보상을 받아야 한다고 생각한다. 그러나, 합격의 기쁨도 잠시 현실에서는 아무런 보상도 주어지지 않는다. 이들은 바로 고민을 시작한다. 부모님을 보았을 때 IMF를 거치며 그토록 몸을 바쳤던 평생직장에서 하루아침에 내쫓기는 모습을 보았기에 직장에서 승진할 필요도 없고, 목숨을 바쳐 충성할 필요도 없다고 생각을 한다. 더욱이, 그 힘든 경쟁을 뚫고 교사가 되었으나 나에게 주어지는 보상은 거의 없다는 현실을 깨닫게 된다.

교사들은 치열한 대학입시와 취업의 토너먼트에서 성공한 1퍼센트에 속하는 승리한 화이트칼라다. 그런데, 교직에 와보니 선배들의 모습에서 행복감과 당당함을 찾아보기 어려운 것이다. 현재의 행복을 희생하여 승진한들 교장, 교감을 비롯한 선배님들의 모습에서 그다지 행복감을 찾아보기 힘든 것이다. 그래서 이들이 가지고 있는 직장에 대한 가치관을 보면 대부분은 승진 토너먼트에는 큰 관심이 없다. 그들은 이제는 승진 토너먼트에 목매지 않고 현 직장에서 가급적 정년까지 근무하면서 워라밸도 중시하며 최대한 안정적으로 혜택을 받겠다는 것이다.

이들은 라떼 세대와 확연히 구별되는 것이 회식 문화이다. 라떼 세대에게 회식은 나의 노력에 대한 보상을 받는다는 측면에서 기꺼이 참석했고 분위기가 조금은 힘들어도 견디고 참아냈다. 그러나 MZ세대는 그렇지 않다. 그들은 워라밸을 추구하기에 직장에서의 승진에는 별 관심이 없다. 고로 이들은 학교의 생활과 퇴근 후의 생활을 분리한다. 이렇기에 퇴근 후의 회식은 가장 싫어하는 문화다. 특히 예정에 없던 회식은 더 말할 나위가 없다.

그들은 근본적으로 계층 토너먼트에는 상당한 관심을 가지고 있다. 따라서 퇴근 후에는 주식이나 코인, 더 나아가서는 부동산 등 재테크 관련된 책을 보거나 사이트를 서핑하는 데 시간을 보낸다. 그런 것은 주식이나 코인 등 재테크 관련 책이 경영경제 베스트셀러를 독식하는 것을 보면 알 수 있고, 학교에서도 주식과 코인 이야기를 하는 것을 자주 보면 알 수 있다. MZ세대 교사에게 주 관심은 계층의 상승이지 학교에서의 승진이 아니다.

제6장 왕언니 문화라는 새로운 문화의 등장

왕언니 문화 탄생 배경

'왕언니 문화[23]'는 교사의 대부분이 여성인 초등학교에서 매우 중요한 문화 중 하나다. 특히, 대도시의 경우 남교사가 학교당 1명 내외인 경우를 생각할 때 더 그렇다. 초등학교에서의 여교사 교직 문화가 초등학교를 움직이는 핵심 문화라고 할 수 있다. 그렇다면 왕언니 문화가 뜻하는 바는 무엇일까? 먼저 왕언니 문화는 '왕'과 '언니'라는 두 단어가 핵심을 이루고 있다. '왕'의 사전적 의미를 살펴보면 '일정한 분야나 범위 안에서 으뜸이 되는 사람이나 동물 따위를 비유적으로 이르는 말'이라고 한다. 즉, 왕은 일정한 범위 안에서 으뜸이라는 것이다. 다시 말하면, 학교라는 범위 안에서 으뜸, 최고라는 의미이다.

'언니'를 살펴보면, 언니의 사전적 의미는 '남남끼리의 여자들 사이에서 자기보다 나이가 위인 여자를 높여 정답게 이르거나 부르는 말'이다. 한국 사람들은 모르는 사람끼리 만나서 어느 정도 친해지면 먼저 출신학교를 묻고, 학번을 물으며, 더 나아가서는 나이를 물어서 순서를 정하는 위계 문화, 서열문화가 있다. 이런 한국 사회에서 언니라는 위치는 매우 중요하다. 언니가 되면 친해질 경우 상대방인 동

23) 여기서 '왕언니 문화'는 일반적으로 우리 사회에서 말하는 '언니 중에 가장 나이가 많는 언니'라는 표현을 의미하지 않는다. 여기서 '왕언니 문화'는 계선조직이 아닌 비공식 위치에 있으면서도 학교 경영에 상당한 영향력을 발휘한다든지, 교장과 파트너십을 가지고 학교경영에 막강한 영향력을 행사하는 '왕언니', '학교 내에서 후배 여교사에게 막강한 영향력을 행사하는 왕언니'를 말한다.

생에게 반발을 할 수 있다는 것을 의미한다. 어떤 관계에서 반말을 사용한다는 것의 의미는, 반말을 사용하는 사람은 권위를 소유한 사람이고 반말의 대상이 되는 사람은 반말을 사용하는 사람의 권위를 수용하는 사람임을 뜻한다. 일반적으로 리더십의 핵심은 상대방에게 자발적 복종을 하게 한다는 점에서 언니와 동생의 관계는 언니라고 호명되는 사람에게 동생이 자발적 복종을 하겠다는 의사의 표시이다. '왕언니'의 의미를 살펴보면 언니 중에 최고라는 의미이다. 이것은 나는 이미 언니에게 선언한 자발적 복종을 넘어서서, 왕언니에게는 '복종의 복종'을 하겠다는 의미이다. 어떤 의미에서 최고의 존경을 표했다고 해석할 수 있다. 이것은 한국 남자의 서열문화와 비교를 해 본다면, 언니 = 형, '왕언니 = 형님 정도라고 할 수 있다.

그렇다면, 왕언니 문화는 초등학교에 언제부터 생겼을까? 구체적인 연구가 없어서 정확하게 알지는 못한다. 다만, 일반적으로 왕언니 문화가 초등학교에서 본격적으로 등장한 것은 1999년경으로 추정된다. 좀더 그 과정과 원인을 살펴보면 지난 1999년 교원 정년이 65세에서 62세로 단축됐다. 교육 현장의 거센 반발이 있었으나 정부는 일방적으로 밀어붙였다. 정부는 한 명의 고령 교사를 내보내면 3명의 신규교사를 뽑을 수 있다는 지극히 단순한 경제적 논리를 내세워 대대적인 여론몰이를 했고 이에 동조한 국민 여론을 내세워 이를 강행했다. 결국 3년에 해당하는 명예퇴직수당을 받는 조건으로 63세 이상 교원들이 이듬해 교단을 떠났다. 한국 교육사에서 유례를 찾기 힘든 이런 정년 단축은 당시 교육부장관이던 이해찬 전 더불어민주당 대표가 주도했다. 이때 정부가 의도하지 않은 부작용이 나타났다. 그것은 교단을 떠난 사람은 62세 이상의 교원뿐만 아니라, 정부 당부의 교육계에 대한 강한 홀대에 대한 깊은 불신으로 인하여 50대 후반의 교원들도 상당수가 교직을 떠났다. 그 결과 학교 현장은 50

대, 60대 교사가 거의 없고 20대 30대가 대부분을 차지하는 일이 발생이 되었다.

이런 현상으로 인하여 학교에 여러 문제가 발생이 되었다. 그중에 가장 큰 문제 중 하나가 중견 교사의 부재로 인하여 교육에 대한 그동안 축적된 형식지, 암묵지가 순식간에 사라지게 되었다. 즉, 많은 학교에서 젊은 교사들이 교수·학습의 방법, 학급 경영 방법, 학생 생활지도 방법, 학부모 상담 방법 등이 필요할 때마다, 이것을 전수해 주던 중견 교사가 없어진 것이다. 이로 인해 젊은 교사들은 교육계에 전해져 오던 노하우를 전수받을 수 있는 기회가 없어지게 되어 교육계에 큰 혼란이 발생하였다.

다시 말하면, 교장은 학교에서 가장 중요한 수업 장학 등을 비롯한 장학을 하는 데 어려움에 직면하게 되었다. 교장은 교감과 두 명이 다수의 젊은 교사들을 대상으로 장학을 해야만 했다. 그러나, 교장과 교감만으로는 다수의 젊은 교사들을 제대로 장학할 수는 없었다. 그러기에 교장은 부족한 장학의 영역을 왕언니에게 도움을 요청할 수 밖에 없었다. 왕언니의 협력과 도움의 정도가 학교 교육력의 유지에 필수적이었다. 어쩌면, 왕언니와의 협력의 정도가 학교 교육의 성패를 좌우한다고 말할 수 있었다. 교장은 왕언니에게 극진한 예를 갖추어야 했다. 심지어 여교사들이 많은 초등학교의 특성상 어떤 학교에서는 교장과 왕언니는 학교경영에 있어서 거의 동등한 파트너 관계를 갖게 되었다.

이런 초등 문화는 지금도 이어져 오고 있다. 연구 결과[24]에 의하면 교장-교감-부장교사-교사로 이어지는 계선조직에 의한 위계보다는 여교사들 사이에는 교직 경력에 따른 왕언니의 서열이 훨씬 중시된다고 한다. 만약, 학교 나름의 질서나 관례가 있는데, 이것이 깨지

---

24) 김판갑(2003). 초등학교 여교사의 교직문화 연구. 경남대학교 박사논문.

는 인사를 교장이 하면 일년내내 교장과 교사 사이, 교사와 교사 사이에 불편함은 이루말할 수 없으며, 직장 분위기를 해치게 된다. 그래서 교장은 보직 교사, 학년 배정 및 학급 배정, 업무분장 등에 있어서 왕언니의 의사를 존중하여 배정한다. 이는 교내 다수인 여교사 사이의 안정과 지지를 얻어 위계질서를 인정해 줌으로써 상호 간에 신뢰를 돈독하게 하려는 배려의 표시이다.

왕언니 문화가 왜 이렇게 활성화되었는가?

왕언니[25] 문화가 왜 이렇게 초등학교에서 갑자기 보편적인 초등학교의 문화로 자리를 잡게 되었을까? 그 원인은 여러 가지로 구분하여 볼 수 있다. 여기서는 풀(pull)요인과 푸시(push)요인으로 나누어 살펴보고자 한다.

첫째, 풀요인을 살펴보면 그 요인으로는 초등학교에서의 제도적인 상황의 변화와 시대 변화가 관련되어 있다.

하나는, 교원능력개발평가에서의 동료평가[26]가 영향을 미쳤다. 교원능력개발평가 도입의 목적은(이하 교원 평가)는 교육부에서 교원 능력 신장 및 학생과 학부모의 공교육 만족도 향상, 공정한 평가를 통한 교원의 지도 능력 및 전문성 강화를 통한 학교 교육의 질적 향상을 위해 매년 교원을 평가하는 제도이다. 교원평가는 학생 만족도

---

25) '왕언니'는 통상적으로 학교 조직에서 교육경력이 많고, 나이가 많은 교사 중에 학교조직 내에서 교장과 대척점에 서있는 영향력이 있는 평교사를 지칭한다. 보통 왕언니는 두 가지 언행을 보인다. 첫째, 교장, 교감은 승진하기 위해서 학생 교육보다 논문 쓰기에 집중한 사람, 교사들의 애로 사항보다는 교장, 교감의 비위나 맞추는 비교육적인 사람이다. 반면에 '나는 한 점 흔들림 없이 학생만을 바라보고 교단을 굳건히 지켜온 사람이다'라고 주장을 한다. 둘째, 교장, 교감은 교사의 권리, 복리에는 1도 관심이 없이 오로지 교육청의 눈치만 보고, 학부모의 민원 처리에만 신경을 쓰는 사람들이다라고 말하며 본인의 교육 사랑, 후배 사랑을 언급하기도 한다.

26) 코로나19의 영향으로 20121학년도부터 동료평가가 일시적으로 중단이 되었다.

조사, 학부모 만족도 조사와 동료평가로 나뉜다. 따라서 교원들은 교장과 교감, 동료, 학생, 학부모에게 모두 평가를 받는다. 2005년 5월 5일 교육부(당시 교육인적자원부)가 발표한 교원평가제도 개선 방안의 추진 방향에 따르면 평가대상은 국공립은 물론 사립학교를 포함한 모든 초중고교 교원이 대상이고, 평가내용은 교장, 교감은 학교 운영 전반을 평가받고 일선 교사는 수업계획과 실행 등에 대해 평가를 받게 된다. 평가 방법은 동료 교원은 평소 관찰이나 한 학기에 1회 이상 공개 수업을 하여 종합적으로 평가하고 학부모와 학생은 설문 조사서를 작성, 제출하는 방식으로 이뤄진다. 이와 함께 평가 결과는 매년 11월 개별 교원에게 통보되어 개별적인 결과는 공개되지 않지만, 해당 학교 교장 · 교감은 평가 결과 확인이 가능하다. 그러나 평가 결과는 교원의 능력을 신장하는데, 활용하기 위한 것이지 인사 등과는 연계하지 않는다. 또한 기존의 평가제와는 달리 결과 공개를 원칙으로 하며 절대평가가 이루어진다는 것이 교육부의 방침이다. 이것은 교원능력 '개발'평가라는 명칭에서 알 수 있다.

그런데 이 교원평가는 학부모, 학생, 교원을 대상으로 한 평가이다. 이 평가의 결과는 원래 교원의 능력을 개발하기 위한 평가가 목적이었다. 그러나, 교원 간에 있어서는 동료평가로서의 중요한 역할을 하게 되었다. 이 평가는 승진을 앞둔 교사에게는 매우 중요한 평가가 되었다. 왜냐하면 승진하는 데 필요한 근무평정을 하는 데, 교장, 교감의 평가와 함께 동료 교사들의 평가도 영향을 미치게 되기 때문이다. 그런데 소위 왕언니는 학교 조직 내에서의 영향력 확대 내지는 영향력 유지를 위하여 교내 인사위원회[27]에 참여하여 인사에

27) 학교마다 사정은 조금씩 다르나 일반적으로 학교에서의 교내 인사자문위원회의 기능은 학년 및 학급배정, 업무 분장, 표창 업무 등 상당히 중요한 인사 업무를 자문한다. 그러나 그 기능은 학교에 따라 차이가 있다. 예를들어 어떤 학교에서는 학년 및 학급 배정 업무 등의 원칙을 정하는 정도로 자문을 하는 경우가 있는가 하면, 어떤 학교에서는 사실상 학년 및 학급 등을 배정하는 곳도 있다.

막강한 영향력을 미친다. 일반적인 서열 중심의 문화, 연장자 중심의 문화가 자리를 잡은 현실에서 왕언니가 인사위원을 하겠다고 나서는 경우 그것을 막을 사람은 사실상 없다. 따라서, 왕언니는 본인이 하고 싶은 것을 큰 제재를 받지 않고 쉽게 할 수 있다. 김판갑(2003)의 연구결과에 의하면 학교 사회에는 교장-교감-부장교사-교사의 순으로 행정적 위계 관계가 성립되어 있다. 그러나 요즈음 이런 기존의 공식적인 위계 관계보다 여교사 사이에서는 교직 경력에 따른 서열이 매우 중시된다라고 한다.

다른 것은, 초등 특유의 굿가이(착한 사람)문화가 영향을 미쳤다. 초등교사가 되는 사람의 초등학교부터 고등학교 때까지의 성적을 보면 매우 우수한 집단이다. 최근 입학에서 생활기록부가 중요한 전형요소로 등장하면서, 성적 우수 학생들은 성적뿐만 아니라 행동도 매우 모범적인 사람이다. 특히, 교사가 되겠다고 교육대학교에 입학하는 학생들은 그런 요소가 더 강하다. 그래서 초등교사와 사는 배우자는 모범적인 생활을 할 각오를 하고 결혼을 해야 한다는 말이 있을 정도다. 일탈이라는 것은 꿈도 꾸지 말 것을, 심지어 클럽도 가지 못할 수도 있다는 것을. 이렇게 모범적인 생활을 해 온 소위 범생이에다가 교육대학교이라는 초등교사의 양성이 목적인 단일 대학문화인 사실상의 단과대학을 다니면서 다양한 대학문화를 경험하기가 어렵다. 이렇게 제한된 대학문화 속에서 거의 매일 모든 교과목에서 강조되는 것은 모범적인 사람, 굿가이 되기다. 공무원의 의무, 교사로서의 소명감, 교사 윤리성, 교사 도덕성 등 학생과 학부모, 동료의 요구에 친절하게 적극적으로 반응해야 한다는 것, 굿가이가 되어야 한다는 내용을 중심으로 강의를 듣게 된다.

이렇게 대학의 교육과정에서부터 착한 사람이 되어야 한다는 강박관념은 이들에게 굿가이 콤플렉스를 갖도록 한다. 굿가이 콤플렉스는 착한 사람이 되어야 한다는 강박 관념이다. 이러한 강박 관념을 가지고 있는 사람들은 싫은 소리를 잘하지 못한다. 직장에서도 모임에서도 자기가 할 말을 못 하고, 동료에게 불만이 있어 뭔가 하고 싶은 말이 있어도 표현하지 않고 속으로만 상대를 미워한다.

수많은 인간관계를 맺으면서 복잡한 공식이 싫다고 하지만 좋든 싫든 이러한 복잡한 방식, 다양한 방식으로 관계가 이어져 가는 것도 사실이다. 준 사람은 더 주었다고 생각하고, 받은 사람은 덜 받았다고 생각한다는 것이다. 굿가이는 이름만큼 좋은 것이 아니다. 하고 싶은 말을 다 하지 못하고 내 마음의 찌꺼기를 방치한 채 흘러간 아까운 세월은 다시 돌아오지 않는다. 잘해주고 상처받지 않기 위해서는 사람을 안 만나거나 소극적으로 만남을 이루어야 하는 것이 아니라 오히려 더 잘해주더라도 적게 오는 것이 당연하다 여기고 산다. 어쩌다가 더 많은 기쁨을 선물로 받을 때는 그것이 당연한 것이 아니라 오히려 감사하다고 생각한다. 이처럼 인간관계에서 차라리 손해보는 것을 택해 마음의 평화를 얻는 것이 굿가이의 마음이다. 심리학에서는 이런 것을 인지 부조화(cognitive dissonance) 라고 한다. 불만은 있는데, 말을 하지 않는 것이다. 특히 이런 굿가이들은 사랑하는 사람들에게 더욱더 최선을 다해 그에게 몰입하지만, 나중에 상처를 쉽게 받는다. 즉, 싫은 것을 내색하거나 적극적으로 표현하지 않고 좋은 것이 좋은 것이다는 굿가이 문화가 왕언니 문화를 확대, 확산시키고 있다.

둘째, 푸시 요인을 살펴보면 승진문화에 대한 안티 문화와 최근의 SNS문화의 발달을 꼽을 수 있다.

하나는, 승진문화에 대한 안티 문화는 어쩌면 우리 사회의 지나친 출세문화의 반작용이라고 본다. 우리 사회는 전형적인 출세를 갈망하고 있으며 그것이 사회 전반에 만연되어 있다. 출세는 직역하면

'세상에 나온다'라는 뜻으로, 일반적으로는 사회적으로 성공하는 것을 가리킨다. 정치인, 기업인 그 외에도 흔히 말하는 판사, 의사, 검사, 변호사, 약사 등의 '사'자 직업과 행정고시에 합격한 5급 공무원 이상 등이 일반적으로 생각되는 출세를 제대로 한 사람들에 포함된다. 이를 잘 말해주는 사자성어가 입신양명이다. 이것은 우리의 가문 중심의 문화가 많은 영향을 미치고 있다. 그 결과 과거에는 초등 교직 사회도 승진하려고 하는 경향이 강했다. 특히 남성 중심의 문화가 주류 문화로 자리 잡았던 시대를 살았던 라떼 세대는 그 경향이 더 강했다.

학교라는 조직도 다른 조직과 마찬가지로 통상 30퍼센트 정도의 반대 그룹이 항상 존재한다. 이런 그들은 교장이 아무리 의미가 있고 교육적으로 좋은 일을 하더라도, 아무리 민주적인 경영을 하여도 항상 그들은 반대한다. 특히, 매일 윤리와 도덕을 주로 가르치는 직업적 특성으로 인하여 그렇지 않아도 옳음을 많이 주장하는 한국 사람의 특성에 더하여 더 강하게 옳음을 생각하고 주장한다. 많은 자리에서 이야기할 때마다 기승전옳음으로 결론이 도출된다. 즉, 옳음은 이야기의 단골 메뉴가 된다. 이런 교직의 특성은 옳음이 평소의 대화에서도 많은 부문을 차지하게 되어 그렇기에 승진한 사람에 대한 안티 문화가 상대적으로 다른 집단에 비하여 매우 강하다. 이런 교직 문화의 특성은 교장에 대한 반대 역할을 하는 왕언니 문화를 탄생하게 하고 성장하고 발전하도록 만든다.

다른 것은, SNS문화의 발달을 들 수 있다. 요즘은 교사들이 통상 업무의 편의를 위하여 동학년 단위로 여러 가지 연락을 위하여 속칭 '동학년 카톡방'을 개설한다. 그런데 그 공간이 권력의 공간이 된다. 최근 들어 대도시의 경우 부장 교사를 기피를 한다. 이 원인은 여러 가지가 있다. 최근 MZ세대의 행복관과 관련이 있다. MZ세대들은 라떼 세대의 롱텀 행복관과 달리 숏텀 행복관을 가진다. MZ세대들은 미래의 행복을 위해 지금의 고통을 참는 것이 아니라 지금 행복해야 한다. 그러면서도 학교라는 곳은 워라밸을 추구하기 위한 안정적인 하나의 직장일 뿐이다. 그러기에 MZ세대 다수가 승진에 관심이 없다. 그 결과 대도시 지역에서는 부장 교사를 너도나도 기피하기에 매년 12월이 되면 부장 교사를 정하기 위하여 웃지 못할 다양한 장면이 발생한다. 다시 말하면, 학교마다 부장 교사를 정하기 위하여 희극적인 일들이 벌어진다. 어떤 학교는 교육경력이나 당해 학교 재직 연수를 기준으로 순환보직제로 정하기도 하고, 어떤 학교는 제비뽑기로 정하기도 한다. 그것은 부장 교사가 매년 바뀐다는 것이고, 매년 바뀌기에 부장 교사의 업무 전문성을 담보하기 어렵다는 말이다. 특히, 사람 중심의 조직인 학교 조직의 특성상 학년 부장의 경우 많은 부담을 갖는다. 그런 상황에 더해서 연장자를 우대하는 교직 문화가 있는 초등 교직 사회에서 신규 학년의 부장 교사는 나이 많은 교사를 우대하고 심지어 따를 수밖에 없다. 왜냐하면 카톡방에서의 의사결정 시 누군가의 선제적 의견 제시가 중요한 데, 통상 나이 많은 고경력 교사의 발언이 사실상 학년의 의사결정을 좌지우지하기 때문이다.

그런데 최근 이런 SNS문화는 공적인 영역을 넘어서서 개인 생활에까지 영향을 미치고 있다. 물론 트위터, 페이스북 같은 소셜 네트워크 서비스는 이미 특별할 것도 없이, 우리 삶에 깊숙이 들어와 있는 소통 수단이다. 소셜 네트워크 서비스가 크게 성공했다는 것은 우리에게 얼마나 다른 사람과 연결되기를 원하는 욕구가 존재하는지를 증명한다. 소셜 네트워크 서비스가 사람을 외롭게 하는 것이 아니다. 반대로 소셜 네트워크 서비스, 즉 SNS는 사람과 사람의 소통, 즉 연결을 더 효율적으로 해주는 도구다. SNS 자체가 어떤 문제가 있어 사람을 외롭게 하는 것은 아니다. 관심받기 위해 아름답게 꾸민 SNS 안의 내 정체성이 실제 나와 괴리가 생길 때 스스로 초라해지고 외로워지는 느낌이 찾아온다.

사람이 외로움을 느끼는 것은 내 환경이 외롭기 때문이다. 외로움은 환경적 결핍에 기인한 이차적인 감정 반응이기도 하지만 사람의 본능과 연결되어 있다. 생존을 위해서는 다음 세대를 만들기 위한 성적 본능도 중요하지만, 사회적 유대감을 형성하도록 하는 힘, 외로움도 우리 유전자에 본능적 느낌으로 내재해 있다. 외롭지 않다면 사회적 관계를 열심히 만들지 않는다. 인간이 발달시킨 사회와 문화는 이 관계망 속에서 이루어진 것이다. 사회적 유대감을 바라는 외로움이 없었다면 인간이 문화적 특성을 띠기 어려웠을 것이다. 외롭기에 외롭기도 하지만, 외로움은 사람이 가지고 태어나는 본능적 감정이기도 하다. 최근의 외로움 연구를 보면 외로움을 가지고 태어나는 사람이 있다고 한다. 일란성 쌍생아를 대상으로 한 외로움 연구에서 유전적 경향이 48퍼센트, 거의 절반에 이른다는 연구 보고가 있다. 타고나기를 외로움을 잘 타는 사람은 같은 환경에서도 더 외로움을 느낀다는 것이다. 외로움을 많이 느낀다는 것은, 그만큼 사회적 유대감에 대한 욕구가 강하다는 말이다. 초등 교직 문화는 대부분 교사가 담임을 맡고 있다. 이것은 담임은 교실이 있고, 하루의 대부분을 교실 속에서 지낸다. 학생들이 하교하고 나면 교사 혼자 교실에서 지낸다. 외로움이나 고독을 즐기는 교사가 아니라면 누군가와 연결되기를 원한다. 이처럼 교사들에게 외로움의 일상화는 그들이 평상시 누군가와의 소통과 관계맺기를 원하게 하는 원인으로 작용한다.

소셜미디어는 외로움을 달래주는 데 매우 유용한 도구다. 그런데, 이런 소셜미디어가 어떤 사람에게는 외로움을 무기로 활용하는 공포의 수단이 되기도 한다. 즉, '언팔'을 무기로 겁박의 수단이 되기도 한다. 영어로는 취소문화(Cancel culture)라고 한다. 입 한번 잘못 놀리면 '아웃'이 된다. 학교 조직에서도 이런 경향이 강해지고 있다. 이로 인하여 왕언니 문화가 더욱 영향을 미치고 있다.

라우시 미국브루킹 연구소 선임연구원은 〈지식의 헌법〉에서 양식이 있는 사람들이 상식적인 대화를 나누기가 점점 어려워지는 현대 사회의 병폐를 지식의 형성원리라는 관점에서 말하고 있다. 그가 말하는 지식(knowledge)은 흔히 우리가 말하는 '진리'와 '사실'이라고 말할 수 있다. 인류가 옳다고 생각하는 많은 것은 단독자의 경험이 아닌 '우리의 경험'을 통해서 체계화됐다고 말할 수 있다. 만약 어떤 한 사람의 경험이 단독으로 존재한다면 아무 의미도 없다. 만일 그가 다른 사람들이 볼 수 없는 것을 본다면, 우리는 그것을 환각이라고 부르거나 우리보다 편향이 됐다고 말하게 된다. 그렇기에 소셜미디어에서 벌어지는 일들은 '지식형성'이라는 추상적 이야기와 하나로 묶인다. 지식은 공동체에 의해 형성되는 일종의 집단지성인데, 소셜미디어는 이런 지식의 생성을 교란한다.

미국의 경우 가짜뉴스는 극우파가, 취소문화는 일부 '정치적 올바름'을 주장하는 일부 좌파들이 사용하는 무기이다. 한국에서는 좌파, 우파를 가리지 않고 사용하고 있고 퍼져나가고 있다. 학교라는 사회에서도 비슷한 현상이 일어나고 있다. 가짜뉴스는 과거부터 많이 통용되던 것이었다. 물론 취소문화도 과거부터 존재하던 문화였다. 그러나 최근에 들어서서 다른 양상으로 전개되고 있다. 그 원인은 여러 가지가 있다. 첫째, 교장의 권한, 권위 약화다. 교장의 권한은 정권이 바뀔 때마다 교육개혁을 통해 교장의 탈권위를 추진하고 있다. 이로 인하여 교장의 권한은 과거에 비해 매우 약화가 되었다. 대도시의 경우 교장은 학교 내에 방과후 강사를 포함한 사람을 선발하는 일에 위원장은 커녕 위원으로도 참여할 수 없도록 하고 있다. 둘째, 부장 교사를 서로 하려고 하지 않기 때문에 교장은 근무평정의 권한이 사실상 없는 것이나 마찬가지다. 단지 교감으로 승진을 하려고 하는 사람 1~2명에게만 의미가 있다. 그러나 그것도 제한적일 수밖에 없다. 동료평가를 반영해야 하는 체제로 되어 있기에 그들도 왕언니를 포함한 동료 교사들의 눈치를 볼 수밖에 없다. 만약 왕언니의 눈 밖에 나게 되면 동료평가에서 나쁜 평가를 받고 그로 인하여 근무평정을 제대로 받을 수 없고, 성과급에서는 동료평가가 100퍼센트 반영되기 때문에 좋은 성과급을 받을 수 없게 된다. 셋째, 대도시의 경우 교사 전보에 근무평정은 1도 영향을 주지 않는다. 이런 시스템 속에서 교장은 외로운 성주일 뿐이다.

이로 인하여 취소문화는 최근 학교에서 보면 강압적 동조문화를 확산시키는 것이라고 할 수 있다. 학생들이 따돌림이 무서워서 특정 상황에 입을 닫는 것처럼, 학교에서도 교사들이 교사로서 비윤리적이고, 비도덕적인 발언을 했다며 따돌림을 당할까 봐 자기 검열에 빠지게 된다. 이러한 자기 검열은 교직원 스스로 자기 입을 다물게 만든다. 이것은 학교 내에 겉으로는 평화를 가져온다. 그러나, 이 평화는 진정한 평화가 아닌 갈등이 내재된 평화일 뿐이다. 그 결과 갈등이 점점 커지게 되어 결국에는 커다란 문제를 야기한다.

왕언니 문화의 긍정적 기능과 역 기능

모든 것이 그렇듯이 어떤 제도나 어떤 문화도 100퍼센트 좋은 것도, 100퍼센트 나쁜 것도 없다. 즉, 왕언니라는 초등 교직 문화는 긍정적인 측면도 있고, 부정적 측면도 있다. 왕언니 문화도 그렇다. 왕언니 문화의 좋은 점은 참여형 의사결정의 활성화를 들 수 있고, 부정적인 점은 왕언니가 공조직과 갈등을 일으키는 경우 학교 조직의 건강도가 매우 나빠진다는 점이다.

먼저 왕언니 문화의 좋은 점은 학교 조직에 참여형 의사결정을 하게 한다는 점이다. 교장이 의사결정을 할 때 어느 정도 권한 범위 안에서 의사결정을 하는 가에 따라 네 가지 형태로 나눌 수 있다. 첫째, 독단적 의사결정형이 있다. 이 형태는 교장이 다른 사람에게 의견이나 제안을 요청하지 않고 혼자서 결정을 내리며, 다른 사람은 결정에 직접적으로 영향을 미치지 못하는 형태이다. 즉 다른 조직 구성원의 참여가 없는 상태를 말한다. 둘째, 협의에 의한 의사결정형이다. 이 형태는 교장이 다른 사람에게 의견과 아이디어를 내도록 요청하고, 그런 후에 그들의 제안과 관심사를 신중하게 고려한 후에 혼자서 결정을 내리는 형태다. 셋째, 공동 의사결정형이다. 이 형태는 교장이 다른 사람들과 만나서 결정 문제를 논의하고 함께 결정을 내리는 형태이며, 교장은 최종결정에 대해 다른 참가자들과 동등한 영향력을 가진 상태를 말한다. 넷째, 위임에 의한 의사결정 형태이다. 이 형태는 교장이 개인과 집단에게 결정을 내릴 권한과 책임을 주는 형태이다. 단, 이때 관리자는 보통 최종결정이 이루어지는 데 대한 제한을 두며, 결정이 실행되기 전에 사전 승인을 요구할 수도 있다.

위에 언급한 것처럼 교장과 왕언니와의 관계가 소통이 원활하고, 건전한 긴장 관계를 유지가 되는 경우 위의 의사결정 유형에서 왕언니가 두 번째 형태, 세 번째 형태, 네 번째 형태에 영향을 미칠 수 있다. 특히, 교장의 성이 여성이 아닌 남자인 경우에는 왕언니의 역할이 더 부각이 되고 긍정적인 역할을 할 수 있다. 그것은 남자 교장의 경우 여교사들과의 원활한 관계를 유지하기가 쉽지 않기 때문이다. 특히, 요즘 페미니즘이 사회의 중요한 현상으로 부각이 되고, 이슈가 되는 상황이라 남자 교장들은 여자 교사들과 과거처럼 편하게 대화를 하거나 밀접한 관계를 맺기가 쉽지 않다. 그런 면에서 왕언니는 학교 내 의사소통을 원활하게 하는 데 긍정적이다. 그래서 다수의 학교에서는 속칭 '오순이 모임[28]'을 만들어 정기적으로 식사도 하면서 의사소통을 시도한다.

다시 말하면, 왕언니 문화는 학교 내 의사소통을 원활하게 한다. 또한 왕언니 문화는 학교의 공식적인 업무 추진은 부장 중심으로 하고, 비공식 조직인 왕언니를 중심으로 협조 분위기를 조성하는 경우 여교사들을 뭉치게 하면서 상하관계를 더욱 강화를 시키고, 여교사들을 학교 행정에 대한 주인의식을 가지고 임하게 만든다. 즉, 왕언니가 교사들을 학교 운영에 주변인에서 중심인으로 끌어들이는 역할을 하여 학교 조직의 안정성을 높여준다. 또한, 교장이 여교사들에게 하기 어려운 민감한 이야기들을 하면서 교장과 교사와의 가교역할을 하기도 한다. 때로는 왕언니가 경력이 짧은 교사들의 인생 상담도 해주고 선배 교사의 실수를 들려주어 경력이 짧은 교사들에게 본인들과 같은 전철을 밟지 않도록 시행착오를 줄여주기도 한다. 이것은 결국에 교사들이 학교경영에 책무성을 가지고 적극적으로 참여하게 한다. 이로 인하여 학교 교육력 제고를 가져온다.

부정적인 측면은 왕언니의 학교 참여의 내용과 방법에 대한 이견이 있을 때는 학교 조직의 건강성이 저해된다. 왕언니의 학교 의사결정의 왜곡은 학교에 따라서는 오히려 갈등의 원인, 갈등의 진원지가 되기도 하였다. 왕언니 문화의 부정적인 점은 전제가 왕언니가 교장과의 의사소통이 원활하지 않고 왕언니가 교장과 대립 구도를 형성하여 마치 2023년 최근 여야 관계와 같은 상황일 때이다. 이때 왕언니의 입장이 기승전반대일 경우이다. 이때 학교의 조직의 건강도가 극도로 나빠지게 된다. 이런 경우 학교 조직은 극도로 피로도가 높아

---

28) 보통 50대 여자 교사와 교장, 교감과의 모임을 말한다. 다른 조직으로 말하면 고문 모임, 원로 모임과 같은 성격이다.

지고 교직원들은 서로 간에 학교 정책을 둘러싸고 파벌이 형성된다. 일반적으로는 교장의 리더십이 확보되지 않을 때 발생이 되는 경우가 많다.

그러나, 최근에 일부 대도시에서 교장 공모제의 확대로 인하여 새로운 양상으로 전개되고 있다. 초빙공모제 교장으로 임용되기를 원하는 일부 교감들은 임용되기 위해서는 투표권이 있는 교사의 평판도가 중요하다. 그런데, 통상 교장은 학생 교육을 위해 어떤 경우에는 교사가 선호하지 않는 정책, 불편한 행사 등을 할 수밖에 없다. 이때, 교감은 본인이 공모 교장으로 가기 위한 미래를 위해 평판도 관리를 한다. 즉, 왕언니와 같은 그룹을 형성하여 교장이 추진하는 정책들을 앞에서는 찬성하는 척하고, 뒤에서는 은밀하게 정보를 제공하면서 반대하게 된다. 심한 경우 어떤 교감은 교장이 교장실에 근무하여 교사들과 원활하고 활발한 소통이 이루어지기 어렵다는 점을 이용하여 여론을 호도하고 교장을 고립을 시키는 경우가 있다. 결과적으로 교감과 왕언니의 이해가 일치되어, 교장을 학교 내 여론으로부터 분리를 시켜서 그것을 견디지 못하고 수치심에 교장이 본인 의사와 관계없이 학교를 떠나도록 만든다. 어떤 경우에는 왕언니 문화에서 이탈하는 이탈자에게는 교내에 설치되어 있는 교내 인사위원회를 통해 학급 담임 배정을 비롯한 업무분장 등을 포함한 인사상의 불이익을 준다. 또는 단둘이 있을 때 인사를 안 받아준다든지, 뒷담화를 통해서, SNS에서 취소 문화를 통해 집단에서 따돌림을 한다든지 등 다양한 방법으로 불이익을 주어 이탈 행동을 하지 못하도록 하기도 한다.

코로나19 팬데믹 시대, 왕언니를 향한 MZ세대의 반란

팬데믹은 엑스선이 되어 우리의 가려진 불편한 진실을 대면하게 하고, 우리가 알고 있었지만 헤아리지 못했던 것들을 일시에 일깨워 주었다. 문제에 대한 담론은 넘쳐났고 코로나19 이후의 새로운 전환을 위한 뉴노멀(New normal)의 필요성이 제기되었다. 정책의 부재를 탓하고 처방과 해결을 촉구하는 목소리는 뜨거웠지만 정작 드러난 문제에 대한 진지한 논의의 장은 아쉬웠다. 제한적이기는 하지만 이제 당분간 코로나19와 함께하는 일상을 받아들이며 재건을 도모하고자 하는 분위기이다. 전염병은 백신과 치료제로 이겨낼 수 있지만, 망각의 실수를 이겨내는 것은 '스스로 질문을 던지는 일'과 '성찰' 뿐이라고 생각한다.

최근 코로나19 이후에 학교는 많은 갈등이 넘쳐났다. 이런 갈등들은 최근에 보기 드문 현상이었다. 이런 갈등의 표출 원인은 여러 가지가 있다고 생각한다.

첫째, 학교 문화의 변화이다. 코로나19로 인한 팬데믹이 발생하면서 기존의 지배적 가치가 상당히 붕괴가 되었다. 기존의 나이, 경력, 지위 등의 다양한 권위로 학교를 지배하며 작동하게 했던 논리들이 더 이상 유효한 가치가 아님이 드러난 것이다. 코로나19로 인하여 학생들이 등교할 수 없는 상황에서 원격수업, 비대면 수업을 할 수밖에 없게 되었다. 그런데, 그토록 유용성과 탁월성을 강조했던 소위 '라떼 세대'의 경험들은 팬데믹 시대를 맞이하여 무용지물이 되어버렸다. 그런데도 그토록 학생을 사랑한다는 선배들이 어떻게 하면 비대면 수업, 원격수업을 하지 않기 위한 다양한 논리를 내세우며 거부를 한 것이다. 이러한 모습을 보면서 라떼 세대의 교육 사랑과 경험에 기반한 권위는 무너질 수밖에 없게 되었다.

둘째, MZ세대의 전면에 등장이다. 코로나19로 인하여 비대면 수업, 원격수업이 전면화되면서 그들이 전면에 등장하게 되는 원인이 되었다. 그들은 어릴 때부터 스마트폰을 비롯한 전자기기를 사용하던 세대라 컴퓨터를 비롯한 다양한 전자기기에 익숙한 세대이다. 또한 평소 SNS를 원활하게 사용하던 세대이기에 최신의 트랜드를 쉽게 수용하는 세대이다. 이러한 MZ세대들은 처음에는 원격수업, 비대면 수업에 전면에 나서지를 않았다. 왜냐하면 어려운 경쟁을 뚫고 1퍼센트의 성공한 화이트 칼라에 대한 아무런 보상을 해주지 않는 조직을 보고 실망한 것이다. 거기다 조직을 개선하기 위한 좋은 의견을 내면 의견을 낸 사람에게 일을 시키는 조직 풍토를 보면서 앞에 나서지 않았다. 그래서 그들은 조용히 자기 교실, 자기 학급만 충실한 스텔스형 실시간 쌍방향 원격수업[29]을 진행하였다.

그런데, 상황은 역전이 되었다. 코로나19 전까지는 라떼 세대 앞에서 MZ 세대들은 숨을 죽였다. 그런데, 라떼 세대들이 본인들은 한 학급에 60명의 학생을 가르치며, 조개탄을 때어가며 그 어려운 시절을 이겨낸 한국 경제 발전의 주역이다. 또한, 권위주의가 판을 치던 학교에 힘든 과정을 이겨내고 학교 민주화를 이루어낸 학교 민주화의 주역이라고 목소리를 높였기 때문이다. 즉, 그들의 노고에 부채의식을 느꼈던 것이다. 그런데, 본인들은 그토록 교육을 사랑하나, MZ세대들은 교육을 사랑하는 마음이 부족하다며 그토록 비판하던 그들의 가냘픈 허위의식을 본 것이다.

특히 수면 아래 잠복해있던 소위 왕언니중심의 문화에 대한 부작용이 수면 위로 부상하는 계기가 되었다. 그동안 일부 학교이기는 하나 왕언니는 학교의 사실상의 여교사 중 최고의 권위였다. 어떤 학교에서는 그런 이유로 학교 의사결정이 왜곡되기도 한다. 부장 교사를 하지 않으려는 초등학교 교직 문화를 이용하여 새롭게 학년 부장이 된 사람의 경험 부족에 따른 리더십의 약점을 이용하여 학년의 의사

---

29) '스텔스형 실시간 쌍방향 원격수업'은 필자가 작명을 하였다. 이것은 다른 학년이나, 다른 반 교사에게 알리지 않고 자기 반만 실시간 쌍방향 수업을 실시하는 것을 말한다.

결정을 좌지우지하고 더 나아가서는 학교의 의사결정을 사실상 좌지우지하는 상황을 만들었다. 그러나, 코로나19라는 팬데믹 상황에서 왕언니도 본인의 이익에는 어쩔 수 없는 나약한 인간임이 드러나게 되었다. 큰 파도는 저 앞에서 몰려오고 있고 많은 사람이 위험에 노출되었음에도, 어떤 의미가 있는 행동을 하지 못하는 모습을 보면서 MZ세대들은 실망한 것이다. 작은 배를 타고 큰 파도가 넘실대는 동해를 건넜다고 했던 그 왕언니의 위대한 경험이 무기력해짐을 본 것이다. 즉, 왕언니라는 위대한 영웅의 서사시는 큰 파도 앞에서 바닷가 모래성임을 본 것이다. MZ세대들은 왕언니의 말과 몸짓도 교육을 위한 어떠한 의미와 가치있는 것이 아니라는 것을 알게 되었다. 왕언니가 그토록 비난했던 일반인의 의식과 행동과 크게 다르지 않음을 깨달은 것이다. MZ세대들은 본 것이다, 어제까지 그토록 위대한 영웅이었던 '왕언니 상'이 하루 사이에 물거품이 되어 사라지고, 모래사장에는 나약한 한 인간만이 파도 앞에 서 있는 것을.

제7장 지역사회와 학부모의 학교 참여 요구 증가

학부모 학교 참여 등장의 신호탄이 된 '5.31 교육개혁'

최근 학부모의 학교 교육 참여 요구는 폭증하고 있다. 이런 요구를 학교 구성원들은 매우 힘들어하고 있다. 과거 학교 교육이 학부모로부터 신뢰를 받을 때는 큰 문제가 없었다, 그러나 지금은 조금은 상황이 다르다. 학부모를 사전에서는 '학생의 아버지와 어머니'라고 정의하고 있다. 학생의 아버지와 어머니 즉, 학부모는 아이가 태어나면서부터 옹알이를 거쳐 말을 배우고, 기어 다님을 배우고 걸어 다니기까지, 학교에 입학하기 전까지 집에서 배우는 기초 가정교육을 책임지고 있는 아이가 태어나 처음 만나는 선생님이다. 따라서, 학부모는 최고의 선생님이다.

1995년 5.31 교육개혁이 발표되기 전만 해도 '학부모의 교육권'은 교육계에서 다소 생소한 말이었다. 1949년에 제정된 교육에 관한 최초의 법률이자, 1997년에 교육법 체계의 전면적인 재편에 이르기 전까지 교육에 관한 기본적인 법률이었던 구 『교육법』에서는 학부모의 교육권을 특별히 염두에 두고 있지 않았다. 단지, 초등학교 및 중학교에 취학할 연령에 있는 자녀를 둔 보호자는 그 자녀를 취학시킬 의무를 지고, 이 의무를 제대로 이행하지 않을 때 과태료 처분을 받을 수 있다는 것이 유일한 내용이었다. 교육체제의 근본적인 변화를 겨냥한 '신교육체제구상'으로 불리는 5.31 교육개혁은 학부모의 위상에 중대한 변화를 가져왔다. '공급자 중심에서 학습자 중심으로 전환'을 천명하면서 교원에게 자녀의 교육을 위탁하는 소극적 존재가 아닌 적극적 교육권의 주체로 학부모를 받아들인 것이다.

이 개혁 구상을 이어받아 1997년에 구 『교육법』이 『교육기본법』, 『초·중등교육법』, 『고등교육법』으로 새롭게 구성되면서 교육에 관한 기본적인 원칙을 담은 『교육기본법』은 학부모를 교원, 학습자, 교원단체, 학교의 설립·경영자, 국가 및 지방자치단체 등과 더불어 교육의 당사자로 규정하였다. 부모 등 보호자는 교육당사자 중에서도 조문의 배치상 학습자 다음이자 교원 앞에 위치하게 되었을 뿐만 아니라 내용에서도 자녀에 대한 교육권의 주체임을 규정하였다. 나아가 교육에 관하여 학교에 의견을 제시할 수 있으며, 학교는 그 의견을 존중하여야 한다고 규정하여 학부모의 교육권이 학교 운영에서 중심 위치를 차지하게 되었다.

이러한 변화의 흐름 속에서 헌법재판소는 학부모의 교육권을 자유롭게 자녀 교육을 '형성'할 권리, 교육의 목표와 수단에 관하여 '결정'할 권리, 형성하고 결정한 대로 '이행'할 권리로 정리하였다.[30] 학부모 교육권의 등장은 학교 운영에 새로운 풍경을 낳게 되었다. 예를 들어 교장보다도 대개는 연령 낮은 학부모가 학교운영위원회(이하 '학운위'로 약칭)의 위원장으로서 의사봉을 잡고 교장은 위원 중 한 명으로 참여하는 모습도 흔히 볼 수 있게 되었다. 학부모가 주관하는 교외체험학습은 교육과정에 따라 학교 수업에 참여하지 않는데도 불구하고 수업으로 인정되었다. 학생 포상, 징계, 징계 외의 지도 방법, 두발·복장 등 용모, 교육 목적상 필요한 소지품 검사, 휴대전화 등 전자기기의 사용 및 학교 내 교육·연구 활동 보호와 질서 유지에 관

30) 부모는 자녀의 교육에 관하여 전반적인 계획을 세우고 자신의 인생관·사회관·교육관에 따라 자녀의 교육을 자유롭게 형성할 권리를 가지며,··· 따라서 자녀 교육권은 부모가 자녀 교육에 대한 책임을 어떠한 방법으로 이행할 것인가에 관하여 자유롭게 결정할 수 있는 권리로서 교육의 목표와 수단에 관한 결정권을 뜻한다.

한 사항 등 학생의 학교생활에 관한 사항에 대해서는 학부모의 의견을 듣고 그 의견을 반영하기 위해 노력하도록 하였다. 학생의 개인정보 관리에 학부모의 동의가 필요하게 되었고, 학교교육과정의 운영방법이나 평가기준 마련을 비롯하여 교과용 도서와 교육 자료의 선정은 학운위의 심의를 받도록 했다.

학부모의 교육권과 교원의 전문성과 공존하기

공급자 중심에서 학습자 중심이라는 교육개혁의 기치 속에서 진행된 학부모 교육권의 부각은 사회적 분위기로는 교원의 교육권의 위상 저하를 초래하게 되었다. 다만, 학부모의 교육권을 중시하면서 교원의 교육권을 상대적으로 약화하는 법령상의 변화가 나타난 것은 아니었다. 어쩌면 학부모 교육권의 강조와 함께 교원의 교육권 역시 이전보다 더 보장하는 정책이 병행되었다. 교직원은 학교 운영에 참여할 수 있다는 규정이 『교육기본법』에 마련되었고, 교원의 전문성 및 신분 보장의 규정은 변함이 없었다. '교장의 명을 받아 학생을 교육한다'에서 '법령에서 정하는 바에 따라 학생을 교육한다'로 변경하여 교사의 주체성을 강조하였다. 앞에서 언급된 학생의 학교생활에 관한 사항에 대해 학부모뿐만 아니라 교원의 의견도 반영하도록 하였다.

법령의 관점에서 보면 학부모의 교육권을 강조하면서 제로섬 게임의 차원에서 교원의 교육권을 위축시키거나 그 위상을 저하한 것으로 볼 수 없다. 하지만 학부모나 교원 모두 학습자의 교육이라는 같은 대상에 교육권을 발휘하는 것이므로, 서로의 가치나 방법이 충돌할 때는 양자의 우월 관계를 둘러싼 갈등이 초래될 수밖에 없다. 그렇지만 『교육기본법』은 학부모와 교원을 교육당사자의 하나로 병렬적으로 배치하고 각자의 교육권에 대해 규정하고 있을 뿐 양자의 갈등 관계 상황을 염두에 둔 조정 기제를 적극적으로 규정하고 있지 않다. 이런 상황에서 그동안 수직적 위계 구조에 익숙한 문화 속에서 살아온 교원이나 학부모가 각자의 교육권을 바탕으로 수평적 협력 관계를 만들어가는 일은 쉬운 일이 아니다.

교원의 관점에서 보면 중앙집권의 권위적인 교육 행정체계 속에서 자율성과 전문성이 충분히 보장되지 못하였다고 여기고 있는 상황에서 학부모 교육권의 강조는 교원의 교육권만 약화하는 것으로 해석될 수도 있다. 학부모의 관점에서 보면 1980년대 후반부터 시작된 사회 전반적인 민주화 운동의 흐름 속에서 '전문직=특권'으로 여기는 국민의 정서에 비추어 교원의 교육권은 부정적 이미지와 결합하여 인식될 여지가 있다. 헌법재판소는 학부모의 교육권을 헌법상의 기본권으로 인정하면서 교원의 교육권과의 관계도 밝히고 있다. 교원은 자연법적으로는 학부모의 자녀 교육권을 신탁받은 사람이고, 실정법상으로는 국가 교육권의 위임을 받은 사람이므로, 교원의 교육권은 학부모 교육권과 상호협력관계에 있다고 본다.[31] 헌법재판소에 따르면 학부모의 교육권과 교원의 교육권은 그 자체가 목적인 권리가 아니라 학습자의 교육받을 권리를 보장하기 위한 도구적 권리라는 점이다. 따라서 양자의 교육권이 서로 갈등을 빚을 때의 조정 기준은 어디까지나 학습자의 교육받을 권리에 있음을 강조한다. 헌법재판소가 교원은 부모의 지시에 단순히 복종하는 사람이 아니라고 한 것도 이 때문이다. 대체로 법원은 교육의 전문적인 사항에 대하여 교원의 판단을 존중하는 태도를 보이고 있는데, 이것은 '전문적 영

31) 교사의 가르치는 권리를 수업권이라고 한다면 그것은 자연법적으로는 학부모에게 속하는 자녀에 대한 교육권을 신탁받은 것이고, 실정법상으로는 공교육의 책임이 있는 국가의 위임에 의한 것이다. 그것은 교사의 지위에서 생기는 학생에 대한 일차적인 교육상의 직무권한(직권)이지만, 학생의 수학권의 실현을 위하여 인정되는 것으로서 양자는 상호협력관계에 있다고 생각한다.

역'에서는 교원의 교육권을 상대적으로 우위에 둘 때 학습자의 교육받을 권리가 보장될 수 있다는 전제가 깔렸다고 볼 수 있다.

전문적 영역에서 교원의 교육권을 우선시한다는 관점을 가지게 되면 결국 학부모의 교육권은 자녀의 교육에 관하여 교원의 교육권에 종속되는 것이 아닌가 하는 의문이 든다. 바로 이러한 종속관계를 극복하면서 헌법재판소가 언급한 대로 상호협력 관계를 발전시키기 위해서는 학부모, 교육의 가치, 전문성에 관한 새로운 관점이 요구된다.

첫째, 학부모는 '그릇된 교육관'의 온상으로서 불신의 대상이 아니라 자녀의 대체 불가능성을 누구보다도 굳게 믿고 자녀의 교육적 성장에 기여하고자 하는 열망을 가진 능동적 주체로 받아들일 필요가 있다. 학부모를 미숙과 불신의 대상으로만 보면 협력의 대상이 될 수 없으며 단지 전문가의 판단을 침해하는 방해자로 여겨질 수밖에 없다.

둘째, 교육에서 가치의 다양성에 대한 이해와 존중이 필요하다. 학습자의 교육적 성장이 교원의 전문성이라는 변수만으로 설명될 수 없다는 점이다. 교육에는 다양한 가치가 존재하고 가치 선택의 문제도 개입되어 있다. 교육의 오류를 교원의 전문성이 부족한 데에서 오는 '기술적 오류'로만 취급할 수는 없다. 학부모의 다양한 가치와 요구를 고려할 필요가 있다.

셋째, 교원의 전문성은 배타적 자율성이나 독점적 지배력으로 해석될 수 없다. 4차 산업혁명을 맞이하는 상황에서 교원은 학부모를 포함하는 학습의 포괄적인 영역에서 상호 협동하고 협력할 수 있는 능력이 요구된다. 지식·정보의 독점적 소유를 전제로 한 '전달을 하는' 단순한 능력이 아니라 학부모와 협력을 통해 지식·정보를 효과적으로 연결을 시켜 주는 '결합' 능력이 강조될 필요가 있다.

학부모의 교육권과 교원의 교육권은 학습자의 인간적 성장을 위해 건설적으로 상호협력하는 관계에 있다고 말했지만 그런 협력 관계가 잘 작동하는 데는 우리가 모두 협력하는 방식을 배워나가는 학습의 시간이 필요하다. 협력의 방식이나 상호 교육권의 한계 혹은 행사 방식 등을 기계적으로 세밀하게 규정하는 방법으로 협력 관계를 작동시킬 수는 없다. '사상의 시장'(Marketplace of ideas)을 통해 우리 국민이 다양한 생각을 교류하며 부분적으로는 시행착오를 경험하면서 일구어나가야 할 과제이다. 학습을 통해 우리가 성장할 수 있는 시간을 가지지 않고 철인에 의존하여 단시간에 문제를 해결하려고 한다면 우리는 영원히 미성숙한 상태에 갇히게 될 것이다. 이때의 교육은 헌법재판소가 말한 헌법상 기본권 중의 기본권이라고 하는 교육받을 권리의 취지는 사라진 채 학부모와 교원이 서로의 배타적인 이익을 위해 경쟁하는 비교육적 상황만 지속될 것이다.

학부모에게 정보 제공을 통해 닫힌 학교에서 열린 학교로

현대사회는 평생교육의 필요성이 절실히 요구되고 있다. 태어나면서부터 죽기 전까지, 사람은 평생 배우고 익히는 학습을 통해 발전할 수 있다는 것이다. 그중에서도 유아기에서 청소년 시기의 교육은 가장 중요한 많은 부분을 차지한다. 그 시기 교육에 있어 항상 같이하고, 도와줄 수 있는 사람이 과연 누구인가? 학생의 학부모다. 학생의 어머니이고 아버지다. 이런 학부모를 위한, 최고의 선생님을 위한 제도적 지원방침은 절실히 필요하다. 가장 중요한 것은 교육 공동체 구성원의 인식 전환이다. 즉, 교육 공동체 구성원이 학부모를 교육의 파트너, 학생 교육의 동반자라는 인식 전환이 필요하다.

우리 교육의 현주소 즉 학교 교육을 통해 획일적인 입시를 위한 교육에서 교육의 참 의미는 잃어버리고 단지 좋은 대학을 가기 위한 교육의 일방통행 선상에서 학부모의 교육 참여의 전반적인 점검과 미래 발전적인 학부모 교육 참여를 위한 제도적 보장은 꼭 실현되어야 한다. 학부모들의 학교 교육 참여는 획일적인 대입을 위한 교육 체제하에서 학부모는 자녀의 개인적인 면에서의 참여를 주로 해왔다. 학교 교육을 받는 데 어려움이 없도록 경제적인 면을 담당하고 있었다. 한편으로 학부모 입장에서 긍정적인 면은 학교의 학운위와 학부모회 등 학부모 자치 활동을 하면서 자연스레 접하게 되는 학교 정보와 문화도 긍정적인 학부모의 교육 참여의 결과이다.

최근에 학교를 둘러싸고 있는 환경이 급변하고 있다. 그중 가장 큰 변화는 학부모의 변화이다. 학부모의 기대 수준이 급격히 높아지고 있고, 이제는 학운위를 통하여 학교 경영의 한 주체로 참여하고 있다. 학부모의 권리의식 또한 높아지고 학부모단체가 전국적인 조직을 갖게 됨에 따라 과거와 달리 어느 하나 그냥 넘어가지 않고 문제가 있다고 생각하면 이의를 제기하고 있다. 이런 요구가 받아들여지지 않으면 교장, 교육청, 언론사, 교육부, 국민권익위원회, 심지어 청와대 홈페이지에 글을 올려 문제를 제기하거나 자신의 권리를 주장하고 있다. 최초 석면 공사를 실시한 학교, 그린스마트 학교와 관련된 학부모의 주장이 대표적이다. 그 결과 교사와 학교관리자들이 소송에 휘말리는 경우도 급증하고 있다. 학부모의 이런 변화는 당분간 더욱 가속화될 것이며 일부 학부모의 이의제기나 학부모의 요구 수준과 학부모의 학교참여 수준 또한 더욱 높아질 것으로 예측된다. 학교관리자들은 이러한 변화 앞에서 매우 당황하고 있으며, 교사들도 어찌 대처해야 할지 몰라서 힘들어하고 있다. 일부 교사들이나 교장 중에 열심히 교육활동을 하다가 문제가 생기는 것보다는 차라리 주어진 법적인 의무범위 내에서의 소극적인 교육활동을 하는 것을 선택한다. 그 결과 무기력증에 빠지는 경우가 많다. 심지어는 의원면직, 명예퇴직을 하는 경우마저 생기고 있다.

OECD의 PISA(국제학업성취도 평가) 분석 결과, 부모의 진정한 관심과 적극적인 참여가 학생의 학교생활 및 성공에 가장 중요한 요인으로 나타났다. 많은 학자의 학부모 학교 참여에 관한 연구 결과에 의하면 학부모의 학교 참여는 학생들의 긍정적 태도, 성적 향상, 출석과 과제 완성도를 높이는 것으로 나타났다. 학업성취를 예측하는 가장 중요한 변인은 가정 수입이나 지위보다는 학습을 격려하는 가정 분위기, 자녀의 학업과 미래의 진로에 대한 부모의 적절한 기대와 신뢰이다. 학부모가 학교를 방문해 교사와 상담하고 학교의 교육과정을 이해하는 것만으로도 자녀의 교육적 성취에 긍정적 영향을 미칠 수 있다. 이를 위해서는 학부모의 상담에 대한 인식개선과 방안 마련이 필요하다.

50여 년 전의 교사와 학부모의 만남은 늘 신뢰와 존경이 묻어 있었다. 그 당시에는 가정방문이 일상화되어 교사는 학부모는 물론 학생의 형제까지도 잘 알고 있었다. 이런 상황에서의 교사는 학생에 대해 충분히 파악할 수 있고, 학부모와의 소통도 쉽게 이루어질 수 있었다. 최근 교사와 학부모 사이에 빚어지는 많은 오해는 서로에 대한 선입견과 소통 부족에 기인한다. 학생의 말만으로 교사에 대해 또는 학부모에 대해 서로 왜곡된 인상을 가질 수도 있다. 지금 교육 현장은 서로의 신뢰가 무너지고 갈등의 대립 속에서 혼란스러운 것은 학생이다. 학부모와 교사의 갈등은 학부모와 교사 모두 부정적인 영향을 주었다 그로 인한 학교 구성원들은 학부모의 학교 참여를 부정적 시선으로 보게 되었고, 교사들의 사기는 저하되었다. 이러한 갈등에도 불구하고 교사와 학부모는 학생 교육이라는 동일한 목표를 가지고 있다. 그 신뢰의 회복 차원으로 학교 문을 열어야 한다. 학부모는 아이의 보호자이면서 가장 중요한 선생님이다. 가장 좋은 장점이 있는 학부모의 교육 참여 활동은 학교 교육의 긍정적 변화를 가져올 수 있다. 학교 현장의 많은 문제를 같이 고민하고, 함께 해결 수 있는 교육의 동반자이자, 가장 가까운 관리자로서 학부모의 역할이 중요하다. 따라서 학교의 문을 닫기보다는 학교의 문을 열고 학부모에게 학교의 교육목표와 교육과정에 대해 알리고 학부모의 협조를 구하는 것이 더 바람직하다. 이제는 학교(교사)와 학부모는 학생을 중심에 두고 서로 소통하고 협력하며 더 좋은 교육환경을 만들기 위한 파트너십을 키워야 할 때이다.

성공한 교장이 되기 위한 지역사회와의 관계 맺기

최근 학교와 교육청 등에서는 교장의 역할에 대한 논의가 활발하게 이루어지고 있다. 그런데 변함없이 그 논의의 귀결점은 리더십이다. 과거나 지금이나 리더십이라는 단어는 글자는 같다. 그러나, 그 단어가 내포하는 내용은 다르다. 최근에는 학교에 문제가 발생하면 그 모든 원인을 교장의 리더십 부족, 리더십 부재로 치부한다. 따라서 학교 문제에 대한 예방책도 교장의 리더십을 강화하기 위한 연수가 제시된다. 그러나 아직도 학교에서 각종 사안과 사고는 지금도 계속하여 발생하고 있다. 그 결과 지금은 교장의 연수의 효과성, 효용성 논란으로 이어져 자격연수 시간을 단축하는 사태로 발전이 됐다.32) 한편 최근에는 교장들의 고민은 과거와는 다른 양상이 벌어지고 있다. 교장들이 교내 중심의 리더십 확립에 대한 고민을 넘어서서, 이제는 대외관계의 어려움을 호소하고 있다. 심지어는 이런 어려움을 극복하거나 적응하지 못하고 명예퇴직을 하는 사례도 빈번하게

32) 이것을 혹자는 '곤궁한 반복'이라고 표현하고 있다. 정책이 계속해서 개미가 쳇바퀴를 돌듯 반복이 되지만 앞으로 나아감이 없다는 뜻이다.

발생하고 있다.

학교는 교육목적을 추구하기 위해 의도적으로 구성된 사회적 체제이다. 학교가 학생을 교육하는 데 있어 학교 구성원은 물론 학교를 둘러싸고 있는 지역 사회 및 학부모, 교육청, 지방 자치 단체 및 의회 등으로부터 영향을 받으며 상호 협력적인 관계를 유지하게 된다. 따라서 교장은 학교 발전을 위하여 학부모, 지역사회 등과의 관계를 원활하게 수행해야 할 책무가 있다. 이런 지역사회와 협력은 최근에 들어서서 학교의 개방성이 높아지면서 교장의 주요한 업무 중의 하나가 되고 있다. 예를 들어보면 학운위 운영, 학부모회 운영, 지역사회 자원의 활용, 홍보 활동 및 학부모 반응의 수용, 지역사회와 다른 학교와의 상호작용, 의원들과의 관계 등을 원활하게 수행해야 학교가 발전할 수 있다.

성공적인 학교를 만들기 위해서는 이처럼 지역사회와의 원만한 관계를 형성하는 것이 중요하다. 지역사회는 지리적·행정적으로 나누어진 일정한 지역을 중심으로 구성된 인간적·사회적 관계라 볼 수 있다. 지리적·행정적으로 학교를 포함하듯 둘러싸고 있으며, 학생 교육을 위하여 학교를 지원하는 일과 지역 주민을 위하여 학교의 영향력을 끌어내는 역할을 통하여 협력적인 관계를 유지한다.

이처럼 학교와 지역사회는 서로의 발전을 위하여 나누며 채워가는 관계이며 사회적 책임과 역할을 주고받는 관계라 할 수 있다. 따라서 지역사회가 가지고 있는 여러 여건과 환경이 학교 교육의 방향 결정에 기반이 되고, 교육내용의 기초가 되며, 학교는 지역 주민의 교육적 필요를 충족시켜줄 의무가 있다고 할 수 있다. 그러나 현실은 그렇게 간단하게 전개되고 있지 않다. 교장들은 갈수록 목소리가 커지는 학부모와 지역 주민 등을 상대하느라 너무도 힘든 나날들을 보내고 있다. 지금까지 과거와는 너무나도 달라진 학생과 교직원만을 상대하기에도 너무 힘든데, 거기에 지역사회와의 관계마저 원활히 해야만 하는 상황이 도래한 것이다. 이런 일은 교장에게 매일 매일 많은 업무 부담을 가중하게 한다. 그러나 아무리 바쁘고 힘들어도 교장의 지역사회와의 협력은 무척 중요할 수밖에 없다. 그것은 학교 발전에 매우 주요한 요인이기 때문이다.

그런데 교장들은 아직도 이렇게 중요한 지역사회와의 관계 맺기에 익숙하지 않다. 이때 교장의 역할은 아무리 강조해도 지나침이 없는 것 같다. 그러나 이렇게 중요한 교장의 역할에 대하여 정작 교장은 그것을 잘 모르는 것 같다. 그것은 교사로, 부장 교사로, 교감으로 사회와는 큰 관계를 맺지 않고 학교라는 울타리 안에서 수십 년을 지내다 보니 관성의 법칙이 작용하기 때문일 수도 있다. 그러나 다른 측면에서 보면 학교 울타리 밖을 잘 모르기 때문이기도 하다. 우리나라 국민 대부분이 초중고등학교를 다녔기에 교장에 대한 특별한 감정을 가진다. 그런데 당사자가 그것을 제대로 인식하고 있지 못하기 때문에 교육이 지금처럼 위기에 처하게 된 것일 수도 있다. 정권이 교체될 때마다 학교를 향한 수많은 변화와 개혁의 외침과 목소리들이 울려 퍼져 왔다. 그러나, 외부인들은 학교는 별로 변화하는 것이 없다고 말한다. 오죽하면 학교를 둘러싼 환경들은 광속도로 변화하고 있는데 학교는 달구지가 가는 속도로 변화하고 있다.33)라는 말을 하겠는가?

이 말은 교장이 변화하지 않고 있다는 말로 해석할 수도 있다. 그러나 필자가 교직에 발을 들여놓았던 70년대와 비교하면 엄청나게 많이 변했다. 그렇다면 왜 사람들은 교장이 변화하지 않았고, 학교가 변화하지 않았다고 말하는가? 그 원인은 변화 속도의 차이에서 기인

---

33) 앨빈 토플러는 미국을 예로 들고 있으나 대한민국에도 그대로 유효한 표현이다. 이것은 교직의 특성에서 파생되는 문제로 동서양이 함께 직면하는 문제임을 암시하고 있다.

하는 것이라고 본다. 한국사회의 변화의 속도는 광속도는 아니지만, 고속철로 위를 달리는 고속열차의 속도로 변화하고 있다고 할 수 있다. 반면에 학교와 교장은 자전거가 달리는 속도로 변화하고 있다고 표현한다.

사람들은 절대적인 것보다는 상대적인 것에 익숙해져 있다. 따라서 사회 변화의 속도보다 느리게 변화하는 학교는 변화하지 않고 있다고 볼 수 있는 것[34]이다. 그러나 이런 주장은 어떤 측면에서 보면 일리가 있어 보인다. 학교 교실 구조를 보면 거의 변한 것이 없는 것처럼 보인다. 교사가 강의하고, 학생들은 30여 명이 한곳을 향하여 앉아서 수업을 듣는 교수·학습 현장 및 책상 배열 구조[35]는 그 단적인 예이다. 그렇다고 하여 학교가 변화하지 않은 것은 아니다. 보는 시각에 따라 학교가 변화되지 않았다고 할 수도 있고, 많이 변했다고 할 수도 있다. 교장에 대해서도 마찬가지 논리가 성립된다. 어떻게 보면 많은 것들이 변했다.

그러나, 교장은 왜 사람들이 학교와 교장이 바뀌어야 한다는 주장들을 계속하여 제기하고 있는가를 생각해보아야 한다. 서구적 시각에서 바라다보면 대한민국이 농업사회에서 산업사회로 근대화와 성장을 해오는 데 있어서 교육 부문이 지대한 공헌을 했다. 한 학교 학생이 10,000명 학급당 학생 수가 100명인 학교에서 3부제 수업을 하였다. 교실은 냉방시설은 아예 없고 난방시설이라고 해야 번개탄

34) 젊은이가 느끼는 계절의 변화와 노인이 느끼는 계절의 변화는 다르다. 원인은 생체 리듬의 속도가 젊은이는 빠르고, 노인은 느리기 때문이다. 계절 변화 속도는 동일하나 판단의 주체인 개인의 신체 리듬에 따라 변화 속도를 다르게 느끼는 것이다.

35) 이러한 교실 구조는 모두가 꼭 그런 것은 아닌데도 불구하고, 일반적인 형태로 각인되어 있다. 그러나, 그것은 동서양이 비슷하다. 종교 시설의 모습을 보면 과거의 모습과 현재의 모습은 비슷하다. 문제는 교사와 학생간의 상호작용이 중요한데 그것은 잘 언급되고 있지 않다. 외부인은 많이 변화된 초등학교의 교실 수업 모습보다는 고등학교 수업 모습을 그리고 있다.

난로가 고작이었다. 난로도 영하 3도 이하가 되어야 피웠다. 그런가 하면 봉급은 아주 적었던 시절에 교원들은 온몸을 바쳐 아이들을 가르쳤다. 그 결과 그 학생들이 대한민국 성장의 초석과 핵심 일꾼이 되었다.

우리의 경우 근대화를 통하여 신분사회가 철저히 파괴되고 능력사회로 바뀌게 되었다. 갑자기 찾아온 준비되지 않은 능력사회의 도래와 인문 중심의 사회 전통 때문에 능력의 주요 요소로 학력을 보게 되었다. 그 결과 많은 학생이 학교를 다니게 되었다. 그러나 국가는 밀려드는 학생들을 감당할 능력이 제대로 되어 있지도 않았다. 그런 상황에서 교원들은 희생과 봉사로써 아이들을 가르쳤다. 그 결과 가난한 농촌의 학생들이 대학에 진학하여, 힘들게 학업과 함께 아르바이트를 하며 대학을 졸업한 후 사회 지도층이 될 수 있었다. 형편이 더 어려운 학생들은 낮에는 직장을 다니고 밤에는 야간 대학을 다니면서 공부를 하여 졸업을 한 후 신분 상승[36]을 이룰 수 있었다. 그 결과 사회의 신분 이동이 매우 활발해졌고, 덩달아 문맹률도 획기적으로 낮아지게 되었다.

그러나 요즈음 어떤가? 교육 부문이 국가 발전의 저해 요인이라고 말하는 경우[37]마저 있다. 공교육의 부실로 인한 불법 해외 유학으로 인하여 국부 유출과 기러기 아빠 등이 발생하여 가정 파괴 등 심각한 사회 문제가 되고 있다. 이런 상황인데도 교육계에서는 그다지 책임감을 느끼지 못한다. 학교 울타리 안에서는 준법만을 외치고 있다. 소크라테스가 젊은이들을 선동했다는 죄목으로 독배를 마시는 것처럼 불법 유학했다는 이유로 학교를 못 다니는 일도 발생한다. 이제

36) 김동연 경기도 지사를 비롯하여 사회에 그런 사람이 많았다.

37) MB정부의 대선 공약인 '공교육 만족 두배, 사교육비 절반'이었고 이 공약은 국민들의 마음을 움직였다고 본다. 최근 2022년 실시된 대통령 선거에서 교육은 주요 이슈가 되지 못했다. 이것은 교육문제의 이슈화는 잘 해야 본전이라는 생각을 가지고 있음을 말해준다.

교육이 낙후된 분야가 되고 있다. 국민의 마음을 어루만져 주지 못하고 있다. 국민이 흘리는 눈물을 닦아주지 못하고 있다. 예를 들어 중국과 비교를 해 보면 우리가 다른 분야에서는 중국을 앞서가고 있지만 유독 교육만은 그렇지 않다고 할 수 있다. 한국에서 중·고등학생들이 중국으로 유학을 떠난다. 물론 중국어를 익히기 위한 것도 일부 있지만, 다른 목적으로 간다는 것도 부인할 수는 없다.

이제는 변해야 한다. 울타리 안에서는 울타리 밖이 어떤 세상인지 잘 알지 못한다. 잘 알지 못하는 것이 정상이다. 그래서 정년퇴직 및 명예퇴직하는 교원의 퇴직금은 먼저 본 사람이 임자라는 말이 있다. 그러나 이것은 울타리 안에 있다고 울타리 밖의 세상을 몰라도 된다는 말은 되지 않는다. 특히 교장은 울타리 밖의 사람들과 매우 밀접한 관계를 맺어야만 한다. 지금까지 흔히들 말하길 '학교는 지역사회 속의 고도'라는 말을 한다. 그러나 이런 표현들은 학교를 독립된 기관이라고 생각하기보다는 사회를 등지고 살아가는 조직으로 여긴다는 것이다. 이런 것들이 학교에 대한 매우 비판적인 여론 형성에 일정 부분 영향을 미쳤다.

이제는 학교가 바뀌어야 한다. 학교도 지역사회와 밀접한 관련을 맺어야만 한다. 특히 교장은 지역사회와 긴밀한 관계를 유지해야만 한다. 교원평가를 찬성하는 사람들이 더 많은 이유는 학교와 지역사회와의 단절을 초래했기 때문이라고 본다. 지나친 독립적인 상황을 지역사회에서는 매우 폐쇄적인 조직이라고 생각을 한다. 그러기에 자정 능력을 상실한 것으로 여길 수도 있는 것이다. 간척지에 가두어진 물이 바닷물과 섞이지 않아서 물이 썩고 그로 인하여 많은 물고기가 떼죽음을 당하는 일들을 많이 본다. 그 해결방안은 수문을 만들어서 바닷물과 섞이도록 하는 것이다. 즉 다른 세상의 것들과 소통을 해야만 한다. 교직도 마찬가지이다. 울타리 밖의 세상과 지역사회와 소통을 해야만 한다. 그것이 교직을 살리는 길이며 자정 능력을 키우는 길이다. 둑 너머 담 너머 세상의 여론과 의견도 들어야 하고 때로는 받아들여야 한다.

지역사회와 함께 하는 학교, 지역사회를 이끌어가는 교장되기

세계는 지구촌으로 부를 정도로 시간적, 공간적으로 가까워지고 있다. 중국발 코로나19가 전 세계를 휩쓸고 있다. 이런 시대에 아직도 학교가 지역사회와 공간적으로 인적 교류면 등에서 절연된 채 살아가고 있는 경우도 있다. 이제 학교는 변화해야 한다. 학교가 과거처럼 지역사회의 외로운 섬으로 존재할 수는 없다. 과거의 학교가 지역사회 속에서 닫힌 사회였다면 이제는 열린 사회로 존재해야만 한다. 그러기 위해서는 이제는 공간적으로, 인적 교류 측면에서 닫힌 사회에서 열린 사회가 되어야 한다.

첫째, 공간적으로 학교의 문을 활짝 열어야 한다. 학교는 교사라는 교육을 하는 전문 집단으로서 전문성을 가지고 학교라는 조직에 근무하고 봉사하였다. 교사들은 특수목적 대학인 교육대학, 사범대학에 진학하여 교사 교육을 4년 동안 받은 후 교원 자격을 획득하고, 교원임용 고사에 응시하여 합격해야만 교사로서 근무하게 된다. 교사들은 학교에 발령을 받을 때도 지역과는 관련이 없으며 시·도교육청에서 지역교육청에 발령을 내고 지역교육청에서는 각 학교로 발령을 내게 된다. 이 과정에 지역 관련 인사와는 별 관련이 없다. 이처럼 학교는 특별한 경우를 제외하고는 일반 행정이나 지역과 관련이 없는 교원과 교육 관련 인사들이 모여서 근무를 하는 곳이다. 이것은 헌법에서 규정한 교육의 정치적 중립성과 전문성을 확보하는 데 적합한 것으로 여겨질 수 있다. 그런가 하면 교육기본법 제6조에도 교육은 교육 본래의 목적에 따라 그 기능을 하도록 운영되어야 하며, 정치적·파당적 또는 개인적 편견을 전파하기 위한 방편으로 이용되어서는 아니 된다고 규정하고 있기에 당연한 현상이라고 볼 수 있다. 또한 지금까지 서구적 의미의 근대화와 민주화 과정을 거치면서 교육의 정치적 중립성이 훼손된 경우가 많았다. 그 결과로 우리의 경우는 정치적 중립성이 지나치게 강조되어왔다.

그러나 이제는 달라져야 한다. 학교는 지역사회 안에 존재하고 있고, 지역사회의 학생이 학교를 진학하고 있기에 지역사회와 분리될 수는 없는 것이다. 따라서 학교의 문을 열어서 지역사회 주민들이 이용할 수 있도록 해야 한다. 학교는 지역과 별개의 기관이 아니다. 수도원도 아니며 감옥도 아니다. 주민들이 자주 찾고 이용할 수 있는 기관과 시설이 되도록 해야 한다. 지역 주민들로부터 사랑받는 기관이 되어야 한다. 학교 시설을 주민들에게 적극적으로 개방하여 지역사회가 손쉽게 이용할 수 있도록 해야 한다.

둘째, 인적 교류면에서 지역사회와 활발한 교류를 해야 한다. 학교는 과거와 비교 해보면 많은 변화를 하고 있다. 학운위 도입 등을 통해 지역과 깊은 유대관계를 맺고 있다. 그로 인하여 지역 인사들이 학운위에 들어와서 학교 운영에 깊이 관여를 하게 되었다. 학교의 운영 및 시설 등 많은 부문에 관심을 가지게 됨으로써 학교 발전에도 긍정적인 면과 함께 부정적인 면이 동시에 나타나게 되었다. 그러나 보다 적극적으로 그들을 포용해야 할 필요가 있다. 지역위원에 지역 인사를 포함하여야 하며, 학교 행사 등에도 다양한 지역 인사를 참여시키도록 해야 한다.

한편 이제는 어떻게 보면 교장이 문을 걸어 잠그려 해도 지역 인사들의 개방 압력은 매우 거세어졌다고 볼 수 있다. 예를 들어 광역 및 기초 지방단체의 지방자치 실시로 인하여 시장, 구청장, 시의원, 구의원 등이 자기 선거구에서 이해 관련자가 가장 많은 기관인 학교에 깊은 관심을 가질 수밖에 없게 되었다. 즉, 학교는 이제 지역사회 속에 닫힌 사회가 아닌 자의든 타의든 열린 사회가 될 수밖에 없게 된 것이다.

그로 인하여 학교가 많은 면에서 변모하고 있다. 교장은 지역사회와 분리된 인사가 아니며 지역사회의 핵심 인물이 되었다. 구청장 초청행사, 국회의원 초청행사, 구청 행사 참석 요청, 시의원 및 구의원 등의 행사 참석 요청, 동사무소 행사 요청 등 많은 행사에 참석 요청이 쇄도하고 있다. 그런가 하면 국회의원, 구청장, 시의원, 구의원 등의 학교 방문 및 교장 면담 요청이 수시로 이루어지게 되었다.

대한민국 행정문화는 중앙집중적 형태를 띠고 있다. 그러나 역사의 방향은 지방 분권화의 방향, 단위학교의 자율권이 점차 확대되는 방향으로 갈 수밖에 없게 될 것이다. 앞으로 이런 행정 풍토에서 교장의 능력은 학교 발전과 교육력 제고에 매우 중요한 역할을 하게 된다. 학생의 질은 교사의 질을 넘어서지 못하고, 단위학교의 교육의 질은 교장의 역량을 넘어서지 못한다는 말이 있다. 이것은 대한민국뿐 아니라 외국에도 적용되는 진리이다. 그렇기에 교장의 역량은 너무나 중요한 것이다. 그런데 우리의 현실은 교장의 역량이나 능력 개발에 대하여 그다지 많은 관심을 기울이거나 지원을 하지 않는다. 군대에서 사단장을 양성하기 위한 노력, 기업체에서 임원을 양성하기 위해 쏟아붓는 것과는 비교가 되지 않는다. 같은 교육계에 근무하는 일반직 사무관이나 서기관 양성과정과 비교해 볼 때 너무나 소홀히 취급되고 있다. 일반직 사무관이나 서기관은 통상 약 6개월 정도의 교육을 실시하는 반면에 교장은 고작 1개월 정도의 자격연수가 있을 뿐이다[38]. 그런 자격연수를 받고서 어떻게 단위학교를 경영하는 역

38) 그것도 최근에는 여러 가지 이유로 연수 시간이 대폭 줄어들었다. 이것은 교육

량을 충분히 발휘할 수 있겠는가? 이런 것들을 보면 정부에서는 교장에게 투자하는 예산과 노력에 비교하여 교장에게 너무나 많은 것을 요구하고 있다는 것을 알 수 있다. 이것은 두 가지로 해석할 수 있다. 하나는, 교감, 교육전문직을 거친 사람이기에 이렇게 짧은 시간의 자격 연수로도 학교 경영이 가능하다고 보는 것이다. 다른 하나는, 학교 경영은 쉬워서 이렇게 짧은 자격 연수로도 가능하다고 보는 것이다. 결국 어떠한 입장에서 이렇게 짧은 자격연수 제도를 운영하고 있는지를 알 길은 없다. 그러나 학교경영에 교장들이 많은 어려움을 호소하고 명예퇴직을 비롯하여 교직을 떠나는 것을 보면 이 두 입장 모두 잘못된 것임은 명백하다.

그런 측면에서 교장들은 많은 고민과 노력을 해야 한다. 집단지성을 통한 국가 자원의 배분과 분배에 관심을 가져야 한다. 울타리 안에 대해서 뿐만 아니라 울타리를 밖의 세상에도 관심을 가져야 한다. 세계의 교육 동향 등에 대해서 관심을 가져야 하고, 한국 교육의 동향, 시·도교육청, 시·군·구 교육청의 교육 동향에도 당연히 관심을 가져야 한다. 그런가 하면 정치 영역에도 관심을 가져야 한다. 리더는 울타리 너머를 알아야 교직원을 올바른 방향으로 안내할 수 있는 것이다. 선장이 많은 것을 알아야 안전한 항해를 할 수 있다. 우선 최소한 당일의 날씨를 알아야 한다. 즉 비가 올 것인지, 바람은 어느 정도의 속도, 어느 방향으로 불 것인지, 파도의 높이 등 많은 정보를 알고서 선원들에게 알려주어야 한다. 마찬가지로 교장은 학교 울타리 너머의 정치 동향, 교육부의 동향, 시·도교육청의 동향 등을 알고 있어야 한다. 교장은 울타리 안에서 구성원들과 함께 호흡하면서도

을 경시함을 보여주는 중요한 증거라고 할 수 있다. 또한, 교육을 정치에 예속시키고, 교원에게 다양한 업무를 부과하여 가르치는 일에 전념하지 못하게 하며, 학교에 많은 부담을 지우는 법의 제정과 정책을 실시하는 것도 교육 경시를 보여주는 좋은 예다.

항상 울타리 밖의 동향과 정보에 민감해야 한다. 그러나 우리 현실은 그렇지 못한 것이 사실이다. 울타리 안의 논리로만 무장이 되어 있는 것이다. 이런 결과 교장의 말과 논리는 울타리 밖에서는 가치가 있거나 무게 있게 취급되지 못하고 있다

결국 학교는 지역사회와의 관계에서 닫힌 사회에서 열린 사회로 변모해야 한다. 따라서 교장은 열린 사고를 해야 한다. 이런 시대적 변화에 창조적 적응을 하지 못하는 경우 많은 문제점을 노정하게 된다. 예산 확보 문제, 인사 문제 발생, 학교 경영상의 갈등 초래 등 생각지 못한 문제들이 발생하게 된다. 따라서 교장은 학교 울타리 너머를 생각하는 교육과 행정을 해야만 한다. 그것이 교장의 새로운 지도성의 덕목으로 부각이 되고 있다. 교장은 고고한 교수자를 넘어서서 학교를 움직이는 지휘자이자 행정가라는 생각을 가져야 한다. 학교의 교육력을 높이기 위하여, 학교의 성장과 발전을 위하여 적극적인 자세로 지역사회와의 관계 맺기에 심혈을 기울이고 혼신의 노력을 해야 한다.

제 3 부

참여형 의사결정에 대한 이해

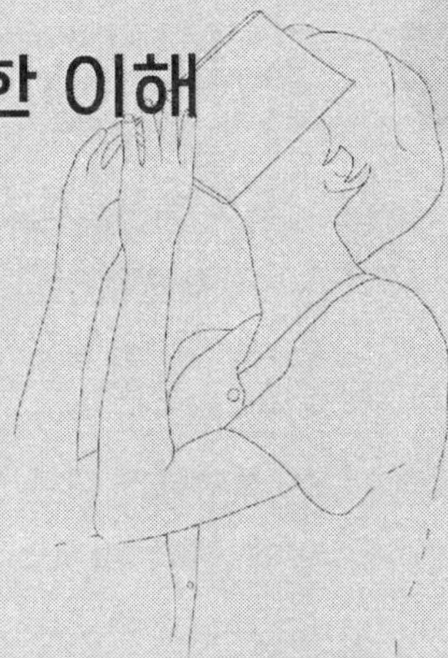

제8장 참여형 의사결정 관련 이론

경로-목표이론(Path-goal Model)의 이해

경로-목표이론은 1971년에 미국의 사회심리학자 하우스(Robert J. House)에 의해 발표된 이론으로서 리더십 상황론에 속한다. 리더의 특성보다는 상황과 리더의 행동에 초점을 두면서, 상황에 따른 리더의 행동이 부하 직원의 성과와 직무만족에 어떤 영향을 미치는지를 설명하기 위한 이론이다. 경로-목표이론은 조직 구성원의 동기 부여에 관한 기대이론(expectancy theory)에 기초하여 개발되었다. 따라서, 부하 직원의 동기 부여를 위해서는 리더가 목표 달성을 위한 각종 지원과 함께 그에 따른 보상을 연결을 시켜 주어야 한다는 것을 전제로 한다. '경로-목표'라는 용어는 리더가 부하 직원들의 목표 달성을 위한 경로를 명확히 설정해주고 그 경로상의 장애물들을 제거해줌으로써 부하 직원들이 그 경로를 수월하게 통과하고 목표를 달성하게끔 한다는 데에서 비롯되었다. 즉, 경로-목표이론에서 리더의 역할은 부하 직원이 목적지에 도달할 수 있도록 경로와 방향을 가르쳐주고 장애물과 관련해 코칭 해주면서 부하 직원을 도와주는 것이 된다.

경로-목표이론에서는 리더가 하나의 고정된 행동유형을 보이는 것이 아니라 상황에 따라 유연하게 행동할 수 있다고 가정하면서, 리더십 행동유형을 네 가지 범주로 구분하였다. 첫째 유형은, 지시적 리더십(directive leadership)으로 도구적 또는 수단적 리더십

(instrumental leadership)이라고도 한다. 지시적 리더십을 발휘하는 리더는 부하들에게 과업 지시를 내리고 그들에게 기대하는 성과 기준을 명확히 알려준다. 과업이 어떻게 수행되어야 하는지에 대해서 알려주며 완성기한을 제시한다. 또한 부하들이 준수해야 하는 규칙, 규정 등을 명확히 알려준다. 둘째 유형은 지원적 리더십(supportive leadership)으로 부하 직원들의 복지와 욕구를 강조하고 우호적인 업무환경이 조성되도록 지원한다. 또한 모든 부하 직원을 평등하게 대하고 인격적으로 존중하며 직원들과 파트너 관계를 맺기 위해 노력한다. 셋째 유형은 참여적 리더십(participative leadership)으로 의사결정과정에서 부하 직원들과 정보를 공유하며 협의를 한다. 또한 부하들에게 아이디어나 의견을 요청하고 그들의 제안을 의사결정과정에 적극적으로 반영한다. 넷째 유형은 성취지향 리더십(achievement-oriented leadership)으로 도전적인 목표를 설정하고 부하 직원들이 가장 높은 수준의 성과를 달성할 수 있도록 독려한다.

경로-목표이론은 리더십 행동유형과 부하의 행동 간의 관계를 크게 두 가지의 상황 요인이 조절하는 것으로 본다. 두 가지 상황 요인은 바로 작업 환경의 특성과 부하 직원 특성으로서 이 상황 요인들의 수준에 따라 리더십 효과성이 달라진다는 것이다. 작업 환경적 특성은 리더의 통제범위를 벗어나는 환경적 요인을 말하며, 과업 특성, 공식 권한 체계 작업집단 등이 해당이 된다. 부하 직원 특성은 부하 직원의 개인적 특성을 의미하며, 통제 위치, 욕구 상태, 능력 등이 해당이 된다. 경로-목표이론에 의하면, 네 가지 유형의 리더 행동은 각각 부하 직원의 동기유발에 각기 다른 영향을 미친다. 따라서, 리더는 주어진 각 상황에 가장 적합한 리더십 행동유형을 선택함으로써 효과적인 리더십을 발휘하게 된다.

지시적 리더십의 경우는 부하들이 과업 능력 수준이 낮은 상황에서 효과적이다. 이 경우 지시적 리더십이 잘 발휘되면, 부하 직원의 동기와 직무만족 수준이 높아지게 된다. 또한 과업 내용이 모호하여 부하 직원이 무엇을 해야 할지 알기 어려운 상황에서 지시적 리더십은 효과적이다. 반면에, 부하들의 과업 능력 수준이 높거나 과업 특성이 명확한 상황에서 지시적 리더십은 부하 직원의 만족도와 업무 동기를 감소시키는 결과를 초래하게 된다. 지원적 리더십의 경우는 업무의 곤란도가 높아 부하들의 자신감이 부족할 때 효과적이다. 실패에 대한 두려움을 덜어내어 업무 만족과 성과를 높여주기 때문이다. 또한, 단순 반복적 업무를 수행하는 부하 직원들에게 지원적 리더십은 긍정적으로 작용하여 업무 동기를 유발해준다. 또한 지원적 리더십은 조직이 만들어진 지 얼마 안 된 초기 집단보다 오래되고 안정된 집단에서 발휘될 때 효과적이다. 참여적 리더십의 경우는 부하들이 스스로 내재적 통제를 할 수 있거나 자율성 욕구 및 성취 욕구가 높을 때 효과적이다. 참여적 리더십이 부하에게 업무에 대한 책임감을 느끼게 해주기 때문이다. 또한 과업 구조화의 정도가 낮아서 부하들이 모호성을 느낄 때도 참여적 리더십은 부하들의 업무 동기와 만족도를 높여주는 결과를 가져온다. 반면에, 과업이 매우 구조화되어 있어서 부하들이 업무 내용을 명확히 인지하고 있는 경우에 참여적 리더십은 효과적이지 않다. 성취지향적 리더십의 경우는 부하 직원들의 업무 경험이 많거나 능력 수준이 높을 때 효과적이다. 또한 반복적이지 않은 과업을 수행하고 있는 부하에게 성취지향적 리더십이 잘 발휘되면 부하들의 자신감이 증가하게 된다.

경로-목표이론은 여러 가지 다양한 리더 행동이 부하 직원들에게 어떤 영향을 미치는지에 대한 하나의 이론적 틀을 제공한다는 점에서 의의가 있다. 그러나 경로-목표이론은 업무를 학교 현장에서 실제는 활용하기 어렵다는 비판을 받는다. 개념적 복잡성과 여러 가지 상황 요인들로 인해 특정 상황에 적합한 리더십 유형을 선택하여 활용하기가 사실상 어렵다는 것이다. 또한 기대이론을 기초로 개발되었지만, 구체적으로 기대이론과 어떻게 연관을 맺고 있는지에 대한 설명이 부족하다는 지적도 받고 있다.

리더-구성원 교환이론

리더-구성원 교환이론(Leader Member Exchange Theory: LMX)은 리더가 여러 구성원을 동등하게 대우하지 않는다고 주장한다. 구성원들의 업무와 관련된 태도와 행동들은 리더가 그들을 대우하는 방식에 달려있다는 것이다. 리더-구성원 교환이론의 목표는 구성원, 팀, 조직에 리더십이 미치는 영향을 설명하는 것이다. 이 이론에 따르면 리더는 팀의 구성원들과 강한 신뢰감, 감정, 존중이 전제된 관계를 형성한다. 1980년대 이후 급변하는 외부환경에 대응하기 위하여 기업들은 조직경쟁력의 원천인 인적 자원의 중요성을 강조하였다. 서비스조직들은 인적 자원을 효율적으로 관리하기 위해 여러 가지 노력을 하고 있으며, 조직관리를 위한 측면에서도 다양한 연구를 하고 있었다. 서비스조직 등 모든 분야에서는 조직관리를 위한 핵심적인 요소로 리더십을 강조하고 있으며, 많은 연구에서도 리더십의 중요성에 대해 다루었다.

이에 따라 변혁적 리더십(Transformational leadership), 거래적 리더십(Transactional leadership), 서번트 리더십(Servant leadership), 카리스마적 리더십(Charismatic leadership), 슈퍼리더십(Super-leadership) 등의 리더십 스타일이 새롭게 등장하면서 리더십에 대한 연구가 활발하게 전개되었다. 이러한 연구들은 서비스조직에서 실질적인 서비스제공자인 조직 구성원과 그들을 관리하는 리더와의 관계가 모두 같다고 가정하는 평균적 리더십(Average Leadership Style:ALS) 스타일을 비판하면서 출발하였다. 리더-구성원 교환이론은 각각 다른 모습과 행동을 나타내는 조직구성원들과 상사의 상호작용을 통하여 어떠한 쌍방관계가 형성되는지 관심을 가지는 계기가 되었다. 또한, 상사-부하 간의 교환관계(Leader Member Exchange)라는 새로운 리더십 이론으로까지 발전하게 되었다.

오늘날 리더-구성원 교환이론이라는 것의 대부분은 1975년에 수직적 양자 관계 이론(Vertical Dyad Linkage:VDL)의 도입에서 유래되었다고 할 수 있다. 이전의 리더십 이론은 모든 부하가 비슷한 특성을 가지며, 모든 리더가 그들의 부하들과 같이 행동한다고 가정해왔다. 거스트너와 데이(Gerstner & Day)는 전통적인 리더십 이론은 리더의 개인적 특징, 상황의 특징 또는 둘 사이의 상호작용이 리더십 효과성의 원인이라고 설명한다. 리더-구성원 교환이론은 개별적 양자 관계로써 각각의 부하와 리더를 다루는 차별적인 관점을 제공하는 것을 추구한다. 동 이론에 따르면, 이 양자 관계의 질은 태도적, 행동적 결과를 개인, 그룹, 조직 수준에서 예측한다.

리더-구성원 교환이론은 역할형성이론(role-making theory)과 사회적 교환이론(social exchange theory)에 토대를 두고, 리더와 구성원의 상호교환 관계에 따라 특정 리더와 구성원 간 특유의 역할 형성이 이루어지고, 이에 따라 리더십이 형성됨을 강조한다. 즉, 리더-구성원 교환이론은 '리더십을 리더와 부하 간의 상호관계의 질을 중심으로 이해하는 과정'으로 개념화한 이론으로, 특정 집단의 동일 리더라 하더라도 구성원 개개인들과 다른 방식으로 1대 1의 관계를 맺어 나가게 된다고 주장한다.

이 이론은 구성원과 리더 사이의 교환에 기초하여 성립되는 것이기 때문에 교환이론이 이론적 기초를 이루고 있다. 즉 리더는 매우 바쁘고 한정된 시간을 사용하기 때문에 구성원을 같게 대하는 것이 아니라 내집단(in-group)과 외집단(out-group)으로 구분하여 내집단 구성원과 더 많은 상호작용을 한다는 것이다. 따라서 리더와의 관계성을 높게 인식하는 내집단 구성원들은 직무와 조직에 대하여 긍정적인 태도를 형성하게 된다. 이러한 리더-구성원 교환이론의 기초를 이루고 있는 교환이론의 주장은 사회적 교환이론으로 확대될 수 있다. 사회적 교환 이론은 비금전적 대상도 교환의 대상이 될 수 있다는 주장으로 리더가 보여주는 관심과 상사에 대한 신뢰 또한 교환으로 성립될 수 있다는 이론적 근거를 제공해 주고 있다. 즉, 리더와의 관계성에서 높은 수준의 관계성을 지각하는 구성원은 리더가 구성원에게 보내주는 지지와 관심에 대해 반대급부로 조직에 대한 긍정적인 태도와 행동을 표시하게 된다. 또한 그 결과 자신의 직무에 대해서도 높은 만족을 하게 된다는 것이다. 상사에 대한 신뢰는 높은 관계성을 지각한 구성원들이 상사에 대해 가지게 되는 또 다른 긍정적 태도라 할 수 있다.

즉, 상사와의 밀접한 관계 형성은 상사가 부하들에게 더 나은 작업환경과 더 많은 만족을 제공하게끔 함으로써 부하들은 직무에 대한 만족감을 얻을 수 있다. 직무만족은 직무에 대한 평가나 직무 경험으로부터 나온 긍정적인 감정 및 즐거움을 의미한다. 이러한 직무만족의 본래 의미를 생각해볼 때 상사와의 높은 관계성의 수준과 직무만족 간의 긍정적인 관계는 자연스럽게 연결될 수 있다. 왜냐하면 상사와 높은 교환관계에 있는 부하들은 더 많은 도전 기회, 높은 책임 의식, 과업과 관련된 여러 가지 정보 습득의 용이성, 기타 여러 가지 다양한 특권을 누리게 되므로 자연스레 자신의 직무에 대한 만족은 높을 가능성이 크다. 상사와의 관계성은 부하의 직무만족 간의 긍정적인 관계를 구성원들에게 돌아가는 유·무형의 이득으로 설명하고 있다. 유형의 이득으로는 의사결정에 있어서 영향력, 업무위임, 경력개발, 임금상승 등이 있으며, 무형의 이득으로는 리더와의 원활한 의사소통, 신뢰 기반 관계 등이 있다. 이러한 유·무형의 이득이 부하들에게 긍정적인 환경을 창출하여 높은 직무만족을 이끌게 된다. 상사와 부하 간의 교환관계의 질이 부하들의 객관적인 성과보다는 상사에 의한 주관적 평가에 의해 결정된다고 주장하였다. 이는 상대적으로 높은 수준의 관계성을 유지하고 있는 부하들의 경우 상사에 의한 평가에 대해 공정성을 지각할 가능성이 높다. 이로 인해 부하들의 만족은 증가하게 된다.

이러한 상호 호혜적 관계는 상사와의 교환관계를 강화시키고 궁극적으로 자신이 속한 집단 및 조직 그리고 직무에 대한 만족 및 몰입을 이끌게 된다. 또한 상사와의 관계성의 질에 따라 조직 분위기 지각에 대한 차별적 관계를 보이는데, 리더와의 높은 수준의 교환관계를 보이는 구성원은 조직 분위기에 보다 긍정적으로 반응하여 조직몰입을 높이게 된다. 요컨대, 상사와의 관계성의 질을 높게 지각하는 구성원일수록 조직에 대한 심리적 애착도가 높고 직무를 수행하려는 의지와 노력도 강하며, 자신의 직무를 주도적으로 수행하며, 일에 대한 의미를 부여하고 있음을 알 수 있다. 결국, 상사와의 관계성이 조직몰입에 긍정적인 영향을 미치며, 직무만족과 조직몰입에는 긍정적인 영향을 미치는 것으로 나타났다. 많은 연구에서 메타 분석을 통해 상사와의 관계성과 직무만족 간의 강한 상관관계를 밝혀냈다.

이해관계자 경영과 참여형 의사결정

❖ 기업의 사회적 책임의 의의

최근 우리나라 중요한 대기업군들은 모두 ESG경영[39]을 기업 총수가 강조하고 있다. 그중에 필자가 주목하는 것은 사회적 책임이다. 기업의 사회적 책임(CSR, Corporate Social Responsibility)이란 '기업의 이해 당사자들이 기업에 기대하고 요구하는 사회적 의무들을 충족시키기 위해 기업이 수행하는 활동으로, 기업이 자발적으로 사업 영역에서 이해관계자들의 사회적 그리고 환경적 관심사들을 분석하고 수용하여 기업의 경영 활동에 적극적으로 적용하는 과정을 통해 이해 당사자들과 지속적인 상호작용을 이루는 것'이라고 정의할 수 있다.

정의에서 알 수 있듯이, 기업의 사회적 책임은 기업 경영 활동에 매우 유익한 전략 중 하나로, 기업의 사회적 책임을 기업의 비전과 목표 설정 과정에 포함을 시켜 적극적으로 활용할 필요가 있다. 그런데 기업의 사회적 책임에 대한 계획과 활동은 해당 기업이 가지고 있는 비전과 목적에 부합되게 운영해야 하기에 기업의 비전과 목적을 세우는 과정에서부터 기업의 사회적 책임에 대한 계획을 반드시 함께 고려하여야 한다. 즉, 기업의 사회적 책임은 기업의 목적이나 비전과 경쟁 관계에 있는 것이 아니라, 기업의 임무 수행을 위한 상호보완적 관계라는 것이다.

나아가 기업의 사회적 책임은 기업이 어떤 외부의 압력이나 요구에 마지못해 실행하는 활동이 아니라, 기업이 자발적으로 기업과 관

---

39) ESG경영이란 'Environment' 'Social' 'Governance'의 머리글자를 딴 단어로 기업 활동에 친환경, 사회적 책임 경영, 지배구조 개선 등 투명 경영을 고려해야 지속 가능한 발전을 할 수 있다는 철학을 담고 있다. ESG는 개별 기업을 넘어 자본시장과 한 국가의 성패를 가를 키워드로 부상하고 있다.

련된 이해관계자들이나 소비자들의 윤리적 기준과 사회적 기대에 적합하고 사회 공동의 이익 창출에 유익한 활동을 계획하고 실행하는 것이다. 기업들은 전략적인 기업의 사회적 책임 활동을 수행하는 과정에서 반드시 법률적인 요건을 충족해야 하며, 사회 구성원 모두에게 유익한 공공선의 달성을 목표로 두어야 한다.

❖ 기업의 사회적 책임을 다하기 위해 요구 사항 분석하고 수용하기

기업의 사회적 책임 활동은 기업의 이해관계자와 해당 기업 모두에 이익이 되는 것이다. 이처럼 기업과 이해관계자들 모두에게 이익이 되는 효과적인 기업의 사회적 책임 활동을 위해 기업 종사자들이 즐거운 마음으로 사회적 책임 활동에 참여할 수 있는 환경을 만들 필요가 있다. 왜냐하면 기업의 사회적 책임 활동은 기업의 기본적인 업무 수행과 과정, 그리고 가치들을 반영해야 하기 때문이다. 이와 함께 기업의 사회적 책임 활동의 또 다른 중요한 축인 기업 이해관계자들이 기업에 대해 원하는 기대와 요구 사항을 정확히 분석하고 수용하는 활동도 필요하다. 즉, 기업의 사회적 책임과 관련된 활동의 계획과 실행 과정에서 기업은 종사자들과 이해관계자들의 의견과 요구, 그리고 기대를 효과적으로 분석해 적극적으로 반영하는 것이 사회적 책임 활동의 성패를 좌우하게 된다는 것이다.

한 예로, 세계적인 패스트푸드 업체 중 하나인 맥도날드는 1989년 패스트푸드 업계 처음으로 환경 문제 해결을 위해 환경방어기금이라는 환경 단체와 공동 파트너십을 체결해 맥도날드가 환경보호에 적극적으로 참여하는 기업이라는 독특하고 긍정적인 이미지와 평판을 얻게 되었다. 이러한 맥도날드의 사례는 기업이 잠재적인 사회 문제와 이슈에 가장 먼저 정확한 분석을 바탕으로 한 사회적 책임 계획을 수립하여 시장의 선두주자로 자리매김하게 되면, 타 기업들과 경쟁에서 우위를 차지할 수 있게 된다는 것을 잘 보여주고 있다. 따라서 잠재적인 사회적 관심사와 이슈를 적극적으로 찾아내 정확한 분석을 바탕으로 효율적인 사회적 책임 계획을 수립하여 실행하면, 그 기업은 업계의 그 누구보다도 사회적 우려와 이슈를 해결하기 위해 노력하고 있다는 이미지를 소비자들을 포함해 이해관계자들에게 심어줄 수 있어 시장의 선두기업이 될 수 있는 기반을 마련하게 된다는 것이다.

목욕용품 전문 업체인 더 바디샵(The Body Shop)은 설립자가 설립 당시부터 사회문제와 이슈에 관심을 가지고 사회적 책임을 다해야 한다는 의지를 통해 회사의 경영 목표와 정체성을 기업의 사회적 책임을 기준으로 해서 만들었다. 더 바디샵의 설립자인 애니타 로딕(Anita Roddick)은 지난 1976년 사업 시작부터 매장에서 사용하는 에너지 낭비를 줄이고, 쓰레기 배출량을 최대한 줄이는 등 헌신적으로 환경을 보호하기 위한 노력을 계속해 왔다. 전 세계에 있는 더 바디샵 네트워크를 통해 더 바디샵의 공급자와 프랜차이즈 업체, 그리고 동업자와 고객들에게 재활용 캠페인 활동을 적극적으로 추진하여 지구 환경보호에 대한 태도를 바꾸도록 지속적인 노력을 기울여 온 것이다. 즉, 소비자들을 포함한 기업의 이해관계자들에게 환경 문제 해결에 참여하는 방법을 적극적으로 알리고 동참을 설득하는 캠페인으로 사회적 책임 활동을 대대적으로 펼쳐 사회적 행동주의를 추진해 환경보호에 앞장서는 기업이라는 명성을 얻게 된 것이다. 한 기업 설립자의 환경 문제에 관한 관심이 그 기업의 제품을 사용하는 많은 고객에게 퍼지고, 결국 기업의 이미지를 긍정적으로 바꾸는 결과를 불러오게 되었다. 이로 인해 많은 기업이 사회적으로 좋은 평판을 구축하고, 차별적인 이미지를 만들어내기 위해서 사회적 책임 활동을 적극 활용하는 계기가 되었다.

❖ 기업 이해관계자들의 중요성과 참여

기업의 경영진들은 어떻게 사회적 책임 활동의 필요성을 기업 이해관계자들에게 설득할 수 있을까? 사람들은 일반적으로 이야기로 설득되는 경우가 많다. 설득력 있는 이야기는 기업 이해관계자들이 기업의 사회적 책임과 관련된 활동 계획의 정당성과 가치를 이해하고 받아들이도록 만든다. 기업의 이해관계자들은 사회적 책임 계획의 실현 가능성과 내용의 충실도, 그리고 일관성을 분석해 사회적 책임 계획을 평가한다. 기업의 이해관계자들은 그들의 경험을 바탕으로 사회적 책임계획이 논리적인지, 그리고 사회와 사회 구성원들에게 의미가 있는 활동인지를 결정하게 되는 것이다.

기업의 사회적 책임과 관련된 활동 계획은 기업의 전략적인 경영계획, 기업의 문화와 가치관, 그리고 기업 이해관계자의 요구를 적극적으로 반영하여 기업의 경영 목표와 일치하도록 만들어야 한다. 만약 기업의 사회적 책임 계획이 전략적 경영계획과 일관성이 없다면, 기업의 다른 구성원들이 사회적 책임 활동을 지원하지 않거나 동참하지 않을 수도 있다. 나아가 기업의 사회적 책임 계획이 기업의 문화와 일치하지 않거나 이해관계자들의 의견과 요구를 반영하지 않게 되면, 기업 내부와 외부의 모든 이해관계자가 사회적 책임 계획의 타당성에 의문을 제기할 수 있게 된다. 결국 사회적 책임 활동 계획은 기업 이해관계자들이 기업에 대해 가지고 있는 기대에 의해 영향을 받게 되고, 이러한 이해관계자들의 기업에 대한 기대들은 시간이 지나면서 바뀌는 경향을 보인다. 따라서 기업 경영자들이 회사와 관련된 긍정적인 이미지와 명성, 그리고 이해관계자들의 관심을 유발하기 위해 새로운 사회적 책임 계획들을 검토하고 수립해야 할 필요가 있다.

한편, 기업 내부 이해관계자들뿐만 아니라 외부 이해관계자들의 사회적 책임 활동 참여 과정에서 기업 경영진은 사회적 책임 활동에 참여 가능한 다양한 이해관계자들의 특성과 범위, 그리고 구체적인 참여 방안을 고려할 필요가 있다. 왜냐하면 기업 이해관계자들의 사회적 책임 활동 참여는 기업 경영자에게 어떤 사회적 이슈들에 대해 기업 이해 당사자들이 관심을 가졌는지, 나아가 기업의 이해 당사자들은 현재 기업이 실행하고 사회적 책임 활동들을 어떻게 생각하고 평가하고 있는지 통찰력을 제공해 줄 수 있기 때문이다. 결국 기업의 경영진은 이해관계자들을 사회적 책임 활동에 참여시킴으로써 사회적 책임 활동에 적용할 수 있는 다양한 사회적 책임 이슈들의 목록을 만드는 데 도움을 얻고, 이렇게 만들어진 목록들은 경영진이 사회적 책임 계획을 수립하는 데 매우 유용하게 활용될 수 있을 것이다.

❖ 사회적 책임 활동과 사회적 평판의 관계

최근 기업들이 사회적 책임 활동을 적극적으로 추진하는 중요한 이유 중 하나는 바로 기업이 사회에서 좋은 평판과 명성을 갖기 위해서이다. 기업이 사회에서 좋은 이미지와 평판을 얻게 되면 이는 결국 판매하는 제품이나 제공하는 서비스의 매출 증가로 이어져 기업의 최종 목표인 이윤 추구를 달성하게 된다. 이러한 이유로 1950년대 기업이라는 조직이 생긴 이후 기업의 사회적 평판과 명성 관련 관심은 꾸준히 증가해 왔다. 특히 21세기 첫 10년 동안 기업의 사회적 평판과 명성 관련 관심은 강렬했고, 거의 모든 기업은 기업의 사회적 평판과 명성을 중요한 경영 전략의 목표 중 하나로 제시해 왔다. 이처럼 기업들이 사회적 평판과 명성을 중요한 경영 목표 중 하나로 제시하는 이유는 바로 기업에 주는 혜택과 경제적 이득이 크기 때문이다. 그런데 기업들이 기업의 사회적 평판과 명성을 얻기 위해 주로 사용하는 방법은 기업의 사회적 책임 활동이다.

일반적으로 어떤 조직(기업, 비영리단체, 학교, 공공 기관 등)에 대한 사회적 평판은 그 조직의 이해관계자들이 해당 조직을 인식하는 방법의 하나다. 즉, 조직에 대한 사회적 평판은 그 조직에 대한 이해관계자들의 평가를 종합한 것이라고 말할 수 있는데, 조직의 이해관계자들이 그동안 해당 조직이 얼마나 이해관계자들의 기대에 맞추어 활동했는지 평가한 결과를 바탕으로 형성된 것이라고 볼 수 있다. 만약 기업이 사회적으로 호의적인 평판을 받고 있다고 가정하면, 그 호의적인 평판은 고객의 관심을 끌고, 직원들에게 동기를 부여하고, 투자자들에게 투자 관심을 유발하고, 직원들의 직업 만족도를 높이고, 기업 경영 전문가들의 긍정적인 평가를 불러오고, 긍정적인 뉴스 미디어의 보도를 유도하여, 결국 기업의 재정적 수입을 증가시키는 역할을 하게 된다.

결국 사회적 책임 활동이 기업의 사회적 평판을 결정짓는 중요한 요인 중 하나가 되면서, 사회적 책임 활동이 기업의 사회적 평판 조종자로서 빠르게 발전하고 있다고 할 수 있다. 따라서 다양한 사회적 책임 활동 계획을 적극적으로 실행하고 있는 기업들은 사회적으로 호의적인 평판을 얻게 되어 경쟁 집단으로부터 구별되는 긍정적인 이미지를 형성할 수 있게 된다. 나아가 이러한 사회적 책임 활동과 기업의 사회적 평판 사이의 밀접한 상관관계는 사회적 책임 활동이 기업의 비즈니스 측면과 밀접하게 연관되어 있음을 시사하고 있다. 따라서 기업의 경영진과 관리자들은 기업이 사회적으로 긍정적이고 호의적인 평판을 유지하도록 하기 위해서는 더 이상 투자자들과 기업의 재정적 이익에만 초점을 맞춰서는 안 되고, 기업의 사회적 책임 활동에 더 많은 관심을 기울여야 할 것이다.

❖ 기업 이해 당사자의 중요도

이해 당사자들의 중요도는 어떻게 결정해야 할까? 기업의 경영진은 경영 측면에서 봤을 때 이해 당사자들의 중요성을 따져 우선순위를 결정하고, 이러한 이해 당사자들의 우선순위를 기업이 사회적 책임 활동을 실행하는 과정에도 적용할 필요가 있다. 로널드 미첼(Ronald K. Mitchell), 브래들리 에이글(Bradley R. Agle), 그리고 도나 우드(Donna J. Wood)는 이해 당사자들의 중요성을 결정하는 방법을 다음과 같이 개념화했다. 이들은 이해 당사자들의 중요성이 크게 다음 세 가지 요인에 의해 결정된다고 주장하고 있다. 첫째는 이해 당사자의 영향력으로 조직이나 기업에 영향을 미칠 수 있는 능력, 둘째는 합법성으로 이해 당사자의 요구에 대한 대중의 용인 가능성, 그리고 셋째는 긴박성으로 이해 당사자의 주장이 가지고 있는 긴급성이라는 것이다. 일반적으로 기업의 경영인은 이러한 세 가지 요소를 통해 이해 당사자들의 중요도를 평가하게 되는데, 이러한 요인들을 더 많이 소유할수록, 그 이해 당사자들의 중요성이 더욱 커지게 된다는 것이다.

나아가 미첼, 에이글 그리고 우드는 기업 경영진이 이해 당사자를 이해하는 데에 도움을 주기 위해 이해 당사자들이 가지고 있는 세 가지 속성을 이해할 필요가 있다고 주장한다. 이들은 이해 당사자를 은밀한 이해 당사자, 예비 이해 당사자, 그리고 확실한 이해 당사자 등 세 가지 속성으로 분류해 설명하고 있다. 이들의 주장에 따르면, 이해 당사자는 정당성, 긴급성, 파워(힘) 등 세 가지 요인을 가지고 있는데, 은밀한 이해 당사자는 이 세 가지 요인 중 한 가지만 가지고 있는 경우, 예비 이해 당사자는 두 가지를 가지고 있는 경우, 그리고 확실한 이해 당사자는 세 가지를 모두 가지고 있는 경우라고 분류하고 있다. 한 가지 요인만을 가진 은밀한 이해 당사자는 기업을 압박하는 데에 필요한 요인이 부족하기에 수동적이고, 두 가지 요인을 가진 예비 이해 당사자는 기업의 응답과 반응을 기대하기 때문에 은밀한 이해 당사자들보다 더 적극적인 태도를 보인다는 것이다. 한편 확실한 이해 당사자는 기업의 사회적 책임에 대한 정당성, 긴급성, 그리고 파워(힘) 등 세 가지 요인을 모두 가지고 있기에 사회적 책임 활동에 가장 적극적인 태도를 보이게 된다고 주장한다.

경영에서 최대 화두가 ESG라는 것은 이미 알려져 있다. 이제 학교경영에도 이것의 도입은 필연이다. 특히 사회적 책임은 중요한 가치다. 필자가 앞에서 언급한 것처럼 학교경영에서도 관심을 가져야 한다. 이를 위한 첫걸음은 교직원과 학생 모두 '질문하는 사람이 되어야 한다(Be a Questioner).' 그리고 각자에게 맞는 질문을 해야 한다. 교장은 '학교경영에 있어서 사회적 책임은 무엇이며 어떻게 실천할 것인가?'를 스스로에게 자주 묻고 물어야 한다. 이럴 때 교장은 교직원, 학부모, 학생, 지역사회로부터 신뢰를 받을 수 있다.

제9장 학교에는 왜 참여형 의사결정이 필요한가?

참여형 의사결정을 해야 하는 정치철학적 이유

학교 조직에서 참여형 의사결정을 왜 해야 할까? 일반적으로 자유라고 하면 철학적 입장이나 정치적 입장에서 살펴보면 권력을 가진 자로부터의 자유를 확보하기 위한 것이었다. 그러나 최근에 우리나라 사회를 보면 어떤 조직에서나 다수결에 의한 의사결정을 민주주의의 정치 원리라고 주장하면서 다수에 의한 횡포가 나타나고 있다. 소수의 권력자로부터의 자유는 많은 문헌에서 이미 오랫동안 논의되어 너무 잘 알고 있다고 판단되어 여기서는 다수의 횡포를 중심으로 언급하고자 한다.

흔히 '자유'라는 단어를 들었을 때 우리는 본능적으로 '힘이나 권력을 가진 누군가로부터의 해방'과 관련된 이미지를 떠올리게 된다. 실제로 인간의 역사가 그러했다. 전 세계 어디서나 권력과 경제력에 대한 지배력을 가진 통치자는 피지배자들을 압제하고 굴복시키려 했고 그들의 모든 자유(사상, 종교, 표현, 재산권 등)를 박탈하려고 했다. 멀리서 예를 찾을 필요도 없다. 반자유주의적, 봉건적, 유교적 사상을 토대로 백성들을 착취해 온 조선의 왕조가 그러했으며 일제의 강압적인 통치 역시 이와 다르지 않았다. 그러나 갑자기 제2차 세계대전의 종전으로 일제 35년의 압제가 종말을 고했다. 뒤이어 완전하지 않으나 광복을 통해 정치적 이데올로기로서 자유민주주의를 헌법

속에서 담고 이제는 경제적으로나 정치적으로나 선진국 수준의 자유를 누릴 수 있는 대한민국에 살고 있다. 이제 과거처럼 무지막지하게 때로는 은밀하게 각인의 자유를 짓밟는 권력의 횡포는 더 이상 나타나지 않을 것이다. 오늘날 누구도 이처럼 평안한 현실을 믿어 의심치 않는다. 그렇다면 우리는 바야흐로 진정 자유로운 세상에서 마음 편하게 삶을 영위하고 있는 것일까?

놀랍게도 존 스튜어트 밀(John Stuart Mill)은 과거에 있었던 권력의 횡포보다 민주주의가 오히려 더 개인의 자유에 위협적일 수 있다고 무려 150년 전에 경고했다. 우리가 자유를 논할 때 밀의 〈자유론〉을 떠올려야 하는 이유이다. 오늘날 한국 사회의 모습을 보면 민주주의가 되레 개인의 자유를 침해하고 자기 양심에 따라 자기가 생각하고 당당하게 말할 수 없도록 엄청난 무언의 압력을 가한다는 것을 확인할 수 있다. 한국의 민주주의는 분명 발전했다. 평범한 사람들도 보통 교육을 받고 정치적 자아를 가지게 되어 누구와도 자유롭게 자기 생각을 개진할 수 있다. 자신의 생각에 눈을 뜨고, 의사를 피력할 수 있다는 것은 분명 민주주의의 귀중한 토양이다. 그러나 민주주의는 한 가지를 더 요구한다. 그것은 바로 나의 의견이 틀릴 수도 있다는 가능성이다. 내 생각이 언제든지 틀릴 수 있기에 개별적인 인간으로서의 '내'가 중요한 만큼 타인과 그의 의견도 소중하다. 이러한 관용이 충족되지 않으면 민주주의는 발전할 수 없다.

그러나 많은 사람이 공감하듯 우리 사회의 모습은 전혀 그렇지 못하다. 가끔 세상을 향해 눈과 귀를 열고 듣거나 보면 '어쩌면 저렇게 자기 확신과 독단에 빠질 수 있을까?'라는 생각이 들 정도로 경이롭기까지 하다. 사회가 독단과 아집으로 가득 차 있다 보니 타인의 독단을 꼬집는 글과 말들이 쏟아져 나온다. 그런데 더 황당한 것은 그런 글과 말들조차 독단에 사로잡혀 있는 경우가 많다는 것이다. 독선이 독선을 탓하는 상황에서는 민주주의가 제대로 자라지 못한다. 밀은 이처럼 독선에 갇힌 다수가 여론이라는 이름으로 소수를 따돌리거나 탄압할 때 그 사회는 자유롭지 못하다고 보았다. 소위 '거리의 떼법'이나 '목소리 큰 사람'이 우리 사회의 전체 여론인 양 나라를 쥐고 흔들 때 자유는 심각하게 위협받는다.

문제는 그것으로 그치지 않는다. 다수의 힘을 빌려 군림하는 행정가는 사회의 여러 가지 새로운 금기나 통설, 주류를 만들어내게 되고 조금이라도 그에 반하는 생각을 가지거나 의문을 제기하는 소수를 용납하지 않는다. 오늘날에는 더 이상 1인 독재가 개인의 삶을 파괴하지 않는다. 오히려 밀이 지적한 바대로 여론의 횡포가 개인의 목을 죄어오는 시대, 어떻게 보면 더 무시무시한 시대가 도래한 것이다. 여기에서 벗어나 자유롭게 의견을 주고받는 사회를 만드는 것이 이 시대가 가지고 있는 절체절명의 과제이다. 자칭 '민주적 시민', '깨시민'이 가하는 무형의 압력이 얼마나 공포스러운 것인지 밀은 엄중히 경고하고 있다. '개인의 사사로운 삶 구석구석에 침투해 마침내 그 영혼까지 통제할 정도'라고 표현했다. 말하자면 일종의 심리적 테러인 셈이다.

최근에 우리나라에서 벌어지고 있는 정치를 보면 매우 우려스럽다. 나라가 불안할수록 국민은 불안의식을 잠재우기 위하여 극우주의에 기댄다고 한다. 극우주의는 강력한 애국심을 바탕으로 국민을 한곳으로 몰고 간다. 그러나, 이때 의사결정은 국민투표라는 이름으로 다수결이라는 이름으로 독재를 하게 된다. 우리 헌법 제 1조는 대한민국은 민주공화국이라고 가정한다. 나라를 지탱하는 기둥이 민주주의와 공화주의라는 것이다. 1987년 이후 민주주의는 어느 정도 자리를 잡았지만, 공화주의 단계로는 아직 이행되지 못하고 있다. 민주주의는 주권이 국민에게 있다는 이념이라면, 공화주의는 함께 공공선을 추구하는 것이다. 공화주의는 개인에만 방점을 두는 각자도생도 아니고, 나를 소멸시키고 전체만을 중시하는 멸사봉공도 아니다. 개인의 자유와 권리를 살려서 공공성을 활짝 열어가는 활사개공(活私開公)이다.

공화주의는 민주주의의 한계를 극복한다. 민주주의는 다수의 이념으로 소수를 지배하고 전횡을 일삼는 일까지 때로는 용인한다. 우리 편은 정의이고, 상대는 악이라는 이분법이 그사이에 끼어든다. 공화주의는 다수의 전횡을 막고, 포퓰리즘의 문제를 해결하기 위해 대표자에게 권한을 위임하고 법의 지배에 따라 권력을 분립하도록 한다. 이분법의 논리와 포퓰리즘은 공화주의의 적이다. 적은 밖에 있는 것이 아니라 안에 있다. 내 마음속에 상대를 적대시하고 악마화하면 정말 적이 만들어진다. 생각이 다르면 적이 되고 나는 정의라는 패러다임 속에 공화정은 설 땅이 없다.

'행정은 의사결정이다'라고 말하는 학자도 있다. 그만큼 행정에서 의사결정이 중요하다는 것이다. 그렇게 중요한 의사결정을 함에 있어서 매우 중요한 공화주의를 구현하려면 참여형 의사결정이 필요하다. 참여형 의사결정은 의사결정에 공화주의를 도입하는 것이다. 참여형 의사결정은 공화주의의 핵심 정신인 권한의 위임과 권력분립의 요소를 의사결정과정에 도입하는 것이다. 최종적인 의사결정을 교장이 하되, 의사결정의 권한을 교감, 행정실장, 부장들과 분립하여 협의하고, 그들을 의사결정 과정에 참여시키는 것이다.

참여형 의사결정을 해야만 하는 리더십 측면에서의 이유

평범한 사람들이 비범한 일을 해낼 수 있을까? 평범한 사람들이 비범한 성과를 만들어낼 수 있도록 이끄는 것이 바로 리더십이다. 미국의 국무장관을 지낸 콜린 파월(Colin Luther Powell) 장군이 언젠가 이런 경험을 이야기한 적이 있다.

> 미군 전차병은 소련군이 훈련할 때 사용하는 포탄의 열 배를 소진했다. 비용이 어마어마했다. 탱크에서 포탄을 발사할 때 그 종류에 따라 200달러~1,000달러의 세금이 들어갔다. 훈련에 영향을 주지 않고 비용을 줄여야만 했다. 그래서 전차병들이 실제로 얼마나 많이 쏴야 능숙해지는지 알아보기로 했다. 포탄 소비를 줄이고 전차병들의 실력을 향상시키기 위해 고안된 비디오 시뮬레이션 훈련 장비와 실제 사격 연습의 양을 부대별로 달리해 성과를 측정해 보기로 했다. 그래서 어느 기갑부대는 포탄을 가장 많이 받고, 다른 부대는 중간쯤 받고 또 다른 부대는 가장 적은 연습탄을 받는 대신 시뮬레이션 훈련 시간을 늘렸다. 그리고 주 사격장에 모여 똑같은 수의 포탄을 가지고 누가 우수한지 경합을 벌였다. 결과는 훈련 내용과 전혀 상관이 없었다. 최고의 성과를 낸 기갑부대는 최고의 지휘관이 이끄는 부대였다. 좋은 지휘관은 어느 환경 속에서나 부하들이 최고의 성과를 내도록 이끌었다, 시뮬레이션 기법을 만들어 톡톡히 성과를 보았지만, 그들이 깨달은 것은 훌륭한 지휘자가 성공의 핵심이며 리더십이 바로 경영학의 진수라는 것이다.

그런데, 정말 중요한 것은 훌륭한 리더는 어떻게 최고의 성과를 얻어내는가 하는 점이다. 이 점은 어떤 사람이 진정한 리더인가? 라는 질문과 무관하지 않다. 영웅과 슈퍼맨은 우리의 진정한 리더가 아니다. 적어도 최고의 리더는 아니라는 것이다. 영웅 리더의 문제는 그가 나타나면 조직이 돌아가지 않는다는 점이다. 영웅이 늘 행동의 중심에 있기에 다른 사람들은 그가 나타나기 전에는 아무것도 하지 않는다. 그저 '그'가 나타나 구해주기를 바랄 뿐이다. 경영학자인 짐 콜린스(Jim Collins)는 구성원들의 관심이 현실보다 리더에게 더 쏠려 있을 때, 조직의 평범함, 아니 그 이하를 벗어나기 어렵다고 말하는 이유이기도 하다. 문학자인 스콧 피츠제럴드(Scott Fitzgerald)는 더 극적으로 이렇게 표현한다. '내게 영웅을 보여다오. 내가 비극을 말해 줄 테니' 영웅과 슈퍼맨은 카리스마와 단호함으로 적을 쳐부수고 우리를 강력하게 영도를 하지만 우리를 무력화시키고 쉽게 독선과 아집에 빠지기 쉽다. 독선에 빠진 사람은 반드시 권력과 영향력의 확대를 추구한다. 그래서 조직의 꼭대기에는 어느 곳보다 독선주의가 판을 치고 있다.

영웅과 슈퍼맨이 리더가 아니라는 말은 아니다. 그들이 나타나 조직 구성원들의 고민을 영화에서처럼 단숨에 처리해주는 통쾌함이 없는 것은 아니다. 그러나 그들 보다 더 현실적이고 훌륭한 리더는 구성원들과 함께 최고의 성과를 만들어내는 사람이다. 그들은 영웅도 슈퍼맨도 아니다. 성숙한 리더의 결정적이고 차별적인 공통성은 본인뿐 아니라 다른 사람에게 관심을 잃지 않는다는 점이다.

여기서 우리는 리더십의 가장 중요한 법칙 하나를 얻게 된다. 먼저 관심을 보내라. 우리는 '관심의 경제' 속에 살고 있다. 경제학은 희소성과 가치에 관한 학문이다. 그런데 정보와 지식은 넘쳐흐른다. 반면 관심은 희소한 자원이다. 따라서 우리는 사실상 관심의 경제 안에 살고 있다. 리더는 바로 이 점을 터득해야 한다. 그러면 리더는 관심을 통해 무엇을 하려는 것일까? 관심을 통해 그들의 마음을 어루만지고 토닥거려주는 것으로 그들이 만족할까? 그렇지 않다. 훌륭한 리더는 관심을 통해 구성원들을 하나의 작은 영웅으로 다시 태어나게 만들어 줄 수 있다. 리츠칼튼 호텔의 창립자인 호스트 슐츠(Horst Schultze)

는 이 과정을 극적으로 구현해 낸 인물 중의 하나다. 그는 새 호텔을 개장할 때마다, 직원 오리엔테이션을 직접 주관했다. 지금까지 45개의 호텔에서 그렇게 했다. 그는 모든 직원, 보조웨이터, 객실 담당자, 룸서비스 요리사까지 신입사원들을 모두 불러 일렬로 세워 놓고 가장 중요한 질문 하나를 던졌다.

"이 호텔에서 나와 여러분 중 누가 더 중요한 사람입니까?"

"여러분입니다. 내가 월요일에 출근하지 않아도 아무도 모릅니다. 누구도 신경을 쓰지 않아요. 그러나 여러분이 출근하지 않으면 손님들에게 음식을 줄 수 없습니다. 침대도 정돈할 수가 없습니다, 여러분이 저보다 훨씬 더 중요합니다."

그동안 슐츠는 3명의 총지배인을 해고했다고 고백한다. 그중의 한 명은 슐츠에게 이런 말을 한 적이 있다.

"접시닦이도 오리엔테이션에 참석시켜야 합니까?"

접시닦이는 그럴 가치가 없단 말인가? 얼마나 오만한 말인가? 어쩌면 사회의 밑바닥에서 시시한 일을 한다고 여길지도 모르는 한 사람 한 사람의 종업원들이 자부심을 부여받는 졸업식 같아 보였다. 이런 종업원들로 가득한 호텔이 최고의 서비스를 제공하는 장소라는 것은 놀라운 일이 아니다. 내공이 든든한 리더는 자신이 나서 문제를 해결하는 대신 조직 전체가 움직여 스스로 문제를 해결하도록 한다. 영웅이 모든 것을 해결해 준 사회는 영웅이 사라지면 결국 무기력에 빠져 또 다른 영웅이 나타나기를 기다린다. 그러나, 진정한 리더는 자신이 사라지더라도 그 사회가 쇠퇴하거나 몰락하지 않도록 그 구성원들을 작은 리더로서 훌륭히 훈련을 시켜 놓는 것이다.

참여형 의사결정을 해야 하는 인지심리학과 행동주의 경제학적 이유

주류 경제학에서는 인간은 합리적이라고 생각을 해왔다. 그러나 최근 인지심리학이나 행동경제학에서는 수십 년 동안 인간의 인지 편향을 연구를 해왔다. 인지 편향은 비논리적 추론에 따라 잘못된 결론을 내리는 반복되는 실수를 의미한다. 인지 편향의 종류에는 개인의 생각을 확증시키는 증거에 더 중점을 두는 확증편향, 자신의 능력을 과대평가하는 과신 편향, 미래보다는 현재를 중시하는 현재 중시 편향 등이 있다. 인지 편향의 종류는 약 200개에 이른다. 교장은 이런 인지 편향 때문에 의사결정을 할 때 함정에 빠질 수 있다. 스토리텔링 함정, 모방함정, 직감 의존 함정, 자기 과신 함정, 비활성화 함정, 위험 인식 함정, 시간 지평 함정, 그룹씽킹 함정, 이해충돌 함정 등이다.

누구나 빠지기 쉬운 이런 함정을 극복하기 위해서는 어떻게 해야 할까? 문제는 개인은 누구나 이런 편향을 극복하기가 쉽지 않다. 그것은 인간은 누구나 기본적으로 편향을 지니고 있기에 혼자서는 본인의 편향을 극복하지 못한 채 결정을 내리기 쉽다. 따라서 조직 차원에서 편향의 함정에 빠지지 않도록 해야 한다. 여기서 극복한다는 것의 의미는 개인의 편향을 인지하고 해당 편향에 빠지지 않게 피하는 것이다. 다시 말하면, 개인 혼자서는 스스로 편향을 인지하고 이를 극복하는 것에 성공할 수 없다. 설령 스스로 내가 어떤 편향을 지니고 있다는 것을 알았다 하여도 막상 결정을 내리는 순간에는 해당 편향이 어떠한 영향을 미치는지 알 수 없기 때문이다.

모 대학의 인지심리학 교수는 대기업체 면접시험에서 면접관 사전회의에 참석하여 면접관들에게 다음과 같이 요청하였다. 오전 면접자와 오후 면접자를 비교하면 오후 면접자는 오전 면접자 중 장점을 모아 놓은 가상의 사람과 경쟁에서 이겨야 하기에 오후 합격자가 현저하게 적다는 점을 대기업 취업 면접 시 유념해 달라고 말했다. 그러나 그날도 면접관들이 면접을 끝낸 후에 내가 담당한 면접 대상자들의 경우 오후 면접자들이 오전 면접자들보다 능력이 분명하게 떨어졌고, 그것은 확실한 사실이라는 말을 했다고 한다. 이것은 개인의 노력만으로는 편향을 극복하기 매우 어렵다는 것을 말해준다.

그러나 이렇게 스스로 편향을 제대로 구분하기 어렵지만 반대로 타인이 편향의 피해자가 된다는 사실을 인정하는 것은 상대적으로 쉽다. 따라서 다른 사람이 가지고 있는 편향에 대해 알리고, 이로 인해 어떠한 실수를 저지를 수 있는지 설명할 수 있다. 즉 의사결정의 질을 높이고 편향과 함정을 줄이기 위해서는 참여적 의사결정은 매우 필요하다.

참여형 의사결정을 해야 하는 학교 조직 측면의 이유

❖ 교장을 보는 시각의 변화: 탁월한 리더에서 교직원의 대표

최근 리더십의 이론이 다양하다. 경향성을 보면 과거에는 주로 지도자의 자질론과 특성론이 주였다면, 최근은 조직의 특성과 상황에 따라 지도자의 유형이 달라져야 한다는 주장들이 다수 등장했다. 이런 경향에 맞추어서 과거에는 훌륭한 교장으로 강력한 카리스마 있는 유형을 선호했다고 한다면, 최근에는 부드러운 유형의 교장을 원한다. 이런 경향은 교장을 교원과는 다른 특별한 능력의 소유자가 아닌 단위학교 법인의 대표자라고 보는 관점까지 등장하고 있다. 법인은 무생물이기 때문에 의사결정을 할 수 없고 말을 할 수 없기에 대표를 정하여 대표가 학교를 대표한다는 것이다. 이 관점에서는 지도자는 뛰어난 능력의 소유자가 되는 것이 아닌 조직에서 통합형 소통형 리더십을 가지고 있고, 도덕성과 전문성을 조금 더 소유한 사람, 헌신하고 봉사하는 사람이 교장이 된다고 보는 것이다.

교장은 조직의 효과성, 능률성, 민주성을 높이기 위해서는 조직의 의사결정과정을 투명하게 하면서 조직원들의 참여도를 높여야 한다. 다시 말하면 의사결정은 집단의 지성을 모으는 과정이다. 따라서 교장은 조직원들이 활발한 토론과정을 거쳐서 집단 지성이 표출되어 훌륭한 의사결정이 이루어질 수 있도록 하는 것이 중요한 임무이다. 그러기에 의사결정을 할 때 본인의 의사만을 관철을 시키기보다 학교가 처한 상황에 맞게 합당한 의사결정이 이루어지도록 하는 것이 필요하다. 그러기 위해서는 교직원의 의사를 모으고, 토론을 통해서 좋은 안을 만들 수 있도록 의사결정 과정(안)을 잘 계획하고 실행을 해야 한다. 다시 말하면 교장의 능력은 교직원들이 가지고 있는 좋은 의견을 제시하도록 하며, 제시된 의견이 집단의 지성을 통해서 좀 더 좋은 의견으로 발전될 수 있도록 집단을 잘 모으고 토론하고 협력하는 분위기를 만들고 제도화하는 것이라고 보는 것이다.

이런 관점에서 보면 똑같은 사안이라고 하더라고 학교마다 나타나는 의사결정의 결과는 달라진다. 왜냐하면 우선 교장의 생각이 다르고, 학교의 구성원이 다르며, 구성원들이 집단 지성을 모으는 방식이나 내용이 다르기 때문이다. 이때 교장이 발휘해야 하는 것은 '나를 따르라'라는 식의 돌진형 리더십보다 스며드는 리더십, 부드러운 카리스마다. 따라서 의사결정은 '너'와 '나'가 치열한 전투를 거친 후 얻어지는 승리의 산물이 아니라, '너와 나의 만남을 통해서 너와 내가 우리로 승화'되는 과정이다. 고로 우리가 되기 위한 의사결정은 먼저 조직 구성원의 마음을 움직이는 것이 필요하다.

최근 일선 학교에서 효과성이 높은 리더는 합당성을 추구하는 합의도출형 리더십이다. 이 유형의 교장은 나와 교직원과 능력에 큰 차이는 없으나, 내가 교사와 비교하여 조직에 좀 더 헌신하고, 봉사하며 교육행정 분야에 좀 더 스펙[40]을 쌓은 전문가라고 생각한다. 따라서 지도자는 항상 열린 마음을 가지고 조직원들의 견해에 귀를 기울여야 한다. 미국에서 재판할 때 유한한 인간인 판사의 능력을 보완하기 위하여 배심원 제도를 두어서 배심원이 보통 사람들의 생각을 반영토록 하여 판결이 일반인의 생각과 유리되지 않도록 유도한다. 우리도 민주주의를 도입하여 운영하는 측면에서 본다면 교장의 의사결정능력을 높이기 위해서 교원들의 의견을 듣고 반영하는 것이 의사결정에 있어서 위험도를 낮추고 적실성을 높이는 방안이 될 수 있다. 그렇게 되면 정책 실행에 있어서 큰 갈등없이 집행되고 실행될 수 있기에 의사결정의 과정은 시간과 자원이 더 투입될 수 있으나 집행에 있어서는 훨씬 더 능률적이다. 그 결과 정책 및 의사결정을 종합적으로 검토해보았을 때 효과성이 더 높다.

❖ 소수 중심 의사결정 사회에서 다수 참여형 의사결정 사회로

학교 사회는 많이 변모하고 있다. 특히 의사결정 구조를 보면 실감을 할 수 있다. 과거에는 학교의 정책 결정을 할 때 주로 교장, 교감 혹은 교무부장, 연구부장 등 일부 소수의 사람이 중심이 되었다. 그러나 요즈음의 상황을 보면 의사결정의 양상들이 많이 변모되었다. 연구학교 지정·신청 등의 경우에 전 교사가 투표를 실시하여 결정한다. 이것 외에도 다른 정책의 결정에서도 전 직원 투표를 통해 실시하고 있는 것을 볼 수 있다. 이처럼 학교에서의 의사결정의 형태가 다양해진 것이다. 그것은 여러 가지 원인이 있으나 세 가지로 나누어

---

40) 최근에 스펙(specification)의 의미는 특별한 분야에 능력을 키우는 것을 말한다. 학생들의 경우는 어학 능력, 회화 능력, 정보화 능력, 한국사 능력, 한자 능력 등을 보통 일컫고 있다. 그런 면에서 보면 교장은 교육행정 분야에 스펙을 쌓은 사람으로 볼 수 있다.

살펴보면 다음과 같다.

1) 교장의 능력을 바라보는 관점의 변화: 능력주의에서 관심 영역의 차이로

승진에 대한 교육계 내부의 인식 변화가 일어나고 있다. 과거에는 교장, 교감으로 승진을 한 사람들의 능력이 비승진자에 비하여 상당히 우수하다고 생각을 하였다. 그러나 최근에 들어서서 승진자와 비승진자 간에 능력의 차이가 있다고 보지 않는 경향이 강하다. 즉, 능력은 비슷하나 어떤 곳에 능력을 집중하느냐의 차이라고 본다. 이것은 마치 들어오는 수입은 비슷하나 사람들이 어떤 분야에 더 관심을 가지고 지출을 하느냐에 따라 삶의 모습이 달라진다는 것과 유사하다. 예를 들어 외모 신경을 더 쓰는 사람, 먹는 데 더 관심을 가지는 사람, 자동차에 신경을 쓰는 사람 등 관심에 따라 앞서는 분야가 다르다는 것이다. 마찬가지로 교직에 종사자도 관심을 더 두는 분야가 승진이냐, 가정교육이냐, 학급 교육 내의 교육이나, 놀이이냐에 따라 달라진다. 따라서 승진하는 사람은 다른 사람에 비하여 능력이 우수해서라기보다는 승진에 더 자원을 집중한 것이라고 본다. 이것은 최근의 교육학 이론의 발전과도 관련이 있다. 과거에는 학생들의 능력을 지능으로만 생각했다. 그러나 이제는 가드너(Howard Gardner)가 언급한 것처럼 인간의 지능은 논리적·언어적·대인관계·신체적 지능 등 다양하다고 본다. 따라서 인간은 누구나 최소한 한 분야에서는 남보다는 뛰어난 능력을 소유하고 있다는 것이다.

과거의 교원 능력관에 입각하여 살펴보면 승진자가 승진하지 않은 자들에 비하여 능력이 우수하다고 보았다. 이것은 학교에서의 의사결정은 우수한 승진자 중심으로 의사결정을 하여야 바른 의사결정이 이루어진다. 따라서 이런 경우는 소수자 중심의 의사결정을 하는 것

이 바람직하다고 생각을 하였다. 다수가 참여하여 의사결정을 하는 것은 불필요한 것이며 행정의 비능률을 초래하게 된다. 물론 승진자와 비승진자 간에 능력이 차이가 있다고 전제할 수 있다. 그러나 그 능력은 보는 관점에 따라서 다르다. 교육대학과 사범대학을 다닐 때 우수한 성적을 거둔 사람이 곧 승진을 한다는 것은 아니다. 대학 시절 공부를 잘하는 능력과 교직에서 승진하는 능력과는 정확하게 '=(등호)'가 성립되지 않는다. 즉 승진자와 비승진자는 어떤 영역에 관심을 가지고 자원과 관심을 집중하느냐의 차이이다. 따라서 누가 의사결정을 함에 있어서 더 뛰어나다고 단언하기는 어렵다.

따라서 의사결정을 함에 있어서 각기 다른 능력을 가진 사람들이 모여 있는 것인 만큼 다수자가 참여하는 의사결정이 필요하다는 것이다. 교육행정을 담당하는 사람은 모든 면에 뛰어난 능력을 가진 초인적 능력을 지닌 철인이 아니다. 따라서 많은 사람의 의견을 수렴함으로써 의사결정에 있어서 위험도를 낮출 수 있다. 의사결정의 과정에 있어서 비교적 합리성과 합당성을 높이도록 하여 행정에 있어서 효과성과 민주성을 높일 수 있는 것이다.

지금의 MZ세대들은 라떼 세대와 비교하여 가치관이 많이 변했다. 가정에서도 민주적인 분위기에서 자라고, 정치적으로도 비교적 민주화된 속에서 성장했으며, 학교에서도 민주적인 학습 환경에서 교육을 받았기 때문에 행정에 있어서 민주성 확립은 중요한 가치가 된다. 다시 말하면, 이들은 소수의 사람이 지배하는 사회를 상정하는 경우는 거의 없다. 그들은 국가의 주인이 백성, 국민이라는 데에 이의를 갖지 않는다. 마찬가지로 학교에도 똑같은 철학이 적용된다. 이제는 학교를 움직이는 주체세력이 교장, 교감이 아니라 다수의 교직원이다. 최종적인 의사결정의 형태는 교장, 교감이지만 그것은 교직원들의 의사를 위임받아 결정한 것이라고 본다. 학교 조직체의 다수의 의견을 모두가 표시할 수 없기에 결집된 의사를 표시하는 것이다.

2) 교직 문화 특성인 쓰레기통 모형으로 인한 갈등의 발생

학교에서의 의사결정을 보면 교직의 의사결정 특성에서 많이 언급되는 것처럼 쓰레기통 모형[41]에 의하여 결정됨으로 많은 갈등이 초래된다는 것이다. 학교에서의 의사결정은 합리성 모형에 입각한 최적 대안의 모색, 제한된 합리성에 기초한 차선책의 모색이 아니며, 점증주의에 입각한 점증모형도 아니다. 교직은 다른 조직과는 달리 쓰레기통 모형에 입각한 그때의 상황에 따라 결정되는 경우도 많다. 즉 문제의 상황에 따라 합리성, 경제성, 최적 대안, 합당성, 형평성, 평등성 등 다양성 요인에 의해 의사결정이 이루어진다. 이것은 합리성과 합당성이라는 가치 기준으로 무장한 초임 교사나 MZ세대 교사들은 특히 더 수용하기 어렵다. 이것은 곧 교장의 권위에 대하여도 인정을 하지 않으려는 경향을 유발한다. 내가 만약 교장이라면 저런 의사결정은 하지 않았을 것이다라고 생각한다. 교장의 역할뿐만 아니라 교장의 인격에 대하여도 불신을 가지게 된다.

그 원인을 살펴보면 과거 임금이나 왕이 통치하던 시대에는 권위의 근원이 왕이었다. 왕으로부터 권한을 부여받은 사람은 의사결정에 있어 정당성을 부여받았다. 왕으로부터 권위를 인정을 받기 위한 능력의 전제는 신분이었다. 신분사회가 무너지고 민주사회가 되면서 인간의 능력에 대한 기준이 변화되었다. 인간의 능력을 신분이 아닌 진정한 인간 능력으로 보는 것이다. 우리나라의 경우 인간의 능력을 학력으로 보기 시작하면서 '교육받은 자 = 능력 있는 자'로 여기게 되었다. 그 결과 교육에 대한 국민의 관심은 지나치게 과열되었다.

41) 의사결정을 할 때 명확한 기준이 있는 것이 아니라 기준이 여러 가지 이거나, 또는 그때그때 다르다는 것이다.

지나친 과열은 학력주의를 불러일으키게 되었다. 고등학교 졸업자보다는 대학교 졸업자가, 대학교 졸업자 중에서는 일류대학 졸업자가 더 능력이 있다고 보는 것이다. 그 결과 일류대학을 진학하기 위한 치열한 경쟁이 발생이 되고 있다는 것이다. 아무튼 이런 현상은 심각한 후유증을 발생시키고 있다. 일류대학에 진학을 한 사람은 무조건 능력이 있다고 보는 것이다. 다시 말하면 능력을 시험을 잘 치른 것이며, 심지어는 선택형 시험을 잘 보는 것이 곧 능력과 같은 것으로 보고 있다는 것이다.

이런 관점에서 보면 능력이 매우 뛰어난 사람들이 교직에 입문하게 된다. 그리고 이런 사람들의 관점에서 보면 학교에서 이루어지는 의사결정이 비합리적으로 비쳐질 수 있다. 의사결정에 참여하는 사람들의 수도 매우 제한적이고, 그 과정도 보면 합리성이 기준이 되는 것도 아니고 그때그때 기준도 다르다. 이렇기에 여러 가지 의사결정에 대하여 만족하지 못하고 결국에는 학교 행정과 학교 행정가에 대한 불만과 불신을 가지게 된다.

3) 관료제 속성에서 비롯된 오해의 발생

관료제에 대한 불충분 이해 내지는 잘못된 오해에서 비롯된다. 앞에서 언급한 것처럼 의사결정 기준의 불명확성, 의사결정을 할 때마다 달라지는 기준으로 인한 오해는 더 큰 오해를 불러일으키게 된다. 나라면 저렇게 의사결정을 하지 않을 것이다라는 생각을 지닌 교원들이 생기는 것이다. 그것은 교장, 교감의 능력을 그대로 인정하지 못하는 결과를 낳고 있다. 대부분의 교직에 종사하는 교직원들은 매우 우수한 집단의 사람들로 우수한 성적을 유지하였고, 일류대학을 졸업한 사람들이다. 따라서 본인은 능력이 뛰어남에도 불구하고, 좋은 세상을 만나지 못해서, 가정 사정으로 육아에 매진하다 보니, 성격상 사교성이 뛰어나지 못해서 승진을 하지 못했다고 생각한다.

이런 생각들은 의사결정에 있어서 참여에 대한 요구를 강하게 만들고 있고 의사결정 결과에 대해 많은 비판을 하게 된다. 학교 조직이 어떤 성격의 조직이어야 효과성이 높은 것인가는 별개의 문제이다. 다만 한국의 학교, 특히 대도시 초등학교의 경우는 다인수 학교, 다인수 학급이기 때문에 관료제 속성을 일정 부분 가지고 있다. 그 결과 능률성과 효율성을 높이기 위한 관료제의 성격상 소수자 중심의 의사결정을 하게 된다. 이것을 교직원들은 관료제의 속성에서 기인하는 것으로 보기보다는 다른 각도에서 보게 된다. 마치 교장, 교감 등이 의도적으로 배제적 의사결정을 하는 것으로 생각을 하게 된다. 그 결과 학교 내에는 그로 인하여 많은 갈등이 발생하고 있다.

교직은 다른 행정 조직과는 다른 특성들을 내포하고 있다. 학자들에 따라 여러 가지 특성들을 언급하고 있다. 특히 경력이 많거나, 적거나 관계없이 똑같이 담임을 맡고 학생을 가르친다. 즉, 같은 일을 하기에 평등 지향성이 강하고, 수평적 조직의 특성이 매우 강하다고 할 수 있다. 교원들은 호봉이 동일 호봉이며, 주어진 업무도 비슷하고 같은 크기의 교실에서 같은 수의 학생을 대상으로 똑같이 가르치는 일을 한다. 교실에서는 입법권, 사법권, 행정권을 가진 똑같은 성주가 되는 것이다. 이렇기에 계층제적 속성보다는 강한 평등성을 추구하게 된다. 그러므로 의사결정 등 모든 일에 동등하게 참여를 해야 한다고 생각한다. '당신이나 나나 동등한 능력을 소유하고 있으며, 오히려 어떤 면에서는 내가 더 우수한 능력의 소유자인데, 왜 소수자만 의사결정을 하느냐? 이것은 비민주적인 행태다'라고 생각하는 경향이 강하다.

따라서 학교 행정을 할 때 유의할 점은 교직원의 참여를 통하여 조직의 능률성보다는 조직 목표를 달성할 수 있는 효과성을 높이고 민주성을 높이도록 해야 한다. 교직원들이 의사결정 과정에 참여하게 되면 그 정책에 관심을 가지게 된다. 또한 자기가 결정한 정책에 대하여 책무성을 가지고 정책 집행에 임하게 된다. 이것은 정책의 효과성에도 긍정적인 영향을 미치게 된다고 본다. 다만 효과성을 높이기 위해서는 정책 결정 시 교직원들이 감정이입을 할 수 있도록 충분한 홍보를 해야 한다.

제10장 교장의 의사결정의 오류와 참여형 의사결정의 필요성

"선생님은 왜 제 말을 이해 못 하시죠?"

대학에서 영어 강의를 처음 도입하였을 때의 재미있는 일화다. 당시 상대적으로 영어 실력이 부족한 학부생들을 가르쳐야 하는 교수들은 강의 준비에 애를 먹었다. 그런데 학기가 끝나고 강의평가 최하점을 받은 교수 한 명이 화가 나서 총장실을 찾아갔다. 미국의 유명대학 출신의 젊은 교수는 총장에게 영어 실력이 출중한 자신이 이렇게 낮은 평가를 받은 것을 인정할 수 없다고 했다. 총장은 교수의 하소연을 듣고는 조용히 대답했다.

"교수님은 영어학과 교수가 아니라 경영학과 교수입니다."

영어를 유창하게 잘하는 것과 의사소통을 잘하는 것은 별개의 영역이고, 어떻게 보면 전혀 다르다. 그 교수는 전문지식에 영어 실력까지 갖추고 있었다. 하지만 학생들은 그 교수의 강의를 거의 이해하지 못했다. 그러다 보니 교수로서 좋은 평가를 받지 못한 것이다. 총장이 그날 꼬집은 것은 전문가가 의사소통에서 흔히 저지르는 실수인 지식의 저주(Curse of knowledge)였다.

이런 일은 비단 대학 강단에서만 일어나는 일은 아니다. 학교에서도 벌어지는 장면이다.

"왜 말귀를 못 알아들어, 도대체 몇 번을 말해야 한단 말이야!!"

아마 교장이라면 회의가 끝난 후 이런 혼잣말을 한 적이 있을 것이다. 그런데 그렇게 답답해할 것이 아니라, 스스로 지식의 저주에 빠진 것은 아닌지 먼저 스스로 의심해볼 필요가 있다. 지식의 저주란 사람이 무엇을 알게 되면 그것을 모르는 상태가 어떤 것인지 상상하기 어렵게 되는 것이다. 많이 아는 사람들, 즉 전문가들은 자신의 말이 끝난 후, '이 정도면 알아듣겠지'라는 생각을 한다. 그러나 사실 상대방은 제대로 이해하지 못하는 경우가 많다. 이유는 간단하다. 즉, 일반적으로 사람은 자신이 알고 있는 수준에 기대어 상대의 수준을 예단하기 때문이다.

1990년 스탠퍼드대 심리학자 엘리자베스 뉴턴(Elizabeth Newton)의 유명한 실험이 있다. 뉴턴은 피실험자를 두 그룹으로 나눴다. A그룹은 모두가 잘 아는 노래를 실험 전에 들었고, B그룹은 실험 전 사전에 어떤 노래도 듣지 않았다. 잠시 후 A그룹과 B 그룹에서 각기 한 명씩을 뽑아 팀을 만들었다. 사전에 노래를 들은 사람과 사전에 노래를 듣지 않은 사람을 뽑아 한 팀이 돼 미션을 수행했다. 그 미션은 A그룹 사람이 노래를 떠올리며 책상에 손으로 리듬을 치면 B그룹 사람이 리듬만을 듣고 노래 제목을 알아내는 게임이다.

뉴턴은 실험 전 A그룹 사람들에게 당신의 짝이 당신이 치는 리듬을 듣고 노래를 얼마나 알아맞힐까요?라고 물었다. 사전에 노래를 들은 A그룹은 50퍼센트 이상이라고 대답했다. 하지만 실험 결과 정답률은 겨우 2.5퍼센트였다. 무려 120곡을 실험했는데 정답은 단 3곡이었다. A그룹이 정답률을 높게 예측한 건 자신이 노래를 잘 알고 있었기 때문이다. 머릿속에서 재생되고 있는 멜로디가 너무 생생해서 알아맞히지 못하는 상대가 이상할 정도였다. 하지만 사전 정보가 없는 B그룹 사람은 책상을 두드리는 소리만으로 멜로디를 연상하기란 어려운 일이다. 그들에게 리듬은 멜로디가 아니라 단지 소음으로 들릴 뿐이었다.

옛날 우리 어머니들이 음식 조리법을 설명하면서 '물을 적당히 붓고, 간은 소금을 눈곱만큼 적당히 넣고, 참기름을 휙 둘러주면 되는데 뭐가 어려워!!'라는 말씀을 하는데, 이것이 대표적인 한국형 지식의 저주다. 어머니 본인은 뻔한 지식을 설명했는데 며느리가 못 알아들으니 답답한 것이다. 지식의 저주는 '내가 알고 있는 것은 남도 알고 있다'라는 왜곡된 인식이 만드는 고정관념이다. 조직의 리더는 지식의 저주에 빠질 위험이 가장 큰 집단이다. 위계가 분명한 조직일수록 또 직급이 높을수록 리더가 부하 직원과 대화할 기회가 줄어든다. 리더들은 짧은 대화로 핵심을 전달하기 위해 되도록 간결하게 지시한다. 소통의 기회가 적을수록 지식의 저주를 피하기는 더 어려워진다.

최근 학교에서 교장에 대한 청렴도 평가가 매년 이루어지고 있다. 그런데 이 청렴도 평가를 통해서 놀라운 사실을 하나 발견할 수 있다. 그것은 교육부, 교육청에서 교육 전문직(장학사, 장학관)을 하면서 매우 유능하다는 평가를 받았던 사람들이 교장으로 전직한 후 학교 내 교사를 비롯한 구성원으로부터 받는 청렴도 평가 결과를 보면 상당수가 평균 점수 이하이다. 필자는 '왜 그럴까?'를 오랜 기간 생각하다가, 최근에 다다른 잠정 결론이 '지식의 저주'라고 보게 되었다.

이들은 오랜 기간 교육행정을 해왔기에 공문에서 사용하는 교육행정 관련 용어, 교육정책의 일련의 과정, 교육정책의 목적 등에 대해 잘 안다. 그러기에 교직원과 대화를 하면서 소통을 하면서 이런 용어를 사용하는 것으로 판단된다. 처음에는 교직원에게 친절히 설명한다. 그러나, 같은 사람이 실수를 여러 번 하거나, 교장이 여러 가지 업무로 바쁜 상황일 경우 본인도 모르게 짜증이 섞인 말투로 '왜 선생님은 말귀를 못 알아들어요?'라고 무심코 내뱉는다. 그런데, 주관적으로도 그렇고 객관적으로도 그렇고 매우 우수한 교사들이 이런 말을 듣게 되면 무척 자존심이 상하게 된다. 자존심이 상한 교사들이 늘어나면 교장의 이런 말투는 좋은 뒷담화 거리가 된다. '교장이 전문직 출신이라고 잘난 척은 되게 해요'라든지 아니면 한번 비틀어 '교장은 전문직 출신이라 그런지 되게 권위적이야'라고 뒷담화를 하면서 이것이 여론이 된다. 그 결과 처음에는 교사들에게 시작된 반발 분위기가 부장 교사를 넘어서 왕언니와 함께 교감이 연대를 하는 순간 교장은 학교를 떠나 다른 학교로 전보를 가거나 명예퇴직을 하기도 하며, 심한 경우엔 질병이 발병하기도 하여 평생 고통을 끌어안고 살아가기도 한다.

가까운 사람끼리 하는 의사결정은 비합리적이고 때론 '바보 결정'을 한다.

미국이 1961년 4월 17일 새벽에 쿠바혁명을 이끈 피델 카스트로(Fidel Castro) 정권의 전복을 꾀하며 쿠바 중서부의 피그만을 침공했다. 그러나 전쟁을 본격적으로 치르기도 전에 침투조가 발각됐고 작전은 결국 실패했다. 많은 군인이 죽거나 다쳤으며 포로가 됐다. 쿠바는 미국의 침공을 성공적으로 막아냈다. 그리고 당시 냉전의 한 축이었던 소련과 급격하게 가까워졌고 미국을 압박하는 세력이 됐다. 미국은 1962년 인류 공멸의 핵전쟁 위기로 거론되는 '쿠바 미사일 위기'를 겪었으며. 피그만 침공 때 쿠바에 남겨진 1,189명의 전쟁 포로를 데려오느라 5,300만 달러 상당의 물자를 제공해야 했다.

당시 케네디 대통령은 피그만 침공 사건을 '바보 같은 결정'이라고 자인했다. 하지만 그는 피그만 침공을 승인하기 전에는 완벽한 작전이라고 믿었다. 쿠바 출신 망명자로 구성된 군대를 침투시켜서 내부 봉기를 유도하고 혹시 결과가 좋지 않더라도 미국과 무관한 일로 잡아떼면 그만이라고 생각했다. 게다가 상대할 쿠바군은 무력한 군대라고 확신했다. 너무 단순하고 낙관적인 선택이었다. 그러나 백악관에서 그 누구도 반대의견을 낸 사람은 없었다고 한다.

당시 오류의 시작은 미국 중앙정보국(CIA)의 엉터리 계획이었다. 나중에 밝혀진 사실이지만 미국 중앙정보국은 무려 50년 전의 쿠바 지도를 보고 침투계획을 짰을 정도로 어리석었고 전적으로 운에 의지한 것처럼 보이는 낙관적 시나리오는 허술하기 짝이 없었다. 하지만 대통령과 참모진이 머리를 맞대고 지혜를 모았을 회의실에서 엉터리 분석은 전략이 되었다. 그들은 하버드대학 출신의 최고의 두뇌라는 자신감으로 무장했고 똑똑한 자신들의 판단이 틀렸을 가능성은 아예 생각하지도 않았다. 백악관 회의에 고문으로 참여했던 역사학자 슐레진저(Arthrur M. Schlesinger)는 훗날 회고록에서 '당시 토론 분위기 때문에 소극적으로 몇 가지 문제를 제기했을 뿐 반대의견을 내지는 못했다'라고 고백했다. 그는 심지어 고작 몇 개의 문제를 거론했다는 이유로 대통령의 동생이자 법무부 장관이었던 로버트 케네디(Robert Kennedy)에게 '대통령이 마음을 정했으니 지금은 대통령을 도와야 합니다'라는 말을 들었다고 폭로했다.

백악관의 의사결정들, 즉 케네디 대통령과 그의 젊은 참모진은 모두 하버드대 동문으로 강한 유대감을 형성하고 있었다. 그들은 같은 정보와 비슷한 생각을 공유하며 자신들의 판단이 틀렸을 가능성을 인정하지 않았다. 물론 대통령의 결정에 반대하는 의견도 허락되지 않았다. 외부와 분리된 '자신들만의 리그'에서 내리는 의사결정은 비합리적 결론에 도달하기 쉽다. 이것이 바로 집단 사고(Group think)의 오류다. 피그만 침공을 결정하기 전 백악관 회의실에서도 치열한 토론이 여러 차례 반복되었다. 전쟁을 결정하는 만큼 매우 신중했을 것이고 논쟁과 설득의 과정도 거쳤을 것이다. 하지만 과신에 빠진 집단 사고는 대체로 비합리적인, 비상식적인 결정을 도출한다.

미국 예일대 심리학자 재니스(Irving Janis)는 케네디 대통령과 참모들의 의사결정을 집단 사고의 대표적 전형으로 소개했다. 그는 '응집력이 강한 집단의 구성원들이 현실적 판단을 내려야 할 때 만장일치를 추구하는 경향이 있다'라고 설명했다. 집단 구성원들이 서로 친밀감을 느끼고 단결력이 강할수록 하나의 합의를 이루려는 욕구가 강해진다. 그들은 집단 사고에 반대하는 개인들을 조직 내 '왕따'로 만드는 방식으로 소수의 비판적 견해에 침묵을 강요한다.

회사 경영에서도 집단 사고는 기업의 몰락을 가져올 수도 있을 만큼 위험하다. 항공사 스위스에어(Swissair)는 튼튼한 재무구조를 장점으로 유럽에서 사장 신뢰받는 기업 중 하나였다. 그러나 2002년 파산을 했다. 파산의 직접적 원인은 과도한 인수합병이었다. 유럽연합의 출범과 저가 항공 시대의 개막으로 항공업계의 경쟁이 더 치열해졌다. 그러자 스위스에어는 다른 항공사와 관련 분야의 기업을 무분별하게 인수했고 그 결과로 발생한 재무구조의 악화를 임시방편으로 해결하려고 했다. 누가 보아도 무리수가 분명해 보였지만 내부에서는 반대의견은 없었다. 당시 스위스에어는 경영진의 독단을 견제하기 위해 운영해온 외부 경영자문단을 대폭 축소한 상태였다. 최종 의사결정 과정에서는 과거의 영광을 함께 이루어낸 임원들만 참여했다. 내부에서 공격적인 인수합병의 위험성을 지적하는 목소리가 나오지 못한 이유다. 당시 스위스에어의 파산 직전의 상황은 영화로 제작이 되어 소개된 바도 있다.

동질적 사고 집단에서는 함께 공유하는 정보와 논리를 쉽게 합리화한다. 개인들이 회의 전에 가지고 있었을 의심은 대부분 설득된다. 그리고 끝까지 동조하지 않는 의견들을 스스로 입을 다물게 하거나 철저하게 배척한다. 집단 사고를 하는 조직에서 진행되는 토론은 다양한 의견을 토대로 한 창조적 결론에 이르는 게 아니라 하나의 결론을 매우 강력하게 정당화하는 과정이 된다. 집단 사고에서 의사결정을 내릴 때 자주 드러나는 문제들이 있다. 그중 하나가 바로 리더의 심기에 집중하는 집단초병(mindguard)이 경영진에 포진해 있다는 것이다. 그들은 최종 의사결정 과정에서 리더의 잘못된 판단을 지지하는 호위병 역할을 담당한다. 리더는 이런 시스템에서 판단의 오류를 확인할 기회를 얻지 못하며 개인의 편향은 더욱 증폭된다. 국가든 기업이든 학교든 집단 사고의 조직은 어리석은 의사결정을 반복하고 결과는 감당해야 하는 비극으로 귀결된다.

학교에서도 의사결정을 하기 위한 주로 논의하는 사람이 정해져 있다. 교장, 교감, 교무부장, 연구부장 정도다. 이 사람들은 평소에 자주 만나 대화하고 논의하며 차를 마시기에 서로의 생각, 서로의 감정선을 너무나 잘 안다. 그래서 이 사람들끼리 주요한 결정을 하며, 이들 중에 집단 초병의 역할을 하기도 한다. 그래도 교장은 꿈을 꾼다, 집단 초병이 많아지길, 또 맡은 바의 역할을 열심히 해주기를.

교장은 '모두의 생각이 내 생각과 같다'라는 착각을 하지 말자.

교장들은 자주 범하는 착각이 있다. 회의를 거쳐 결과를 끌어내면 합리적이고 민주적인 결정을 했다고 생각하는 것이다. 그러나 그건 알고 보면 단지 합의로 합리화된 착각의 결과일 때가 많다. '내 생각은 합리적이다'라는 자신감에 빠지면 모두의 생각이 자신과 일치할 것으로 착각을 한다. 바로 잘못된 합의 효과(False consensus effect)다. 잘못된 합의 효과는 자기의 생각과 판단을 과도하게 일반화해서 남들도 나와 다르지 않을 것으로 생각하는 인지 착각이다. 실제로는 다른 사람의 의견을 알지 못하고 살펴보는 노력은 하지 않은 채 '모두 동의하고 있을 것'으로 추측을 하고 그 기준으로 의사결정을 한다.

이런 착각에 빠진 리더는 부하 직원이 자신과 같은 의견일 것이라는 착각에 빠져 다른 사람의 의견이 실제로는 전혀 궁금하지 않다. 과거 권위주의 정권의 시절 사회가 전반적으로 권위주의 조직문화가 보편적인 시절의 이야기이다. 당시는 교장이 좋아하는 취미를 따라서 주말을 보낼 수밖에 없었다. 교장이 등산을 좋아하면 등산을 하고, 교장이 낚시하는 것을 좋아하면 낚시를 가던 시절이었다. 교장은 교사들의 괴로움을 전혀 생각하지 못했다. 교장이 이번에 가을 대운동회를 하느라 체육부장을 비롯해 남교사들 고생했으니, 이번 주 토요일에 등산하고 내려오면서 막걸리도 한잔 마시면 체육부장을 비롯해 고생한 부장들 남교사들 모두 스트레스도 풀리고 좋아하지 않을까라고 진심으로 믿는 것이다.

교장은 교사들이 자신과 똑같은 생각을 한다고 믿기에 자신의 판단이 틀렸을 가능성을 의심하지 않는다. 물론 이는 외견상으론 교장이 교사들에게 선생님의 생각은 무엇인가요?라고 교사의 의견을 물어보았기 때문에 '합의'한 것이라고 이해한다. 회의실에서 답정너 질문을 하고는 역시 선생님들의 생각은 나와 같은 생각이 같네라며 만족한다. 교장은 자신이 잘못된 합의 효과의 착각에 빠졌다는 사실을 인지하지 못한다. 다른 많은 조직에서도 리더가 이런 방식으로 독단적인 결정을 한다.

자기 확신이 강한 리더일수록 의사결정 과정에서 자신의 의견을 강력하게 피력한다. 이때 부하 직원의 의견은 상대적으로 쉽게 무시한다. 어빙 제니스는 유대감이 강한 조직에서 나타나는 대표적인 증상으로 자신이 속한 집단의 판단은 무조건 옳다는 무오류의 환상(Illusion of invulnerability), 다수의 견해는 도덕적이라는 믿음(Belief in inherent morality), 집단의 합리화 과정(Collective rationalization), 만장 일치의 환상(Illusion of unanimity), 동조

압력(Direct pressure on dissenters), 자기 검열(Self-censorship), 자기 보호(Self-appointed mindguards) 그리고 외부의 견해에 일치된 저항(Stereotyped views of our groups) 등을 들고 있다. 조직의 방향이 명확하고 구성원들이 충성스러울수록 집단은 새로운 변화를 불편하게 인식한다. 집단 사고가 외부의 관점을 배척하고 저항감을 형성함으로써 자신들의 기존 방식을 지키려고 한다. 불확실성이 증폭되고 위기감이 고조될수록 리더들은 일사불란하게 마치 한 몸처럼 생각하고 움직이는 응집력을 강조한다. 하지만 실제로 이런 조직은 위기에 매우 취약하여 쉽게 몰락의 길을 걷게 된다.

교장들이 교사들에 대해 오해가 있다. 교사들은 학교 일에 관해 관심이 없고, 오로지 내 교실에만 관심이 있다고 생각을 한다. 이것은 일부는 맞고, 일부는 틀리다. 교사들이 학교 일에 관심이 없는 것은 맞다. 그러나, 학교 일이 교육적으로 의미가 있는 일이면 이야기는 조금 달라진다. 교육적으로 의미가 있다는 것은 교육적으로 가치가 있다는 말이다. 학교의 일, 학교의 행사 중에 교육적 의미, 교육적 가치보다는 학부모의 요구로, 교육청의 요구로 하는 경우가 많다. 그렇다 보니 교사들은 학교 일에 관심이 없다. 학교 행사에 관심이 없다. 교사들의 의견을 물어도 대답을 잘하지 않는다. 그들의 생각을 유추 해석을 하면, '교장 뜻대로 하세요. 나 혼자 반대를 한다고 행사를 하지 않을 것도 아니면서' 이런 마음이기에 대답을 잘 하지 않고 반대 의견제시도 잘 하지 않는다. 반대의견을 제시하지 않았다고 찬성을 하는 것도 아니다. 그러나, 교장은 교사들이 반대하지 않았으므로 찬성했다고 생각한다. 그러나 그렇게 생각하는 것은 위험한 생각이다.

교장은 본인을 정답만을 제시해야 하는 사람으로 인식한다.

어느 해 12월 하순 겨울방학과 내년도 학년 및 담임교사 배정 발표를 이틀 정도 앞두고 하루는 A교사가 교장에게 긴급한 면담을 요청했다. 그 교사는 현재 육아휴직 중인 교사이고, 내년 3월 1일 자로 복직 예정이라는 것을 교감 선생님을 통해서 들어서 이미 알고 있었다. 그런데, 면담을 요청한 내용은 내년 3월 1일 복직한 후 3학년 담임을 맡겠다는 것이고, 8월 1일 자로 다시 질병휴직을 하겠다[42]는 것이다. 즉, 5개월만 담임교사를 하겠다는 것이다.

이처럼 교장의 테이블엔 대부분 쾌도난마형 해결책을 찾기 어려운 선택안만 올라온다. 어떤 선택을 하든 항상 반대급부에 대한 리스크가 따른다. 손정의 소프트뱅크 회장은 아예 '리더의 의사결정에 정답이란 애초에 없다'라고 단언했다. 그런데도 교장은 언제나 다수의 교직원을 대리해 가장 나은 해결방안을 모색해야 할 책임이 있다. 영국의 최고위직 여성 소방관이자 심리학자인 샤브리나 코헨-해턴(Sabrina Cohen-hatton)은 그녀의 저서 〈소방관의 선택에서〉에서 의사결정을 내리기 전 리더가 스스로 자기 인식을 할 것을 강조한다. 혼돈의 상황에서 더 많은 생명을 구하기 위한 판단과 선택을 반복하며 더 나은 의사결정을 연구한 그는 리더들이 '(자신에게) 모든 정보를 알고 처리할 능력이 없다'라는 사실을 인정하는 것이 중요하다고

42) A교사의 사례는 학교에서 중요한 인사발표를 앞두고 종종 벌어지는 일이다. 그런데 쟁점이 두 가지가 있다. 하나는, 대도시의 경우 교사들이 선호하는 학년이 보통 2학년, 3학년인데, 선호하는 학년을 5개월만 하겠다는 것이다, 이것은 교사들 간의 내부 문제이므로 큰 문제는 아닐 수 있고 해결방안이 일부 있다. 다른 하나는 5개월만 담임을 하고 담임이 교체되어야 하는 상황이다. 이때 특히 두 번째 쟁점의 경우 A교사가 5개월 후에 질병휴직을 하는 것을 교장은 이미 알고 있으면서도 학급 담임교사로 인사를 했다는 점이다. 초등학생의 특성상 담임교사는 학교에서의 엄마 아빠와 같은 데 교과전담 제도가 있음에도 그 제도를 굳이 피하면서 5개월 만에 교체한다는 것은 상당한 논란을 가져올 수 있다.

강조한다. 또 의사결정을 내린 후에는 행동으로 옮기기 전 반드시 자신의 결정을 의심하라고 조언한다. 불확실성의 압박을 느끼며 내리는 판단의 80퍼센트가 본능적 직관의 결정이라는 심리학의 연구 결과가 있다. 자신이 생각하는 답이 보이지 않을 때 잘못된 의사결정을 내릴 가능성은 더 커진다.

교장은 항상 단점이 없는 최고의 선택을 하려 한다. 그러나 학교경영에서 그런 선택은 없다. 오히려 하나를 선택하면 다른 하나를 포기해야 하는 상황이 대부분이다. 대표적인 예로 코로나19라는 팬데믹 상황에서 학부모들은 등교수업을 해달라고 하고, 교사들은 등교수업이 아닌 원격수업을 원한다. 학부모들은 맞벌이 가정이 많기에 아이만을 혼자 집에 남겨두고 출근을 할 수도 없고, 학원을 보내자니 안전하지 않다고 생각하여 오히려 학교에 자녀를 등교시키는 것이 오히려 가장 안전하다고 느끼기에 등교를 원한다. 반면에 교사는 다인수 학급인 상황에서 자신의 안전을 물론 학생들의 안전도 담보할 수 없고, 교사들도 대부분 맞벌이이기에 자녀의 원격수업을 도와야 할 상황이다.

기업 경영에서의 비슷한 사례를 살펴보자. 세계적인 커피숍 프렌차이즈 기업 스타벅스의 성공 요인은 '양질의 커피'와 브랜드 이미지가 제공하는 '경험'이다. 그런데 1990년대 말부터 2000년대 초반까지 가격경쟁력 전략을 추진했다. 스타벅스 경영진은 가격경쟁력과 시장 확대를 목표로 삼고 고유의 매장 대신 슈퍼마켓 내 작은 가판대를 늘려나갔다. 장을 보러 나온 쇼핑객들이 카트를 밀며 편리하게 커피를 즐길 수 있도록 한 것이다. 하지만 이는 스타벅스 브랜드를 적극적으로 소비하는 고객의 니즈에 맞지 않았다. 결국 2008년에 창업자 하워드 슐츠가 다시 CEO로 복귀하면서 슈퍼마켓 내 매장을 폐쇄하고 원래의 품질경쟁력 전략으로 돌아갔다.

하버드대 경영대학원의 문영미 교수의 저서 〈디퍼런트〉에 소개된 볼보와 아우디의 사례를 보면, 전통적으로 '안전성'이 강점인 볼보와 '디자인'이 강점인 아우디가 고객의 요구를 물었다. 볼보의 고객들은 디자인에 대한 불만을 이야기했고, 아우디 고객들은 안정성에 대한 불만을 이야기했다. 이에 두 회사는 각각 서로의 강점인 디자인과 안전성에 단점을 모두 보완한다면 두 브랜드는 최고의 자동차를 만들 수 있을 것이다. 하지만 볼보와 아우디는 결국 같은 차가 될 수밖에 없다. 이 경우 고객들은 어떤 차를 구매할까? 두 자동차 간에 차별성이 사라졌으므로 아마 싼 차를 구매할 것이다. 두 기업이 기업의 사활을 걸고 엄청난 투자를 하는 등 노력했지만 그 노력은 사실상 의미가 없게 된다. 그렇다면 두 브랜드 중 하나를 선택하여 구매한 고객은 자신이 선택한 자동차의 단점을 몰랐을까? 그렇지 않다. 고객은 처음부터 두 자동차의 장단점을 이미 알고 있었다.

학교에서의 의사결정도 마찬가지다. 학교에서의 의사결정도 트레이드오프(trade off)를 극복의 대상이나 양자택일의 딜레마로 인식을 할 때 전략은 방향을 잃고 엉뚱한 결론을 내리게 된다. 트레이드오프는 사라지지 않는다. 따라서 관점을 바꾸어서 접근함으로써 방향을 찾아야 한다. 세상에 단점이 없는 의사결정은 없다. 단지 한쪽을 포기할 수 있는 용기가 필요할 뿐이다. 또한 교장들은 학교경영 시 의사결정을 할 때 하나의 정답이 있다고 생각하고 하나의 정답을 찾는다. 그러나 학교경영에 하나의 정답은 없다. 하나의 정답을 찾는 것은 파라다이스나 신기루를 좇는 것과 같다. 의사결정자로서 교장은 완벽한 정답을 찾겠다는 의지보다는 최선의 의사결정을 위한 노력에 더 집중해야 한다.

리더 혼자 하는 결정은 50퍼센트가 실패한다.

'아는 것을 안다고 하고 모르는 것을 모른다고 하는 것이 아는 것이다(知之爲知之 不知爲不知 是知也).' 〈논어〉의 「위정편」에 실린 공자의 말이다. 「위정편」은 바람직한 리더의 자세를 소개한 공자의 리더십론이라고 할 수 있다. 그리스 철학자 소크라테스도 '너 자신을 알라'라는 유명한 말을 우리에게 남겼다. 리더의 지식 착각(Illusion of knowledge)은 수천 년 전에도 매우 경계할 대상이었다고 생각이 든다. 지식 착각은 실제 자신이 알고 있는 수준보다 더 많이 안다는 인지 착각중 하나다. 인지 착각은 인간의 기본 인지편향 중 하나다. 그런데, 리더가 자신의 지식과 능력을 제대로 파악하지 못한 상태에서 강력한 권한을 휘두르게 되면 조직은 위험한 상황에 놓이게 된다.

실패 전문가로 알려진 미국 다트머스대 터크경영대학원 부학장 시드니 핑켈스타인(Sydney Finkelstein)은 해마다 최악의 CEO를 선정해 발표한다. 그는 저서 〈실패에서 배우는 법칙〉에서 실패한 리더들은 한결같이 보통 사람보다 부지런하고 청렴하고 외부사항에 민감하게 대응하는 등 뛰어난 점이 있지만 실패한 의사결정에는 '자신의 지식과 경험의 과신'이라는 공통점이 있다고 말했다. 능력의 한계를 간과한 자기 인식의 실패가 의사결정의 실패를 불렀다는 해석이다. 영국 심리학자 프레데릭 바틀릿(Frederik Bartlett)은 생각이란 '증거들 사이에서 비어있는 부분을 메워주는 기술'이며 이렇게 하여 생성된 과거 경험의 생생한 이미지들을 마치 진실인 듯 착각하면서 능력의 한계를 뛰어넘는 강한 자신감이 형성된다고 설명한다. 성공한 경험이 많은 리더는 '자신이 조직과 주변 환경을 모두 통제할 수 있다고 믿거나 자신이 모든 답을 갖고 있다고 믿는 과신'이 마음에 가지고 있다고 시드니 핑켈스타인은 지적한다. 그러면서, 이러한 과신을 소유한 리더는 실패한다고 말했다. 이 과신의 출발점은 바로 자신의 '과거의 성공에 대한 집착'이었다.

의사결정 분야의 전문가인 미국 오하이오주립대 경영대학원 폴 너트(Paul Nutt) 교수는 수십 년간 기업에서 실패한 의사결정 사례를 연구했다. 그 결과 실패한 의사결정의 60퍼센트는 경영진의 자기중심적 판단과 직관 등 심리 편향의 개입이 주요 원인임을 밝혀냈다. 폴 너트는 성공한 경영자일수록 자기중심적 사고로 판단하는 경향이 있으며, 최고 경영자의 의사결정 실패를 줄이려면 선택의 범위를 넓혀야 한다고 강조했다. 최종 의사결정에서 선택안이 한 개일 때 실패율은 무려 52퍼센트에 달하지만 두 개로 늘어나며 32퍼센트로 크게 줄어든다는 것이다. 이는 리더의 최종 의사결정이 좁은 프레임에서 결정되지 않도록 하라는 의미다. 비슷한 맥락에서 행동경제학은 조직의 최종 의사결정은 리더의 판단이 아니라 시스템에 맡기라고 조언한다. 그럼 의사결정을 시스템으로 할 때 리더는 어떤 역할을 해야 할까? 리더가 해야 할 일은 바로 다양한 선택안이 충돌할 때 '합의의 균형'이 가능한 시스템을 운영하는 것이다.

의사결정에서 합의를 하는 것은 매우 어려운 과정이다. 어느 쪽을 선택하든 심각한 리스크에 직면할 수 있을 때 의사결정은 딜레마 상황에 빠진다. 가령 예를 들어 4차 산업혁명의 총아로 불리는 자율주행차를 보면 자율주행 기술은 인간의 실수로 큰 사고를 유발하는 휴먼에러(human error)를 제로로 만들자는 생각에서 출발했다. 알고리즘은 인간의 실수를 반복하지 않는 것이다. 하지만 인간의 알고리즘으로 인해 새로운 트롤리의 딜레마(Trolly problem)를 안게 됐다. 인공지능이 다수를 살리기 위해 소수를 희생할지, 생명의 경중을 어떻게 판단할지 등에 대한 기준은 풀어야 할 과제다. 완전 자율주행차는 운전자가 사람이 아니라 인공지능이기 때문이다.

이처럼 한 번도 경험해보지 않은 미래의 변화된 세상을 예측하고 의사결정을 할 때 선택은 인지 편향에 빠지기 쉽다. 학교에서의 의사결정도 마찬가지다. 예측의 불확실성, 이해관계의 복잡성, 핵심 문제의 모호성, 가치의 충돌, 시간의 한계 등 어려운 상황을 모두 고려해서 최종 의사결정이 내려진다. 학교에서는 자율주행 기술이 던진 선택의 딜레마와 같은 상황이 더 자주 발생한다. 모든 의사결정은 최고의 결과를 목표로 하지만 교장이 할 수 있는 최선은 '더 나은 의사결정'에 집중하는 것뿐이다. 교장 자신이 원하는 최고의 선택을 찾을 수도 있다. 그러나 그 최고의 선택이 인지 편향에 의한 잘못된 판단일 수도 있다. 따라서 가장 좋은 의사결정은 정답을 찾는 것이 아니라 잘못된 선택의 가능성을 낮추는 것이다.

교장은 자신만의 지식과 경험에 매몰될 때 지식 착각의 함정을 피할 수 없다. 자신이 무엇을 알고 있고 무엇을 모르는지, 무엇을 할 수 있고 무엇을 할 수 없는지 잘 파악하는 능력이 필요하다. 그건 의사 결정권을 가진 교장이 가져야 할 기본 능력이다. 내가 알고 있다고 생각하는 지식일수록 계속 이유를 묻고 교사들 앞에서 '나는 모를 수 있다'라는 가능성을 인정하는 용기는 성공하는 교장, 훌륭한 교장의 기본자세다. 인간으로서 가진 근본적 한계를 극복하기 위한 결정을 하기 위해서는 교장 혼자만의 판단으로 하는 의사결정을 최소화해야 한다. 교장 혼자만의 판단으로 복잡하고 모호한 상황에서 최고의 답을 찾을 확률은 낮을 수밖에 없다. 집단의 의견이 의사결정 시스템으로 들어오고 최종 의사결정은 시스템 과정이 따라야 한다. 이때 서로 대립하는 선택안에 대해 교장의 매우 깊은 이해와 공감은 필수다. 그래야 딜레마에 빠진 논쟁에서 합의를 끌어내고 그 과정에서 답을 더 나은 답을 찾아가기 위한 방향을 제시할 수 있다. 집단지성의 시대는 교장에게 정답은 제시하는 리더가 아니라 더 나은 의사결정을 가능하게 하는 설계자 능력을 요구한다.

의사결정의 실패를 줄이려면 시스템으로 의사결정을 하라.

'인간은 합리적 존재가 아니라 합리화하는 존재다'라는 말은 1950년대 미국 사회심리학자 리언 페스팅어(Leon Festinger)가 '인간의 잘못된 믿음(선택)을 합리화하는 비합리성'을 설명하면서 한 말이다. 그가 이 이론을 주장했을 때 미국은 사회적 충격은 매우 컸다. 당시만 해도 사람들은 인간이 합리적으로 사고해 이익을 최대화하는 존재라고 굳게 믿고 있었기 때문이다. 인지부조화란 자기가 알던 지식(믿음)과 상반된 새로운 정보를 받아들여야 할 때 심리적으로 매우 불편해하는 현상을 말한다. 이때 인간은 심리적으로 불일치 상태, 즉 인지부조화를 해결하기 위하여 자신의 행위를 정당화시키는 방향으로 기존의 신념을 바꾸는 선택을 하게 된다. 이 과정이 자기합리화다. 인간은 의사결정에서 자신의 최종 판단이 합리적 결과라고 믿는다. 하지만 실제로는 의사결정 후 자신의 판단을 합리화함으로써 정당성을 부여하는 데 익숙하다.

심리학자들은 결정을 취소할 수 없는 상황이거나 모든 의사결정을 혼자서 했을 때 인지부조화가 특히 강화된다고 말한다. 가령 리더가 핵심 의사 결정권을 독점하면 자신의 결정을 합리화하고 정당화하려는 욕구가 더 강해지는 것이다. 합리적이지 않은 결정을 합리화하려면 필연적으로 선택을 무조건 긍정하는 선택지원 편향(Choice-supportive bias)과 자신 생각을 확증해줄 수 있는 증거만을 선호하는 확증편향이 작동하게 된다. 그 결과 반대 증거는 회피하게 된다. 혹은 자신이 내린 의사 결정의 중요성을 오히려 축소를 시켜 인지부조화를 해결하려고 하기도 한다. 옳은 선택을 견지해야 할 상황에서 타협을 선택한다. 그리고 정당화한 의사결정이 사실은 합리적 판단이라고 거꾸로 믿는 것이다.

미국의 센트릴워싱턴대 심리학과 교수 대니얼 폴라그(Danielle C. Polage)는 논문 「가짜 뉴스가 어떻게 퍼지는가에 대한 연구」에서, 그는 우리 뇌가 새로운 정보가 진실인지 아닌지를 판단할 때 두 가지 기준에 따른다고 분석했다. 첫 번째는, 기존에 알던 지식과 얼마나 일치하는가 비교해보는 논리적 기준이다. 두 번째는, 새로운 정보가 얼마나 익숙한가에 따라 참과 거짓을 판단하는 기준이라고 했다. 많이 들어 본 이야기라는 이유로 사실이라고 판단한다는 것은 비합리적이다. 그런데도 논리를 따지는 첫 번째 기준보다 익숙함이 판단에 더 강력한 영향을 미친다. 같은 이야기를 자꾸 듣다가 보면 진짜라고 생각하는 것이다. 우리의 뇌는 어떤 정보든 첫번째 접할 때와 비교하여 두 번째 접할 때 더 쉽고 빠르게 처리한다. 익숙함이 사고에 미치는 영향에 대해 미국 밴터필드대 심리학자 리사 파지오(Lisa Fazio)는 두 번째 접하는 이야기는 더 빨리 읽히고 이해도 금방된다. 우리의 뇌는 이렇게 빨리 처리하고 습득한 정보에 '사실'이라는 딱지를 붙인다고 설명했다. 이때 사실이라고 판단할 만한 근거는 전혀 필요가 없다. 단지 익숙함이면 충분하다.

요즘 한국 사회 인터넷 공간에서 벌어지고 있는 상황을 보면 이런 현상은 멀리에서 찾을 필요도 없다. 누가 보아도 거짓임이 분명한 사실을 참으로 믿고 있는 사람들이 적지 않다는 사실에 놀라움을 금할 수 없다. 이런 일은 학교에서도 매일 벌어지는 일이다. 만약 학교에서 학부모가 제기한 민원이 발생하여 교장을 해결을 모색하면서 교사에게 상황 설명을 요청하거나 자료작성을 요청하면 교사들은 뒷담화하며 교장을 향해 비난한다. 교장은 우리가 코로나19 상황에서 이렇게 죽도록 고생을 하고 있는데 자기 출세를 위해 우리에겐 일(1)도 관심이 없고 오로지 학부모 민원을 무마하려고만 한다고 말한다. 교사들은 교장이 교사의 상황을 이해하지 않고 무조건 학부모 편만 든다고 말을 한다. 심지어는 뒷담화 자리에서 이런 말은 단골 메뉴다. 그럼 학부모는 어떤가? 학부모들은 우리 교장은 말이야 우리가 무슨 말을 해도 '가재는 게 편'이라고 의견을 듣지도 않고 선생 편만 들고, 우리 의견은 반영도 해주지 않으니, 이제는 작은 문제 하나도 교장에게 말하지 말고 무조건 교육청에 신고해야겠어라고 비판과 비난을 한다.

그럼 어떻게 해야 인지부조화와 인지 편향 등의 덫에 걸리지 않고 의사결정을 할 수 있을까? 첫째는 개인적 차원을 통해서 극복하는 방법이다. 자신의 판단에서 오류를 찾는 훈련이 필요하다. 물론 뇌에서 일어나는 모든 인지 편향은 무의식적 현상으로서 훈련으로 완벽하게 함정을 피하기는 어렵다. 그러나 인지 편향과 인지부조화 등 심리가 판단에 개입하는 것이 문제라는 사실을 교장 스스로 인식할 때 비판적 사고로 정보를 보고 스스로 판단을 점검하는 것이 가능하다. 즉, 이런 비합리성은 비판적 사고를 하지 않으면 통제할 수 없다. 새로운 정보를 접할 때 일단 의심하고 근거를 확인하는 진상조사는 비판적 사고의 눈을 기르는 좋은 훈련 방법의 하나다. 살인사건 수사에서 '팩트는 시체다'라는 말이 있다. 아무리 그럴듯한 정황증거가 넘쳐나도 시체가 없으면 살인이라는 사건이 성립되지 않는다는 명쾌한 논리다. 정보의 진위가 불분명할 때 사실 그 자체를 의심하는 습관은 판단의 비합리성을 줄일 수 있는 가장 쉽고 간단한 방법이다. 결국 아는 것이 힘이다.

둘째는 교장 개인이 아무리 노력을 한다고 해도 한계가 존재한다. 따라서, 개인 차원의 극복이 아닌 조직 차원에서 문제를 줄이는 것이다. 이를 위해서는 집단지성의 발휘가 가능한 소통문화, 회의 문화를 만드는 것이다. 이를 위해서는 의사결정 시스템의 개혁에서 시작된다. 집단지성의 의사결정 시스템은 시간이 걸린다. 다양한 의견들이 반복적으로 소통하고 결론을 도출하기까지 기다림이 필요하다. 교장을 힘들게 하는 비판도 받아들여지는 회의 문화가 필요하다. 그럴 때 조직은 직원들 스스로 문제를 해결하고 위기를 극복해내려는 회복력을 갖게 된다. 이것이 집단지성의 진정한 힘이다.

2017년 세계경제포럼의 클라우스 슈밥(Klaus Schwab)회장은 4차 산업혁명 시대를 준비하는 리더의 지도력으로 시스템 리더십(System leadership)이라는 개념을 소개했다. 시스템 리더십이란 수평적 시각에서 시스템과 조직을 이해하고 구성원들이 창의력, 다양성, 잠재력을 발휘하도록 조직을 이끌어가는 것을 말한다. 즉, 일방적 리더십이 아니라 모든 이해관계자의 협력을 통해 변화를 주도하는 원동력으로서 집단적 리더십을 말한다. 이는 의사결정자로서 권한을 분배하는 용기를 요구한다. 현대 학교 조직의 교장들에게 주어진 최우선의 책무는 다양한 학교 구성원들이 소통하고 협력하는 거버넌스로서의 참여형 의사결정 시스템을 설계하는 것이다.

제11장 참여형 의사결정 회의 문화 만들기

인간 본능을 인정: 인간 욕망의 등가성을 인정하기

모든 인간은 종류는 다를 수 있으나, 욕망을 소유하고 있다. 서양 사회가 동양 사회보다 앞설 수 있었던 것은 학문적으로 욕망을 소유한 인간의 밝은 면과 어두운 면 모두를 있는 그대로 보려고 노력했기 때문이다. 반면에 동양 사회의 학문은 인간을 주로 윤리성과 도덕성의 측면에서 보려고 했다. 그 결과 정치에서 큰 차이를 낳게 되었다. 서양은 정치학의 아버지라는 마키야벨리즘이 정치학이라는 실용적 학문으로 계승이 되었다. 반면, 동양의 정치에서는 군자론과 같이 마음을 다스리는 학문, 수양하는 학문 등 인식론 중심으로 전개되고 강조되었다. 한편 21세기 현대사회에서 전 세계를 보면 공산주의보다는 자본주의가 대세를 이루고 있다. 그것은 자본주의가 인간의 욕망을 있는 그대로 인정하고 수용한 결과라고 생각한다. 이런 것들을 통해서 알 수 있는 것은 인간의 욕망을 거스르는 것은 지속성을 가지기 어렵다.

인간의 욕망은 유인원과 DNA가 약 98퍼센트 비슷하다는 점에서 출발한다. 인간은 동물이 아니라고 주장하고 있지만, 인간은 거의 아니 98퍼센트 동물이다. 인간은 이성을 가졌고 그렇기에 합리적으로 판단하고 행동한다고 주장한다. 그러나 최근에 많은 학문 분야와 학자들에 의해서 인간은 이성적이지 않고 합리적이지도 않다는 증거들이 제시되고 있다. 따라서 인간은 이성적이고 합리적인 판단을 하고 행동을 한다는 전제하에서 행정을 하게 되면 실패할 수밖에 없다. 서양 학문이 그러했듯이, 자본주의가 그런 것처럼 인간의 욕망을 있는 그대로 인정해야 한다.

여성과 남성은 매우 다르다. 생김새도 다르며, 생각하는 것도 다르다. 많은 남성이 가까운 사람들과의 자리에서 부인과 수십 년 동안 결혼생활을 해오고 있지만, 아직도 여성으로서의 부인을 잘 알지 못한다고 실토한다. 그런가 하면 그 반대의 논리도 성립한다. 〈화성에서 온 남자, 금성에서 온 여자〉라는 책에서 언급한 것처럼 남성과 여성은 매우 다르다. 여러 가지 학설이 있으나, 호모사피엔스라는 인간의 100만 년의 역사 중에 정착 생활을 한 것은 1만 년이 아직 되지 않는다고 한다. 그러기에 인간에게는 아직도 사냥 생활을 하던 습관이 남아있다. 미국 미시건대학에서 성인 남여 각각 약 100여 명을 대상으로 20달러를 주고 인간의 쇼핑 시간에 관한 실험을 하였다. 미션의 내용은 A 쇼핑센터의 B 청바지 가게에 가서 청바지를 사는 것이었다. 남·녀 간의 평균 쇼핑 시간을 측정해 보니 남자는 평균 26분, 여자는 2시간 23분이었다. 이 실험을 통해서 알 수 있는 것은 거의 예외 없이 남자들은 A라는 쇼핑센터의 B청바지 가게에서 청바지를 사서 바로 온다는 것이다. 그런가 하면 여자들은 A쇼핑 센터의 B 청바지 가게까지 가는 것까지는 남자들과 동일했다. 그러나 여자들은 그 가게를 나와서 많은 가게를 돌아다닌다. 심지어 한 번 간 가게를 또 가기도 한다.

남자와 여자는 왜 이렇게 다를까? 남자는 수렵시대 사냥할 때 사냥한 동물을 잡으면 바로 집으로 돌아와야만 했다. 그 이유는 아주 오랜 옛날에는 지금처럼 음식을 신선하게 보관할 방법이 없었다. 따라서 동물을 잡으면 바로 돌아와야 했다. 그것이 가장 현명한 방법이었다. 그래야만 부패를 막을 수 있었기 때문이다. 반면에 여자들은 남자들이 사냥을 나가게 되면 무엇을 사냥해 올지 모르기 때문에 다양한 음식 재료에 대한 정보를 공유해야만 했다. 그래서 시간만 나면 모여서 음식을 조리하기 위한 정보를 공유하고 함께 음식 재료에 따른 음식에 넣을 것들을 보러 다니곤 했다. 이런 행동 특성이 아직도 남아서 그대로 유지되고 있다. 이런 점에서 보면 남자들의 특성과 여성들의 특성은 같은 가치로 인정되어야 한다. 시간이 부족한 현대사회에서 쇼핑 시간이 짧은 남성이 선이고, 쇼핑 시간이 긴 여성들이 악인가? 반대로 쇼핑 시간이 긴 여성이 선이고, 쇼핑 시간이 짧은 남성이 악인가? 그렇지 않다. 두 집단 간의 욕망은 동등한 가치로 존중되어야 한다.

위에서 남녀의 욕망이 쇼핑할 때 부딪치는 것처럼 학교에서 행정을 하다 보면 많은 욕망이 부딪친다. 교직원들은 법적으로 보장된 모든 권리를 행사하려고 한다. 어떤 교사는 3월 1일에 다음 해 2월 28까지 어머니 간병휴직을 신청하고 휴직 중이다. 그런데, 휴직한 지 4개월이 경과한 후 휴직사유가 종료되지 않았음에도 7월 20일경 여름방학을 며칠 앞두고서 복직신청을 한다. 물론 이렇게 해서는 양심상으로는 바람직한 행동은 아니다. 그러나 어쩔 수 없다. 법으로는 언제든지 복직을 할 수 있고 복직을 해주도록 보장이 되어 있기 때문이다. 학교에서 이러한 일들은 매우 많다. 교장이 일일이 이런 일에 일일이 문제를 제기하면 잘못하면 교직원들로부터 '지금 세상이 어떤 세상인데 아직도 갑질하냐?'라는 비난을 듣게 된다. 최근에 어떤 학교에서는 교원의 역량을 제고시키기 위하여 학교 단위 자율연수를 신청하였다. 1주일에 1회씩 8주 동안 수요일 오후 2시 30분부터 4시까지 교직원 연수를 실시하게 되었다. 총 교원 수는 35명인데 첫날 7명 교사가 자녀 돌봄 휴가를 쓰고 연수에 불참하였다. 이것을 본 교장이 7분의 선생님을 모셔놓고 부탁했다. '자녀 돌봄 휴가를 쓰시는 것에 100퍼센트 찬성한다. 그렇지만 교직원 연수 날만은 연수에 참여를 해주셨으면 좋겠습니다'라고. 그다음 연수 날에 결과는 어떤 결과를 가져왔을까? 어렵지 않게 상상을 할 수 있다. 7명의 선생님이 모두 자녀 돌봄 휴가를 사용하였고 연수에 참여하지 않았다. 과연 이런 사례를 보면서 7명의 교사에게 돌을 던질 수 있을까? 그럴 수 없다. 이제 학교 현장은 교사 한 사람, 한 사람의 욕망을 인정해야 한다. 그것이 법으로, 규정으로 보장되어 있으면 말이다. 세상은 빠르게 변화하고 있다.

죄는 미워하되 인간은 미워하지 않기

시골에서 어렸을 때 어른들께 동네 사랑방, 마을 어귀 정자나무 아래에서 가장 많이 들었던 이야기가 있다. 깊은 산길을 가고 있는 사람에게 제일 무서운 것은 마주 오는 사람이라는 것이다. 그리고 산길을 가고 있는 사람에게 가장 반가운 것 역시 사람이라는 것이다. 사람이 제일 좋기도 하면서 제일 힘든 존재다. 관계가 좋을 때는 더없이 편하지만 관계가 틀어지면 그것만큼 불편한 것이 없다. 가장 친했던 사람이 가장 어렵고 가장 힘든 사람으로 변하기도 한다. 그것은 자기의 기대가 충족되지 못하기 때문에 그렇게 된다. 누군가가 나에게 또는 조직에 해를 끼치면 말이 달라진다. 상해의 정도와 형태는 달라도 당한 쪽에서의 서운함은 물론 배신감과 분노, 슬픔, 복수심까지도 치밀어 오를 수 있다. 그러나 관점을 달리해서 보면 '죄는 미워해도 사람은 미워하지 말라'43)는 말이 있다.

---

43) '죄는 미워도 사람은 미워하지 말라'는 말은 전한 시대 초기 공자의 9대 손인 공부(孔鮒)가 편찬한 '공총자(孔叢子)'에 나오는 말이다. 즉, 공자가 한 말이다. 다음은 원문과 그 해석이다. 古之听訟者·悪其意不悪其人(고지청송자, 오기의불오기인) 옛날 쟁송을 듣는 사람 즉, 판사는 죄를 범한 그 마음은 미워해도 그 사람을 미워하지는 않았다.(공총자(孔叢子))

우리는 이런 상황을 부딪치게 되면 이 말을 수용하기 어렵게 되며, 마음속에서 이런 생각이 치밀어 온다. 어떻게 악한 행위는 미워하되, 그것을 행한 사람 자체를 미워하지 않을 수가 있나? 말장난 아닌가? 어떻게 사람의 행위를 미워하면 그 사람까지도 미워지게 되는 것이 정상 아닌가? 우리를 이원론적으로 정신분열증에 걸리게 하는 것 아닌가?' 그러나 깊이 생각해보면, 죄를 미워하나 그 사람을 미워하지 않는 사람이 있는데 그게 바로 자기 자신이라는 사실을 깨닫게 된다. 우리는 자신의 비겁함이나 자만심이나 탐욕은 싫어하면서도 계속 자신을 사랑해왔다. 그것은 조금도 어려운 일이 아니었다. 우리가 그런 것들을 미워하는 이유는 바로 자기 자신을 사랑했기 때문이었다. 자신을 사랑했기 때문에 자신이 그런 짓을 저지르는 종류의 인간밖에 안 된다는 것을 알게 되었을 때 우리는 그토록 자기 자신을 안타깝게 생각을 한다. 우리는 늘 그렇게 한다. 나 자신의 죄는 싫어하고 미워하지만, 그러나 나는 미워할 수가 없다. 바로 그것이 조직에서 조직구성원에 대한 용서의 시작이다.

'죄는 미워하되 사람은 미워하지 말라'를 영어로 하면 'Hate the sin but not the sinner'가 된다. 죄는 미워하되 인간을 미워하지 말라는 것은, 인간을 미워하지 말고 행동 그 자체만을 미워하라는 말이다. 1924년 미국 시카고에서는 엽기적인 사건이 발생했다. 니체의 초인론에 심취한, 19세의 시카고 대학의 법대 졸업생 두 명이 14살 소년을 납치해 살해한 사건이었다. 니체가 말한 초인이란 인간의 불완전성이나 제한을 극복한 이상적 인간으로, 〈자라투스트라는 이렇게 말했다〉라는 책에 등장한다. 레오폴드(Leopold)와 로에브(Loeb) 등 두 범인은 자신들의 지적인 능력으로 볼 때 자신들이야 말로 니체가 말한 초인이며, 완벽한 범죄를 저지를 능력을 갖추고 있다는 망상에 사로잡혀 있었다. 범인들은 완전 범죄를 노렸지만, 현장에서 발견된 안경이 단서가 되어 체포되었다. 이 사건은 당시 미국 사회에 커다란 충격을 주었으며, 사형 제도에 대한 논의가 시작되었다. 철학에 심취한 두 청년의 엽기적인 사건을 소재로 한 영화, 연극, 뮤지컬 등이 제작될 정도로 반향이 컸다.

이 사건에서 두 청년의 변호를 맡았던 당대 최고의 변호사 클래런스 다로(Clarence Darrow)는 사형 제도에 반대하는 소신을 항상 펼쳐왔는데, 이 두 청년의 변호를 맡으며 지금도 회자되는 변론을 한다. 그것은 바로, 성경 구절에 나오는 '죄는 미워하되 사람은 미워하지 말라'는 인용구[44]이다. 클래런스 다로의 변론은 배심원들의 마음을 움직였고, 결국 두 범인은 사형 대신 종신형을 선고받게 된다. 비판하게 될 때는 반드시 잘못 자체만 가지고 나무라야지 비판의 대상이 사람이 되어서는 안 된다. 사람은 누구나 실수를 할 수 있다. 잘못을 저질렀다고 해서 그 사람의 됨됨이를 대표하지는 않는다. 잘못은 그 사람의 한 행위일 뿐이지 그 사람의 전부가 될 수는 없다. 탈무드에는 '이미 행해진 행동은 변하지 않고 남게 되지만, 그러나 인간은 날마다 변해 간다'라는 말이 있다. 성서에 있는 '죄는 미워하되 인간은 결코 미워해서는 안된다'는 말과 같이 잘못되어진 행위는 비난해도 잘못을 저지른 사람은 미워하지 말라는 것이다. 왜냐하면, 그 잘못은 인간은 나날이 변화해 가고 있기 때문이다. 이처럼 인간은 개선되어 간다. 성경은 노력하는 데로 발전하는 것이 인간이라고, 인간에 대한 믿음과 낙관을 가르치고 있다. 날이면 날마다 새로운 일이 생긴다. 이것은 신이 우리에게 준 선물이다. 인간은 매일 새로 태어나므로 좌절을 하면 안된다는 것을 우리에게 가르치고 있다.

44) 성경에 이 구절이 있다는 사람도 있고, 없다는 사람도 있다. 여기서는 일반적으로 성경 구절에 이 표현이 있다고 많이 표현하고 있기에 저자도 그런 입장에서 표현하였다.

참여적 의사결정[45] 회의 문화 만들기

1단계: 참여적 의사결정을 하겠다고 선언하고 묵언 수행하기
2단계: 회의에서 결정된 것을 존중하여 그대로 실행하기, 실패의 결정을 용인하기
3단계: 왕언니, 왕형의 막후 실력행사를 막기
4단계: 외로운 늑대가 되기
5단계: 의제와 의견을 인터넷으로 받기
6단계: 카페에서 토론하기

최근 학교 조직에서 교장에 대한 청렴도 평가가 매년 이루어지고 있다. 그런데 이 청렴도 평가에서 교육부, 교육청에서 교육 전문직(장학사, 교육연구사, 장학관, 교육연구관 등)을 하면서 매우 유능하다는 평가를 받았던 사람들이 놀랍게도 의외의 결과가 나온다. 즉 교육전문직에서 교장으로 전직한 후의 청렴도 평가 결과를 보면 대부분이 평균 점수 이하이다. 교육 전문직으로 전직하여갈 때 지필평가, 평판도 평가 등 다양한 평가를 통해 유능하고, 훌륭하다는 평가를 받아 전직하였다. 교육전문직으로 전직을 하여 교육행정 기관에서 사생활을 비롯한 모든 면에서 청렴하며, 업무 추진면 등에서 우수하다는 평가를 받은 유능한 사람들이 왜 학교에 와서는 갑자기 하루아침에 청렴하지 못한 사람이 되었을까? 그 원인은 인간을 잘 이해하지 못하고 본인이 유능하다고 생각하기에 주로 혼자 의사결정을 하기 때문이라고 생각한다.

이제는 누군가 혼자서 의사결정을 하게 되는 경우 조직 구성원의 신뢰를 얻기는 어렵다. 학교 구성원이 참여하여 함께하는 참여형 의

45) 여기서 참여형 의사결정의 예시는 기획 회의(부장 회의)를 중심으로 설명을 하고자 한다.

사결정이 아닌, 학교 구성원이 배제되는 배제형 의사결정은 교직원의 불만을 초래한다. 조직에서 새롭게 떠오르는 세대인 MZ세대를 대상으로 하는 다수의 의식 조사의 결과에 의해서도 확인된다. 연구 결과에 의하면 MZ세대는 결과의 공정성 보다 오히려 과정의 공정성, 과정의 투명성, 절차적 정당성을 우선한다고 한다. 설령 결과의 공정성에 약간에 문제가 있더라도 과정이 공정하다면 수용하겠다는 답을 많이 하고 있다.

따라서 과정의 공정성을 확보하기 위해서는 참여형 의사결정을 해야 한다. 참여형 의사결정은 교장으로서는 매우 힘든 과정이다. 특히, 그동안의 관행이 교장을 비롯한 소수 사람이 의사결정을 하는 것이 일상화되어 있는 행정 풍토에서 참여형 의사결정을 하는 행정문화로 바꾸는 것은 매우 어렵다. 소수가 의사결정을 하던 행정문화를 다수가 참여하여 의사를 결정하는 참여형 의사결정을 하기 위해서는 이행기가 필요하다. 즉 점진적으로 훈련의 과정을 거쳐서 점진적으로 도입을 하여야 한다. 그 과정을 간략하게 설명하면 다음과 같다.

1) 1단계: '참여형 의사결정을 하겠다'라고 하고 묵언 수행하기

이 단계가 가장 어려운 단계이다. 일반적으로 과거에 부장 회의는 첫 번째, 각 부서에서 다음 주에 추진해야 할 업무를 중심으로 부장 회의자료에 올려놓는다. 두 번째, 부장 회의가 시작되면 교무기획부, 연구기획부 등 직제의 순서대로 각 부서에서 다음 주에 추진할 계획을 발표한 후에 협의할 것은 협의하는 순서이다. 마지막으로 교감과 교장이 당부할 사항을 이야기하는 방식으로 진행이 된다. 이런 기획 회의는 성격상으로 보면 전달중심의 기획 회의가 된다. 이렇게 되면 중요한 의사결정은 업무 담당 교사가 기안하여 부장-교감-교장의 결재 과정을 거치면서 이루어지게 된다. 이것은 계선(라인)을 중심으로

의사결정이 이루어지게 된다.

그러기에 기획 회의는 협의와 논의는 거의 없고 주로 전달사항이 중심이 된다. 따라서 이런 기획 회의를 참여형 의사결정을 하는 기획 회의로 변화시키기 위해서는 치밀한 계획이 필요하다. 새로운 학교에 부임하면 교장은 매일 해야 할 일이 너무 많다. 만약 3월 1일 자로 부임을 하면 특히 더 그렇다. 부임 전 준비를 해야 할 것들을 간단히 세 가지 나누어 소개하고자 한다.

첫 번째, 부임 인사말을 준비해야 한다. 부임 인사말은 교직원에 할 인사말, 학생에게 할 인사말, 필요한 경우 학부모 가정통신에 실을 인사말, 학교 홈페이지에 실을 인사말 등 최소한 4가지 버전을 준비해야 한다. 교장으로 임용되기 전에 교장 자격연수를 받고 나면 미리 인사말을 작성해 놓는 것이 좋다. 발령이 나면 미리 작성해 놓은 인사말을 발령이 난 학교에 맡게 수정을 하면 시간을 절약할 수 있고 내용이 충실하고, 특색이 있는 인사말이 될 수 있다.

두 번째, 전임 교장과 3월 1일 이전에 만나 인수인계를 받아야 한다. 요즘 부장 교사를 하려는 사람이 없기에 전임 교장이 생각하는 신학년도 부장 교사 임용안에 대한 의견을 청취하는 것도 좋다. 그러나, 가장 중요한 것은 교직원 현황과 시설의 현황에 대한 파악이다. 특히, 현안은 그 내용을 상세하게 설명을 들어야 한다. 현재의 쟁점이 무엇인지를 명확히 파악해야 하며, 전임 교장이 생각하는 해결방안에 대해서 의견을 들을 필요가 있다. 참고로 인수인계를 받는 순서를 교감과 교무부장, 연구부장 등 주요 부장들을 함께 만나 업무를 보고 받는 것이 좋다. 다음으로 행정실장으로부터 업무를 보고 받는 것이 좋다. 맨 마지막으로 교장으로부터 인수인계를 받으면서 궁금했던 것을 질문하는 것도 좋다. 이때, 지역사회의 특성과 학부모 문화에 대한 설명도 듣는 것이 좋다. 그리고, 필요한 경우 신학년도 학부모 관련 단체의 임원진 구성에 대한 전임 교장의 의견을 청취할 필요도 있다. 전임 교장이 행정을 하면서 아쉬웠던 점과 보람을 느꼈던 점에 대한 의견을 듣는 것도 유익하다.

세 번째, 3월 1일 교장실에 필요한 개인 짐을 모두 옮기고 컴퓨터 점검을 하도록 하여, 3월 2일부터 정상적으로 업무를 볼 수 있도록 한다. 물론 교장실 도어록 비밀번호, 컴퓨터 비밀번호 등은 전임 교장과의 인수인계 시 받도록 한다. 3월 2일 부임하면 여러 가지 행사로 하루가 정신없이 지나간다. 3월 2일 학생들이 등교하는 새학년 새학기 첫날이라 새학년 시업식이 있다. 어떤 때에는 신입생 입학식, 직원 종례 등이 이어진다. 첫날이라 전입생이 많아 교무실은 정신이 없을 수도 있다. 필요한 경우 교무실을 살펴보고 지원을 한다. 직원 종례를 마친 후에는 학교를 둘러보는 것이 필요하다. 가급적 3월 첫 주 안에 학교 시설물을 교감, 행정실장과 함께 구석구석을 돌아보아야 한다. 특히, 지하실, 그리고 취약 시설물을 집중적으로 살펴보고 궁금한 것은 확인해야 한다. 그리고 이때 학교 시설에 대한 도면을 함께 참고하는 것이 좋다. 또한, 첫 주에 각 교실을 돌아보면서 담임교사에게 시설물 개선사항과 기타 학교 운영에 대한 건의 사항을 청취하도록 한다. 또한, 학생 식당, 체육관, 과학실, 컴퓨터실, 돌봄 교실 등 특별 교실을 돌아보아야 한다. 이때 주무관, 공무직에게 건의사항, 학교 운영에 대한 개선사항 등에 대하여 건의를 받는다.

되도록 3월은 당해 학교의 교직 문화를 익히고 학습하는 기간으로 활용하는 것이 좋다. 어떤 조직이든 조직마다 독특한 조직문화가 있다. 3월이 지나고 4월이 되면 참여형 회의 문화를 만들기 위한 시도를 한다. 물론 학교에 따라 그 기간은 달라질 수 있다. 교장이 한달 동안 다니면서 들은 것, 본 것 중심으로 교감, 교무부장, 연구부장, 행정실장과의 간부회의 시의 논의를 통해 바꾸어야 할 것을 사전 논의하여 정한다. 예를 들어 학생이 통학하는 문이 세 곳이어서 학생통학 시 학생 안전의 문제 발생하는 것, 학생 식당이 없어서 학생 식당의 마련 등이다. 의논해야 할 주제가 정해지면 먼저 최우선 순위 과제를 부장 회의에 토의 안건으로 상정을 한다.

이때 주제를 정하여 참여형 의사결정을 하기 전에 회의 문화를 조성하는 것이 필요하다. 교직 회의 문화의 특징을 두 가지만 간략하게 제시하면, 첫째, 회의 시 결론이 실용성보다는 옳고, 그름으로 결론을 내리는 경우가 많다는 것이다. 그것은 앞에서 살펴본 바처럼, 성리학에 바탕을 둔 한국 조직문화의 특성을 그대로 가지고 있기 때문이다. 즉, 우리나라 사람들은 통상 일상생활에서도 성리학에 바탕을 두고 있어서 옳음, 바름을 기준으로 의견제시를 한다. 그런데 초등교직 회의 문화 문화는 그 경향이 더 강하다. 그것은 교사들이 교과교육과 생활교육을 통해 옳은 것, 바른 것을 평소 가르치고 있기에 더 그러한 경향이 있다. 두 번째, 교사 집단은 매우 우수한 집단이라 자신이 판단하여 정답이라고 생각이 드는 것에 대해서만 의견을 낸다. 따라서 일반적으로 의견 내기를 꺼린다는 점이다. 이러다 보니, 앞뒤를 재지 않고 의견을 낸 사람의 의견이 채택된다. 어떤 의견 즉 제출된 의견이 채택 되고 난 후 그 의견에 대한 뒷이야기가 많다. 또한, 비슷한 맥락이나 누군가 의견을 내면 그 의견에 대하여 격려를 하기보다는 비판이 많다. 즉, 옳고 그름에 집중을 한다. 그렇기에 의견을 잘 내지 않는다. 또한 앞에서 언급한 왕언니 문화가 조직에 있어서 젊은 교사가 의견을 내면 의견을 낸 사람이 일을 추진하라며 일을 오히려 후배 교사에게 떠넘기는 경향도 있다.

이런 교직 회의 문화 속에서는 어떤 사람도 의견을 잘 내지 않을 수밖에 없다. 이런 회의 문화를 돌파하기 위해서는 새로운 회의문화 조성이 필요하다. 그래서 창의적인 조직문화를 이끈 픽사의 전 경영자인 에드 켓멀(Ed Catmull)을 소환하고자 한다. 미국의 잡지 〈포춘〉에 따르면 약간의 차이는 있으나 거의 매년 비슷하게 세계 주요 기업의 최고 경영자 1,500여 명이 '향후 5년간 기업 경영과 리더십에서 가장 중요한 요소'로 '창의성'을 꼽는다고 한다. 기업의 미래가 창의성에 달려 있음을 알고 많은 기업이 창의적 조직문화와 시스템 구축에 열을 올리고 있지만, 검증된 아이디어나 사례를 찾아보는 것은 어렵다. 사실 그 창의적이라고 알려진 조직 내부를 들여다보아도 별로 대단해 보이는 것이 없기 때문이다. 왜냐하면 창의성이라는 것이 회사의 문화이고 조직 구성원에게 체화되어 숨겨져 있기 때문이다. 그리고 성공한 기업으로 알려진 곳에서는 대부분 과장해서 조직의 창의성을 설명하기 때문에 그 화려함으로 인해 창의성의 본질이 가려지는 경우가 많다.

그렇다면 창의성의 본질은 무엇일까? 우리는 그것이 무엇인지 이미 잘 알고 있다. 실패를 두려워하지 않는 조직문화, 서로의 아이디어를 북돋워 주는 분위기, 자유롭게 의견 제시하기, 사람을 자산으로 생각하는 조직, 직급 간 커뮤니케이션이 자유로운 수평적 조직 등이라 할 수 있다. 그런데 모두가 다 알고 있는 내용을 세밀히 관찰하여 그 문화가 만들어지기까지 과정을 제대로 분석하기는 힘들다. 왜냐하면 자신이 그 창의성이 만들어지는 과정의 중심에 있지 않으면 알아낼 수 없는 내용이기 때문이다, 그래서 결과만을 이야기하는 사례는 수없이 많아도 과정을 그려낸 책은 찾기 힘들다.

에드 캣멀(Ed Catmull)이 30년 넘게 픽사(PIXAR)를 경영하면서 얻은 인사이트에 관해 쓴 책, 〈창의성을 지휘하라〉 는 픽사나 디즈니 애니메이션이 창의적인 조직이 되는 과정을 미사여구 없이 실패를 포함하여 매우 솔직하게 설명하고 있다. 픽사의 공동 창업자이자 CEO인 에드 캣멀은 픽사의 창의성은 픽사의 독특한 문화에서 나온다고 말한다. 캣멀은 그의 책에서 그가 어떻게 창의성을 최대로 발휘할 수 있는 조직을 만들었고, 지금까지 유지하고 있는지 잘 나와 있다. 그중에 참고할 만한 것은 두 가지 만을 안내하고자 한다.

첫째. 에드 캣멀은 조직이 창의성을 발휘하기 위하여 실패를 두려워하지 않는 조직을 만들기 위해 노력했다. 이를 위해 회의에서 누구나 두려움 없이 아이디어나 의견을 얘기할 수 있어야 한다고 말한다. 비난받을 걱정과 두려움이 앞선다면 새롭고 다양한 아이디어가 나올 수 없고 이는 창의성이 중요한 픽사에서는 절대 용납될 수 없는 문제이기 때문이다. 심리적 안정감을 위해 에드 캣멀은 물리적 변화도 시도했다. 회의 참석자들이 서로 비슷한 거리를 유지하며 앉을 수 있도록 회의실의 길고 좁은 책상을 정사각형의 책상으로 바꿨다.

둘째, 플러싱(plusing) 피드백이다. 회의 시에 누가 어떤 의견을 내더라도, '......, but, ...'이 아닌 'Yes And'화법으로 하는 것이다. 이 화법은 다른 구성원의 의견을 비판하는 것을 방지하고 누군가가 어떤 아이디어라도 제시를 한다면 그 아이디어를 발전시키기 위한 것이다. 즉, 서로의 아이디어를 북돋워 주는 분위기의 조성으로 누구나 자유롭게 의견을 제시할 수 있는 분위기를 만드는 것이다. 이것은 결국에 직급 간 커뮤니케이션이 잘 이루어지도록 만들기 위한 것이라 할 수 있다.

부장 회의, 기획 회의에서 장황하게 설명할 필요는 없다. 그러나, 픽사의 두 번째 시사점을 소개하고 회의 원칙으로 정한 후에 다음 주부터 큰 주제가 아닌 작은 주제부터 회의 토론 주제로 상정한다. 예를 들면 모든 학급을 돌아보거나, 학교 시설을 돌아보면서 나온 의견이나 건의 사항 중에 논쟁적인 것을 토의 주제로 선정하여 회의에 올리는 것이다. 예를 들어 1) 학예회를 강당에서 학급별로 할 것인가? 아니면 학년별로 강당에서 할 것인가? 2) 바자회를 학년별로 할 것인가? 홀수 학년과 짝수 학년으로 나누어서 할 것인가? 등 사전에 주제를 주어서 학년에서 충분히 논의하여 의견을 수렴해 오도록 한다.

이때 중요한 것은 이런 주제를 가지고 부장 회의에서 논의할 때 교장은 최대한 의견을 내지 않도록 하여야 한다. 사실은 이것이 가장 어려운 일이고 가장 중요한 단계이다. 일반적으로 부장 교사들에게 의견 수렴을 해오도록 부탁하면 교사의 특성상 자기 학년의 입장을 중심으로 의견을 수렴해 온다. 따라서 부장 회의에서의 논의 과정도 학년의 이해를 넘어서는 학교의 전체 입장을 고려하는 차원의 논의는 잘 이루어지지 않는다. 이때 교장이 하는 일은 어느 한 의견에 찬성과 불찬성의 의견을 내지 않는 것이다. 교장이 의견을 내는 순간에 그 의견은 힘을 얻기도 하고, 힘을 잃기도 한다. 일반적으로 교사들은 회의를 일찍 마치기 위해 교장의 의견에 쉽게 동의하고 회의를 마치려고 한다. 그것은 그들이 지금까지 보아왔던 교장의 모습이기 때문이다. 교사들은 교장이 의견을 내는 순간에 이런 생각을 하게 된다. '이 교장도 역시 다른 교장과 다르지 않군. 지난번 교장과 무엇이 다를까? 그냥 우리를 또~들러리 세우고 있군! 그냥 그렇게 해주지 뭐! 귀찮은데, 회의나 빨리 끝내고 집에 가지 뭘' 교사들이 이런 생각을 하게 되면 참여형 의사결정은 1단계에서 참담한 실패의 길로 접어든다.

2) 2단계: 부장 회의, 기획 회의에서 결정된 대로 실행하기, 실패한 결정 수용하기

1단계를 넘어서면 2단계가 기다리고 있다. 앞에서 1단계를 교장의 '묵언수행'하는 단계라고 규정했다. 교장이 어떤 의견에 대해 말을 하는 순간 교사들은 마음속으로 고민을 하게 된다. '교장은 어떤 생각을 가지고 하는 말일까? 교장 의견에 동의해달라는 건가? 아니면 정말 저 말이 진심으로 하는 발언인가'등 다양한 생각을 머릿속으로 하게 된다. 따라서 교장은 어떠한 의견도 제시하지 않아야 한다. 이런 과정은 교장에게는 무척 고통스러운 시간이다. 이렇게 결정이 되면 어떤 문제가 발생할지 행정 경험이 많은 교장으로서는 뻔하다.

그래도 교장은 '참아야 한다' 허벅지를 찌르고, 찌르면서 '참고, 또 참고 참아야 한다' 이런 과정을 거치고 나면 교사들은 교장을 테스트한다. 정말 교장이 우리가 결정하는 데로 하는가를 보자고 하고 조금은 비합리적인 결정을 한다. 그래도 교장은 눈을 꼭 감고 긴 숨을 쉬며 참고 참으면서 결정된 데로 실행을 해야 한다. 교사들은 지켜본다. 이런 과정이 수차례 반복되면 드디어 부장 회의, 기획 회의가 조금씩 활발해진다.

2단계의 과정을 거치게 되면서 부장 회의, 기획 회의가 제법 활성화된다. 반대 토론, 찬성 토론이 활발하게 이루어진다. 이때 조심해야 할 것은 교감이 회의에 지나치게 개입하거나 주도하게 된다. 다시 말하면, 교감이 볼 때, 기획 회의나 부장 회의에서 결정이 잘못되어 행정의 비효율성과 행정의 비능률성이 초래되고 있음을 알기에 이것을 사전에 방지하기 위하여 자꾸 개입하게 된다. 이때 교장은 입장을 재천명해야 한다.

"나는 어떤 의견에 대해서도 사전에 결정을 내린 바가 없다. 여기에서 결정하는 대로 할 것이다"라고 말을 해야 한다.

그렇게 되면 어떻게 보면 더 큰 실패의 결정을 하게 된다. 여기에 대해 어떠한 비난을 원망을 책망을 해서도 안된다.

3) 3단계: 왕언니의 막후 실력행사를 막아라.

2단계의 과정을 거치고 나면 부장 교사들이 부장 회의나 기획 회의 참여시 어느 정도 토의 주제에 대해 준비를 하고 오게 된다. 부장 회의, 기획 회의에서 교사에게 중요한 결정이 이루어지기 때문이다. 그것은 동학년 교사로부터 압력을 받게 된다는 것을 의미한다. 과거에는 부장 교사들이 동학년 교사가 어떤 의견을 제시하면서 부장 회의, 기획 회의에서 건의하고 관철을 시켜달라고 말을 해도 변명하면 해결이 되었다. '내가 아무리 주장을 해도 교장이 의견을 들어주지를 않아. 그래서 나도 어쩔 수 없었어. 부장을 한번 해봐 교장하고 대화하기가 얼마나 어려운가'라는 말로 해결이 되었다. 그러나, 이제는 그렇게 변명해서는 통하지 않는 상황이 된 것이다. 그렇기에 부장들이 많은 준비를 하고 오게 된다. 그런데, 항상 매사가 그러하듯이 부작용이 나타난다. 왕언니가 등장하는 것이다. 왕언니가 학교 의사결정 구조를 왜곡하는 것이다. 왕언니는 본인의 영향력을 확대하기 위하여 학년 부장, 특수 부장을 통해 의견을 왜곡한다. 특히 승진을 앞에 둔 부장의 경우 특히 이런 상황에 교원평가, 성과급 평가에서 어느 정도의 지지를 받아야 하기에 쉽게 왕언니의 주장에 동조한다. 또한, 이들은 커피 모임, 저녁 모임, 동호회를 만들어 의사결정 구조를 왜곡하게 된다. 끼리끼리 모임을 만들어 강력한 여론 주도층으로 등장하게 된다.

이처럼 왕언니 중심의 의사결정 구조를 막기 위한 별도의 대책이 필요해진다. 이를 위해서는 왕언니가 소속된 학년의 의견에 대해서는 각별한 관심이 필요하며, 동학년 의견을 제시할 때는 하나로 제시하지 말고 A의견 몇 명, B의견 몇 명의 식으로 수치화하도록 한다.

4) 4단계: 외로운 늑대가 되어라.

이제 4단계까지 거쳐오면 부장 회의, 기획 회의가 활발해지게 된다. 보통 이 단계까지 오는 데 소요가 되는 기간이 최소 6개월 내지는 1년 정도가 걸린다. 이 단계에서는 어느 정도 의견이 활발하게 개진되고 토론이 이루어지는 단계이다. 이 단계에서부터는 교장은 지금까지의 소극적 개입의 입장을 탈피하여 적극적 개입을 해야 한다. 여기서 적극적 개입은 어느 안에 대한 찬성 의견을 밝히는 것이 아니라, 반대로 대세로 기울어지는 안에 대한 문제점을 제시하는 것이다. 그렇게 되면 대세가 되던 안이 소수 안으로 되기도 한다. 그럼 이번에는 새롭게 다수 안으로 부상한 안에 대하여 문제점을 지적한다. 그렇게 몇 번의 과정을 거치면 결론은 자연스럽게 A안도 아닌, B안도 아닌 중재안이 자연스럽게 나오게 되어 제3의 C안이 채택된다. 이렇게 되면 처음의 A안과 B안이 가지고 있던 문제점들이 많이 없어지고 문제점이 적은 제3의 안이 만들어지게 된다.

이런 과정을 경험하게 되면 부장 교사뿐만 아니라 많은 교사가 학교의 의사결정에 관심을 가지게 되어 참여가 활발하게 일어나게 된다.

5) 5단계: 협의 의제를 인터넷이나 메일로 받아라.

이 단계에 접어들면 교사들이 학교 내에 부장 회의, 기획 회의에서 이루어지는 결정에 관심이 무척 많아진다. 이제는 부장 회의가, 기획 회의가 그들만의 리그가 아닌 나의 리그로 변화된다. 따라서, 이제는 부장 교사들이 의제 발굴에 소극적으로 된다. 왜냐하면 부장 교사들의 머리가 아파지기 때문이다. 교사들 간에 학교 행정에서 개선해야 할 사항에 대한 요구가 봇물 터지듯이 나오기 때문이다. 이제는 부장 교사가 이런 요구를 수용하지 않는 상황이 되는 것이다. 이런 상황을 막거나 예방하기 위하여 인터넷이나 메일로 협의 안건을 받도록 하여 논의를 한다. 이렇게 되면 좋은 의제들이 많이 발굴된다.

6) 6단계: 카페에서 전 교사가 참여하여 토론하기

인터넷이나 메일을 이용하여 학교 현안을 받아서 부장 회의, 기획 회의에서 토론을 하면 그 파급효과가 매우 크다. 이제는 학교 전체 교원들의 학교 행정에 참여하고자 하는 의지가 제법 강해진다. 이런 과정을 거치고 나면 제출된 협의 주제 중 몇 개를 간부회의와 부장회의, 기획 회의에서 선정하여 학년별로 논의할 주제를 자유롭게 선택하도록 하고 카페를 이용하여 대토론회를 실시한다. 이렇게 되면 전 교직원 모두가 학교의 중요한 일에 적극적으로 참여하고자 하는 의지가 매우 강해지고 학교에 참여형 의사결정이 이루어지고 의사결정이 시스템화된다. 필자가 실천한 것을 중심으로 실천을 직접 한 것까지만 간략하게 설명했다.

필자는 초등학교 조직에서 유행하고 있는 미국식 리더십에 대하여 고민이 필요하다고 생각을 한다. 한국 초등학교에서 유행하고 있는 어떤 측면에서는 미국에서 공부한 연구자들이 제시한 리더십은 우리 초등학교 문화에는 적용되기 어렵다고 평소 생각을 해왔다. 그래서 필자가 잠정적으로 생각하고 있는 것은 '확신에 찬 겸손의 리더십'이다. 여기서는 리더십에 대한 본격적인 논의의 장이 아니므로 필자의 생각을 간략하게 소개하고자 한다. 연구자들이 소개하는 민주적 리더십은 한국 초등학교 현실에서는 사실상 '방임형 리더십'으로 변질이 되었다고 필자는 주장한다. 즉, 한국 초등학교에서는 '쓰기는 민주적 리더십이라 하고, 읽기와 행동하기는 방임형 리더십으로 하고 있다'라고 해석하고 있다. 그 결과 많은 부작용이 발생하고 있다.

따라서 필자는 연구자가 아닌 현장에 있었던 사람으로서 경험상으로 제시하는 것, 한국의 초등학교에 맞는 리더십은 '확신에 찬 겸손의 리더십'이다. 교장이 학교 경영을 할 때 학교 교육의 방향성에 대해서는 미리 사전에 철저히 준비하되, 학교 구성원 함께 협의하여 결정한다. 한편, 학교 교육의 방향이 정해지면 설령 반대가 있다 하더라도 포퓰리즘적 시각을 벗어나 학생을 바라보고 추진하되 방법에 있어서는 겸손한 마음으로 구성원들의 의견을 수렴하여 추진하는 신 소통형 리더십을 말한다. 그런데 이런 리더십을 찾기가 쉽지 않다. 특히 초등학교 교장에 대한 리더십 실증적 연구가 충분하지 않은 상황에서 전문적인 연구자, 학자가 아닌 필자로서는 새로운 리더십을 찾는다[46]는 것은 참으로 어려운 일이었다. 혹시라도 능력이 된다면 차후에 누군가와 함께 이 부문에 대한 연구를 하고 싶다.

---

46) 지금까지 고민한 결과는 이순신 장군의 리더십을 재해석하고 현대화하여 학교 조직에 적용해보는 것은 어떨까?라고 생각해 보았다. 이순신 장군의 리더십은 잘못하면 이데올로기화될 수 있어 조심스럽다. 그러나, 장군의 리더십을 영웅주의적 관점이 아닌 일반 인간의 관점으로 보는 것이다. 장군은 평소에 백성을 걱정하고 부하들을 한없이 보살피는 매우 자상하고 부드러운 분, 그러나 본인에 관해서는 무척 엄격하고 단호한 분이었다. 전투나 전장에서 군율을 어긴 사람에 대해서 군율의 적용에 있어서 어떤 예외가 없었다. 한번은 왜군에게 겁을 먹고 도망치는 병사를 현장에서 목을 베는 즉결 처분을 한 적도 있었다. 그러나, 전투, 전쟁이 끝나면 노를 젓는 격군의 이름도 임금께 보내는 장계에 전례가 없이 실어서 공을 치하했다. 즉, 전형적인 포용적 리더십을 보여주었다. 또한 평소 군사 훈련을 자주 하였고, 군사 훈련 시 푸짐한 상금을 내렸다. 장군은 명량 전투에서 적의 기세에 눌려 앞으로 나아가지 않는 장수들을 향하여 “앞으로 나아가라. 진격하라고 명령을 하면서 앞으로 나아가지 않으면 참수할 것이다”라고 호통을 쳤으나 장수들이 진격하지 않았다. 이럴 때마다 다시 호통을 치면서 “나아가 죽으면 국가와 백성이 기억할 것이고, 나아가지 않으면 내 칼에 죽을 것이다”라고 수없이 호통을 치고 손수 배를 몰고 앞으로 나아가 다른 장수들이 배를 몰고 뒤를 따르게 하여 명량 전투에서 큰 승리를 거둔 것이다. 한편, 평소에 부하들이 자신의 의견을 충분히 말할 수 있는 여건을 만들어 소통하였다. 이런 참여형 의사결정을 하여 거북선의 건조를 할 수 있었다. 또한, 임진란이 끝나고 원균의 칠천량 전투에서 조선 수군이 대패하여 완전히 파괴된 수준에 처해 있을 때 삼도수군통제영을 전라남도 완도의 고금도로 옮기게 되었고 이때 조선의 부자들이 배에 살림을 싣고서 장군을 따라다니고 있었다. 이때 부하들과의 해결방안을 논의하여 이들에게 통행세를 징수하여 이들을 보호해주는 통행증을 발급하여 이들이 안전하게 통행하는 등 지낼 수 있게 하고, 세금을 걷어 병사들의 군량미도 조달하는 일석이조의 효과를 거두는 정책을 시행하기도 하였다. 이처럼 장군은 엄격하고 청렴하되 평소에는 부하들에게 따뜻하면서도 부하의 의견을 잘 받아들여 정책화를 하였다. 그러나 전장, 전투에서 백성을 위한 일에서는 더할 나위 없이 엄격하였다.

제 4 부

참여형 의사결정 역량의 제고 방안

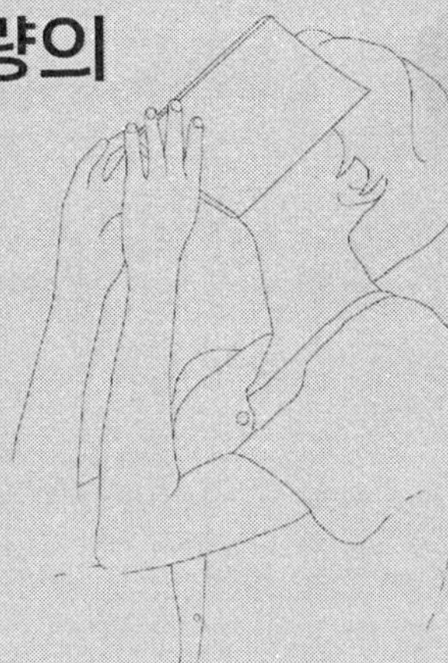

제 12 장 교직원을 지지하는 교장 되기

선생님들을 행복하게 만들기 위해 노력하기

구성원들이 행복하게 일할 수 있는 기업 문화를 조성하고자 하는 행복 경영이 새로운 경영 패러다임으로 자리 잡아 가고 있다. 기업의 핵심 경쟁력이 내부 고객, 즉 '사람'에게 있다는 인식이 강화되고 있다. 이는 구성원들에게 제공하는 가치를 생각할 때 떠오르는 총체적인 이미지인 고용 브랜드의 중요성이 확산이 되고 있음을 뜻한다. 행복 경영은 '임금과 승진이라는 외적 보상을 통한 동기 부여가 아니라 직원 스스로에게 행복, 즐거움, 재미를 추구하는 내적 보상이 가능하도록 경영 환경을 바꾸어 일할 맛 나는 직장을 만드는 경영'을 말한다. 일과 삶의 균형을 세 가지 차원으로 나누어 볼 수 있는데, 이는 가정과 건강, 성장, 여가의 균형이다. 가정이 편안하고 건강해야 일에 충실할 수 있으며, 조직 내에서 나의 성장이 이루어질 수 있어야 회사의 발전도 가능한 것이기 때문이다. 또한 여가에 대한 중요성이 확대되면서 이에 대한 배려가 중요시되고 있다.

〈포춘〉이 선정한 '일하기 좋은 100대 기업'의 주요 특징 중 공통적인 것은 종업원에게 일하는 즐거움과 재미를 주며 사람을 존중하는 가족 같은 기업이란 점이다. 흔히 펀(fun) 경영의 대명사로 거론되는 회사는 미국의 사우스웨스트 항공이다. 이 회사의 공동 창업자인 허브 켈러(Herb Kelleher)는 1981년 최고경영자로 취임한 이후 자신의 독특한 개성이 반영된 경영 철학으로 회사의 성장을 이끌었는데, 그 바탕이 바로 펀 경영이었다. 허브 켈러는 스스로 근엄한 경영자의 자리에서 내려와 친근한 '엉클 허브'로 직원들에게 다가갔고 회사 일에 대해서도 틈만 나면 스스럼없는 대화를 나눴다. 사우스웨스트 항공이 펀 경영의 대명사로 평가되는 이유는 단순히 재미와 즐거움을 임직원에게 심어 준 것이 아니다. 주목할 것은 펀 경영을 통해 높은 생산성과 끈끈한 결속력을 얻었다는 점이다. 30년 이상 연속 흑자에 매년 10퍼센트 이상씩 성장하는 것이나, 9·11테러 이후 다른 대형 항공사들이 줄줄이 도산 위기에 처했을 때도 단 한 명의 인원 감축 없이 격랑을 헤쳐 나온 것은 대표적인 증거다. 전문가들은 사우스웨스트 항공의 펀 경영이 성공한 것은 그것이 내용적인 측면에서 곧 인재 중시 경영이자 신뢰 경영이었기 때문이라고 평가한다. 펀 경영을 실천하고자 하는 교장들이 귀담아들어야 할 대목이다.

훌륭한 일터(GWP : Great Workplace)운동의 창시자인 로버트 레버링(Robert Levering) 박사는 회사의 가장 중요한 자산은 직원들이라는 인식이 전 세계로 빠르게 확산되고 있다며 회사들이 고객, 거래처 등 외부가치보다 종업원과 기업 문화라는 내부가치를 중시하는 시대가 열리고 있는 것이라고 강조했다. 그가 말하는 훌륭한 일터는 구성원들이 상사와 경영진을 신뢰하고 자기 일에 자부심을 느끼며 함께 일하는 구성원들 간에 일하는 재미를 느낄 수 있는 곳이다. 중요한 사실은 훌륭한 일터는 대부분 흑자 경영을 하고 있다는 사실에 주목해야 한다.

버진 애틀랜틱 항공사의 회장 리차드 브랜슨(Richard Branson)은 '첫째 직원, 둘째 고객, 셋째가 주주'라고 말한다. 그는 회사에 대한 좋은 평판과 권고를 유발하고 반복 구매를 촉진하는 고객 만족이 회사 사람들이 제공하는 서비스 수준에 달려 있다고 말한다. 또한 그는 그러한 최고 수준의 서비스가 사람들이 가지고 있는 회사에 대한 자부심에서 비롯된다고 하며, 바로 이것이 그가 사람을 가장 중요시하는 이유라고 말한다. 브랜슨 회장은 장기적인 주주가치 극대화도 이처럼 사람을 최우선 할 때 달성될 수 있다고 주장한다. 그래서 그는 연설할 때마다 무엇보다 사람(직원)이 최우선이고, 두 번째가 고객이며, 세 번째가 주주라는 사실을 강조하고 있다. 직원들은 고객만족이 만능인 시대에 직원을 첫째로 내세우는 용기를 가진 경영자를 존경한다.

숙박업의 가장 큰 고민거리 중 하나는 인력관리다. 누구나 일할 사람을 구할 수 있지만, 누구나 좋은 직원을 만나는 것은 아니다. 정말 내 일처럼 최선을 다해 업무에 매진하는 근무자를 만나는 것은 매우 어렵다. 따라서 인력관리의 시스템, 동기 부여, 처우개선 등 직원들의 마음을 움직일 수 있는 경영 노하우가 필요하다. 호텔사업자의 공통된 고민 사항이 있다. 그것은 선 직원 만족, 후 고객 만족이다. 최근 경영학자들이 코로나19 시대 경영에 어려움을 겪고 있는 호텔사업자들과 이야기를 하다가 보면 의외로 매출 하락에 대한 고민보다 직원들에 대한 애로 사항을 더 많이 토로한다고 한다. 전반적으로 경험이 많은 유능한 직원을 구하기도 어려운데 막상 직원을 채용한 후에도 다른 업종에 비해 이직률이 높은 편이다. 그리고, 설상가상으로 최저임금 상승으로 인해 퇴사 직원이 노동청에 진정하는 사례가 빠르게 증가하고 있다고 한다. 요즘 호텔사업은 코로나19로 인해 호텔 공급과잉 및 숙박앱 수수료 지급으로 인한 매출 하락에 어려움을 겪고 있다. 더군다나, 불안정한 인력관리 문제 등이 더해져 그야말로 사면초가의 어려운 상황이다. 어떻게 해야 이러한 난관을 타개할 수 있을까.

참고가 될만한 좋은 경영 사례가 있다. 세계 1위 호텔 그룹 메리어트 인터내셔널의 창업자 존 윌러드 메리어트(J. Willard Marriott)는 직원을 정성껏 보살피면, 직원이 고객을 정성껏 보살필 것이라는 것이다. 그것은 결국 고객 만족으로 이어질 것이라 믿었다. 이는 메리어트의 중요한 경영 철학으로 뿌리를 내렸다. 모든 것이 사람 손끝에서 이뤄지는 호텔 업계에서 직원의 중요성은 아무리 강조해도 지나치지 않을 것이다. 즉, 고객에게 직접 서비스를 제공하는 직원을 먼저 만족시켜야 그 직원이 자연스럽게 고객을 만족시키는 서비스를 제공한다고 할 수 있다.

행복 경영의 기본 철학은 직원 존중 경영에 의한 직원 만족이 우선이다. 직원이 행복감을 느낄 수 있게 해주면 그 경험이 고객에게 전달되어 함께 행복을 느끼게 된다는 것이다. 이러한 행복 경영의 하나로 직원들의 일과 삶의 균형(work & life balance)을 배려하는 밸런스 경영이 그 중요성을 더해 가고 있다. 밸런스 경영은 지금까지 간과해 왔던 직원들의 심리적 균형까지 배려하는 것이다. 일과 삶의 균형을 추구할 수 있게 배려하는 다양한 제도는 구성원들의 삶의 질을 높임과 동시에 조직의 성과도 높인다. 실제로 미국 경제전문지 〈포춘〉이 선정한 '일하기 좋은 100대 기업'에 선정된 기업들은 일과 삶의 균형을 이룰 수 있는 다양한 프로그램을 운영하고 있으며 이를 적극적으로 지원한다는 점이다. 특히 SAS 인스티튜트사의 경우 '일하기 좋은 100대 기업'의 20위 안에 8년 동안 선정되었다. 이 회사는 건강관리를 위한 각종 센터를 운영하고 있으며 육아 지원 프로그램 등 다양한 일과 삶의 균형을 배려하는 프로그램을 운영하는 것으로 유명하다. 이제 직장은 단순히 일하는 곳이 아니라 종업원들이 '재미있게', '행복하게' 일과 삶을 함께 영위하는 곳이다. 따라서, 종업원들에게 행복을 제공하는 기업이 고객의 행복 또한 창출할 수 있다는 점에서 삶과 일의 균형을 제공하는 밸런스 경영은 학교 경영에 시사하는 바가 크다고 할 수 있다.

위 기업의 사례에서처럼 교장은 교직원을 행복하게 하는 학교경영이 필요하다. 그러나 현실적으로 그것이 그렇게 쉽지 않다. 교장에게 실질적인 인사권, 예산권이 없는 상태에서 교직원 행복 경영을 하기가 어렵다. 그렇다면 교직원 행복 경영을 할 수 있는 방법은 어떤 것들이 있을까? 교직원을 학교 의사결정에 참여하도록 하는 것이 필요하다. 상사-부하 교환이론에서 언급한 것처럼 보수, 봉급이나 보너스 지급 등 사실상 경제적 보상 수단이 없는 교장으로서는 심리적 보상을 사용할 수밖에 없다. 이를 위하여 평소 상찬을 자주하고, 학교 행정에서 교직원이 효능감을 가지도록 하는 것이다.

예를 들어 1980년대, 1990년대처럼 교장이 교직원들의 의견을 수렴하지도 않거나 의견을 수렴하였어도 학교 행정에 반영하지 않는 것은 피해야 한다. 즉, 교직원 의견을 수렴한 후 학교경영에 반영하지 않고, 교장이 혼자 결정하고, 직원들에게 지시한다면 오히려 불만을 초래하게 된다. 다시 말하면, 이렇게 되면 교직원들은 마지못해 교장 앞에서 행정 요구를 따르는 척할 뿐 학교 교육을 진심으로 생각하는 마음이나 의욕이 없어지게 된다. 그 결과 학생 교육에 몰입하지 못하고, 불만족이 점점 쌓이게 되어 학교에 출근하고자 하는 의욕마저 생기지 않을 수도 있다. 그러나, 교사들이 평소 생각하고 있던 교실 교육과 학교 경영에 대한 문제점과 그 해결방안을 듣고 교장이 학교 경영에 반영하여 실행을 한다면, 그 의견을 개진한 교사는 학교경영에 참여하고 있다는 자부심과 효능감을 가지게 된다. 결국에는 교직원들은 더 열심히 최선을 다해 근무하게 될 것이고, 자연스럽게 학교 교육력이 높아지는 선순환이 일어난다.

교직원 만족이 우선이다.

일본 시코쿠 남부 고치현 고치시에 위치한 넷츠토요타난고쿠 매장. 토요타 자동차의 딜러 회사인 넷츠토요타난고쿠는 우리나라로 치면 충청북도 절반 정도의 인구를 가진 작은 시골 섬마을에 있다. 하지만 이 매장은 300개가 넘는 일본 토요타 딜러회사를 제치고 13년 연속 고객만족도 1위를 차지했다. 이곳은 고객이 감동하지 않고선 배길 수 없는 맞춤형 서비스를 제공하는 것으로 알려져 있다. 일본 경영계의 뜨거운 주목을 받고 있는 넷츠토요타난고쿠 창업자 요코타 히데키. 그는 '모든 직원이 인생이란 무대에서 승리자가 돼야 한다'라는 철학을 갖고 회사를 경영해왔다.

그는 기업이 존재하는 첫 번째 이유는 직원의 행복을 위해서다. 직원들의 행복은 높은 연봉이 아니라 본인들과 그 가족이 보람을 느낄 때 온다고 주장한다. 직원들이 각자 회사의 주인처럼 신바람 나게 일할 수 있는 환경을 만들면 가치 창출은 저절로 따라온다. 이런 요코타의 경영 철학은 채용 과정에서도 나타난다. 넷츠토요타난고쿠는 채용 과정 비용으로만 1억 원을 쓰고 한 번에 5시간씩 3개월에 걸쳐 6번, 총 30시간에 걸쳐 면접을 본다. 채용희망자를 많이 파악하는 것보다는 우리 회사의 모습을 많이 보여주고 알려줌으로써 상대방이 우리 회사를 선택하게 하는 구조와 더 가깝다. (다른 기업들의) 신입사원 퇴사율이 높은 이유는, 입사하고 나서야 그 회사의 진짜 모습을 보게 되기 때문이다. 회사를 위해 일할 인재를 뽑는 것이 아니라 인재에게 선택받을 수 있는 회사를 만드는 게 중요하다는 것이 요코타의 경영 철학이다. 이 같은 철학으로 넷츠토요타난고쿠는 이직률이 높다는 자동차 딜러 업계의 속설도 깨고 2퍼센트의 낮은 이직률을 기록했다. 직원들이 회사에 애정을 가지자 매출도 상승했다. 넷츠토요타난고쿠는 300개가 넘는 도요타 딜러 회사 중 자동차 판매량이 항상 톱 10에 들 정도로 화려한 영업실적을 뽐내고 있다.

이 회사가 높은 고객만족도와 영업실적을 얻은 비결은 바로 직원만족을 통해 고객을 감동하게 하는 것이다. 많은 서비스기업이 이와 비슷한 목표를 내걸고 있지만 넷츠토요타난고쿠는 좀 다르다. 고객만족을 통해 영업실적을 높이는 것이 목적이 아니라 직원을 행복하게 해주는 것 자체가 회사의 목적이기 때문이다. 때문에 넷츠토요타난고쿠에는 다른 자동차 딜러 회사에 필수적으로 존재하는 세 가지가 없다. 바로 방문 영업, 상대평가, 매뉴얼이다. 요코타 전 사장은 회사를 창업하는 과정에서 방문 영업이 직원에게 엄청난 스트레스를 줌에도 불구하고 판매에 크게 도움이 되지 않는다는 결론을 내렸다. 이에 따라 창업 2년 만에 방문판매를 중단하고 대신 매장에서의 대기 시간과 자동차를 구매한 고객에 대한 애프터폴로(사후) 방문 시간을 크게 늘리기로 했다. 결과적으로 판매량은 크게 달라지지 않았다.

넷츠토요타난고쿠는 상대평가가 없는 대신 판매에 이르는 과정을 평가한다. 차를 팔았다고 해도 임의보험 계약은 따냈는지, 중고차를 매입했는지 등 모든 프로세스를 점수화해 점수를 합계해 영업활동을 평가하는 식이다. 이 포인트를 받기 위해서는 상사가 아니라 실제로 업무에 관여한 동료 직원들의 인정을 받아야 한다. 물론 과정이 아무리 좋았다고 해도 최종적으로 차를 판매하지 못하면 이 포인트를 사용할 수 없다. 넷츠토요타난고쿠에 매뉴얼이 없는 이유는 상사가 직원들에게 지시하거나 결재를 받지 않기 때문이다. 예를 들어 매장의 상품 배치를 바꾼다고 하면 따로 관리자의 허가 없이 직원들이 상의해서 결정하면 된다. 부하 직원의 생각이 잘못됐다 하더라도 큰 문제가 발생하지 않는 한 부하 직원의 판단에 맡겨보면 직원은 '내 생각은 정말로 맞는 것일까'라면서 이전보다 더 진지해진다. 세세한 업무

방식, 성과보다 더 중요한 것은 사람의 성장이다. 이 점을 이해한다면 부하 직원에 권한 위임을 두려워할 필요가 없다. 직원의 성과보다는 성장을 중요하게 생각하는 요코타의 경영철학. 덕분에 넷츠토요타난고쿠는 포화상태인 일본 자동차 시장에 새로운 바람을 불러올 수 있었다.

학교 교육의 경쟁력은 학교가 제공하는 교육을 받고 학부모나 학생이 얼마나 만족하느냐에 달려 있다. 한발 더 나아가 이러한 학교 교육의 경쟁력이 지속적으로 향상되기 위해서는 학부모, 학생의 만족을 뛰어넘어 그들의 행복을 추구할 때 가능하다. 그리고 그들의 만족과 행복이라는 것은 결국은 행복한 교직원에 의해 실현된다. 교직원 행복이 곧 학교 교육의 경쟁력이다. 그런데 문제는 조직문화라는 것은 결코 한순간에 바뀌는 것이 아니라 교장은 끊임없이 노력해야 한다. 어쩌면 우리 속담에 있는 낙숫물이 댓돌 뚫는다는 것을 마음에 새겨야 한다. 처마가 있는 우리의 전통가옥을 보면 떨어지는 빗물에 흙이 튀는 것을 막기 위해서 댓돌을 가져다 둔다. 빗방울 한 방울 한 방울이 떨어지는 것이 얼마나 큰 영향을 주겠느냐고 생각할 수 있지만 오래된 가옥들을 보면 하나같이 댓돌이 움푹 들어가 있는 것을 확인할 수 있다. 조직문화라는 것이 그런 것이다. 단 한 번의 노력으로 크게 바뀌지는 않지만 오래 지속되면 서서히 조금씩 변화가 생기는 것이다. 교장은 교직원들에게 계속해서 빗물을 떨어트려야 한다. 필자가 아는 한 교장은 스승의 날에 교직원들을 위하여 기타를 잘 치지는 못하지만 손수 연주하면서 노래를 불러주었다고 한다. 이것을 본 교직원의 만족도는 보지 않아도 알 수 있을 것이다. 이때 교장이 교직원들에게 보여주어야 하는 것은 겉으로 생각을 해주는 것이 아니라, 진정으로 교직원을 존중하는 자세이다. 그렇게 되면 처마에서 떨어지는 낙숫물이 댓돌에 홈을 내듯이 교직원은 변화한다.

학폭으로 교사들이 소진되지 않도록 적극적으로 예방하고 지원하기

"수업 중 한 학생이 다른 학생을 계속 괴롭혀서 몇 차례 좋게 말했으나 듣지 않아 제지하려 진정시키는 과정에서 작은 신체접촉이 있었습니다. 이에 대해 학부모가 아동학대라며 문제를 제기합니다."

"초등학교 3학년 남학생이 체육 시간에 공놀이 도중 동급생 얼굴을 때렸다가 담임교사가 말리자 교사의 얼굴도 주먹으로 때린 사건이 발생했습니다. 담임 선생님은 충격으로 사건 당일 오후부터 병가를 냈습니다."

오늘날 우리 교실에서 숱하게 벌어지고 있는 장면이다. 2020년부터 학교폭력대책자치위원회(이하 학폭위)가 교육지원청으로 이관되었지만, 학교는 여전히 학교폭력으로 힘들다. 최근 모 중앙 일간지에 학교폭력에 대한 기사가 여러 날에 걸쳐서 게재되고 있다. 이 기사를 보면서 평소 그 내용을 일부 알고는 있었으나, 그 상황이 필자가 생각한 것보다 더 심각한 상황임을 알 수 있었다. 학폭위 심의에 대한 부담은 줄어들었지만, 학교폭력 접수부터 사안 조사, 피·가해 학생 및 학부모와의 면담 등 일련의 과정 모두를 여전히 학교에서 처리해야 하기 때문이다. 경미한 학교폭력 사안의 경우 교장이 종결처리할 수 있는 학교 자체해결제가 도입되었지만, 그 과정에서 교사는 민원 응대에 대한 과중한 스트레스를 받고, 때로는 법적 분쟁에 휘말리기도 한다. 변호사의 조력을 받는 피·가해 측의 비율이 늘어나면서 학교폭력 시장이 변호사 업계에서 블루오션이 된 지도 오래다. 최근에는 교사가 폭력을 가하는 학생을 지도하는 과정에서 교권 침해를 당하거나, 아동학대 가해자로 몰리는 사례도 빈번하게 발생한다. 속수무책인 교사들은 병가나 휴직을 내는 경우가 부지기수이고, 교육적 의욕과 효능감을 상실한 채 학교를 떠나고 싶어 한다. 이러한 교사의 위기는 곧 학교의 위기로 이어진다.

❖ 사전 교육을 하고 학폭 발생 시 잘 지원하기

미국의 사회학자 로티(Dan C. Lortie)는 교직 문화를 계란판으로 비유하며, 학교의 고립적 구조를 언급했다. 교사들은 가르치는 일이 동료 간의 일이라기보다는 개인적인 일이라고 생각하며 교실 안에서 독립적으로 지내지만, 때로는 힘겨운 전쟁의 소용돌이 속에서 주변의 도움을 받지 못하는 고립상태에 놓인다는 것이다. 우리나라의 교직 문화도 예외는 아니다. 2019년 A 교직 단체에서 교사 대상으로 한 설문 조사에 따르면 고충에 직면했을 때 '혼자 해결했다'라는 응답 비율이 46.3퍼센트, '동료 교사에게 도움을 요청했다'라는 응답 비율이 23.7퍼센트, '공개되거나 논란이 되는 것이 힘들어서 포기했다'라는 답변도 11.1퍼센트, '교장이나 교감에게 도움을 요청했다'라는 응답은 9.7퍼센트에 불과했다. 고충에 직면했을 때 교사들은 동료에게 도움을 요청하기도 하지만 대체로 주변의 도움을 받지 못한 채 혼자 해결하거나 포기한다는 것이다. 나홀로 고군분투하는 교사들은 자칫 문제해결의 골든 타임을 놓치게 된다.

학교폭력 예방 및 해결의 총괄책임자인 교장은 사안 처리 과정에서 학부모 민원이나 교권 침해 등으로부터 교사를 보호하기 위한 노력을 해야 한다. 그런데 흔히 교사들에게 교장은 내 편이 아닌 남의 편으로 인식된다. 학부모 민원으로 인한 사실조사만 실시해도 교장은 학부모의 입장에만 서 있고 교사를 보호해주지 않는다는 오해를 받기 쉽다. 이에 교장은 평소 교사를 존중하고 지지해주는 태도를 통해 신뢰를 얻어야 한다. 신뢰와 지지는 교장이 교사에게 줄 수 있는 가장 값진 선물일 것이다. 이는 교장이라는 직위가 갖는 영향력이 아닐까 싶다.

학교폭력은 발생하기 전에 예방하는 것이 가장 좋은 방법이다. 하나의 대형 사고가 발생하기 전에는 수십 차례의 경미한 사고와 수백 번의 징후가 반드시 존재한다는 하인리히 법칙은 학교폭력에도 적용할 수 있다. 학교폭력 역시 처음부터 발생하는 것이 아니라 초기에 여러 가지 조짐들이 나타나고 이것이 점차 심각해져서 학교폭력으로 이어지는 경우가 대부분이다. 특히 초등학교에서 발생하는 학교폭력은 장난과 괴롭힘의 경계나 또래 관계의 갈등으로 인한 것이 많은데, 조기 개입이나 예방 교육으로 사전에 방지할 수 있다.

교장은 사안이 발생한 이후의 해결에 집중하는 것도 중요하지만, 사전 예방에 더 신경을 써야 한다. 이를 위해 교직원, 학생, 학부모의 눈높이와 필요에 맞춘 정기적인 예방교육과 사안 처리 안내가 필요하다. 가령, 교사 연수는 교육과정 측면, 발달의 측면, 법률적 측면, 관계 회복의 측면 등 영역을 상세화하여 5회기 이상으로 구성할 수 있다. 예시 주제로는 교육과정과 연계한 예방 교육 방안, 연령별 학교폭력의 특징과 징후, 학교폭력 사안 처리 절차 및 단계별 유의사항, 공감과 소통의 학생·학부모 상담 기법 등이 있다. 영역별 전문강사는 학교폭력 담당 장학사, 학교폭력 사안처리지원단, 갈등 중재 및 관계 회복 전문가, 법률전문가 등으로 구성할 수 있는데 인력풀은 교육청에 문의하여 도움을 받을 수 있다. 학생을 대상으로는 교육과정과 연계한 어울림 프로그램, 학교 자체 또는 교육청 내 관계 회복 프로그램, 학교별 여건과 특색에 맞는 다양한 예방 활동 등을 운영할 수 있다. 학부모 대상 연수는 일반적으로 각 학교에서 학부모 총회, 가정통신문 등을 통해 간략한 형태로 운영하고 있다. 이에 더하여 학교폭력에 대한 법률적·발달적 이해, 자녀와의 소통·상담 기법, 관계 회복의 학교문화 조성을 위한 학부모 참여 등의 주제로 구성된 학부모 아카데미를 개설할 수 있다.

❖ 학폭 최고 예방 대책: 교장이 학부모 신뢰 얻고 학폭 발생하면 신속한 초기 대응

앞에서 살펴본 것처럼, 최근 한국의 대기업들이 ESG활동에 많은 관심을 기울이고 있다. 특히 대기업들은 대기업 총수가 직접 나서 사회적 책임 활동을 적극적으로 추진하고 있다. 이렇게 대기업이 사회적 책임 활동을 하는 중요한 이유 중 하나는 바로 기업이 사회에서 좋은 평판과 명성을 갖기 위해서이다. 기업이 사회에서 좋은 이미지와 평판을 얻게 되면 이는 결국 판매하는 제품이나 제공하는 서비스의 매출 증가로 이어져 기업의 최종 목표인 이윤 추구를 달성하게 된다. 이러한 이유로 1950년대 기업이라는 조직이 생긴 이후 기업의 사회적 평판과 명성에 관한 관심은 꾸준히 증가해 왔다. 특히 21세기 첫 10년 동안 기업의 사회적 평판과 명성에 관한 관심은 강렬했고, 거의 모든 기업은 기업의 사회적 평판과 명성을 중요한 경영 전략의 목표 중 하나로 제시해 왔다. 이처럼 기업들이 사회적 평판과 명성을 중요한 경영목표 중 하나로 제시하는 이유는 바로 기업에 주는 혜택과 경제적 이득이 크기 때문이다. 그런데 기업들이 기업의 사회적 평판과 명성을 얻기 위해 주로 사용하는 방법은 기업의 사회적 책임 활동이다.

학교경영도 마찬가지다. 평소 교장으로서 할 수 있는 최고의 학교폭력 예방은 평소 학부모들로부터 교장이 신뢰를 얻는 것이다. 이를 위해 교장은 학부모들과 꾸준히 소통하면서 교장의 말과 행동 하나하나가 타인의 모범이 되고 공감이 가며 설득력 있게 받아들여져야 한다. 학부모들에게 신뢰를 받는 것은 한순간에 이루어지지 않는다. 매일의 등교 맞이, 열린 마음과 소통의 자세의 자세로 학부모의 학교경영에 참여, 학부모를 대하는 데에 있어서 진정성 있는 태도 등이 조금씩 반복되면 어느 순간 신뢰가 쌓인다. 또한 지역사회 행사에도 얼굴을 내밀고 지역사회 행사에 참여하여 학교 문제의 해결을 위해 발 벗고 나선다면 차츰 학부모와 지역사회의 신뢰가 두터워진다. 이렇게 교장이 학부모들로부터 신뢰를 얻으면, 학부모의 민원이 줄어들고 경미한 학교폭력 사안은 학교에서 자체적으로 해결할 수 있게 된다. 즉, 교장이 학부모로부터 신뢰를 얻게 되면 교장의 말과 행동을 신뢰하고, 신뢰를 얻으면 힘을 가질 수 있고 힘을 가지면 권위를 가질 수 있게 된다. 고로, 교장이 학부모에게 신뢰를 얻지 못하면 학교에서 학부모로 인한 지속적인 갈등과 분쟁을 가져올 수 있다.

학폭이 발생했을 경우 초기 대응을 어떻게 하느냐가 문제해결의 성패를 가른다. 학폭은 한 가지 원인으로 발생하는 경우가 극히 드물고 개인적 요인, 가정·환경적 요인 등 여러 원인이 복합적으로 작용하여 발생한다. 그렇다 보니 사안의 복잡성과 심각성에 따라 초기 대응이 달라야 한다. 신고 접수된 학폭은 법령과 지침에 따라 사안 처리가 이루어져야 한다. 그러나 학생들 간의 장난이나 오해, 놀이 중의 신체접촉, 안전사고로 인한 상해 등 학폭으로 인지되기 어려운 사안은 교사의 교육적 지도와 중재를 통해 해결할 수 있다. 이 경우 교장은 교사가 학생 관찰 기록이나 지도 일지 등을 작성하고 가급적 내부 결재를 득하도록 한다면 혹시 모를 논란으로부터 교사를 보호할 수 있다.

교사의 교육적 지도나 노력이 학폭 은폐·축소 혐의나 정서적 아동학대로 번진다면 교장은 즉시 사안을 접수하고 전담 기구를 통해 사실관계를 확인해야 한다. 이 과정에서 교장은 해당 교사에게 사안 처리 절차에 대한 안내를 충분히 해주고 심리적 안정을 찾도록 도움을 주어야 한다. 또한, 교장은 학부모와의 공감과 소통을 통해 갈등을 직접 중재하거나 교육청에서 운영하는 갈등 중재단을 통해 자체 종결처리할 수 있으나 학부모가 이를 거부하고 심의를 요구한다면 심의위원회의 개최를 요청해야 한다. 앞서 언급하였듯이 교장이 학부모로부터 평소 충분한 신뢰를 얻고 있다면 학부모는 경미한 사안을 교육청 심의위원회로 넘기지 않고 교장 자체해결로 문제를 해결하는 데 동의할 것이다.

❖ 전담기구 사안조사 과정에서 5무를 기억하기

교장은 전담기구 사안 조사 과정에서 유의해야 할 점을 전체 교직원과 공유하고 실천해야 한다. 따라서 다음 사항을 교직원과 공유를 하여야 한다. 만약, 다음 사항들이 잘 지켜지지 않으면 자칫 학부모 민원이나 절차상 하자의 문제가 발생할 수 있다.

첫째, 사안 조사 시에는 가해 학생과 피해 학생을 반드시 분리하여 조사한다. 피해 학생이 가해 학생과 같은 시간에 같은 장소에서, 더구나 가해 학생이 여러 명인데 함께 조사하는 경우 진술의 신빙성이 떨어지고 피해 학생이 심리적인 부담이나 두려움을 겪게 된다.

둘째, 사안 조사는 수업 시간을 피해서 이루어져야 한다. 학습권이 침해되지 않고, 관련 학생이 특정되어 비밀을 누설하였다는 문제 제기가 되지 않도록 할 필요성이 있기 때문이다. 다만, 부득이하게 수업 시간에 조사해야 할 경우에는 별도의 학습 기회를 제공해야 한다.

셋째, 학교폭력 신고자 및 고발자와 관련된 개인정보 등의 자료를 누설하여서는 안 된다. 당사자의 동의 없이 휴대전화번호나 주소를 알려주어서는 안되고 상대학생이 작성한 사실확인서도 개인정보에 해당하기 때문에 임의로 제3자가 열람하게 해서는 안 된다.

넷째, 학교폭력 사안은 심의위원회 조치 결정 전까지는 가해 학생, 피해 학생을 단정 짓지 말고 가급적 관련 학생이라는 용어를 사용하는 것이 바람직하다. 민감한 상황에서 학교가 가해 학생을 임의로 특정했다는 오해를 받을 수 있다.

다섯째, 보호자에게 실질적인 의견진술 기회를 부여해야 한다. 사안 발생 시 해당 학생 보호자에게 가급적 빨리 알리고 학생 조사 결과를 토대로 이후 절차가 어떻게 진행될 것인지 안내하고 보호자의 의견도 듣도록 해야 한다. 보호자의 의견진술은 가급적 대면으로 하는 것이 좋으며 불가피할 경우 서면 진술의 기회도 주는 것이 이후의 논란을 예방하는 것이다.

개정된 학교폭력예방법에 따라 학교는 전담 기구에서 경미한 사안으로 심의되고 피해 학생 측이 심의위원회 개최를 원하지 않는다면 교장이 사건을 자체적으로 해결할 수 있는 법적 근거가 생겼다. 다만, 중대한 사안이거나 피해 학생 측에서 교장 자체 해결을 동의하지 않는 경우 피해 학생 측에 화해와 중재를 종용해서는 안 된다. 교장과 교사 일부는 학교폭력 심의를 하지 않고 양쪽 학부모들을 끝까지 설득하는 것이 교육적 역할이라는 인식을 갖고 있다. 학교의 선한 의도는 학교폭력 은폐·축소 혐의로 결국 부메랑이 되어 돌아올 것이다. 교장 자체해결제에 해당하는 사안이라 하더라도 피해 학생 측에서 종결처리에 동의하지 않으면 법과 지침에 따른 사안 처리의 절차를 밟는 것이 최선의 길이다.

학교폭력 사안 처리 과정에서 교사 간 또는 교사와 교장 간에 의견이 일치하지 않는 경우가 있다. 각자의 입장과 경험, 관련 지식의 차이 때문에 해결 방향이 다를 수 있기 때문이다. 학교폭력 사안처리에 대한 규정의 해석과 해결방식에 대한 의견차이가 있을 때는 전담기구의 협의를 통해 해결하고, 애매한 부분은 교장이 자의적으로 판단하지 않고, 교육청 자문 변호사 등의 전문가에게 적극적으로 자문을 받는 것이 좋다.

❖ **교사의 생활교육 역량을 지원하기**

학교폭력 예방과 사안 초기 대응을 위해서는 평소 교사의 생활교육 역량을 키우는 것이 중요하다. 교사의 교과 역량과 생활교육 역량은 자전거의 두 바퀴처럼 교사가 갖추어야 할 핵심적인 전문성이기 때문이다. 특히 초등학교의 학교폭력이 다양화되고 저연령화되면서 경력이 짧은 교사들은 생활교육에 많은 어려움을 겪고 있으며 학부모 응대나 사안 발생 시 초기 대응이 쉽지 않다. 이에 교장은 경력이 짧은 교사에게 생활교육의 경험이 많은 수석교사나 경력이 많은 교사를 멘토 교사로 연결해주고, 학교폭력 전문가, 정신과 전문의나 임상심리사 등의 전문가를 초빙하여 ADHD 등의 정서 행동 위기 학생의 행동 문제를 해결하는 데 도움을 받을 수 있도록 지원할 수 있다. 정서행동 위기학생의 행동문제는 교실 내 다른 학생의 학습권을 침해할 뿐 아니라 학교폭력 가해행위로 신고되는 경우가 많기 때문이다. 또한, 교장은 학교폭력 등 생활교육의 문제를 교사 개인의 힘이 아닌 학교 공동체 차원에서 함께 논의하고 해결할 수 있는 학교의 분위기, 문화가 형성되도록 (가칭)위기학생관리시스템, 또는 생활교육 지원시스템을 구축한다. 이외에도 교원학습공동체의 활성화를 통해 학교 조직에서 생활교육에 대한 공동체적 실천이 이루어질 수 있도록 적극적으로 지원해야 한다. 교사의 역량만큼 학교의 성장을 직접적으로 견인하는 요소는 없기 때문이다.

제13장 책을 읽는 교장 되기

최소한 2개 이상의 종이신문을 읽는 교장 되기

최근 우리나라 전체 가구의 종이신문 구독률이 급감하는 등 미디어 소비패턴이 종이에서 스크린으로 넘어오면서 종이 신문의 하락은 급격하다. 그러나 다수 전문가는 '신문은 스크린이 갖지 못한 장점을 발휘하며 미디어의 한 축을 담당할 것'이라고 한다. 알고 보면 효율적이고 저렴한 자기 계발 교재도 되는 것이 신문이다. 현대와 삼성을 일으킨 정주영 회장과 이병철 회장의 사업 스타일은 정반대였다. 왕성한 체력과 강한 추진력으로 불도저처럼 일을 밀어붙이는 것은 정주영 회장의 장기였다. 손대는 사업도 건설, 자동차, 조선 등 크고 투박한 분야가 많았다. 반면 이병철 회장은 매사에 신중하고 치밀하게 계획을 세워 일을 진행하는 스타일이었다. 작업복 차림으로 현장을 돌아다니며 일을 직접 챙긴 정주영 회장과 달리, 이병철 회장은 고급 양복이나 구두를 선호했고 믿을 만한 인재를 뽑아 업무를 위임했다. 전자, 섬유, 백화점 등 가볍고 섬세한 업종이 삼성의 주력사업이었다. 물론 저마다 장단점이 있어 어느 스타일이 낫다고 하기는 어렵다.

이런 두 사람에게도 공통점이 하나 있었다. 그것은 바로 신문으로 하루를 시작하고 자녀들에게도 신문 읽기를 적극적으로 권장했다는 점이다. 정주영 회장은 매일 아침 일찍 일어나 집으로 배달된 신문을 읽는 것으로 하루를 시작했다. 단순히 눈으로 훑는 정도가 아니었다.

정치, 경제, 사회, 문화면은 물론 광고에 실린 카피까지 한 글자도 빼놓지 않고 다 읽었다. 그는 신문에 칼럼을 기고하는 문인, 학자, 철학자 등을 가리켜 '나의 스승'이라고 부르는 것을 주저하지 않았다. '초등학교 졸업이 학력 전부인 회장님이 사업마다 큰 성공을 거둔 비결이 무엇이냐?'는 질문에 주저 없이 신문 읽기를 비결로 꼽았다. 그는 또 신문기자였던 동생 정신영을 유난히 아꼈으며, 자녀들에게도 신문 읽기를 강조했다.

이병철 회장 역시 신문에 대해 타의 추종을 불허하는 애착을 보였다. 자신이 출근 후 읽을 신문을 준비하는 전담 직원이 따로 있었다. 이 회장의 출근 전까지 국내·외 주요 일간지와 경제지를 미리 살펴보고 삼성 관련 기사가 있으면 빨간 줄을 치거나 별도의 리스트로 정리해 집무실에 비치하는 것이 직원의 업무였다. 특히 일본통답게 일본의 일간지와 경제지 읽기를 거르지 않았고, 신문 읽기를 마친 뒤에야 비로소 계열사 사장들과의 모임을 하고 하루 일정을 소화했다. 3남인 이건희 회장이 후계자로 내정되어 삼성에 입사한 뒤 맡은 첫 임무도 아버지가 읽을 신문에 밑줄을 치는 것이었다. 평생 일군 기업을 물려주기 전, 신문이야말로 짧은 시간에 많은 정보를 두루 습득하는 좋은 수단임을 몸소 가르쳐주고 싶었던 아버지의 깊은 뜻이었던 것으로 풀이된다.

살아생전 재계 1, 2위를 다투었던 정주영과 이병철 경영방식과 사업 분야가 완전히 달라 '영원한 라이벌'로 불리던 두 사람도 신문을 읽으며 사업을 구상하고 정보를 얻었다는 점에서는 일맥상통했다. 나아가 신문을 후계자 수업의 수단으로 활용했다는 사실만 봐도 신문 읽기가 얼마나 중요한지 새삼 고개가 끄덕여지는 대목이다.

신문은 그날의 새 책이다. 서점에서 매일 출고되는 시대적 흐름의 신간이다. 그러나 도서관에 먼지를 뒤집어쓴 고전은 매일 매일의 책이라고 하기는 어렵다. 신간은 신간 나름대로 참기름을 바른 글이 말랑말랑하게 첨부된다. 팔려야 하니 어쩔 수 없다. 최신 상품이다. 고전은 시대적 배경에 대한 지식이 없는 상태에선 전체를 읽기가 무척 어렵다. 무엇보다 현재의 시사성이 부족하다. 신문과 책을 동시에 읽으면 그보다 더 좋은 독서법이 없다. 신문을 읽을 때는 꼭 종이신문을 권한다. 이 바쁜 세상에 스마트폰에 올라온 기사를 읽은 것이 편리하고, 시간도 절약할 수 있다고도 한다. 그러나 누군가가 취사선택한 기사에 길들어지면 자신의 주관은 송두리째 흔들리고 결국에는 뽑혀 버리게 된다. 생각에서 노예적 삶을 살게 된다. 우리가 그토록 원하는 자유로운 삶, 가치 있는 삶은 내 생각의 확립이 먼저다.

요즘 종이 신문을 인터넷 신문이 대신하고 있다. 신문을 인터넷으로만 보아도 괜찮을까? 필자도 가끔 신문 기사를 포털 사이트나 신문사 홈페이지를 통해 보거나 스마트폰으로 각 신문사의 앱을 내려받아 본다. 그러나, 만족도는 그다지 높지 않다. 클릭을 통해 얻는 정보는 매우 '선택적'이다. 필자의 경우 신문사의 핵심이라 할 수 있는 사설이나 메인 기사보다는 '가십'을 더 본다. 종이 신문을 보면 가끔 진짜 마음에 드는 기사가 있으면 따로 오려 내기도 하고, 잘 쓴 기사는 수첩에 붙여 놓고 틈이 날 때마다 읽기도 한다. 신문 기사 한 줄을 읽더라도 생각을 키우는 데 도움이 될 듯한 부분을 찾으면 꼭 스크랩하거나 키워드를 메모한다. 그렇게 되면 다른 사람들의 이야기와 생각을 스크랩한 자료를 통해 점점 자신의 콘텐츠 자산도 불어나고 있음을 알 수 있다. 요즘에는 신문에 따라 논조가 극명하게 다르므로, 대조적인 견해를 싣는 신문 두 종류 정도를 함께 읽는다면 더욱 좋다고 생각한다.

신문 읽기는 중요하다는 것은 누구나 실감을 한다. 신문 읽기의 좋은 점은 구체적으로 어떤 것들이 있을까 네 가지만 소개하면,

첫째, 신문 읽기는 교육 문제에 관심과 애착을 갖도록 한다. 교육 문제에 대한 이해는 교육에 대한 안목을 지니게 한다. 신문 읽기를 통해 얻게 되는 교육을 보는 안목이 교육 문제를 해결하는 데 도움을 준다.

둘째, 신문을 매일 읽으면 집중력 향상에도 도움이 된다. 2020년 한겨레신문에 발표된 서울대 한소원 교수 연구팀의 '종이신문과 뇌 활성화 상관관계 분석' 연구는 평소에 신문을 읽지 않는 실험 참여자 60명을 대상으로 2개월 동안 연구를 진행하였다. 연구에서 신문을 읽는 그룹과 신문을 읽지 않는 그룹으로 나누어서 실험 참여자의 뇌파를 신문 읽기 과제를 수행하기 전과 후 두 차례로 나누어 비교 분석하였다. 연구팀은 신문을 읽은 그룹은 핵심 정보를 찾아 분석하는 능력인 집행 능력 검사에서 신문을 읽지 않는 그룹보다 더 높은 수준으로 나타났다고 하였다. 이것은 '신문 읽기가 주의력 향상에 기여하는 것으로 볼 수 있다'라고 밝혔다. 서울대 연구팀의 분석 결과가 아니더라도 글 읽기나 신문 읽기는 인지력 향상과 집중력에 도움을 주는 것은 확실하다.

셋째, 어떤 현상이나 사건들을 넓고 깊게 심층적으로 이해할 수 있는 좋은 방법이다. 디지털기기 중심의 정보전달이 대세인 요즘에 신문을 본다는 건 어떤 의미가 있을까. 책 독서를 제외하면, 어떤 현상이나 사건들을 넓고 깊게 심층적으로 이해할 수 있는 유일한 방법이라고 생각한다. 인터넷 기사들은 제목과 관련 기사들을 무차별적으로 보도록 편집되어 있고, 무작위로 나열되기 있다. 따라서, 무엇이 사실에 가깝고, 어떻게 생각하는 것이 우리 공동체의 장래를 위하여 필요한 것인지에 대한 기준(또는 범주)들을 갖기가 어렵다.

다시 말하면, 신문읽기가 주는 중요한 기능은 '학습'이다. 국내의 정치·사회적인 이슈들에 대해서도, 각종 경제 동향 문화적인 트렌드

등을 꾸준한 신문읽기를 통해서 학습하고, 나름의 생각을 정리할 수 있다. 사회문제에 대한 다양한 신문의 다양한 지면을 통한 전혀 다른 관점을 보면서 시사점을 얻을 수 있습니다. 즉, 같은 문제를 전혀 다르게 보고 있고, 자기들만의 영원한 잔치를 위한 논리 개발들을 어떻게 하고 있는지를 알 수 있다.

넷째, 신문읽기는 다른 이들의 오랜 연구와 조사를 살펴볼 수 있는 지적 경험이 된다. 신문에서는 책 소개의 섹션과 정치·사회적인 이슈들에 대한 심층적인 칼럼들이 좋은 학습의 도구가 될 수 있다. 편향성의 문제가 있을 수는 있지만, 인간은 자신이 보고 싶고, 믿고 싶은 내용만 참으로 믿는 심리적 편향이 있다. 오랜 서구 지성의 전통을 가지고 있다는 영국의 귀족 계층들이 브렉시트를 추진하는 배경이나 과정상의 무리수를 보면 '지적'사고의 공정성이 계급(층)적 이해의 폭력성을 다스리지 못한다는 걸 분명히 알 수 있다. 이런 관점에서 최소한 신문의 칼럼들은 정확한 사실을 바탕으로, 종합적인 사고의 정리를 하고자 신경을 쓴다고 생각한다. 다양한 외부 필진의 전문칼럼은 전문지식과 다양성 측면에서 배울 점이 많다.

신문읽기에서 중요한 점은 읽어볼 만한 글들의 내용이다. 전문가들은 오랜 연구와 글쓰기 소재에 대한 충분한 정보조사를 통해서 구체적인 데이터와 판단에 대한 압축적인 표현을 힘들여 기록해 준다. 결국 몇몇 문장 속에서 그들의 오랜 절차탁마를 한 빛나는 문장의 내공을 거의 공짜로 얻는다. 밑줄을 그으며 문장의 참뜻을 새기고, 이해가 덜 되는 용어나 표현은 다시 확인 검색을 하면서 지적탐구의 시간을 매일 가지는 행운을 누린다. 신문읽기는 다시 돌아갈 수 없는 지적 욕구와 그에 대한 시간적인 콘텐츠 투자의 불가능한 한계를 어느 정도 메꿔주는 선물이 된다. 신문은 가장 저렴한 도서 구입비를 들여 가성비 높은 독서를 매일 매일 하게 해준다. 이런 독서 습관이야말로 학교 경영자에게 필요하다.

왜 교장은 책을 읽어야 하는가?

2020년 미국에서 벌어진 대선 기간 전에 흑백문제로 인하여 시위가 빈번하게 발생하였다. 안타깝게도 시위의 상당수는 폭력적인 사태로까지 번졌다. 세계 최강의 나라, 소위 선진국이라고 일컬어지는 나라에서 벌어지고 있는 일이다. 물론 오바마가 대통령으로 당선된 적도 있으나, 미국은 아직도 흑백의 문제는 현재진행형이다. 미국의 일부 주에서는 사실상의 흑백차별이 여전하다고 한다. 흑인 출신이 선출직에 진출하기가 매우 어렵다고도 한다. 거기에는 이유가 있다. 첫째, 경제적인 측면이다. 우리나라처럼 일정 나이가 되면 자동으로 선거권을 주는 것이 아니라, 선거유권자 등록을 해야만 하는 주가 있다. 선거유권자 등록을 할 때 신분을 증명할 수 있는 서류를 제출하게 되어 있다. 우리나라는 국민 누구나 주민등록증이 있다. 그러나, 미국은 그렇지 않다. 그런데 그것부터가 흑인에게는 장벽이다. 흑인에게는 경제적으로 어려운 사람이 많아 우리로 말하면 주민등록증을 대신할 신분증을 가지고 있는 사람이 많지 않다는 것이다.

둘째, 문화적인 측면이다. 아직도 흑인 노인층에는 문맹자가 백인에 비교하여 더 많다는 것이다. 선거유권자 등록할 때 구비서류를 가지고 가서 여러 가지 문서들을 읽고 본인 싸인을 해야 하는 데 흑인들은 쉽지 않다는 것이다. 이런 미국에서 흑인이 실력으로 고위공직자가 된다는 것은 '하늘에서 별을 따기보다 어렵다'라고 한다. 그런 미국에서 흑인으로서 더더군다나 여성으로서 우리의 외무부 장관, 행정안전부 장관에 해당이 되는 국무장관과 백악관 안보보좌관을 했다고 하는 것은 너무나도 놀랄만한 일이다.

그런데 이러한 일을 해낸 사람이 바로 곤돌리자 라이스(애칭 콘디)다. 안토니아 펠릭스(Antonia Felix)가 저술한 〈콘돌리자 라이스〉에 의하면 콘디는 흑인에 대한 차별과 폭력이 심한 것으로 악명높은 미국 남부 앨라배마주 버밍햄에서 인종차별, 인종 격리라는 불평등 정책의 그늘 속에서 성장했다. 백인 남성주류의 미국 사회에서 '흑인'과 '여성'이라는 조건은 미국 사회에서 이중의 핸디캡일 수밖에 없다. 이러한 어려움 속에서도 콘디는 모든 삶의 걸림돌을 오히려 디딤돌로 만들어 활용한 결과, 항상 최연소, 첫 여성, 첫 흑인이라는 화려한 타이틀로 승승장구하여 흑인 여성 최초로 세계 권력의 최정상인 미국 국무부 장관의 자리에 오른 인물이다. 콘디는 노예의 후손으로 그녀의 고조모는 하녀로 일을 했고, 고조모뿐만 아니라 그녀의 조상들 대부분이 백인들의 집안일을 돌보던 하인이었지만 그녀는 꿈을 꾸는 사람, 꿈을 키우는 사람이었다. 그녀의 나이 열 살 때 워싱턴으로 여행을 와서 창살 틈으로 백악관을 쳐다보며 그녀는 다음과 같이 중얼거렸다. '아빠, 제가 저 안에 못 들어가고 밖에서 구경해야 하는 건 피부색 때문이에요. 두고 보세요. 저는 반드시 저 안으로 들어갈 거예요' 그녀의 어린 시절 꿈은 실현되었다. 2005년 1월 26일, 콘돌리자 라이스는 흑인 여성으로는 최초로 세계 권력의 최정상인 미국 국무부의 장관 자리에 올랐다.

세계를 좌지우지하는 미국이란 나라에서 외교정책의 핵심인 안보보좌관에 어떻게 마흔여섯 살의 젊은 여성이, 더군다나 흑인 여성이 임명될 수 있었을까? 물론 원인은 여러 가지가 있을 것이다. 그러나 그중에 하나 꼽으라면 풍부한 독서를 이야기하고 있다. 그녀는 손에서 한시도 책을 놓지 않을 정도였다. 콘디는 만 다섯 살이 되던 해부터 본격적인 독서에 몰입했다. 그녀의 어머니는 콘디가 많은 문학작품을 접할 수 있도록 적극적으로 후원하였다. 초등학교에 입학한 후에는 각 학년의 필독 도서로 선정된 도서 목록에 따라 문학작품을 읽었다. 어머니의 영향으로 콘디는 '책벌레'라는 별명을 얻을 만큼 책 읽는 것을 즐겼고, 책을 통해 배운 지식과 간접 경험은 그가 더 성숙한 인간이 되는 토대가 되었다.

지식과 정보, 감성과 상상력의 창을 넓혀주는 최고의 활자매체의 집합소가 바로 책이다. 책은 우리 사회의 지형도와 다가올 변화의 물결을 감지할 수 있게 하는 '영혼의 촉수'이고, 우리 자화상을 비추고 새로운 트렌드를 제시하는 빔 프로젝트이며, 언제 어디서나 함께할 수 있는 '인생의 동반자'이자 우리 삶의 '더듬이와 길잡이'이다. 책은 가까이하면 할수록 책에는 고품격 인생이 보장되는 호기심을 주는 존재, 신비감을 가진 고귀한 존재다.

그래서 학교를 대표하는 교장은 평소 책을 가까이 두어야 한다. 필자는 평소 교장에게는 학교경영을 위한 실용적 측면의 4가지 능력이 필요하다고 생각해왔다. 말하기 능력, 글쓰기 능력, 전문가라는 프로의식, 위기 극복 능력이다. 그런데, 4가지 능력은 넓은 의미에서 모두 독서와 직결되어 있다. 배로 비유하여 말하면 교장은 선장과 같다. 교장이 어떤 생각을 하고 있는가는 한 학교의 교육 방향에 큰 영향을 미친다. 어떤 면에서 보면 교장의 독서량은 그 학교의 교육 수준과 정비례한다. 교장이 독서를 통한 미래에 대한 예견력과 통찰력 등의 고양은 학교의 비전을 수립하거나, 매년 교육목표를 수립하거나 위기 시에 빛을 발하게 된다. 그러나, 교장들은 매우 바쁘기에 시간을 내기가 쉽지 않다. 그럴 때는 독서 동아리를 만들어 운영하는 것도 좋은 방법의 하나다.

독서 동아리를 만들어 운영하기.

독서가 중요하다는 것은 누구나가 다 아는 사실이다. 독서가 학교경영하는 교장에게는 절대적으로 필요한 것임을 안다. 문제의 핵심은 책을 읽기가 쉽지 않다는 점이다. 책읽기를 할 수 있는 좋은 방법이 없을까? 필자는 책읽기의 필요성은 무척 느끼고 있었다. 그러나 이러한 저러한 사유로 제대로 실행, 실천하지 못하고 있던 차에 2002년도 공공기관 주5일 근무제를 시행하게 되었다. 이번 기회에 월 2회 쉬는 토요일을 이용하여 책을 읽기로 마음을 먹고 뜻을 함께 하는 사람을 모았다. 의외로 주위에 독서에 대한 갈증이 많음을 알고 놀랐다. 전화로 또는 저녁을 함께하면서 1대 1로 대화를 하여 약 7명의 동아리 회원을 모아서 출발하게 되었고, 일부 구성원의 변화가 있었으나 지금까지 독서 동아리를 운영하고 있다.

회원은 기본적으로 책을 좋아하는 사람을, 연령대도 골고루 안배하였고, 성별은 한 성으로만 하였다. 한 성으로만 구성을 한 이유는 1년에 2회 정도 워크숍을 추진하기 위해서였다. 남성과 여성이 섞여 있는 경우 1박 2일 워크숍 추진과 진행에 어려움이 발생할 수 있기 때문이었다. 책의 선정은 워크숍 전에 회원 모두가 한 권 이상을 추천하여 여름방학, 겨울방학 워크숍을 할 때 만장일치 방식으로 6개월 분량의 도서를 선정하였다. 책을 선정할 때는 한 분야의 책이 너무 많이 선정되지 않도록 영역을 최대한 안배하도록 고려하였다. 책을 읽는 순서는 학년 초, 학기 초는 주로 장학에 관한 도서를 주로 선정하였고, 학년도 말, 학기 말은 경영에 관한 책을, 방학 때는 문화예술에 관한 도서를 선정하였다. 횟수는 매달 2회를 만나는 것으로 하고 요일을 고정하여 다른 약속에 우선할 수 있도록 하였다.

책 읽기 방법은 아직도 미완성이고 계속하여 진화를 거듭하고 있는 현재진행형이다. 읽는 방법은 크게 나누어 '온 책읽기[47]'방법과 '부분 책읽기'방법이 있는데, 그때그때 책의 내용과 시대 상황 등에 따라 정하고 있다. 현재는 '부분 책읽기'방법을 취하고 있다. '온 책읽기'방법은 책을 회원 모두가 함께 전체를 다 읽고 토론을 하는 방식이다. 토론은 발제자가 전체 내용에 대해 발제를 하고 토론자를 정하여 토론하는 방식이다. 발제자는 책의 내용과 분량에 따라 인원수를 조정하여 1명에서 3명이 하고, 토론은 여러 명이 하는 방식이다. 또는 책의 내용에 따라서는 발제자가 토론 주제를 제시하는 방식을 사용하기도 한다. '부분 책읽기' 방법은 책을 읽는 페이지를 균등하게 분할을 하여 해당이 되는 내용을 담당하는 회원별로 1~3쪽 이내로 요약하여 발표하고 발표가 끝나면 바로 토론하는 방식이다. 이때 책을 추천한 사람이 제일 먼저 요약 발표를 하면서 책을 추천한 이유와 함께 저자 소개, 책에 대한 개략적인 내용도 함께 소개한다.

조직은 회장과 총무를 두어 회장은 회원이 각자 읽어야 할 분량을 정해주고, 모임 시에는 좌장의 역할을 한다. 총무는 회계업무를 처리한다. 모든 공지 사항은 카톡방을 만들어 공유하고, 회원 각자가 읽어서 요약한 것은 네이버 카페에 별도의 방을 만들어 자료를 사전에 올리도록 하고 있다. 시간은 퇴근 후에 모이기 때문에 오후 6시 30분에 정해진 식당에서 만나 저녁 식사하고 대략 9시 30분에서 10시경까지 진행을 하였다.

여름방학과 겨울방학 때 진행하는 워크숍은 정확히 표현하면 사실은 콜로키움이라고 할 수 있다. 어느 분야에 전문가를 초빙하여 사전에 토론하고 싶은 주제를 전문가에게 주어서 주제 관련 특강을 들은 후, 그 주제와 관련하여 토론하는 방식이다. 전체 콜로키움은 기간은

---

47) 여기서의 '온 책읽기', 방법과 '부분 책읽기'방법은 학문적으로 개념 정의가 된 것은 아니고, 필자가 조작적 정의하고 작명을 한 것이다.

1박 2일 동안 실시하나 외부 전문가는 1일만 진행하거나 2일을 진행하는 등 전문가의 상황, 숙소의 상황 등 여러 가지 변수를 고려하여 운영한다. 특강 강사는 주로 최근에 초등교육 분야에서 이슈인 영역을 연구하는 교수나, 그 분야의 정책을 추진하고 있는 교육행정가, 기자 등 다양하게 초청하여 산학 협동 연구가 이루어지도록 하였다.

어떤 일을 하든 장점만 있을 수 없고, 아무리 나쁜 일이라고 하여도 단점만 있을 수는 없다. 우선 장점은 여러 가지가 있다.

첫째, 한 달에 최소한 두 권의 책을 읽게 된다. 이것은 가장 큰 장점이다. 문화체육관광부가 발표한 '2021년 국민 독서실태' 조사에 따르면 최근 1년(2020년 9월~2021년 8월)간 종합 독서량이 4.5권으로, 2019년보다 3권 줄었다고 한다. 연간 종합 독서량은 1년간 교과서와 학습 참고서, 수험서, 잡지, 만화 등을 제외한 일반도서를 1권 이상 읽거나 들은 도서 권수를 뜻한다. 이처럼 1년에 평균 독서량은 5권의 책을 읽기가 힘든 데, 독서 모임, 독서 동아리를 통해서는 약 12권을 읽는다. 그런데 실제로는 책을 추천하기 위하여 여러 권의 책을 읽고 추천을 하기에 1년에 최소한 14권의 책을 읽게 된다.

둘째, 독서 동아리의 좋은 점은 교육 문제에 대해 진솔하게 토론을 할 수 있는 점이다. 소위 계급장을 떼고 토론을 할 수 있다. 보통 학교에서는 직위, 인간관계 등 여러 가지 요인들로 인하여 솔직한 토론이 이루어지기 매우 어렵다. 그러나 독서동아리는 현 직장과 관계가 없는 사람들로 구성되어 있기에 비교적 토론이 활발하게 이루어질 수 있다. 토론이 필요한 이유를 SK 최종현 전 회장은 '책 속에 들어있는 지식만 가지고 강자들이 즐비한 강호 세계에 나섰다가는 한 방에 나가떨어진다'라며 이론을 끊임없이 현실에 대비해서 보는 훈련 즉 토론과 훈련이 필요함을 역설하였다. 독서동아리는 토론이 이루어질 때마다 현실에 바탕을 두고 읽은 책을 중심으로 토론을 하기에 학교에서 벌어지고 있는 문제를 심도가 있게 토론하게 된다. 또한, 자기가 재직하고 있는 학교의 문제점, 우수한 점을 상호 공유를 하기에 본인이 재직하고 있는 학교경영에 큰 도움이 된다.

독서 동아리 활동의 가정에서의 부수적인 효과는 가정에서의 아버지의 위상 변화다. 첫째, 토요일, 일요일 아버지의 일반적인 상의 변화를 가져온다. 토요일, 일요일 책을 읽은 아버지 모습으로 인하여 어머니가 자녀에게 공부하라는 잔소리를 할 필요가 없게 되었다. 나이 먹은 아버지가 책상에 앉아 책을 읽은 모습은 어떻게 보면 평범한 한국 직장인 아빠에게는 다소 낯선 모습으로 다가온다. 둘째, 우리 사회에서 특히 남자가 모이면 동시에 바늘과 실처럼 함께 따라오는 것이 술이다. 그러나, 가정에서 보기에 아버지가 술모임이 아닌 독서를 하는 건전한 모임도 오랜 기간 유지 지속될 수 있음을 깨닫게 한다. 이로 인해 아버지의 신뢰도 제고 및 아버지의 위상도 덩달아 높아진다. 어떤 회원의 경우는 동아리에서 읽은 책의 표지가 S대 대학의 면접 문제에 출제되어 누구나 선호하는 S대 의대를 현재 다니고 있다. 이로 인하여 가정에서의 아버지 신뢰도는 매우 높고 위상도 더할 바 없이 높다고 한다.

독서 동아리 활동의 학교에서의 부수적인 효과는 학교에서의 교장의 교육 관련 언어의 신뢰도 제고다. 일반적으로 초등학생의 발달 단계에서는 독서교육의 습관화가 매우 필요하여 모든 초등학교에서 독서교육을 강조한다. 그런데, 교장이 2주일에 한 권씩의 책을 읽는다는 것이 쉽지 않다. 그러기 위해서는 시간이 나는 대로 책을 읽을 수밖에 없다. 어떤 경우에는 학교에서도 책을 읽어야만 한다. 이럴 때 평소 학생들의 독서교육을 강조하던 교장이 교장실에서 책을 읽는 모습을 보인다는 것은 교직원, 학생 모두에게 교장의 언행일치, 지행합일의 모습을 보여주는 것이기에 그 교육적 효과는 매우 크다. 또한 이렇게 되면 교장은 자연스럽게 도서관의 운영에 관심을 가질 수밖에 없다. 학생 대상의 독서교육에 큰 관심을 가지게 된다. 그로 인하여 자연스럽게 도서관 운영 예산, 도서 구입 예산을 비롯한 예산 확보에 관심을 가지게 된다. 또한, 도서 구입 시 교장이 양서를 도서 구매를 요청함에 사서 교사나, 사서 실무사가 도서관 운영에 더 관심을 가지게 된다.

단점은 여러 가지가 있으나, 첫째, 매일 매일 시간을 내어 책을 읽어야 한다는 점이다. 학교 밖의 사람, 심지어 학교 안의 사람도 교장은 너무도 편한 사람이라고 말한다. 혹자들은 국민이 원하는 직업 순위에 교사가 높은 순위로 올라온다. 또한 사람들은 아주 오래전 본인들이 학교 다니던 시절을 생각하며, 교장을 생각한다. 교장 말 한마디면 움직이던 세상을 떠올리며, 그러나 현실은 너무나 어렵다. 코로나19라는 팬데믹 상황을 거치면서 사람들은 교장이 짊어지고 있는 무거운 짐을 잘 모른다. 교장이라는 큰 짐을 지고 산을 오르는 상황인데, 잠깐 잠깐의 쉬는 시간에 짬을 내어, 2주에 한 권씩 책을 읽는다는 것은 힘든 일이다. 이 일은 참으로 고통스러운 일이다. 특히, 책을 읽는 습관이 형성되지 않은 상황, 나이가 들어 책을 볼 때는 돋보기를 쓰고 읽어야 하기에 눈의 피로감은 금방 나타난다. 이런 상황에서 책을 읽는 초기에는 매우 어렵다. 그러나, 초기 책을 읽는 어려운 상황을 극복하면 습관에 의해서 자연스럽게 이런 어려움은 조금씩 극복이 된다.

둘째, 2주에 하루씩 시간을 내는 것이다. 한 학교를 책임지고 경영하는 교장으로서는 학교 내외의 사람과의 이런저런 약속이 많다. 요즘에는 사회 경향이 가족 중심으로 가고 있기에 가족 행사도 신경을 쓰지 않을 수 없다. 그러나, 만나는 주와 만나는 요일이 고정되어 있기에 불가피하게 독서 동아리 모임에 빠지는 일이 발생한다. 때로는 소수의 인원이 만나는 일도 있다. 그러나, 이런저런 어려움을 극복하면서 책을 읽는다는 것은 그 고통에 비하여 얻는 것이 너무나 많다.

교사의 신뢰를 얻으려면 메모하는 습관 가지기

성공한 사람들의 공통된 습관 중 하나가 바로 '메모'다. 성공하는 사람과 그렇지 못한 사람의 차이는 메모를 하느냐 안 하느냐에 있으며 메모는 돈이 안 드는 최강의 도구다. 그렇기에 성공한 사람들은 항상 작은 펜과 수첩을 갖고 다니며 언제 어디서든 중요하다고 생각되는 것들을 바로 수첩에 메모한다. 창의적인 아이디어를 순간 떠올릴 수도 있고, 누군가 하는 중요한 말을 빠르게 메모를 할 수도 있고 일을 배울 때 모르는 것들을 메모할 수도 있다. 심지어 침대 옆에 수첩과 펜을 놓고 자는 사람들도 있다. 메모는 시간과 장소를 가리지 않고 다방면으로 쓰이는 또 하나의 무기이다. 우리가 잘 알고 있는 유명인 중 일부는 메모하는 습관이 있는 정도가 아니라 메모광이었다고 한다. 자동차왕 핸리 포드도 '스케줄을 메모하지 않는 사장은 그 자리에 앉을 가치가 없다'라고 했다.

그렇다면 왜 그렇게 메모가 중요한 것일까? 도대체 메모해야만 하는 이유는 무엇일까?

첫째, 아이디어가 떠오르는 시점과 활용 시점에 차이가 나기 때문이다. 아이디어는 순식간에 떠오른다. 그리고 유효기간이 아주 짧다. 많은 아이디어는 당장 사용할 수 없을 때 떠오른다. 그렇기에 그때그때 그것을 기록해야 한다. 그리고 필요할 때 활용할 수 있게끔 해야 한다. 그것이 메모의 가장 중요한 효용성이다.

둘째, 메모하면 마음의 평화를 얻을 수 있다. 이것이 무슨 말인가? 필자의 경우 머리가 별로 좋지 않고 건망증이 위험 수준이다. 그래서, 필자의 경우 잊지 않기 위해서 메모를 한다. 메모란 사전적인 의미로 잊지 않도록 요점을 간략히 적어 두는 일 또는 그렇게 적은 글을 의미한다. 인간의 기억력은 그리 길지 않다. 이것이 바로 메모를 해야 하는 이유다. 메모의 중요성 실험 결과, 인간의 두뇌가 한 번에 처리할 수 있는 정보량은 약 일곱 자리의 수에 불과하다고 한다. 또한 인간 두뇌의 기억 장치에 새로운 정보를 저장하는 것은 단 몇 초밖에 걸리지 않는다. 따라서 새로운 정보를 처리하고 이미 저장된 정보를 불러오는 능력은 매우 제한되어 있다. 이 문제점을 해결하기 위해 가장 좋은 방법은 바로 보고 들은 것이나 불현듯 떠오르는 생각 등을 잊지 않기 위해 기록하거나 간단한 그림 등으로 표현하는 메모다. 중요한 일을 잊지 않고 그래서 실수를 줄일 수 있도록 도움을 준다.

한편 필자는 잊기 위해 메모한다. 잊지 않기 위해 메모한다는 것과 상반되는 것처럼 보이지만 잊지 않기 위해 메모를 한다는 이유보다 더 강력한 이유가 있다. 인간은 망각의 동물이다. 새로운 정보의 60퍼센트는 한 시간 경과가 되면 잃는 게 인간 두뇌의 한계다. 그러다 보니 기억하려고 하면 할수록 오히려 스트레스만 받을 뿐이다. 그럴 때는 메모를 하고 잊는 것이 두뇌의 활성화를 위한 가장 좋은 방법이다. 두뇌를 기억과 저장기능으로 쓰지 말고 창조적 기능으로 쓰는 사람은 성공한다. 그러니 기록하고 잊는 것이 바로 메모의 중요성이다.

아인슈타인은 사소한 기억력이 나쁘기로 유명하다. 특히 집 전화번호를 책에서 찾거나 비서에게 물어보곤 했다. 답답했던 사람들이 왜 전화번호를 외우지 못하느냐고 물어보자 그는 이렇게 대답했다. '전 집 전화번호 같은 건 잘 기억을 안 합니다. 적어놓으면 쉽게 찾을 수 있는 것을 무엇 하러 기억해야 합니까?' 메모가 좋은 것은 마음의 평화를 주기 때문이다. 메모하면 잊어도 좋다. 그렇게 되면 마음의 평화가 오고, 창의적인 아이디어가 샘 솟는다. 인간은 한정된 뇌 용량을 갖고 있다. 중요한 것은 그 용량을 어디다 사용할 것이냐 하는 것이다. 쓸데없는 지식을 기억하는 것보다는 다른 곳에 활용하는 것이 유리하다. 두뇌를 활용하려면 두뇌를 저장과 기억기능으로 사용하지 말고 창조적 기능으로 사용해야 한다. 기록을 반드시 해야 할 것, 하지 않아도 좋을 것을 구분하는 것도 필요하다. 외울 것과 그렇지 않아도 상관없는 것을 구분하는 것 역시 필요하다. 외울 필요가 없는 것을 외우려고 노력할 때 마음의 평화는 깨진다. '기록하고 잊어라. 잊을 수 있는 기쁨을 만끽하면서 항상 머리를 창의적으로 쓰는 사람이 성공한다. 그 비결은 바로 메모 습관에 있다'라고 〈메모의 기술〉 저자 사카토켄지는 강조한다.

셋째, 메모하면 신뢰성이 높아진다. 필자는 어떤 회의나 메모를 한다. 누군가와 대화를 할 때 메모하면서 들으면 말하는 상대방에게 신뢰감을 준다. 즉, 메모하는 모습을 보여주는 것은 '나는 당신의 말을 그냥 허투루 듣지 않고 새겨듣고 있다'라는 표시하는 동작이기 때문이다. 그런 행동은 학교경영에서도 교직원들에게 신뢰를 얻을 수 있는 좋은 방법의 하나다. 회의 시에도 교장이 메모하지 않고 고개만 끄덕이는 것보다 메모하면 회의에 참석한 사람도 훨씬 회의에 집중하는 효과를 거둘 수 있다.

넷째, 메모는 좋은 학습 수단이다. 메모는 기억의 수단인 동시에 생각을 구체화하는 학습 수단이다. 메모는 극도로 짧은 행위지만, 그 짧은 순간 우리의 두뇌는 대화의 기능을 수행한다. 두뇌활동과 가장 밀접한 신체 부위는 손이다. 다음은 혀와 입이다. 베토벤은 열심히 메모를 한 사람으로 유명하다. 악상이 떠오르면 어디에나 메모했으나 그 메모를 다시는 보지 않았다고 한다. 궁금해진 친구가 왜 메모를 하고 다시 보지 않느냐고 묻자 그는 이렇게 대답했다. '메모하다

보면 외워집니다. 다시 꺼내서 볼 필요성을 못 느낍니다' 누구나 이런 경험이 있을 것이다. 고등학교 학창 시절에 영어단어를 외울 때도 이런 방법을 사용한다. 혼자 머릿속으로만 외우는 것, 말로만 중얼거리면서 외우는 것, 말로 중얼거리고 메모를 하면서 외우는 것… 이 중 어느 것이 가장 효과적일까? 말로 하고 메모를 하면서 외우는 것이 가장 효과적이다. 메모는 그 자체가 중요한 기억 프로세스이기 때문이다.

학교에서도 교장은 각종 교내 외 회의에 참석해야 하는 일이 많다. 이때도 무슨 말을 해야 할지 어떤 내용을 의논해야 할지 등 미리 메모하면 오늘 회의의 목적과 방향도 명료해진다. 어느 자리에서 인사말을 할 때도 중언부언이 되지 않고 간단명료한 말을 할 수가 있게 된다. 이렇게 되면 회의 참석자 모두가 길게 말하기 보다는 미리미리 회의 준비를 하고 참석을 하기에 회의 시간이 길어지지 않는다. 그 결과 회의하면 불필요한 말이 많아 회의 시간이 길어져서 낭비되는 시간이 많다는 선입견과 편견을 깨트릴 수 있어 회의를 꺼리는 문화가 사라지게 된다.

다섯째, 메모는 반성과 예측의 좋은 수단이다. 아침에 일어나 하루 일을 계획하고, 자기 전에 하루 있었던 일을 반성하는 것은 성공의 중요한 습관이다. 그냥 생각만으로 계획할 때하고 펜으로 쓰면서 계획하는 것은 큰 차이가 있다. 아침마다 업무 수첩에 뭔가를 메모하다 보면 나도 모르게 새로운 아이디어가 많이 떠오른다. 예전에 사용했던 수첩을 다시 보다 보면 미루었던 일들이 기억나기도 한다. 즉, 이러한 과정을 통해 생각을 정리할 수 있다. 부자들은 모두 가계부를 쓴다. 가계부의 핵심은 반성과 예측인데 이 과정을 통해 부자들은 반성하고 예측을 하는 것이다. 메모하다가 보면 영혼이 맑아진다. 필자가 교장으로 재직하는 동안 좋아하는 시간 중 하나는 출근을 하여 어제 퇴근 후에 올라온 문서를 모두 결재하고 어제 일을 반성하고 하루 일을 계획할 때이다. 주말 저녁 한 주일을 뒤돌아보고 새로운 한 주를 계획할 때이다. 가장 좋아하는 시간은 한 달에 한 일을 업무 수첩에 옮겨 적는 시간이다. 아침 출근하여 오늘의 일을 계획한다는 것은 '내가 살아 있음을 의미하고 내가 건강하게 일을 할 수 있다'라는 것을 웅변으로 말해주기에 정말 영혼이 맑아지는 느낌이 들었었다. 스스로 대견스럽게 느껴진다. 메모가 영혼을 시원하게 한다.

메모는 메타인지 능력을 길러준다. 우리가 어떤 목표를 향해 갈 때 크고 작은 시행착오를 겪는다. 그러나 성공한 사람과 그렇지 않은 사람의 차이는 '똑같은 실패를 반복하는가, 똑같은 실패를 반복하지 않는가'의 차이다. 즉, 그런 시행착오를 겪는 것은, 피할 수 없지만, 똑같은 일을 겪고도 누군가는 한두 번에 극복하는 반면 어떤 사람은 다른 사람이 기울인 노력에 두 배, 세 배 걸리기도 하며 심지어는 아예 좌절하는 때도 있다. 물론 개개인의 능력이 다르고 개개인이 처한 환경과 상황도 다르기 때문이겠지만 이런 차이를 만들어내는 능력 중 하나가 자기 객관화, 메타인지 능력이다. 이 능력이 뛰어날수록 문제의 원인을 좀 더 명확히 파악할 수 있고 그에 따라 합리적인 대응이 가능하다. 메모는 바로 이런 메타인지 능력을 길러주는 데 도움을 준다. 방향을 잡아주고 현재 나의 상태를 보다 객관적으로 볼 수 있게 해준다. 학교경영을 하다 보면 과거에 겪어보지 않았던, 생각지도 않던 문제상황에 봉착하게 된다. 누구나 처음 겪는 문제에 당황하게 되어 대응에 문제가 생길 수밖에 없다. 이런 상황을 잘 기록해 둔 사람은 다음에 똑같은 문제에 부딪혔을 때 그 대응 방식에서 분명한 차이가 있을 수밖에 없다.

마지막으로 메모의 방법을 간단하게 적어보면, 첫째, 언제 어디서든 메모를 한다. 머릿속에 떠오르는 것은 즉시 메모한다. 둘째, 일을 잘하는 사람, 존경하는 사람을 관찰하면서 메모한다. 삶을 살아가는 데 있어 내 방식만 옳다고 생각하는 것처럼 어리석은 것은 없다 편견을 버리고, 배울 것이 있다면 받아들이고 남을 관찰하면서 좋은 것이 있다면 메모하는 것도 좋은 방법이다. 셋째, 메모하는 별도의 시간을 갖는다. 메모만을 목적으로 하는 시간을 갖는 건 중요하다. 메모하는 습관을 기르기 위해서 중요하다. 넷째, 메모를 데이터 베이스화 한다. 메모한 후 잊어버린다면 아깝다. 한 달에 한 번, 두 달에 한 번은 데이터를 정리해서 보관할 수 있는 것도 좋은 방법이다. 다섯째, 메모를 재활용하자. 그 당시에 적었을 때와 같은 내용임에도 다른 느낌을 가질 수 있다.

제14장 이해 당사자가 의사결정에 참여하게 하는 교장 되기

집단의 역량은 가장 낮은 역량을 가진 사람에 의해 결정된다

최근 Me Two 운동이 우리 사회를 뜨겁게 달구었다. 이 운동의 전개 양상을 보면 그동안 우리 사회에 깊이 내재해 있던 문제가 드디어 불거져 나왔다. 사실 대한민국 전후 세대 사람의 상당수는 이 문제에 자유로울 수 없다. 그런 측면에서 새로운 시대에 새로운 문법이 필요하다. 특히 여성의 인권 측면에서 보면 만시지탄의 감마저 든다. 물론 인권이 우리보다 잘 보장되고 있다고 생각하고 있던 서구에서도 지금 터져 나오는 것을 보면 매우 안타까운 마음이 든다. 그러나, 우리가 경계해야 할 것은 한 두 사람의 잘못된 행동으로 조직 전체를 매도하는 잘못을 해서는 안된다. 그러나, 현실은 그렇지 않다. 그 범죄를 저지른 개인은 물론이고, 그 사람이 소속된 조직 전체를 비판하고, 비하하는 말들이 무성하다. 연극계, 영화계, 군조직, 경찰조직 등 많은 조직이 이렇게 직격탄을 맞았다. 물론 어떤 조직은 그런 것들이 만연한 조직도 있고, 어떤 조직은 일부의 사람들의 일탈일 수도 있다. 그러나 다른 나라도 그런 경향이 있으나, 우리 나라는 무슨 일이 벌어지면 그 조직을 모조리 비판하는 경향이 강하다.

어떤 조직에 대한 평가는 그 조직에 가장 우수한 사람들에 의해서 평가를 받는 것이 아니다. 한 조직에 대한 평가는 그 조직에서 능력이 가장 떨어지는 사람이나, 도덕성이 가장 부족한 사람, 도덕성에 대한 민감도가 가장 떨어지는 사람으로 평가한다. 하나의 예를 보면,

학교에서 보면 다수의 선생님은 정해진 출근 시간보다 일찍 출근하고, 정해진 퇴근 시간보다 늦게 퇴근한다. 그러나, 선생님에 따라서는 개인적인 사정이 있어 늦게 출근하거나 일찍 퇴근하는 경우가 있다. 그런데 학부모들은 아침 일찍 출근해서 저녁 늦게까지 근무하는 다수의 성실히 근무하는 사람은 말하지 않는다. 학부모들은 소수의 불성실하게 근무하는 사람, 그것도 사람 중심이 아닌 기준을 가장 늦게 출근하는 사람과 가장 일찍 퇴근하는 사람의 시각을 각각의 기준으로 교사들의 근무태도를 문제 삼는다. 이런 것은 자연계에도 물리학적으로 설명이 된다. 어떤 그릇에 물을 담을 때 그릇에 물을 담을 수 있는 최대 높이는 그 그릇에 가장 낮은 높이이다. 아무리 그릇의 키가 크다고 하여도 그만큼 물을 채울 수 없고, 키가 가장 작은 곳만큼 물을 담을 수밖에 없다.

과거 1970년대에서 1980년대 초등학교에는 과거 중학교 입학시험을 보던 시절의 유산이 여러 가지 있었다. 그중 하나가 매달 월말고사를 보고 학급 시상을 했었다. 한 가지는 90점 이상의 점수를 맞은 학생을 대상으로 개인 시상을 하는 것이고, 다른 하나는 국어, 수학, 자연, 과학의 네 과목 평균 점수가 높은 학급을 시상하였다. 이때 각 학급에서는 개인상과 학급상을 받기 위하여 등교 시부터 하교 시까지 학생들을 다그치면서 가르치던 시절이 있었다. 이때 필자가 담임하던 학급은 개인상은 어느 정도 평균적인 성적을 유지했으나, 학급 과목 평균은 항상 꼴찌를 하여 많은 고통을 받았었다. 그때마다 느낀 점은 항상 학급 평균 점수를 깎아 먹는 친구들이 있었다. 이때 혼자서 '학급 평균을 깎아먹는 친구들이 제발 결석을 했으면 좋겠다'라는 생각을 하곤 했었다. 그러나, 그런 기적은 발생하지 않았다. 왜냐하면 그 당시 학교를 결석하는 일은 전쟁이 일어나는 것처럼 집에서는 아주 큰 사건이었기 때문에 부모님들이 자녀들이 죽을 만큼 아프지 않는한 학교에 보냈다.

이런 유사한 일은 미국에서도 벌어졌다. 부시 대통령 시절에 NCLB법을 제정하여 학생들의 학력을 신장시키기 위한 노력을 하였다. 성적이 향상되지 않는 학교는 예산을 삭감하고 심지어는 학교를 폐쇄하기도 하였다. 그 결과 학생들의 성적 향상이라는 긍정적인 측면도 있었다. 그러나, 학생들의 성적 향상을 위하여 다문화 학생을 시험을 치지 못하도록 하는 부작용이 발생이 되기도 하였다. 핀란드에서는 국가가 정책적으로 초등학교에서 학업이 뒤쳐진 학생에게 집중하여 PISA에서 항상 높은 성적을 유지하고 있다.

학교 조직의 능률성 향상과 학교 평가도 학생들의 학업성취 원리와 마찬가지이다. 교직원 중에 역량이 가장 떨어지는 사람에게 조직의 역량을 집중해서 지원해야 한다. 그렇지 않으면 학부모 민원이 발생하게 되고, 그 문제가 해결되지 않으면 그것이 학교 교사에 대한 능력 평가, 더 나아가서 학교에 대한 역량 평가가 된다. 그렇게 되는 경우 학교가 지역사회와 학부모로부터 신뢰를 잃게 되어 여러 가지 문제가 발생이 된다.

학교내 소외되기 쉬운 사람을 포용하는 포용 경영을 하는 리더 되기

❖ 정기적인 간담회 개최하기

요즘 주민이 지방자치단체장을 직접 선출하면서 모든 지방자치단체에서 주민에게 친절한 행정 서비스를 내세우고 있다. 그래서 자연스럽게 모든 기관마다 기관의 친절도 평가를 한다. 그런데 각 기관의 친절도 평가는 누구에 의해서 결정될까? 일반적인 친절도 평가는 크게 두 가지로 이루어진다. 하나는 전화 친절도이고 다른 하나는 설문을 통한 평가로 이루어진다. 전화 친절도의 경우 평가대상은 주로 실무자가 된다. 그런데 실무자는 보통 일반 직원인 경우가 대부분이다. 중견 간부 이상이 민원인의 전화를 직접 받는 경우는 드물다. 그렇기에 기관의 중요도 친절도 평가는 다소 극단적으로 표현하면 하위직에 의해서 좌우된다고 봐도 과언이 아니다. 따라서 앞에서도 언급한 것처럼 하위직에 대한 지속적인 배려를 통해 직장에 만족도를 제고시키도록 노력하고, 역량을 강화하는 데도 많은 관심을 기울여야 한다.

학교에서는 일반직을 비롯한 공무직 등 소외감을 느끼기 쉬운 집단과 최소 한 학기에 2~3회 의견을 듣는 간담회를 정기적으로 자리를 마련하는 것이 좋다. 물론 처음에는 많은 다양한 건의 사항, 요구사항을 쏟아낸다. 그러나, 당장 해결할 수 있는 내용은 즉시 해결하고, 즉시 해결이 어려운 것은 단기적으로 해결할 수 있는 사항과 장기적으로 해결할 사항 등으로 나누어 차기 간담회 시 제시하면 된다. 그리고 제시된 문제를 공동으로 해결하려고 노력하는 진정한 마음을 보여주면 큰 갈등은 발생하지 않는다.

❖ 회식 자리에서 제일 먼저 달려가기

학교에서 전체 회식을 하는 경우 일반적으로 교장은 교감, 교무부장, 연구부장, 행정실장 등과 같은 테이블에 앉아서 식사하게 된다. 지금은 풍속도가 많이 달라졌지만 교장은 보통의 경우 회식이 끝날 때까지 자리를 이동하지 않고 한 자리에서 있는 경우가 많다. 물론 최근 사회 분위기가 체육의 날, 운동회, 직원 1박 2일 연수 등 각종 회식의 자리에서 성희롱의 문제가 불거지기에 그런 면도 있다. 그러나, 초등학교의 특성상 교사들은 학년별로 자리하고, 행정실은 행정실 직원끼리 자리를 하며, 급식실을 비롯한 공무직은 공무직끼리 끼리끼리 자리를 하게 된다.

회식의 자리에서도 교직원 간의 상호 교류와 서로 간의 소통은 잘 이루어지지 않는다. 이때 교장은 지금의 테이블을 벗어나 제일 먼저 달려갈 곳이 있다. 학교 교육을 위하여 지원하는 분들이다. 학생 식당에서 음식을 조리하시는 분, 학교 청결을 위하여 고생하시는 분들, 과학실, 컴퓨터실, 돌봄 교실 등에서 고생하신 분들이다. 교장은 이들에게 제일 먼저 달려가 음료수도 권하면서 평소에 학교 교육을 위해 노력하고 고생하는 점에 대하여 깊은 감사를 드리도록 해야 한다.

교장의 이런 노력은 처음에는 별 효과가 없다. 그러나 진정성을 가지고 1년 이상을 지속적으로 유지하는 경우 효과를 발휘하게 된다. 학교의 교육력은 결국 이들에 의해 좌우된다고 보아도 과언이 아니기 때문이다. 교사들의 역할도 물론 중요하다. 그러나 지원하는 사람들의 역할도 매우 중요하다. 히틀러가 제2차 세계대전에서 패한 전쟁 중 하나가 소련의 모스크바 침공 전투다. 이 전쟁에서 패한 요인이 여러 가지가 있다. 하나는 전쟁을 속전속결로 끝낼 수 있다고 생각하고 추위에 충분히 대비하지 않았기 때문이며, 다른 하나는 보급 계획을 제대로 수립하지 않았기 때문이다. 단순하게 소련을 침공해서 현지에서 조달한다는 지극히 단순한 계획을 세웠으나, 소비에트군은 독일군의 이런 보급 계획을 간파하고 후퇴하면서 식량을 모두 불사르면서 퇴각하는 초토화 작전을 통하여 독일군을 괴롭힌 것이다. 독일군은 소련 영토로 진격을 하면 할수록 보급로가 길어져 보급을 하기 더 힘들어지게 되었다. 결국, 독일군은 수 많은 동사자를 비롯한 인명 피해를 보고 눈물을 머금고 후퇴를 하였다.

학교에서도 마찬가지다. 교사들이 학생들을 잘 가르치기 위해서는 지원부대인 행정실을 비롯한 주무관, 공무직 분들의 협조가 절대적이다. 이들의 헌신적인 지원이 없으면 학교 교육은 제대로 이루어질 수가 없다. 따라서, 교장은 이들의 노고를 제대로 평가해주고 그 노고에 감사를 표할 수 있는 마음의 자세를 갖는 것이 필요하다. 이런 교장의 마음이 교사들에게도 제대로 충분하게 전달이 되어야 한다.

❖ 담당 업무와 관련된 중요한 의사결정 시 의견을 경청하기

참으로 입에 올리기 힘든 말, 참으로 참담하여 말하기 힘든 단어가 있다. 2017년 조달청 발표 자료인 '공공건축물 유형별 건축비 분석'에 의하면 초등학교 건축비는 창고 다음으로 저렴하다. 참으로 부끄러운 내용이다. 이렇기에 초등학교에서는 그해 신축한 학교의 건물이 여름에 체육관에 비가 새고, 교실 천장에 물이 새는 일이 비일비재하게 발생한다. 이렇게 초등학교 건물을 저렴한 비용으로 짓기에 초등학교는 방학 때가 되면 매번 공사판이다. 심지어는 방학 때 여러 가지 공사를 한꺼번에 할 수 없어 수업이 있는 학기 중에도 공사를 하기도 한다.

공사를 할 때 여러 단계가 있다, 간단히 설명하면, 설계부터 디자인 결정, 자재의 선정 등이 있다. 보통은 이것을 교장과 교감 그리고 행정실장이 주로 결정을 한다. 그러나 이것보다는 업무를 담당하는 사람들이 함께 참여하여 집단지성과 함께 자기 업무에 대한 나름의 전문성을 발휘할 수 있도록 한다. 예를 들어, 학교 도서관 리모델링 공사를 한다고 가정을 하는 경우 설계에서부터, 디자인, 자재 결정, 교구 결정 등에 이르기까지 공사 전 과정에 사서실무사를 참여하도록 하는 것이다. 또한, 과학실 리모델링 공사를 하는 경우 과학실무사를, 컴퓨터실 리모델링 공사를 한다고 하는 경우 전산실무사를, 화장실 공사를 한다고 하는 경우 청소담당 여사님을 참여하도록 한다. 특히, 청소를 담당하는 여사님을 참여시키는 경우 여러 가지 긍정적인 면이 있다. 매일 화장실 청소를 하는 전문가인 여사님의 입장에서 의견을 개진하므로 화장실의 위생과 청결이라는 관점이 공사에 잘 반영될 수 있다. 하나의 예로 소위 대걸레를 빠는 통을 만드는 경우 대걸레를 빨기에 적합한 높이, 넓이, 위치 등 사용자의 입장을 고려한 설계가 이루어져 화장실 청결이 잘 유지되게 된다. 이것은 결국 청소를 담당하는 여사님의 직장 만족도를 높일 수 있게 된다. 이를 통해 조직 구성원들 모두가 행복감을 느끼게 된다. 결국에는 서로가 서로에게 행복 바이러스를 주어 직장 내에 행복 바이러스가 퍼진다.

이렇게 업무 담당자를 본인의 업무에 관련하여 중요한 결정을 할 때마다 참여를 시키는 경우 좋은 점은 본인의 업무에 대한 전문성을 갖추게 된다. TV 프로그램 중에 〈생활의 달인〉이라는 인기 프로가 있다. 이 프로그램을 보면서 느끼는 것은 이 프로그램이 TV 프로그램 중에 드물게 사회에 매우 긍정적인 영향, 선한 영향력을 미친다는 것이다. 사회의 잘 보이지 않는 곳에서 나름대로 최선을 다하는 사람들이 있다. 어떤 측면에서 보면 세계 제2차대전이 종료되면서 독립한 신생 독립 대한민국은 1950년 한국전쟁을 거치면서 어렵던 경제가 더 어렵게 되었다. 1인당 국민소득이 약 100달러 정도였으니, 지금의 MZ세대는 감히 상상하기 어려운 수준의 삶이었다. 이처럼 어려운 나라, 원조를 받던 가난한 나라에서 원조하는 나라로 성장하고 발전할 수 있었던 것은 이런 이름 모를 분들의 자기 분야에서의 전문성 확보와 함께 헌신이 있었기에 가능했다고 할 수 있다. 그러나, 우리의 경제성장과 발전의 공은 지금까지는 정치인, 경제인 등 주목을 받는 사람들, 직업군 중심으로 부각이 되었다. 그러나 이 프로그램은 사회의 구석에서 열심히 일하는 이들을 조명해 주고 있다.

학교라는 조직도 같은 논리가 적용될 수 있다. 일반 사람은 학교라고 하면 학생을 교육하는 기관이기에 교사만 근무하는 조직이라고 생각을 한다. 그러나, 코로나19라는 팬데믹 상황을 거치면서 조금은 알려지기는 했으나, 학교라는 조직에는 매우 다양한 직군, 여러 종류의 직렬의 사람이 근무하고 있다. 물론, 학교 조직에서 다수를 차지하는 사람은 교사다. 그러나, 교사라는 사람은 가르치는 일에 있어서 다른 직군, 다른 직렬의 사람의 도움과 협조가 없이는 사실 어떤 것도 할 수 없다. 그런데 학교 조직에서 이루어지는 주요한 의사결정을 보면 교원 중심으로 이루어지는 경향이 있다. 물론 교사가 다수이기에 당연한 것으로 볼 수 있다.

그러나 소수에 대한 배려도 필요하다. 소수와 함께 가지 않는 조직은 조직이 건강할 수 없다. 조직이 건강하지 않기에 성과를 내기 어렵다. 결국 이것은 학교라는 조직의 발전에 부정적인 영향을 미친다. 교사가 아닌 직종이나 직렬에 속한 사람은 소수이기에 학교에서 자기가 하는 일에 만족도가 낮고, 효능감도 낮을 수밖에 없다. 그렇기에 일에 대한 몰입도가 떨어질 수밖에 없다. 이런 현상은 결국에 학교 조직에 건강도를 떨어뜨리고, 학교 조직 내의 조직 구성원 간에 갈등과 긴장도를 높이게 되어 비능률과 비효율을 초래하게 된다. 교장은 학교를 경영하는 사람으로서 항상 이 점을 염두에 두어야 한다. 그래서 필자가 아는 교장은 공무직을 중심으로 비공식 모임을 만들어 저녁도 먹고, 차도 마시며, 어떤 경우에는 간단하게 술을 마시면서 소통하여 학교경영에 큰 도움을 받는 경우도 보았다.

제15장 진정성과 참을성을 가지고 설득하는 교장 되기

> 천자가 참으면 나라에 해가 없고, 제후가 참으면 큰 일을 이루고, 관리가 참으면 승진하고, 형제가 참으면 집안이 부귀하고, 부부가 참으면 일생을 해로하고, 친구끼리 참으면 이름이 깎이지 않고, 자신이 참으면 재앙이 없어진다. 〈논어〉

개인의 고충을 듣고, 교사 한 사람 한 사람에게 맞는 맞춤 경영하기

'세상은 고통으로 가득하지만 한편 그것을 이겨내는 일로도 가득 차 있다'는 말은 헬렌 켈러의 말이다.

미국 워싱턴 대학교 심리학과의 존 가트먼(John Gottman) 교수는 부부의 대화를 지켜보면 이 부부가 5년 안에 불행하게 이혼하게 될지, 아니면 행복한 부부생활을 유지할 것인지 알아볼 수 있다고 한다. 그런데 놀라운 것은 그 적중률이 자그마치 95퍼센트 이상이라는 것이다. 사실 그는 10년 동안 700쌍의 부부 대화를 조사하고 수집했다. 그리고 이 안에서 하나의 원칙을 발견할 수 있었다. 칭찬과 비난이 5:1 이상일 경우 10년 뒤에도 행복한 가정을 유지하고 있었고, 그 이하는 5년 이내에 불행한 이혼을 맞이하는 것이었다. 이 칭찬의 힘을 굳게 믿고, 한 번의 비난이 있었다면 다섯 번 이상의 칭찬을 할 수 있도록 노력해야 한다. 행복한 가정은 바로 이 '칭찬'에 있었다. 이처럼 교장은 교사들의 고충을 먼저 들어주는 교장이 되어야 하고 칭찬을 많이 하는 교장이 되려고 해야 한다. 교사들은 0.01퍼센트에 속하는 우수 사람이다. 그들은 어려서부터 모범적인 생활을 해온 사람이다. 따라서, 이들에게는 비판보다는 격려와 칭찬에 더 잘 반응한다. 비판과 비난은 익숙하지 않기에 비판이 많아지면 '교장은 왜 나만 미워하지?'라는 생각을 하게 되어 불편한 감정에까지 이르게 되고 심지어는 갑질 신고를 하려고도 한다.

1940년대 말 미 공군에서는 큰 난관 봉착하게 되었다. 많은 날은 하루에 17명의 조종사가 비행기 운항 중 추락을 하였다. 제트엔진 시대에 비행 속도가 빨라지고, 비행방식이 복잡해짐에 따라 조종사들이 전투기 조종에 많은 애를 먹고 있었다. 미국 정부에서는 전투 중인 아닌 외적 사고를 '사고와 변고'의 두 단어로 규정하고 있었다. 그것은 의도하지 않은 급강하, 비정상적 착륙, 기체 폭발로 인한 사망이며, 원인은 조종사의 과실로 돌렸다. 그런데 대니얼스가 4,063명의 조종사를 대상으로 키, 가슴둘레, 팔 길이 등 10개 항목을 조사한 결과 10개 전 항목에서 평균치에 해당하는 사람은 1명도 없다는 것을 알게 되었다. 이런 결과를 보고 대니얼스는 '평균적 조종사는 없다'라는 발견을 하였다. 그런데 대니얼스가 더 놀란 것은 10개 항목 가운데 임의로 3개를 골라 체크를 해본 결과 평균에 해당하는 조종사는 전체의 3.5퍼센트가 되지 않았다.

1945년 미국에서는 이상적인 미인 여성인 노르마48) 선발대회가 열렸다. 3,864명이 참가를 하였는데, 놀랍게도 9개 항목 중 5개 항목에만 한정했음에도 불구하고, 평균치에 든 여성은 40명이 되지 않았고, 9개 항목에서는 단 한명도 나오지 않았다. 대니얼스는 이것을 보고 '많은 사람이 평균적 인간의 관점을 취하는 사고 경향에 곧잘 빠지는데 이는 조심해야 할 함정이다. 평균적인 공군 조종사를 찾기

48) 조각가 밸스키가 15,000명의 젊은 여성들로부터 수집한 신체 지수를 바탕으로 빚어낸 조각상을 말한다.

가 사실상 불가능한 이유는 이 집단만의 어떤 독특한 특징 때문이 아니라 모든 인간의 특징인 신체 치수의 극도의 다양성 때문이다'라고 말했다. 그리고 그는 평균적 인간을 바탕으로 삼아 설계된 시스템은 실패하기 마련이다. 이제는 개개인으로 바라보고 가치 존중, 개개인학(science of individual)의 입장에서 구시대적 평균을 극복하고 신시대적인 개개인성에 초점을 맞추어야 한다고 주장했다.

우리 각자가 잠재력을 한껏 펼칠 수 있는 기회를 똑같이 누리는 조직을 원한다면, 학교 조직이 개개인성에 관심을 가져야 한다. 킬러 C(Chick)라는 신호를 가진 K.캠벨 대위는 2003년 미국과 이라크와의 전쟁 때, 지대공 미사일에 피격된 전투기를 수동으로 조정하여 착륙에 성공하여 화제가 되었다. 캠벨 대위의 체격은 키 160센티, 몸무게는 54킬로그램의 여성이었다. 이런 기적이 가능했던 것은 누가 앉아도 몸에 잘 맞는 조정 가능한 조종석을 미군 전투기에 도입함으로써 가능한 것이었다.

앞으로는 맞춤이 기회를 만드는 시대가 온다. 평균의 시대 동안 우리는 기회균등을 '평등한 접근권', 즉 모든 사람이 똑같은 경험을 접하게 하는 것으로 규정해 왔다. 평등한 접근권은 평등주의적 문제에 대한 평균주의적 해법을 말한다. 그러나 엄밀하게 말하면 평균적인 사람은 없기에 기회의 평등적 접근권과 평등적 기회는 있을 수 없다. 평등한 맞춤만이 평등한 기회의 밑거름이 될 수 있다. 평등한 맞춤의 실행이 현재 우리 힘으로 충분히 가능하다. 평균의 시대에서 개개인성의 시대로의 전환은 저절로 일어나는 게 아니라, 우리가 노력해야만 가능하다.

평등한 맞춤의 실행으로 기회균등에 가장 폭넓고 직접적인 영향을 끼칠 만한 조직으로는 공교육을 꼽을 수 있다. 그 결과 공교육에서 학생들에게 이미 맞춤형 교육이 강조되고 있다. 과거의 교육에서는 학생들에게 표준화된 똑같은 체험을 강요하던 교육이었다. 예를 들면 교재는 특정 연령의 평균적인 학생을 대상으로 제작되었고, 평가는 연령, 학년을 기준으로 학습할 내용만이 아니라 그 내용을 학습하는 방법, 시기, 속도, 순서에 대해서까지 정해놓은 커리큘럼을 강요하였다. 그러나 새로운 평등한 맞춤을 도입한 교육에서는 커리큘럼은 개인별 능력과 속도에 맞추고 개인별 학습과 진도를 평가하며 여러 교육 주체들의 실험을 장려하면서 그 성공과 실패를 서로가 공유한다. 이런 평등한 맞춤의 원칙은 채용, 해고, 임금 등에 영향을 끼치는 직장 관련 사회정책에도 적용이 가능하다. 평균의 이탈이 아닌 우리 스스로가 정한 관점에서 성공을 바라는 사회는 유토피아가 아닌 현재 우리 주위에서 이미 일어나고 있는 것이 현실이다. 이미 의료시스템에서는 모든 환자에게 평등한 맞춤을 제공하려는 목표에 따라 개인 맞춤 의료로 옮겨 가는 중이다. 기업에서도 코스트코, 조호, 모닝스타처럼 개인을 중요시하는 기업들이 세계적인 성공을 거두고 있다. 이제는 모든 조직이 개개인성을 받아들이고 평등한 맞춤을 채택해야 할 때다. 우리 앞의 밝은 미래를 향한 시작점은 평균주의 시스템에 대한 순응이 아니라 개개인성을 중요시함으로써 평균주의의 독재에서 해방이다.

미국 어느 백화점 여성복매장에는 거울 앞에 카메라를 설치해놓고 고객의 움직임을 파악한다. 고객이 어떤 색깔의 조명에 긍정적, 부정적 반응을 하는지, 어떤 스타일의 옷에 긍정적, 부정적 반응을 하는지를 모아 빅데이터를 만들어 분석한다. 그 고객이 다시 매장을 방문할 때 고객이 좋아하는 조명으로 바꾸고 종업원도 고객이 좋아하는 스타일의 옷을 추천한다. 그 결과 이 매장은 매출을 다른 여성복의 매장보다 많이 늘릴 수 있었다고 한다. 대학 동기 친구가 필자에게 골프를 배우길 권하면서 추천한 골프 강사가 있었다. 그 골프 강사와 다른 강사와의 가장 큰 차이점은 개인별로 파일이 마련되어 있다는 것이다. 파일에는 언제 무엇을 지도했다는 내용과 잘 숙련되지 않는 동작들에 대해서 기록을 해 놓았다는 것이다. 그래서 이 강사에게 배우면 아주 철저하게 배울 수 있다고 추천을 한 적이 있었다. 이제 학교경영도 그래야 한다. 개인 맞춤형 경영을 해야 한다. 그러기 위해서는 교사가 학생을 가르칠 때 개인지도 카드를 만들어 교육하듯이, 교장도 교사 개인별 카드를 만들어야 한다.

명령하거나 지시하려고 하지 말고 설득하고 또 설득해야 한다

정확한 기억은 나지 않으나 미국의 어느 연구논문에 의하면 한 '기업체의 CEO가 말한 것을 전 직원에게 도달하게 하려면 CEO가 약 16번을 말해야 한다'라는 연구논문을 본 적이 있다. 이것이 시사하는 바는 무엇일까? 조직 내에서 CEO가 어떤 일을 추진한다는 것이 쉽지 않고 그만큼 조직 내의 의사소통이 어렵다는 것이다. 따라서 훌륭한 CEO는 회사에서 의사소통에 신경을 많이 쓰고 있다. 학교는 어떠할까? 일반회사보다 소통에 더 많은 관심을 가져야 한다. 그것은 학교 조직의 목적이 학생을 교육하는 곳이고 교육은 교사를 통해서 학생에게 이루어지는 정신적 활동이 주를 이루기 때문이다. 교장이 학생들을 아무리 교육하고 싶어도 많은 한계가 있다. 학생 교육은 사실상 교장이 할 수가 없다. 고로 학교라는 조직은 그 특성상 업무에 관한 의사소통이 지시가 아닌 설득을 통해서 해야 한다. 그 이유는 첫째, 교장과 교직원 간의 시간관의 차이 때문이고, 둘째, 교육 목표의 실질적인 변화 때문이며, 셋째, 교사들의 독특한 문화 때문이다.

첫째, 교장과 교직원 간의 시간관의 차이 때문이다. 여기서 시간관은 시간의 흐름, 빠르기에 대해 갖는 생각이다. 예를 들면 아버지 앞에서 잔소리를 듣거나, 추운 날씨에 길거리에서 누군가를 기다리는 시간은 매우 느리게 간다. 또한, 내가 만나기 싫어하는 사람과 어쩔 수 없이 만나 대화해야만 하는 경우 그 만남의 시간이 그렇게 더디게 갈 수 없다. 반면에 내가 좋아하는 또는 재미있는 스포츠 경기를 보거나, 감동을 주는 영화를 보는 경우, 사랑하는 사람과의 함께 있는 시간은 매우 빠르게 간다. 특히, 최근에 카타르에서 개최된 월드컵 축구 경기를 보면서 이런 것을 느꼈을 것이다. 한국이 이기고 있는 게임은 시간이 너무나 늦게 가고, 한국이 지고 있는 게임에서는 시간이 너무나 빨리 간다고 느낀다. 16강 진출을 결정하는 포르투갈과의 경기에서 2대1로 이기고 있었으나 다른 경기장에서 벌어진 가나와 우루과이 경기가 약 7~8분이 남은 시간이 어느 때보다 가장 긴 시간이었다.

학교에서도 마찬가지이다. 대개 교장들은 정년을 얼마 남겨놓지 않은 시점에 교장으로 승진을 한다. 만약, 현재 학교에서 3년 후 정년퇴직을 하는 교장이 학교에 부임했다고 가정을 해보자. 교장의 입장으로 생각을 해보면 하루가 지나면 지날수록 정년퇴직까지 남은 날짜는 반대로 하루씩 줄어들게 된다. 즉, 정년은 정해져 있고, 교장으로서 근무해야 할 날수도 정해져 있다. 그렇기에 늘어나는 물리적 시간은 없다. 반면에 현재 학교에 교육대학교를 졸업하고 신규교사로 부임한 교사가 있다고 하자. 일반적으로 연구 결과에 의하면 신규교사에게 하루는 매우 힘든 시간이라고 한다. 그 이유는 신규교사로서 배워야 할 것들이 너무나 많고, 새로운 직장문화에 적응하여야 하며, 복장도 신경을 써야 하고 출퇴근 시간도 지켜야 하고 많은 제약이 따르기 때문이다. 정년이 3년밖에 남지 않은 교장의 하루와 올해 새로 부임한 신규교사의 하루는 그 의미가 매우 다를 것이다. 교장에 하루는 느낌으로는 1시간 느낌, 신규교사에게 하루는 1주일 같은 느낌일 것이다. 그 결과 교장의 생각으로는 일을 할 때 조급해지게 되고 서두르게 된다. 반면에 교사의 생각으로는 일을 할 때 교장은 교사들에게 일을 할 수 있는 충분한 시간을 주지 않고, 무척 서두르고 재촉하면서 심지어는 책망한다고 느낀다. 교장과 교사 간의 시간관의 차이 때문에 소통이 어려워지며 이로 인하여 갈등을 유발하기도 한다. 어떻게 보면 교장과 교사 간에 소통이 원활하게 이루어지지 않는 것이 정상이라고 할 수 있다.

둘째, 교육목표의 실질적인 변화 때문이다. 과거부터 현재까지 초등교육의 학교교육 계획(과정)을 보면 모든 학교의 교육목표에 '인성'과 '창의성'이 들어가지 않은 학교는 거의 없었다. 그러나 과거에 교육은 목표는 창의와 인성교육을 표방하였으나 내용을 보면 창의성 교육과는 상당한 거리가 있었다. 세계 2차대전을 통해 독립한 신생국, 한국전쟁을 극복하고 폐허 속에서 경제성장을 이루기 위한 국가적 처한 상황 속에서 어쩔 수 없는 것이기 하였으나 영미로 일컬어지는 선진국을 따라잡기(Catch-up) 위한 노동자 양성 교육이 주를 이루었다. 이로 인하여 학교에서의 실질적인 교육 목표는 한글로 된 작업 매뉴얼을 제대로 읽을 수 있거나, 영어 매뉴얼을 빨리 번역하는 능력 (절대적 진리관) 등을 가진 근로자·노동자를 양성하는 교육이 실질적인 목표가 되었다. 따라서 교육의 방법에서도 매뉴얼을 읽고 번역하고 쓰고 할 수 있는 정도의 문해력 교육이 주를 이루었기 때문에 주어진 진리를 되도록 최대한 빨리 터득하도록 하기 위한 주입식 교육이 대부분이었다. 또한 평가도 누가 문해력이 있는 가를 알아내기 위한 상대평가로 대변되는 선발적 평가관이 학교에 중심적인 평가관이 되었다. 이런 교육풍토 속에서는 행정도 일방적 소통이 주를 이룰 수밖에 없었다. 이것은 교육의 포드주의(Fordism: 대량교육)라고 말할 수 있다.

교육이 이런 포드주의 방식으로 이루어지던 때는 지시와 통제가 중심이었다. 왜냐하면 교육의 방식에 표준화가 이루어져 있었기 때문이다. 1시간의 수업 시간은 40분으로 정해져 있었다. 단위시간의 교수 목표를 제시하는 시간도 정해져 있었다. 단위시간의 교수·학습 목표를 어디에 제시해야 하는지는 정해져 있었다. 교수·학습의 과정도 교과목에 따라 차이가 있기는 하나 크게 보면 도입, 전개, 정리 등으로 되어 있었다. 또한 판서는 분필을 이용하여 어디에 어떻게 제시해야 하는지도 정해져 있었다. 그렇기에 장학이라는 이름으로 단위시간에 교사들이 진행하는 수업을 통제할 수가 있었다.

그러나 대한민국이 세계 10대 무역국으로 성장과 도약을 하면서 교육계에서 원하던 바대로 학교 교육의 실질적인 목표가 변화되었다. 그것은 자의가 아닌 타의에 의하여 변화될 수밖에 없었다. 이제는 과거와 같은 교육의 포드주의(대량교육)으로는 세계 경쟁에서 이길 수 없는 상황이 되었다. 이제는 교육의 목표가 명실 상부하게 창의·인성교육에 집중할 수밖에 없게 되었다. 그러나, 다른 시각에서 보면 교육이라는 뜻의 영어단어 '에듀케이션(Education)'이 본래 라틴어 '에듀카레(Educare)'에서 비롯되었고, 에듀카레의 어원은 '끄집어내다'라는 뜻에서 유래된 것처럼, 결국 교육은 아이들이 무슨 특징이 있는지 파악해서 끄집어내는 것이어야 한다. 교육의 지향점이 이렇게 바꾸다 보니 수업 방식이 과거처럼 물건으로 표현하면 소품종 대량생산 방식이 아닌 다품종 소량 생산 방식의 교육으로 전환되었다. 즉, 과거의 교육방식이 표준화된 방식이 교육이었다고 한다면 이제는 개인 맞춤형 교육으로 변화한 것이다. 그렇기에 교장이 단위수업 한 시간, 한 시간을 통제한다는 것은 불가능한 시대가 되었다.

교육은 교사들을 통해서 이루어진다. 이것은 두 가지 면에서 매우 중요한 시사점을 준다. 즉, 시간과 공간의 측면에서 교장은 교육이 이루어지고 있는 교육 현장인 교실에 대한 사실상의 통제권을 가질 수가 없다는 것이다. 과거에는 교장과 교감이 장학이라는 이름으로 교내를 수시로 돌아다녔다. 그러나, 지금은 교장이 교실에서 이루어지고 있는 교육의 장면을 실시간으로 살펴볼 수가 없다. 설사 살펴본다고 해도 큰 의미가 없게 되었다.

셋째, 교사들의 독특한 문화 때문이다. 교사들은 대부분의 초·중·고 재학 시의 성적을 보면 거의 0.1퍼센트에 속하는 사람들이다. 한마디로 모범생, 소위 엄친남, 엄친녀다. 그렇기에 대한민국 모범생의 특성을 그대로 가지고 있다. 예를 들면 잔소리를 듣는 것, 누군가와 비교하는 것, 비난하는 이야기 등을 듣는 것, 억압적으로 일을 시키는 것 등을 매우 싫어한다. 반면에 좋아하는 것은 존중받는 것, 자율성을 부여받는 것, 자기 주도적인 분위기 등이다. 한마디로 말하면 무척 자존심이 강하고 자기 생각도 강하며 두뇌 회전도 빠르다. 이런 특성을 가진 교사들이기에 교사의 의견은 존중하거나 듣지도 않고 지시하거나, 권위주의적으로 업무를 처리하는 것을 무척 싫어한다. 이들에게 필요한 것은 설득하고 설득하는 것이며, 더 좋은 방법은 도움을 요청하는 것이다.

모든 사람은 자신을 존중해주길 바란다. 자신의 이야기에 귀 기울여주길 원한다. 자신의 자존심이나 목표를 귀하게 여긴다. 특히 교사들은 더 그렇다는 것을 교장은 잊어서는 안 된다. 고로 교장은 교사들을 움직이고 이끌 때 명령이나 지시가 아닌 설득으로 해야 한다. 그러한 설득의 핵심은 바로 사람의 마음을 움직이는 것이다. 마음을 움직이는 힘에는 진실과 배려, 경청, 열린 마음 등의 요소가 골고루 배합되어 있어야 한다.

교직원을 어떻게 설득해야 하는가

인간은 원초적으로 설득의 도구를 가지고 태어난다. 갓난아기는 부모를 설득하기 위하여 다양한 방법을 사용한다. 웃기도 하며, 때로는 칭얼대기도 하고, 옹알이를 하기도 한다. 그러나 가장 강력한 설득 수단은 '울음'이다. 아무리 매정한 엄마도 아기 울음소리에는 반응할 수밖에 없다. 물론 엄마에게는 아기의 울음에 민감하게 반응하는 기관이 장착되어 있다. 그래서 엄마는 아기의 울음에 매우 민감하게 반응한다. 그러나 모든 인간은 아기의 울음소리에 차이만 있을 뿐이지 예민하게 반응한다. 갓난아기가 이런 다양한 설득 도구를 갖춘 이유는 오로지 생존하기 위해서다.

이처럼 인간은 설득의 기술이 없이는 삶을 살아갈 수 없다. 좋은 설득은 연민을, 자발성을 일으키지만, 나쁜 설득은 짜증을, 때로는 불안과 공포감을 다른 사람의 마음에 일으킨다. 인간은 다른 사람을 설득하기 위해 때로는 논리를, 때로는 감정에 호소해서, 때로는 명분을 제시해서, 때로는 이익을 제공해서, 때로는 힘을 써서 타인을 설득한다. 그러나 설득의 방법 중 가장 좋은 것은 상황에 맞게 이 수단을 적절히 조합해야 한다. 그런데 더 어려운 것은 사람들의 자발적 열정을 이끌어내는 일이다. 사람들은 자기 이익에 따라 움직이기 때문에 내 마음처럼 움직이지 않는다.

그런데 필자가 대학원 다닐 때 은사님의 말씀이 갑자기 생각이 난다. 제 은사님은 이런 말씀을 하셨다.

"세상은 사실과 숫자만으로 바뀌는 것이 아니라, 이야기와 스토리로 바뀐다. 훌륭한 학자의 좋은 논문보다 소설가의 이야기 한편이 훨씬 영향력이 크다. 대한민국 사회에서 극복하기 어려운 반공이데올로기, 레드 콤플렉스를 벗어나게 한 것은 유명한 학자들의 논문이 아니라 조정래의 소설 태백산맥 한편으로 충분했다.”

콘돌리자 라이스가 흑인이면서 여성이라는 이중적 어려움을 극복하고 미국에 최초 국무장관이 될 수 있었던 이유는 설득을 잘 할 수 있는 능력을 지녔기 때문이다. 콘디가 아무리 명석하고 재능이 많다고 해도 대중을 설득하는 힘이 없었다면 그녀의 리더십은 제대로 발휘되지 않았을 것이다. 여기서 우리는 설득의 기술이 매우 필요하다는 것을 떠올릴 수 있다.

교장에게는 조직의 구성원이 앞으로 나아가도록 설득해낼 수 있어야 한다. 그리고 설득을 위해서는 어떤 쟁점에 대한 특별한 견해를 뒷받침할 수 있는 여러 가지 논리를 가진 주장, 사실, 통계를 제시할 수 있어야 한다. 비전만 제시한다고 교장의 임무가 끝난 것이 아니다. 아무리 멋진 비전을 제시해도, 구성원들이 ‘나의 비전’으로 생각하지 않는다면 비전은 유명무실해질 수밖에 없다. 조직의 비전을 구성원의 비전으로 어떻게 전환을 시킬 수 있을까? 어떻게 해야 ‘한번 해볼까’라는 마음이 들게 할 수 있을까? 조직과 구성원은 하나의 운명공동체라는 것을 어떻게 확산시킬 수 있을까? 설득하는 기술에는 여러 가지가 있을 것이다. 그러나 먼저 전제가 있다. 여기서는 중요한 세 가지만을 설명한다.

첫째는, 지식의 공유이다. 인간은 자신이 알고 있는 지식을 상대방도 당연히 알고 있을 것이라는 ‘지식의 저주(curse of knowledge)’가 있다. 심리학자 엘리자베스 뉴턴이 1990년 박사논문을 쓰면서 실험하였다. 일정 규모의 사람을 두 집단으로 나누었다. 한 집단(A)에는 해드셋 음악을 듣고 리듬에 맞추어 책상을 두드리도록 하였고, 다른 집단(B)에는 집단(A)의 사람이 책상을 두드린 소리를 듣고 음악을 맞추기 실험을 하였다. 한 집단(A)이 다른 집단(B)이 맞추길 희망한 기댓값이 50퍼센트였던 반면, 다른 집단(B)이 실제로 맞춘 정답률은

2.5퍼센트에 불과했다. 이것이 말해주는 것은 의사소통을 위해서는 의사소통을 할 수 있는 여건이 먼저 조성되어야 한다는 것이다. 즉, 지식의 공유가 먼저 되어야 한다는 것이다.

둘째는, 상대방의 말을 경청하는 것이다. 이건희 삼성그룹 전 삼성그룹회장의 선친 이병철 회장으로부터 받은 휘호인 경청을 좌우명으로 삼고 있는 것을 눈여겨볼 필요가 있다. 교장이 되면 사람들이 변했다고 말을 한다. 그중에 가장 많은 것이 잘 듣지 않고 말을 많이 한다는 것이다. 듣지 않는다는 것은 '내가 많이 알고 있다. 나는 다 일고 있다'라는 생각의 표현이다. 그런 때가 가장 위험한 순간이다. 진정한 창조는 모방에서 비롯된다고 한다. 겸손한 자세로 남으로부터 듣고 배우는 것을 그쳐서는 안된다.

한편, 의사소통의 대가인 데일 카네기는 '사람은 상대방이 자신의 말을 경청할 때 존중받고 있다고 느낀다'라고 말한다. 특히, 교사들은 우수한 집단이기 때문에 이런 경향이 더 강하다. 교사를 대상으로 경청을 하는 경우 세 가지를 유념해야 한다. 첫째, 다른 사람들과 마찬가지로 교사들도 자신의 말에 주의를 기울이지 않거나 중간에 말을 끊어 버릴 경우, 자신을 무시한다고 느끼게 되어 심할 경우 상대방에게 적대감을 갖게 된다. 우수한 사람으로만, 모범생으로만 살아왔기 때문에 그런 대접을 받아본 적이 없기 때문이다. 이런 경우, 비전을 공유하거나 경영목표를 달성할 수 없다. 둘째, 경청할 때 상대방의 입장이 되어서 듣도록 해야 한다. 경청은 듣기는 듣되 상대방의 입장보다는 나의 입장으로 생각하고, 행동하는 경우 역시 소통은 단절될 수밖에 없다. 중요한 것은 상대방이 느끼기를 본인이 충분히 배려받고 있다고 생각하게끔 해야 한다. 셋째, 교사들의 이야기를 듣고 납득할 수 없을 때 그 이유를 충분히 설명해주어야 한다. 즉, 교직원들의 의견이나 요청에 대해 인정할 수 없는 경우라 하더라도 그 이유에 대해 교직원들이 납득할 수 있도록 설명을 해주거나, 타협을 할 만한 다른 대안은 없는지 함께 고민해 봄으로써 상대방의 입장을 충분히 고려하고 있음을 보여줄 수 있어야 한다.

신문 칼럼니스트인 도로시 닥스(Dorothy Dix)[49]는 대중에게 다가서는 지름길은 그들에게 혀를 내미는 것이 아니라 귀를 내미는 것이다. 내가 상대방에게 어떤 달콤한 말을 한다고 해도 상대방에게는 자기 자신에 대해 말하고 싶어 하는 이야기의 반만큼도 흥미롭지 않다. 그러나 훌륭한 동료가 되고 싶으면 상대방에게 이렇게 말하기만 하면 된다. '그래서 음, 음. 더 얘기를 해줘' 나는 더 이상 총명한 대화 상대가 되는 것에 염려하지 않는다. 그저 좋은 청취자가 되려고 노력할 뿐이다. 그렇게 하는 사람은 어딜 가나 환영받게 마련이라고 경청의 중요성을 설파하고 있다. 모든 사람은 자신을 존중해주길 바란다. 자신의 이야기에 귀 기울여주길 원한다. 자신의 자존심이나 목표를 귀하게 여긴다. 특히 교사들은 더 그렇다는 것을 교장은 잊어서는 안 된다. 고로 교장은 교사들을 움직이고 이끌 때 명령이나 지시가 아닌 설득으로 해야 한다. 그러한 설득의 핵심은 바로 사람의 마음을 움직이는 것이다. 마음을 움직이는 힘에는 진실과 배려, 경청, 열린 마음 등의 요소가 골고루 배합되어 있어야 한다.

셋째는 감정적 호소와 합리적인 설득의 단계이다. 경영에서 '감성지능'을 주창한 대표적인 인물인 대니얼 골먼(Daniel Goleman)은 리더십에서의 공감의 역할에 대해 다음과 같이 주장하였다. 공감하는 능력을 갖춘 지도자는 개인, 집단에서 구성원들이 가지고는 있으나 표현하지 않는 감정을 느낄 수 있는 폭넓은 감정적 신호에 마음을 맞출 수 있다. 그런 지도자는 주의 깊게 듣고, 남들의 시각을 파악한

---

49) 도로시 딕스라는 필명으로 알려진 Elizabeth Meriweather Gilmer는 미국 언론인이자 칼럼니스트였다.

다. 그러한 지도자는 공감을 통해 다양한 배경을 가진 사람들, 또는 다른 문화에서 온 사람들과 잘 어울릴 수 있다는 것이다.

세계적인 명성이 있는 메리 케이 화장품 회사의 성장 비결을 통해서도 공감의 중요성을 잘 알 수 있다. 이 회사는 모든 직원에게 항상 다음과 같은 마음 훈련을 시키고 있다. 상대방을 마음으로부터 진정으로 귀하게 대하니까 사람들이 메리 케이 회사 사람들을 귀하게 대하는 것이다. 이것이 이 회사를 발전시키는 원동력이다. 모든 사람은 다른 사람이 자기 자신을 존중해주길 바란다. 자신의 이야기에 귀 기울여주길 원한다. 모든 인간은 자기의 자존심이나 목표를 중요하게 여긴다. 교장은 이 점을 절대로 잊지 말고, 교장은 진정으로 교직원을 존중해야 한다. 그렇게 될 때 교직원도 학생과 학부모를 존중하게 된다.

학교도 또 하나의 사회이며 선생님도 사람이다.

행정을 함에 있어서 조직구성원을 어떤 시각으로 보는 가는 매우 중요하다. 교육학에서 피그말리온 효과가 있다. 그것은 내가 마주 보고 가르치는 학생을 어떤 사람으로 보는가에 따라 교육적 효과는 하늘과 땅의 차이임을 말해주는 것이다. 따라서 교장은 학교 행정의 주 고객인 교직원을 어떤 사람으로 바라볼 것인가에 대한 입장 정리가 먼저 필요하다. 크게 보아 앞에서 언급한 바 있는 것처럼 성선설, 성악설, 성익설로 나누어서 살펴보고자 한다.

첫째, 성악설은 조직론적 관점에서 초기 행정학의 주류를 이루어 온 X이론적 관점과 맥을 같이하는 과학적 관리론 등의 바탕이 되었었다. 이 인간관의 입장에서는 인간은 관리의 대상이며, 본성이 게으르기에 부단히 감시와 감독을 해야 하며, 성과급 등에 의해 통제를 해야만 조직에서 성과를 낼 수 있다고 본다. 이 인간관은 인간은 원래 죄를 가지고 태어났다는 관점, 인간을 부정적으로 보는 종교적 입장과 비슷한 관점이다.

교직원들을 대상으로 성악설적 입장에서 행정을 하게 되면, 많은 후유증을 앓게 된다. 성악설에 근거하여 교직원들을 바라보고 행정을 하게 될 때 교직원을 믿지 못하고 자꾸 통제하는 방식을 사용하게 된다. 이것은 학생을 교육해야 하는 상황과는 다른 모순되는 상황이 연출되어 교사들로서는 혼란이 생기게 된다. 즉, 일반적으로 교육은 성선설적 입장에서 학생의 변화 가능성에 주목하는데, 반대로 교육행정은 성악설의 입장에서 통제 중심의 행정을 하게 될 때 학교 내 인간에 대한 두 가지 인간관으로 인하여 교직원의 불신을 잉태하게 된다. 따라서 교장은 이 점이 커다란 부담으로 작용한다.

그런가 하면, 교직원을 성악설에 근거하여 교육행정을 하게 되면 행정가로서, 경영자로서 1년여를 버티어 내기도 힘들다. 과거에는 교장을 힘들게 하는 분들이 일부 교사와 학부모 들이었다. 그러나 지금은 교감과 공무직원, 행정실 직원, 방과후 강사, 보안관, 특수고용직 등 매우 많다. 만약 교직원들을 성악설의 관점을 마음속에 가지고 행정을 하게 되면 앞에서 언급한 것처럼 1년을 견디어 내기가 어렵다. 이렇게 1년이 지나면 쉽게 떠날 수 있는 행정실장이 맨 먼저 떠나고, 교감도 떠나며, 부장 교사를 하려고 하지 않고, 유임을 신청하는 교사도 없으며, 내부에서 내부고발자가 생기게 되어 감사를 수시로 받게 된다. 수시로 감사50)를 받지 않는다고 해도 외로움 때문에 지병이 생기게 된다. 사색을 위한 고독, 성찰을 위한 고독, 다시 말하

50) 2019년 8월에 서울에 있는 모초등학교에서는 교장이 퇴임을 앞두고 감사를 받았다. 감사를 받은 이유는 같은 학교에 근무하는 교감이 내부고발을 하였다고 한다.

면 내가 선택한 고독이 아닌 교직원들이 만들어준 외로움, 누군가로부터 밀어내지는 외로움, 누구로부터도 환영받지 못하는 외로움은 견디어 내기 어렵다.

둘째, 성선설은 조직론의 관점에서 현대 행정학의 주류를 이루어 온 Y이론적 관점과 맥을 같이하는 인간관계론에 바탕을 두고 있다. 이 인간관의 입장에서는 인간은 관리의 대상이 아니며 함께 고민하고 함께 대화를 나누며 소통을 하는 인간적인 관계를 유지해야만 조직의 성과를 낼 수 있다는 관점이다. 이 인간관은 교육적 인간관이다. 인간은 누구나 다 선한 존재이며 교육을 통해서 변화될 수 있는 존재라는 것이다. 이런 인간관은 교육하는 교육학적 관점에서 갖는 인간관이다.

그런데 교장이 유의해야 할 것은 교직원들은 대할 때 성선설에 기초하여 행정을 하면 적실성이 떨어지기에 행정의 효과성을 기대하기가 어렵다. 교원들이 다른 조직 사람과 비교하여 좀 더 성선설에 가깝다고 할 수 있다, 그러나, 모든 교직원을 성선설에 기반하여 행정을 하게 될 때 교장은 마음에 큰 상처를 받게 된다. 예를 들어서 1학기 중간에 출산 전 산휴를 들어간 후, 자녀 출산 후 이어서 출산휴가를 거의 다 사용하고 여름 방학식 날 2~3일 전 출근을 하겠다고 한다. 그렇게 여름방학을 잘 보낸 후에 8월 2학기 개학날 육아휴직을 하는 교사를 보고 비난을 해서는 안 된다. 형제가 여러 명이 있지만, 오빠는 직장 일에 바빠서 아버지 수술 날 수술실을 지킬 수 없고, 수술 후에 회복 기간 병간호를 할 수 없으니 학기 중이라도 본인이 부모님 봉양을 위해 학기 중 연가를 약 20일을 사용하겠다고 하는 교사를 비난해서도 안 된다. 교사가 학기 중에 사용할 수 있는 연가[51]

51) 어머니 기일, 아버지 기일, 어머니 생신, 아버지 생신 등 법이 허용한 범위 내에서 교사가 모두 사용하는 사례도 있다.

를 모두 사용하는 예도 있다. 모든 판단의 기준은 학생이며 학생 중심으로 판단하라고 하면 바로 꼰대가 된다. 지금은 꼰대를 넘어서서 갑질이 된다.

따라서 교직원을 바라볼 때 어떤 인간이든 100퍼센트 선한 것만도 아니며, 또한 100퍼센트 악한 것만도 아니라는 생각을 해야 한다. 상황 이론에서 주장하는 것처럼 이론도 상황에 적합해야 효용성이 있는 것처럼, 인간의 성품도 100퍼센트 절대적인 것은 없으며, 상황에 따라 변화될 수 있는 것이다. 다시 말하면 인간성도 상대하는 사람에 따라 만나는 상황에 따라 가변적이라는 것이다.

셋째, 성익설[52]은 인간의 본성을 100퍼센트 악한 것도 아니고 100퍼센트 선한 것도 아닌 중립적인 입장에서 바라보려는 입장이다. 이것은 앞에서 언급한 것처럼 필자가 학교생활, 교육행정가로서 생활해오면서 느낀 점을 정리해본 것이다. 인간은 선하기도 하고, 악하기도 하되 상대적이라는 것이다. 자기가 처한 위치에 따라서 그때그때 달라질 수 있다는 것이다. 필자가 만난 본 사람은 그 상황에 따라서 내 이익을 얼마나 표출하느냐, 내 이익을 얼마나 관철하느냐의 정도의 문제일 뿐이라고 본다. 이 인간관의 입장에서 인간을 보면 인간은 자기의 이익에 따라 움직이기 때문에 지극히 악하다고, 지극히 선하다고 치부할 필요가 없이 있는 그대로의 현재 모습대로 보는 것이다. 선하다고 했던 사람들도 자기 이익 앞에서 언제 그랬느냐는 듯이 표변하는 모습을 많이 보게 된다. 그 반대의 상황도 물론 있다.

교원들은 지극히 착한 존재도 지극히 악한 존재도 아니다. 다른 사람들처럼 나의 이익을 따라서 움직이는 평범한 인간일 뿐이다. 다만 착한 사람들이 좀 더 많은 것은 부인할 수 없는 사실이다. 교원들은

52) 성익설은 기존의 학설이 아니라 필자가 제안을 하는 인간관이다. 이것의 핵심은 이익에 따라 움직이는 인간을 중립적 입장, 있는 그대로 보자는 것이다. 인간은 성스러운 것도 추악한 것도 아니라는 관점이다.

많은 사람이 우수한 집단, 모범 집단이기에 비교적 선한 집단이라고 본다. 그러나 착하게 살면서 많은 상처를 입었기 때문에 착한 것에 대한 두려움을 가지고 있기도 하다. 그렇다고 모든 교원이 선하다고 할 수는 없다. 고로 지극히 종교적 관점의 성선설, 지극히 일부 사회학적 관점의 성악설보다는 인간은 자기 이익에 의해 이익을 따라서 움직이는 존재라는 생각을 가지고 행정을 해야 한다. 그럴 때 교장은 행정을 하면서 상처를 적게 받고, 최악의 상황에도 대비하는 행정을 하게 되어 각종 사건과 사안이 적게 발생한다.

제16장 지역사회, 학부모와 소통하는 교장 되기

학부모와 소통을 원활하게 하기 위한 학교 상담 활성화하기

학부모 홍보에서 가장 중요한 것은 학교와 가정이 파트너십을 형성하는 것이다. 지금까지 대부분의 학부모 대상 홍보는 학교나 교사 주도적인 관계였다. 학부모와 학교의 상호작용이 이루어지기보다는 아직도 학부모에 대한 교사의 요구가 많다. 학부모와 교사의 협력은 교사로서 지녀야 할 지식과 기술, 교육적 확신을 향상시키며 학부모와 교사의 상호작용을 통해 학교를 위한 후원체계를 효과적으로 구축할 수 있다. 효과적인 파트너십을 형성하기 위해서는 학부모와 교사(학교)는 협력적 관계라는 교사들의 인식 전환이 중요하다. 학부모 홍보는 교사의 일만 많아지게 한다는 교사들이 비판적인 입장을 견지하고 있다면 학부모는 학교에 가는 것이 상당히 부담스럽다. 교사가 싫어하는 데 학교에 열심히 갈 학부모는 없다.

특히, 교장의 학부모에 대한 태도와 리더십은 학부모의 상담 활성화에 상당히 중요하다. 학교 현장에서는 교장의 교육관과 태도에 따라 학교가 바뀌는 것을 많이 목격할 수 있다. 학부모 상담도 마찬가지이다. 학부모 상담이 활성화되기 위해서는 우선 학교장이 학부모를 학교 교육의 파트너로 인식하고 학부모의 상담을 적극적으로 지원할 때 학교 전체의 분위기의 변화가 일어날 수 있다. 있다. 구체적인 것을 살펴보면 다음과 같다.

첫째, 맞벌이 가정의 학부모 상담을 위한 지원체제 구축이 필요하다. 최근 학부모의 학교 참여가 활성화되면서 학부모 상담이 활성화되고 있다. 그러나, 아직도 여러 가지 이유로 학부모 상담이 평일 낮에 이루어지는 경우가 많기에 직장을 가진 학부모들의 경우 참여가 제한적일 수밖에 없다. 어떤 학교의 경우 90퍼센트 가까이가 맞벌이 학부모라고 하는 데 학부모 상담이 활성화될수록 근무 시간에 시간을 내기 어려운 학부모들의 고민이 깊어질 것 같다. 최근 학교별로 학부모의 상담 참여율을 높이기 위해 저녁이나 주말을 이용하여 상담을 운영하는 학교가 늘어가고 있다. 특히, 학부모 상담이 가장 필요한 학부모는 소외 계층의 학부모이다. 따라서, 교장은 이들 학부모가 학부모 상담에 참여할 수 있도록 가능성을 열어줄 수 있는 다양한 방안 마련이 필요하다.

둘째, 학생, 학부모, 학교의 협약서를 체결한다. 학부모 상담은 학부모들이 자녀를 위해 자신의 요구를 주장하기 위한 목적보다는 학교와 함께 학생들의 능력을 성공적으로 키우기 위한 책무성 차원의 협력 활동이다. 학부모와 학교의 파트너십이 성공적으로 이루어지기 위해서는 학부모와 학교가 자신이 학생을 위해 해야 할 책임소재를 분명히 밝히고 자신의 책임을 다하는 것이 필요하다. 학교와 학부모가 학생들의 능력개발과 학업적 성공을 지원하기 위해 각각 무엇을 해야 하는지 책임을 분명하게 기술하는 학교-학부모 협약을 체결하는 것이 효과적이다.

학교-학부모 협약은 교사와 학부모들이 학생의 학교에서의 성공을 돕기 위해 자신의 책임을 다하겠다는 서로 간의 약속이다. 이 협약을 통해 학교와 가정은 학생을 위해 책임을 공유하고, 본인이 무엇을 해야 하는지 알 수 있으며 서로 간의 소통 증가로 학생들의 성공을 도울 수 있다. 이 협약의 내용은 학교와 학부모가 학생의 성공과 관련된 문제에 대해 공식적으로 논의할 때 자신들의 책무성에 대해 생각하는 기준이 되고 학교도 학부모들과의 상호작용의 출발점으로 활용할 수 있다. 또한 이 협약은 가정과 학교가 학생들의 발달을 도와주기 위해 효과적으로 협력하는 데 가치가 있는 방안이 될 수 있다. 협약의 개발을 위해 학부모들이 모여 학교의 목표와 기대하는 성취기준을 논의하는 과정에서 학부모는 물론 지역공동체의 파트너십을 발전시킬 수 있다.

셋째, 학부모에게 휴대폰 문자 서비스를 제공한다. 요즈음 많은 학부모가 맞벌이 부부이다. 따라서, 직장생활에 바쁜 학부모들이 자녀들의 알림장이나 가정통신문을 제시간에 확인하지 못하는 학부모들이 많다. 그렇다고 교사가 매번 일일이 학생의 부모에게 전화할 수는 없다. 또한, 전화를 시도한다 해도 자유로운 통화가 불가능할 수밖에 없다. 그렇다고 퇴근 후의 시간에 맞추어 통화를 하기에는 교사와 학부모 모두 피곤한 상태이다. 이럴 때 활용할 수 있는 방법이 휴대폰 문자(SMS)이다. 시도에 따라서는 e-알리미 서비스를 활용하기도 하며, 학교 방문 시 신분증 확인도 휴대폰을 활용하기도 한다.

넷째, 전화 통화를 적극적으로 활용한다. 직장생활을 하는 학부모를 배려한 상담 시간 조정 등 학교나 교사 차원에서 직장인 학부모를 염두에 두고 상담을 진행하는 시도는 많이 이루어지고 있다. 그러나 우리가 한 가지 간과하고 있는 것은 어떤 특정 시간대에 학교에 나오기 힘든 학부모는 그 시간대에 전화 통화를 하기도 힘든 경우가 많다. 따라서 교사의 교육적 판단에 따라 통화를 해야 하는 경우 교사가 학년 초에 전화 통화가 편한 시간대를 미리 파악해두어 활용하는 것이 바람직하다.

학부모의 민원을 원활하게 처리하기

요즘 코로나19시대는 학부모 민원의 시대[53]라고 한다. 그만큼 민원이 폭발적으로 늘어났음을 의미한다. 과거에도 항상 민원은 있었다. 그러나 최근 들어 증가하고 있는 것은 사실이다. 증가의 원인은 크게 보면 세 가지다. 첫째, 코로나 19라는 팬데믹 상황에서 불어닥친 불황의 한파, 제대로 된 일을 할 수 없는 상황, 집에서 갇혀 지내야 하는 답답함 등 온갖 사회에 대한 불만으로 제기가 된다. 사회의 불만을 가장 약한 공무원인 교사, 가장 약한 기관인 학교에 민원을 제기하며 불만을 표출하는 것이다. 둘째, 원격수업을 통해서 그동안 몰랐던 수업 시 자녀의 수업 태도의 진짜 모습을 생생하게 보게 되면서 학교 교육에 불만을 표하게 된다. 학교 교육을 향한 원망이다. 셋째, 학교폭력이 발생하여 자녀에게 불이익을 최소화를 위한 방편으로 민원을 제기하거나, 피해자로서 가해자에 대한 처벌 요구, 일 처리 과정에서의 담임과 학교에 대한 요구 등으로 기인한 것이다. 민원에 대응은 최근 교장에게 매우 중요한 일이다. 앞에서 언급한 것처럼 SNS 등의 발달로 민원처리에 대한 정보 공유가 실시간으로 이루어지기에 신중하게 접근해야 한다. 민원이 발생하면 민원을 되도록 조기에 해결해야 한다. 여기서는 편의상 단계로 나누어 살펴보고자 한다.

첫 번째 단계, 문제를 예방하는 단계다. 이 단계에서는 학부모를 먼저 존중하고 동반자로 인식을 한다. 미국의 저명한 미래학자는 미래의 시대를 일컬어 협업의 시대라고 말한다. 200여 년에 걸쳐 회자된 산업혁명의 시대, 영리주의의 전설은 종결될 것이며, 동시에 협력적 행동 방식과 소셜 네트워크, 창의적 전문가 및 기술 인력이 특징

53) 요즘 사회에서 일부 사람들이 하는 웃자고 하는 다음과 같은 이야기 있다. 대한민국에서 가장 좋은 직업이 '민원인'이라는 것이다. 요즘 중앙지에 학폭의 부작용, 교원 침해의 현장 등이 일부만 보도되고 있음에도 상당한 충격을 주고 있다.

인 새로운 시대가 열릴 것이라고 말하고 있다.

학교가 최근에 처한 상황을 보면 총력전을 요구받고 있다. 이런 상황에서 교육 공동체의 주요 일원이라고 할 수 있는 학부모도 학교 교육의 동반자로 인식을 해야 한다. 동반자 관계에서 중요한 것들은 여러 가지가 있다. 1) 학부모의 잠재능력, 가능성을 발견하고 인정하기, 2) 학부모 스스로 문제점을 발견하고 찾아갈 수 있음을 인정하기, 3) 학부모의 생각과 행동에 초점을 맞추기, 4) 학부모의 실천 의지를 믿고 기다리기, 장기적으로 학교는 학부모를 진정한 동반자로 인식해야 한다. 이런 결과는 학교 교육에 매우 긍정적인 성과를 얻게 된다. 협동을 촉진하게 되며, 집단의 응집성을 가져오게 되며, 궁극적으로는 학생의 학업성취도가 향상되게 된다.

한편, 지금까지는 학교는 학부모를 소비자라는 입장에만 머무르게 하였다. 그러나 이제는 학부모들이 단순한 소비자 차원에 머무르기에는 너무 많이 나갔다. 이들은 많은 부문에서 학교 교육에 참여하고 있으며, 단순한 참여가 아닌 생산자의 역할마저도 하고 있다. 예를 들어 방과후 강사, 학습준비물 준비 및 관리, 학습부진아 강사, 수업 도우미 등 많은 영역에서 활동하고 있다. 이런 활동은 학교 교육을 넘어서 교육청, 교육부 차원의 교육정책에도 깊숙이 관여를 하고 있다.

대한민국에서는 교육의 경우 모든 국민이 전문가라고 자부한다. 이런 특수한 사정을 고려하여 일단 민원이 발생하면 내 의견을 강요하기보다는 민원인의 의견을 존중하는 자세가 요구된다. 즉, 학부모를 단순한 민원인이 아닌 학교 교육의 동반자로 인식을 해야한다. 이를 위해서는 민원인의 발언 중에 문제점을 수용하고, 해결 가능성을 발견하고 인정하며, 민원인 스스로 문제점을 발견하고 찾아갈 수 있음을 인정하며, 민원인의 생각과 행동에 초점을 맞추며, 민원인을 믿고 기다리면서 진정한 동반자로 인식을 해야 한다는 것이다. 이런 결과는 민원 예방에 매우 긍정적인 성과를 얻게 된다.

또한 중요한 것이 경청하는 것이다. 진정한 소통이란 '상대방의 입장에서 이야기 하는 것'이란 말이 있는 것처럼 민원인의 대부분은 행정기관에 불만이나 요구가 있어서 먼저 전화를 하게 된 사람이다. 따라서, 이들에게 가장 필요한 사람은 자기들의 불만이나 요구를 들어주는 사람이다. 이들에게 설득이나 감동은 필요가 없다. 들어주는 사람이 가장 필요하다. 첫째도 경청, 둘째도 경청, 셋째도 경청이다.

두 번째 단계, 문제를 해결하는 단계이다. 이 단계에서는 1단계, 문제를 정의하기이다. 이 단계에서는 민원인 중에 다수는 경청해주면 민원 제기를 취소하는 경우가 많다. 경청했음에도 불구하고 민원을 취하하지 않을 때는 문제를 정의해야 한다. 다시 말하면, 민원인이 생각하는 문제가 무엇인지를 빨리 파악해야 한다. 그러기 위해서는 경청하는 중간, 중간에 추임새를 넣으면서 문제를 파악해야 한다. 문제를 정의하는 단계가 매우 중요하다. 민원인은 이것을 분명히 문제라고 생각하여 문제를 제기하고 있는데도 불구하고, 학교 관계자는 문제로 인식하지 않을 때 상황은 자꾸만 꼬여가기 때문이다. 민원인과 학교관계자가 함께 문제로 인식하는 것이다.

2단계에서는 현황 파악 단계이다. 이 단계에서는 상호 간에 문제를 인식하게 되면 다음 단계는 현 상황의 정확한 파악이다. 현 상황이 어떤 상황인지에 대한 명확한 파악이며, 이때 5W 1H를 참고하여 파악해야 한다. 그리고 유념해야 하는 것은 누구나 그러하듯이 민원인이 자기중심으로 사고하고 자기중심으로 이야기를 하는 것을 인정해야 한다.

3단계에서는 대안 모색단계이다. 이 단계에서는 민원인의 대부분이 본인이 요구하거나 원하는 해결방안을 가지고 있다. 그러나 그 안은 본인이 요구하는 최선의 안이기 때문에 행정적으로 수용하기에는 어려운 안들이 대부분이다. 따라서, 민원인과의 대화 중에 여러 가지 대안을 모색하여 중간, 중간 제시를 해야 한다.

4단계는 협상하는 단계이다. 이 단계에서는 민원인과 대화를 하면서 전 단계에서 제시한 대안들을 통하여 민원인과 협상을 시도해야 한다. 협상은 항상 최악의 경우를 상정을 하고 해야 한다. 최선의 안으로 협상이 마무리되는 경우는 거의 없다. 따라서, 최선의 안에 대한 타결 가능성을 염두에 두지 말고 협상을 해야 한다. 이것은 항상 양보가 전제되어야 함을 의미한다. 양보가 없는 협상은 결코 있을 수 없다는 사실을 꼭 알아야 한다.

5단계는 해결하는 단계이다. 이 단계에서는 민원인과 대화가 잘 진전되고 협상이 원만하게 이루어지면 문제가 해결의 단계로 접어들게 된다. 이때, 맨 처음의 단계로 돌아가서 민원인을 존중하고 파트너로 인식하고 있음을 표현해야 하며, 지속적인 관계가 이루어질 수 있다는 점을 충분히 표현해야 한다.

6단계는 사후 관리하는 단계다. 이 단계에서는 민원인과 대화가 잘 되어서 민원이 원만하게 해결되었다고 해서 민원이 모두 해결된 것은 아니다. 화재 현장에서도 종종 보는 일이지만 모든 불이 꺼졌다고 생각했으나, 불씨가 되살아나서 다시 불이 나는 경우가 종종 있다. 이런 현상을 예방하기 위해서는 민원이 해결된 뒤에도 계속해서 관리해야 한다.

지금 우리가 살아가고 있는 시대는 논리적 능력, 컴퓨터와 같은 디지털 활용 능력을 요구하는 정보화 시대에서 창조의 능력, 공감하는 능력, 큰 그림을 그리는 능력을 요구하는 하이-컨셉의 시대로 이동해 가고 있다. 변화의 시대에 창조적 삶을 살아가야 할 우리 학생들에게 교과서 위주의 문제풀이식 교육으로는 부족하다. 가정과 학교가 서로에 대한 신뢰와 존중으로 학생들의 교육에 대한 책임을 함께 나누어 학생들이 학교생활에 잘 적응하고 미래에 성공할 수 있도록 돕는 파트너십이 필요하다.

학부모와 교사의 관계는 학생들의 성공적인 학교생활을 위해 서로 이해하고 소통하는 관계가 가장 바람직하다. 이를 위해 서로 간의 헌신과 배려 및 시간을 내려는 노력이 필요하다. 많은 연구 결과에서 나타난 것처럼 학생의 학업능력 향상과 학교생활 적응에 가장 중요한 것은 학부모의 학교 참여이다. 이제 학부모 학교 상담 정책의 방향은 모든 학부모가 상담에 참여할 수 있도록 하는 방법을 고민하여야 한다. 학교 현장에서 학부모 상담을 제한하는 요소를 철저히 규명하고 개선하는 방안을 모색하여야 한다. 우리나라 학부모들은 외국과는 달리 학부모 상담을 제한하는 문화적 요인들을 가지고 있으며 이와 같은 방해 요소들을 극복을 할 수 있는 방안을 찾으려는 노력이 필요하다. 특히 학부모 상담의 방향은 학교에서 학부모들이 체계적으로 활동을 할 수 있는 방법을 지원하는데, 관심을 기울여야 한다. 계층 간 교육격차가 점차 심화가 되는 현실에서 우리 학교의 학부모 프로그램도 소외 학부모들의 접근성을 높이고 소외 학부모의 요구에 귀를 기울여야 할 것이다. 도움이 절실히 필요한 학부모들에게 직접적으로 도움이 되는 프로그램을 많이 개발하여 실시하여야 한다.

이제 우리 학부모 상담도 학부모들이 공감할 수 있고 학부모들의 관계를 잘 만들어내며 학부모들의 즐거움을 유도하고 학부모 상담의 목적과 의미를 만들어내기 위해 고민하고 이를 활성화 할 수 있는 것이 되어야 한다. 학부모도 학교에 와서 즐겁고 가치 있다고 느낄 때 적극적으로 상담에 참여한다. 이제 학부모 상담도 이 방법을 모색해야 할 때이다.

학교 홍보를 체계적으로 하여 학교 인지도를 높이기

❖ 학교 팸플릿 제작은 어떻게?

학교 팸플릿은 곧 학부모가 될 사람들이 학교를 보게 될 가장 첫 번째다. 그들이 교장을 만나거나 학교를 방문하기 훨씬 이전부터 학교 팸플릿은 자주 접한다. 따라서 팸플릿 자체가 학교와 학교의 교육 철학을 반영하는 하나의 진정한 거울이다. 만약 기존의 팸플릿을 사용해오면서 그것이 학교의 교육 방향을 정확하게 나타내지 않는다고 느끼면 바꾸어야 한다.

새 팸플릿을 제작하거나 편집할 때 다음을 꼭 고려해야 한다.

① 이 분야에 뛰어난 전문가의 디자인 기술들을 활용한다. ② 전체적인 스타일과 디자인은 교장의 철학을 꼭 반영하도록 해야 한다. 예를 들면, 인성 교육, 창의성 교육, 교육의 혁신, 폭 넓은 교육과정과 스포츠와 운동, 예술의 중요성을 믿는다면 새 학부모가 팸플릿을 보았을 때 그러한 인상을 얻을 것인가? 아니면, 디자인이 진부하고 관례적이며 따분하게 생각할까? 등을 고려해야 한다. ③ 활자(text)를 최소화 하도록 하며, 어떤 쪽도 활자(text)로만 되지 않도록 만들어야 한다. ④ 활동하고 있는 학생들의 삽화와 사진들을 많이 싣는다. ⑤ 가능하다면 문서, 활자보다는 그래프로 나타낼 수 있도록 해야 한다. ⑥ 너무 겉모양에 치중하지 않아야 한다. 많은 학부모는 학교 예산을 어린이들의 교육보다는 쓸데없는 데 낭비한다고 느낄 수도 있다. ⑦ 주요 팸플릿에는 핵심적인 정보를 담지만 해마다 업데이트된 정보를 위한 풀 아웃 섹션을 포함하도록 한다. ⑧ 독자인 학부모들의 수준을 고려하여 전달하는 양이 너무 많지 않도록 하되, 학부모들이 알고 싶어 할만한 것을 싣는다.

❖ 지역사회에서의 가시성 높이기

지역사회 안에서 학교에 대한 긍정적인 인지도를 만드는 가장 좋은 방법은 지역 방송 매체에 학교 관련 긍정적인 이벤트나 활동이 보도되도록 하는 것이다. 이런 활동을 위해 다음 사항을 고려해야 한다.

① 홍보 담당 교직원 한 사람을 정한다. ② 교내의 모든 주목할 만한 행사나 실적은 담당자에게 확실하게 통보되도록 연락체계를 만든다. ③ 지역사회 안에서 어떤 주요한 페스티발, 축하 행사와 이벤트 등이 열리는지 알아보고 어린이들이 그 행사에서 활동할 수 있는 방법을 찾는다. ④ 그 지역 마트 진열창이나 현관 등에 어린이들의 미술 작품이나 DT(Design Technology) 작품 등을 전시하도록 한다. ⑤ 지역 도서관, 병원 대기실 등에 학교 팸플릿을 전시한다. ⑥ 학생들이 '지역' 스포츠 혹은 예술 이벤트에 전체 한 부분을 맡아 참가하도록 하며 이런 행사에 교장도 참석한다. ⑦ 지역 마을 축제의 마지막 밤 행사(상을 수여할 수도 있는 곳) 등에도 비공식적인 방문을 한다.

모든 지역사회마다 사정이 다르기에 더 구체적인 예시를 드는 것이 쉽지 않다. 기억해야 할 것은 지역사회에 당신과 학생들이 긍정적으로 많이 보이면 보일수록 학교 평판이 더욱 좋아진다는 것이다.

❖ 학교의 처음 인상은 학교 정문이다

학교를 방문하는 사람들은 교내 주 출입구(정문)에 다가갈 때 첫인상이 형성된다. 그들의 입장이 되어 마치 새 학부모가 된 것처럼 학교를 들어선다. 학교 입구가 어떤 인상을 준다고 생각하는가? 그러므로 이제 방문객의 입장이 되어 자신에게 다음과 같은 질문을 해 본다.

① 주 출입구에 학교 표지판이 눈에 띄게 잘 배치되었으며 학교를 찾아오는 누구라도 학교에 도착하기 전에 잘 볼 수 있는가? ② 교내에 어떤 곳에 주차해야 하는지 명확하게 안내되어 있는가? ③ 주 현관이 명확하게 표시되어 있는가? ④ 주 현관이 장애인을 위한 편리시설을 제공하는가? ⑤ 학교에 들어가는 입구가 보기 좋고, 관리가 잘 되고 있는가? 혹은 페인트칠이 벗겨져 있는가? 포스터와 광고가 유리로 잘 덮어져 있는가? 만약 학부모와 다른 방문객을 위하여 중요한 정보를 전시할 필요가 있다고 생각되면 눈에 잘 띄는 곳에 적당한 입간판을 세우는 것이 훨씬 낫다. ⑥ 즐겁고 열심히 활동하는 어린이, 역동적인 학습 현장, 그리고 학교 자랑거리가 있는 곳으로 가는 입구처럼 보이는가? ⑦ 건물 안으로 들어갈 때 따뜻하게 환영받는 느낌, 밝은 미소로 맞이하는 느낌을 주는가? ⑧ 현관이 잘 정돈되어 있고 잘 꾸며있는가? 편안하게 기다릴 수 있는 장소가 있는가? 기다리면서 잠시 볼 수 있는 어떤 것들-학교 팸플릿, 어린이들 활동사진 혹은 지난해 이벤트 중 보도된 신문 기사 등-이 스크랩 북 등으로 비치되어 있는가? ⑨ 편안한 마음으로 성실하게 응대하는 느낌을 주는가? ⑩ 마주치는 교직원들이 기분 좋게 기꺼이 환영하고 있는가?

이러한 질문에 정직하게 답하고 방문객들을 위하여 긍정적이고 환영하는 분위기가 되도록 환경을 조성한다.

❖ 가정과 학교 간 연계성 높이기

많은 학부모가 학교와의 주된 접촉은 전화, 가정통신문, 담임의 알림장, 학교 알림장과 다른 통신을 통해서이다. 그 통신 수단이 무엇이든 간에 질적으로 가장 높아야 한다.

1) 전화

학부모 중에 학교를 방문하는 학부모는 그리 많지 않다. 따라서 전화는 학부모들에게 학교에 대한 좋은 인상을 주는 데 매우 중요한 역할을 한다. 따라서 친절한 전화 받기는 학교에 대한 좋은 인상 갖게 하는 데 핵심이라고 본다.

① 교장을 포함하여 교직원들이 전화 응답할 때 밝게 대하도록 연수를 자주 한다. 전화를 건 사람은 목소리에서 미소를 지을 수 있게 상황이 어떻건 간에 전화를 기쁘게 받도록 한다. ② 응답하기 전, 전화의 벨이 세 번 이상 울리지 않도록 교무실, 행정실의 교직원에게 안내한다. ③ 특히 전화를 건 상대방이 자녀를 걱정하고 있는 학부모이거나 학교에 부정적인 시각을 가지고 있는 사람이라면 기다리게 하는 것보다 더 이상 나쁜 것은 없다. ④ 전화를 건 사람, 전화 받은 시각, 용무 및 받아야 할 수신자를 포함하여 모든 전화를 녹음하는 시스템을 만든다. 메시지를 가능한 한 빨리 업무 담당자에게 전달되도록 한다. ⑤ 응답기를 설치한다. 그러나 출근 시간 이후인 오전 8시 30분부터 오후 4시 30분까지는 사용하지 않도록 한다. ⑥ 학부모에게 전화가 왔을 때는 시간이 나는 대로 가장 먼저 전화를 한다.

2) 학교 통신문 및 다른 정기적인 통신 강화하기

학교에서 온 통신문을 읽는 독자라 가정하고 아래 질문을 해 본다.

① 통신문 스타일이 내가 읽었을 때 읽고 싶지 않게 만드는가? 더 보고 싶게 만들었는가? ② 모두 활자화(text) 되어 있는가? 아니면 문서, 삽화, 사진의 혼합체인가? ③ 페이지에 맞게 정확하게 잘 정렬되어 편집되었는가? ④ 정보가 긍정적으로 기술되었는가, 아니면 불평불만 및 '하지 마라' 시리즈인가? ⑤ 어린이들과 그들의 활동 내용이 통신문의 주된 내용인가? ⑥ 내 자녀가 학교에서 돌아오는 길에

이 통신문들을 잃어버릴 수 있기에 학교에서 통신문들을 언제 다시 받을 수 있는지 아니면 같은 내용을 어디서 볼 수 있는지가 안내되어 있는가?

3) 1주일을 움직일 한 주를 시작하는 월요 조회 방법: 조회에서 교장이 할 말

학교에는 '학교의 간판이 되는 사람'이 교장이다. 학교가 안정되고 생기발랄한 움직임을 보이는 것은 교장의 자세가 생기발랄하기 때문이다. 학교는 새로운 학년도가 시작될 때, 교장의 모든 아동을 향한 모든 교직원을 향한 말을 한다. 더하여 계속하여 1년간 교장의 전교 어린이 대상 아침조회 훈화가 있다. 이 전교 조회는 한 주의 시작, 어린아이들과 교직원이 새로운 기분으로 정열적으로 함께 성장하기 위해 의기투합을 하는 중요한 시간이기도 하다. 그렇기에 교장은 훈화를 할 때 사람의 삶의 방식을 생각하기 위해서 가치 있는 신선한 소재를 준비할 필요가 있다. 교장의 생각이나 바람을 자연스럽게 나타내는 중요한 장소가 되기 때문이다.

월요 조회할 때의 내용과 방법에 대하여 간단히 설명한다.

① 학교에서 제시되는 각종 유인물의 학교 교육 목표, 학교 경영 방침 등에 교장의 인간성이 스며 나오도록 하며 그것이 조회의 이야기에서 나타나도록 한다. ② 화제 · 제재의 취재원은 학교 주변의 사람들로부터 가까운 곳에서 하도록 한다. 예를 들어서, 자연에 대하여 다양한 견해를 가질 수 있는 것, 생각하고 행동하는 의욕을 자아내는 것, 말의 가치를 알고 배우는 즐거움을 맛보는 것으로 한다.

③ 이야기 구성은 간소하고 짧게 2분에서 5분 정도로 말을 제시하거나, PPT 등을 사용하여 보여주거나 생각을 하게 한다.

④ 듣는 사람의 집중력을 끌어당길 수 있는 짧고 매력 있는 도입을 하도록 한다.

예시1 중점 목표 침투를 중심으로 한 교장의 생각을 자연스럽게 나타내기

"좋은 학교네요. 어린아이들의 얼굴이 생기가 있어서 기분이 좋습니다. 학교에 있는 모든 선생님이 학생들을 지켜보며 즐거워하고 있는 모습을 느낍니다. 오늘은 좋은 날이 되었습니다. 감사합니다."

학교를 방문했던 손님의 말이다. 학교는, 외부의 사람들에 의해 평가되고 있다. 이처럼 월요 조회는 교장에 대한 평가이자, 학교의 평가가 이루어지는 시간이다. 또한, 학생들에게 교장의 교육철학을 교육하는 시간이자, 교사들에게도 교장의 교육철학을 전달하는 중요한 시간이다.

예시2 신선한 것을 취재하여 다양한 견해를

교장이 주변의 사람들로부터, 화제·제재의 힌트가 될 수 있는 것을 도움을 받아 이야기를 만들어 몇 분 동안 이야기를 하면 아이들은 빨려 들어가듯 귀를 기울이게 된다. 예를 들면 다음과 같다.

① 학교 직원으로부터의 정보

"올해는 학교에 있는 느티나무의 낙엽이 떨어지는 모습이 다른 해와 사뭇 다릅니다. 그렇지만 새삼스럽게 다시 보면, 느티나무 가지의 자라는 방향은 여러 가지 것과 닮아있습니다."

〈화제로 삼는다〉 느티나무 가지가 자라는 형태나 방향은 위로 또는 밖으로 향해 있습니다. 바다를 향하는 강의 물도 위의 지류로부터 형성되고 있습니다. 사람의 혈관도 중심으로부터 외부의 방향으로 뻗어 있습니다. (자연적 생명 흐름의 형태로서 화제로 삼는다.)

② 학자의 이야기

"태양으로부터 빛이 계속해서 지구를 향해 보내지고 있다. 이 빛은 불타지 않는 것일까? 빛은 몇 초 만에 지구에 닿게 되는 것일까?"

〈화제로 삼는다〉 태양에 감사하면서 전구의 빛으로는 살아갈 수 없는 것일까? 생각을 해 보자. (태양을 구성하고 있는 것, 원자력은 무엇인가? 등을 화제로 삼는다.)

이 외에 물의 순환이나 동물이 살아가는 지혜 등 어린아이들이 사고할 수 있는 재료는 얼마든지 찾아낼 수 있다.

예시3 생각하고 행동한다고 하는 시점으로부터

학교생활의 매일은 드라마가 된다. 기승전결의 하루가 끝나면, '아~ 오늘 하루도 겨우 끝났다'라고 하게 된다. 하루 8시간 중에 다양한 사건에 직면하는 교직원의 모습에서 뜨거운 교육 사랑을 느낀다. 이 교직원의 느낌과 분위기와 함께 성장한 어린아이들이 잘 생각해서 행동할 수 있게 되길 바라는 교장은 전교 아동 조회에도 힘을 쏟는다. 제재 선택에도 고민하게 된다. 예를 들어 집에서 부모로부터, 선생님으로 주의를 받은 어린아이가 반발하여 아침 등교를 하지 않고 기분 전환을 위해 지하철을 타고 놀러 가버린 듯한 일이 일어나는 경우가 있다. 이것을 화제로 활용하는 것이다.

"억울해서 고민하고 있다면, 상담 상대를 찾도록 해 주십시오. 반드시 누군가가 있을 것입니다. 마음대로 어딘가에 가버리게 되면, 얼마나 사람들이 걱정할지 많은 사람이 걱정하는 얼굴을 떠올려 주십시오. 그리고 착한 마음이 나쁜 마음을 쫓아내어 바뀌게 될 때까지 생각하고 행동하여 주십시오. 한 호흡 쉬고 나서부터 무언가를 하자고 생각하면, 마음이 안정될 것입니다."

이 외에 위에 예로 든 듯한 화제 · 제재를 생각할 수 있다.

4) 입학식 · 졸업식에의 대처

학생들의 활동은 3월 입학식으로부터 학교의 교육활동이 시작되어, 2월 졸업식으로 종료된다. 한 학년, 한 학기를 매듭을 짓거나 시작점이 되는 입학식 · 졸업식은, 특별 활동의 의식적 행동 중에서도, 더없이 의미가 있는 행동이다. 어린아이 한 명 한 명뿐만 아니라, 보호자에게 있어서도, 확실한 마디가 되도록 해야 한다.

❖ 입학식: 마음에 남을 출발을

(1) 모두가 함께 환영

입학식을 향한 준비는 전년도부터 시작된다. 현재 1학년 학생들(3월에는 2학년생)은 새로운 1학년 학생들을 맞이하는 교실 환경 만들기를 '즐거운 생활'의 수업으로 한다. 현재 5학년생(3월에는 6학년생)은 입학식 당일의 다양한 역할 분담을 확정하여 준비한다. 교직원은 식장 정비는 물론 교실 환경이나 당일 나누어줄 것까지 세세한 부분까지 공을 들여 준비 · 점검을 한다. 좋은 출발이 될 수 있도록 서로 지혜를 내어 협력한다.

(2) 환영사에 담을 내용

큰 기대와 다소의 불안을 가진 채 입학식에 임하고 있는 1학년 학생들과 그 보호자에게 더욱이 1년간의 출발에 해당하는 입학식을 새로운 마음으로 환영하는 교직원을 위해 환영사가 갖는 의미를 생각해야 한다. 입학하는 1학년 학생에게는 초등학생으로서의 새로운 마음가짐을 갖도록 이야기를 해야 한다. 보호자 · 내빈에게는 각자 학교 교육에 대한 협력자임을 파악하여 감사 뜻을 전하고, 학교장의 교육철학과 교육 방향과 보호자 · 지역의 교육에 기대하는 것을 이야기한다. 교직원에게는 환영사 중에 '본교 교직원이 하나가 되어 준비에

임한 일이나, 학교 모두가 이날을 기다리고 있었다'라는 내용을 이야기한다. 식에 와 있던 교직원이 그것을 들음으로서 이 일을 교직원 자신 일로 여기게 될 수 있도록 한다.

최근에는 보통 입학식을 하는 3월 2일이나 3일의 추운 날씨를 고려하여 환영사 대신 PPT를 활용한 책 읽어주기로 대신하는 사례도 늘고 있다. 그러나 이때 고려를 해야 할 것은, 교직원과 학부모를 행한 별도의 메시지는 있어야 한다.

어떤 학교에서는 신입생 예비소집일을 활용하여 '예비 학부모 사전연수'를 실시를 하기도 한다. 내용은 학교에 대한 안내(학교장 경영관, 교육목표, 학부모의 자세 등), 신입생 학생 안전으로 '안전한 등·하교 길'을 주제로 학부모가 학생 등·하교 시 준비하고, 유의해야 할 점, 학생의 발달 단계 특성 등을 내용으로 실시한다.

❖ 졸업식: 전원이 학교를 떠나 사회로 나가는 것을 끝까지 지켜봄

(1) 졸업을 맞이하기까지

졸업은 한 명 한 명의 어린이가 6년이라는 큰 마디를 짓는 날이다. 따라서, 졸업식은 인상 깊게 체험할 수 있어야 한다. 그를 위해서는 졸업식은 학교 나름으로 충실히 준비해야 한다. 그중에서 특히 '감사의 기분'을 갖고 성장하게끔 해야 한다. 6학년 학생에게 졸업 시즌에 걸맞은 활동을 서로 이야기하게 한다. 6년간 보살핌을 받은 것에 대해 감사의 기분 표현하기에 적합한 활동 내용을 생각한다. 기억에 남을 수 있는 시간을 보낼 수 있는 계획을 세운다. 「6년을 보내는 회의」와 그것에 계속 이어져 「이별의 급식회」 등 전교 아동과의 모임이 해당한다.

(2) 졸업식의 의의

졸업식에는 졸업식이 갖는 의의를 졸업생 · 재학생 함께 재확인한다. 졸업생에게 있어서는 성장을 재검토하면서 새로운 포부나 희망을 품게 되는 계기가 되는 동시에 지금까지 성장을 도와준 많은 사람에게 감사의 마음을 가지는 시간이 되도록 한다. 재학생에게는, 졸업생에 대한 감사의 기분을 표현하거나 졸업생의 장점이나 전통을 계승하여 발전시키고자 하는 기분을 가지도록 한다. 의식으로서의 졸업식이 되기 위해 일정 형식을 갖도록 한다. '엄숙', '장엄'이라고 불리는 형태를 졸업식에서 처음으로 체험하게 한다. 학교생활에 유의미한 변화나 매듭짓기, 엄숙한 기분을 맛보기, 새로운 생활에 동기부여가 될 수 있는 활동이 되도록 한다.

의식인 입학식 · 졸업식은, 어린아이들에게 있어서 엄숙함 속에 기쁨을 가진 새로운 꿈을 기르는 것이어야만 한다. 이때 어린아이들에게는, 초등학교 6학년의 다양한 사건을 뛰어넘어 끝냈다는 것에 대해 가정 · 지역의 지원이 활용되기에, 학교에서는 의도적 계획적으로 교육활동을 실시할 수 있는 것이라고 하는 것을 충분히 느낄 수 있도록 지도하는 큰 기회가 되도록 한다. 그것이 졸업 증서 수여 시에 담임의 6학년 최후의 호명에 중요함이 묻어나 감동의 순간을 맞이하는 것이라고 할 수 있다. 이것은 식의 엄숙함과 함께 식을 성공시키고자 하는 포인트 중 하나이다.

지역사회에 문을 열고 협력하기

지역사회는 학생들의 인성 형성에 큰 영향력을 가지고 있는 곳이다. 여러 가지 사회적 요인이 일정한 공간적 넓이를 가진 지역사회 속에서 일정 계열을 가지고 배치되어 간다고 할 수 있다. 특히 지역사회가 품고 있는 가족과 이웃, 동네 친구들과 같은 제1차 집단은 유년기나 소년기 인간성 형성에 큰 영향을 주고 있다. 또한, 지역사회는 시민과 사회인으로서의 행동이 기대되는 구체적인 사회생활의 장이라고 할 수 있다. 교육은 새로운 세대에게 그 지역사회에 바르게 적응해 가는 준비과정이라고 할 때 바로 그 지역사회가 교육을 통해서 접근하고 적응해 가는 목표가 될 수 있으며, 그 지역사회 속에 사는 사람들의 생활이 적응해 나갈 생활의 모습이 될 것이다. 지역사회는 구체적인 교육의 계획과 실천의 장이다. 학교 교육은 물론 사회교육을 운영, 유지하는 기반이 되는 것이다. 즉 지역사회의 요구와 필요에 따라 교육의 계획이 결정되고 운영될 수 있어야 한다.

학교 교육에 영향을 주는 기관을 살펴보면 다음과 같다. 먼저 지역 살림을 담당하고 있는 기관으로는 구청, 동사무소 등이 있고, 치안 기관으로는 경찰서, 파출소, 소방서 등이 있으며, 의회 기관으로는 구의회 등이 있다. 지역 주민의 생활을 돕는 기관으로는 통신 기관으로는 우체국 등이 있고, 금융 기관으로는 은행, 농업협동조합 등이 있으며, 의료 기관으로는 보건소, 병원, 약국 등이 있고, 언론 기관은 신문사, 방송국 등이 있다. 교통 기관으로는 버스회사, 자동차 회사, 기차역, 주유소 등이 있고, 유통 시설로는 시장, 백화점, 슈퍼마켓 등이 있다. 한편 사회 기관으로는 체육 기관으로 체육관, 수련관 등이 있고, 예술 기관으로는 박물관, 미술관, 공연관 등이 있으며, 기타 기관으로 도서관, 작업장 등이 있다.

한편, 지역사회의 각종 행사가 있다. 먼저 지역별로 크고 작은 축제가 있다. 이 축제는 00예술제, 00잔치 등으로 전개되는 데 지역민이 마음을 모으고 지역문화에 관심을 높이며 지역발전을 위한 다짐을 하는 좋은 기회가 된다. 또한 지역별로 전시회, 발표회, 음악회, 연극무대 등 다양한 문화 행사가 열리게 된다. 이런 문화 행사에 학교의 학생들이 참가하는 것은 지역을 이해하는 좋은 기회가 될 수 있다.

교장은 지역 관련 협력 활동이 필요한 데, 먼저 학생을 돌보는 보호하는 기관과의 협력이 매우 필요하다. 특히, 학생들의 안전을 돌봐주는 교통경찰과 파출소 등과 가깝게 협력을 통하여 학생 보호에 도움을 받을 수 있다. 소방서, 소방파출소 등과도 원활한 유대관계를 맺어 화재 예방 교육 등에 협조를 받을 수 있다. 이처럼, 지역 기관과의 협력을 통해서 많은 도움을 받을 수 있다. 따라서 교장은 지역 기관장과 원활한 관계를 맺도록 하여야 하며, 기관장 회의에 참석하여 교육에 관한 현황을 설명하고 협력을 요청할 필요가 있다. 또한, 지역 기관별로 협력을 받아야 할 내용이 있을 때는 수시로 요구하고 연락하여 지원을 받도록 한다.

이를 위해서는 교장은 지역에서 개최되는 행사에 참석하여 축하와 격려를 통한 유대관계를 맺도록 한다. 교장은 학생이 지역행사에 참가를 할 수 있도록 하여 지역을 이해하는 기회가 되게 한다. 한편, 교장은 지역 내의 불우시설을 학생들이 교육적 차원에서 방문하고 위로할 수 있도록 기회를 제공하도록 하며, 지역 내의 노인정 방문 행사 등도 실시하도록 한다. 또한, 지역 주민의 교육 기부를 받도록 한다. 예를 들어, 학교 교육활동 중 방과후 활동 등 강사 및 학교 주변 방범 활동(학교 지킴이), 학교 주변 청결 유지 활동 등의 지원을 받도록 한다. 필요한 경우에는 지역사회 시설을 활용한 교육을 하도록 한다. 예를 들어 박물관, 미술관, 공연관, 도서관, 체육관, 수련관 등을 활용한 교육, 작업장 등을 활용한 진로 교육 등을 실시한다. 한편, 소통의 시대를 맞아 선출직과의 원활한 소통 관계 형성 및 유지가 필요하며, 인근에 있는 고등교육기관과의 연계협력도 강화하여 대학생을 활용한 교육 기부, 대학 시설 활용, 대학의 프로그램 활용 등을 할 수 있다.

제 5 부

참여형 의사결정을 통한 학교경영 전략

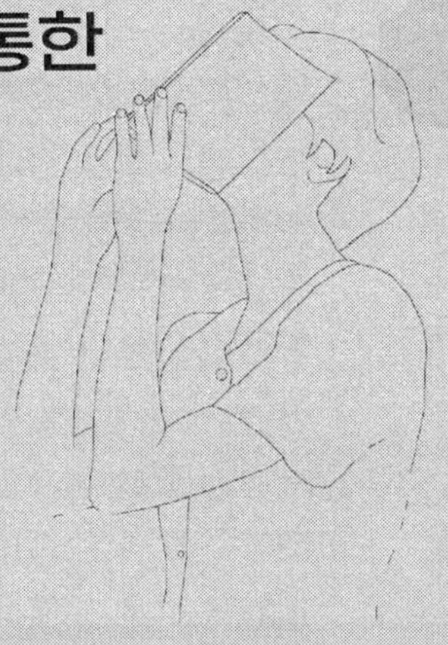

제17장 학교 비전을 함께 만들기

비전의 중요성

최근 코로나 19라는 팬데믹 상황은 학교가 교육행정 관료조직의 말단 기관이라는 사실을 확인해주는 일이 되었다. 또한, 조금씩 증가하고 있다고 알고 있던 단위학교 경영의 자율권마저도 제대로 누리지 못하고 있음을 만천하에 공개하는 일이 되었다. 관료들의 속성이 나의 권한은 확대하고, 관료의 수는 점차 증가시키되, 하부 기관의 권한은 점차 축소를 시킨다고 한다. 이런 속성을 코로나 19라는 팬데믹 상황을 통해서 우리는 분명하게 보았다. 이런 때에 엎친 데 덮친 격으로 학부모의 민원은 폭발적으로 증가하여 교장은 학교경영에 있어서 엄청난 고통을 겪고 있다.

교장은 이렇게 힘든 상황, 혼란스러운 상황일수록 멀리 보는 것이 중요하다. 역사적으로 살펴보면 학교경영은 언제나 순탄한 기간보다 질곡의 기간이 훨씬 더 길었고, 횟수도 더 많았다. 그러나, 높은 곳에서, 멀리 떨어져서 보면 변화무쌍한 세상도 질서정연하게 볼 수 있다. 따라서, 교장에게 필요한 역량은 현 상황을 제대로 파악함과 동시에 멀리 떨어져서 미래를 내다보는 능력을 겸비해야만 성공하는 교장이 될 수 있다.

대나무 중에 모소라는 종이 있다고 한다. 모소 대나무는 씨앗을 심은 후 처음 4년 동안은 하나의 죽순을 빼고는 아무것도 보이지 않는다고 한다. 4년이라는 기간 동안 모든 성장은 땅속에서 이루어진다.

그동안 섬유질의 뿌리 구조가 형성되어 땅속으로 깊고 넓게 퍼져나간다. 그리고 5년째 되는 해 매일 30센티미터씩 자라 대나무는 약 25미터 높이까지 자란다고 한다. 학교경영도 마찬가지라고 생각을 한다. 인내심을 가지고 장기적 관점에서 현재를 보고 개선할 점을 찾아서 보완하는 노력을 지속한다면, 결국에는 원하는 결과를 얻게 되는 것은 자명한 이치다.

교장은 조직이 큰 목표를 가지고 일희일비하지 않고, 꾸준히 노력하도록 하여 어느 순간 학교 구성원들이 느끼지 못하는 사이에 훌쩍 커버린 모습을 보도록 해야 한다. '한 사람의 꿈은 꿈으로 남지만, 만인의 꿈은 현실이 된다'라는 어느 유목민의 속담이 있다. 같은 꿈을 꾸고 있는 군대의 병사들은 죽기를 각오하고 돌격한다. 그리하여 전쟁의 어떤 위험에도 두려워하지 않는 위대한 병사들이 되는 것이다. 동서고금을 막론하고 '같은 꿈을 향해 서로 믿고 의지하면서 돌진하는 조직'을 가로막을 수 있는 것은 아무것도 없다. 교장의 첫 번째이자 가장 중요한 임무는 구성원 모두가 같은 꿈을 갖고 힘과 지혜를 결집하도록 하는 것이다. 게리 하멜은 〈꿀벌과 게릴라〉에서 '진정한 경쟁은 미래의 꿈을 향한 경쟁이다'라고 역설하였다.

비전의 의의

❖ 협의의 비전

비전(Vision)은 외래어라 우리말에 딱 들어맞는 용어가 없는 것으로 알고 있다. 그래서 많은 경우에 원어 그대로 '비전'으로 사용한다. 굳이 우리말로 표현하면, 비전을 국어사전에서는 '지금은 보이지 않지만 내다보이는 장래상' 이라고 정의하고 있다. 백과사전에서는 '조직이 장기적으로 지향하는 목표 가치관, 이념' 등을 통칭한다. 개념적 속성이 명확하지 않아 비전에 대한 다양한 정의가 존재하지만, 일반적으로 비전은 '조직이 앞으로 어떻게 되어야 하는지에 대한 이상적인 모습을 보여준다'라고 하고 있다. 간단히 표현하면, 조직 미래의 바람직한 모습을 표현한 것이다. 다시 말해, 특정한 미래 시점에 맞는 학교의 위상을 미리 정해놓은 것이다.

따라서, 비전은 조직의 목표 수립 및 전략개발의 가이드로 작용하며, 리더의 의사결정 과정에서 준거가 된다. 또한 모든 구성원이 공유하는 정신적인 체계를 제공하는 역할을 하며 리더가 사회적 영향력을 발휘하는 데 도구가 되기도 한다. 즉, 비전이란 '학교 교육을 통해서 미래에 달성하고자 하는 교육상'이라고 할 수 있다. 즉 오늘의 모습에서 벗어나 미래의 어떤 시점에 교육을 통해 갖고자 하는 의미를 나타낸 것이다.

❖ 비전과 미션, 핵심 가치

비전은 일반적으로 미션(Mission)과 큰 구분이 없이 사용되기도 하지만, 학문적으로는 미션과 분명하게 구분되는 개념이다. 미션이 조직의 존재 이유로서 잘 변하지 않는 목적이다. 사람이 태어난 이유와 같이 기업이, 조직이 세상에 '설립된(태어난) 이유'가 미션이다. 사명감이 투철한 조직은 하여야 할 일이 분명하다. 미션이 사익의 추구를 넘어, 공익성을 내포할 때 학교 조직원의 충성심과 단결심, 학부모의 충성도를 모으는 힘은 더욱 강력해진다. 통상 미션은 시간개념을 포함하지 않는다. 왜냐하면, 미션은 영원히 완성될 수 없는 성격을 갖고 있기 때문이다.

다시 말하면, 미션은 완성을 향해 무한히 수렴할 수는 있을지라도 완결에는 쉽게 도달할 수 없는 것이라고 할 수 있다. 따라서, 단기간에 완성될 미션은 프로젝트의 특성을 가지기에 영속을 지향하는 학교 조직의 미션으로는 적정하지 않다. 미션이 달성되었다면 조직의 존재 이유도 사라지기 때문이다. 그러므로, 조직은 부단히 미션을 재정의할 필요가 있다. 미션을 재정의하는 일은 사업의 포트폴리오를 재정의하는 일과 같다.

비전은 일정한 시간이 지난 후의 조직의 모습이다. 비전은 시간개념이 들어가는 것이 원칙이다. 학교에서 비전을 설명하면서 시간적 개념을 포함하지 않는다면 이는 적정한 비전이 아니다. 비전은 망원경으로 먼 곳을 내다 보듯이, 3년 후, 4년 후, 5년 후, 10년 후의 학교가 되고자 하는 멋진 모습을 상징한다. 시간적 개념을 포함하지 않은 비전 선언문은 도대체 언제쯤 그러한 모습을 달성하려는지 모호하게 된다.

비전에 시간개념을 포함하지 않았다면, 일반적으로 기업에서는 30년 한 세대 안에 달성할 비전이 현실감 있고 적정하다고 한다. '2030 비전 선언문'이라고 정했는데, 2030년이 되어도 비전의 달성이 멀리 있을 때는 고민이 생길 수 있다. 많은 비전 선언문에 시간의 개념이 빠진 이유는 자신감이 없기 때문이다. 달성이 어렵다고 하여도 도전적인 비전 선언문이 답이다. 망원경으로 멋진 오아시스를 발견했는데, 언제쯤 도착할지도 모르는 거리에 있다면 비전이 아니라 신기루와 같다. 한편, 모호한 비전 선언문은 학교의 사명과 구별하기도 쉽지 않다. 비전이 잘 기술되었는지 확인하는 방법이 있다. 비전 선언문을 미션으로 바꾸어도 그럴듯하다면 잘못 작성한 것이다.

경영이론가 사이에는 미션, 비전, 핵심 가치의 추상화 레벨에 대하여 이견이 있다. 그러나 일반적으로는 다음과 같이 생각한다. 시간적 개념으로 미션은 가장 오래 걸리는 개념이고, 그다음이 시간 목적을 가지는 비전, 비전을 달성해 가는데 필요한 핵심 가치가 맨 아래 위치하는 개념이다. 위에 있으면 그만큼 자주 바뀌면 안 되는 개념이다. 미션을 바꾼다는 것은 삶을 다시 시작하는 일과 같다. 반면에 비전과 핵심 가치는 교육환경에 따라 미션보다 좀 더 융통성 있게 변화함이 적정하다. 미션, 비전과 핵심 가치는 주체의 실존 개념인 "WHY"에 해당하는 개념으로 학교의 모든 활동의 적합성을 판단하는 기준이 된다.

❖ 전략적 비전[54)]

비전이란 앞에서 언급한 바처럼, '학교 교육을 통해서 미래에 달성하고자 하는 교육상', 오늘의 모습에서 벗어나 미래 어떤 시점에 교육을 통해 갖고자 하는 의미를 나타낸 것이다. 이런 비전을 구현하기 위해서는 단기적인 교육목표 등과 그 교육목표를 구현하고 실현하기 위한 영역별 추진 과제 등이 필요하다.

전략적 비전인 협의의 비전, 교육목표, 추진 과제를 조작적으로 정의를 하면 다음과 같이 요약할 수 있다. 비전은 교장님이 재직하는 마지막 해(통상 재직기간을 4년으로 보면) 예를 들어 에 2023년에 부임하면 2026년 말에 '학교 교육을 통해서 달성하고자 하는 교육상', '0000학교의 교육상'이라고 할 수 있다. 반면에 교육목표는 비전의 하위 단계에 위치하게 되는 것으로서 비전을 실현하기 위한 단기적인 조직 목적이라고 할 수 있다. 통상적으로 교육목표는 '1년 목표'가 기본이나, 1년 동안 목표를 달성하지 못한 경우에는 1년을 자동으로 연장을 하거나 폐기를 할 수도 있다고 본다. 추진 과제는 상위 체계인 교육목표를 구현하기 위한 1년 이하의 매우 구체적인 실천 내용이라고 할 수 있다. 따라서, 추진 과제는 과제의 속성상 일회

---

54) 본 책자에서의 '전략적 비전'은 협의의 비전을 포함하여, 학교에서의 교육목표, 학교상(학생상, 교사상, 교장상 등), 실행 과제 등을 포함한 광의로 사용하고자 한다. 이하에서 사용되는 '비전'이 문맥에 따라서는 협의의 비전 혹은 '전략적 비전'으로 혼용되어 사용될 수 있다.

성으로 종료되는 것이 다수이나, 과제에 따라서는 6개월 또는 1년이 지속될 수도 있을 것이다.

전략은 비전과 현재 모습과의 격차를 극복하는 것이며, 이런 전략이 잘 실현되도록 해주는 것은 변화관리(Change Management)라고 할 수 있다. 또한 이들은 상호 간에 매우 밀접한 관련을 맺고 있다. 즉, 비전이란 전략이 존재하게 하는 것으로서, 전략에 우선하는 개념이며, 변화관리의 맨 첫 출발점에 존재하는 상위 개념이다. 학교의 비전은 순간적인 발상 또는 영감에 의해 우연히 발생하는 것이 아니라 광범위한 정보 수집, 정보 분석, 다양한 경험과 지식의 습득 및 공유를 통해서 형성되는 것이다. 즉 무한한 가능성이 열려있는 미래에 대한 끝없는 질문과 한없는 물음과 이에 답하기 위한 정보, 지식 및 경험을 수집, 축적, 논의, 공유하는 과정에서 창조되는 것이 비전이다. 충분한 시간과 잘 준비된 과정을 따를 때 절차적 타당성과 함께 학교경영 목표 실천을 위한 구체적이고 현실적인 처방이 도출되며 공감대와 실행이 확보될 수 있다.

세계적인 베스트셀러 작가 켄 블랜차드는 그의 저서 〈비전으로 가슴을 뛰게 하라〉에서 비전과 목표를 구분하여 정의를 내리고 있다. 비전은 '목적을 달성해가는 과정에서 끊임없이 지침을 제공하는 지속적인 것'이라고 말하고 있다. 목표와 비전을 구분하는 한 가지 방법은 다음과 같은 질문을 하라고 한다. '그 다음에는?'이라는 질문에, 목표는 일회성이기에 일단 목표를 달성하고 나면, 그로서 목표는 종료되지만, 비전은 목표처럼 일회성이 아니라 미래에 대한 뚜렷한 방향을 제시하고 새로운 목표를 설정하도록 해주는 것이다.

일반적으로 보면 많은 조직이 목표만 있고, 사실상 비전을 갖지 못한 조직이 많다. 그렇게 되면 목표는 일회성이기에 달성되고 나면 그 목표는 종료될 수밖에 없다. 만일 당신의 조직에서 '학생 식당을 짓겠다, 학급 문고 확충을 통해 독서교육을 하겠다, 학부모 참여를 증대시키겠다, 오케스트라단을 창단하겠다'라고 생각한다면 그것은 비전이라기보다는 목표의 성격이 더 강하다고 할 수 있다. 만일 이러한 목표를 비전으로 알고 학교경영을 한다면, 설령 당신이 원하는 것을 성취한다고 해도 만족보다는 오히려 허무함을 느낄 수 있다. 이러한 목표는 그것을 성취하고 나면 다시 새로운 목표를 수립해서 실천을 위한 도전을 해야 한다. 하지만, 비전은 학교경영에서 학교에 근무하는 4년여 동안 생명력을 가지고 있다.

우수한 비전의 조건

세상에는 수많은 비전이 존재한다. 개인, 기업, 학교, 국가에도 비전이 있다. 많은 논란과 주장들이 존재하지만 우수한 비전의 특성을 요약하면 다음과 같다. 1) 누구나 이해하기 쉬운 단어로 명료하게 표현된다, 2) 비전 달성을 위한 핵심 관리 인자(Value Driver)가 가시화되어 있다, 3) 실제 학교 역량이 집중되어야 하는 과제와 연계되어 있다, 4) 비전에 미래 목표치를 내재화하고 있다, 5) 비전과 경영계획이 연계되어 있다, 6) 비전 달성을 위한 역량과 긴밀하게 연계가 되어 있다.

지면 관계상 첫 번째 조건만을 논의하고자 한다. 비전은 누구나 이해하기 쉬운 단어로 명료하게 되어야 한다는 것이다. 이런 우스갯소리가 있다. 강의를 잘하는 사람과 강의를 못 하는 사람을 구별해 내는 방법은 어떤 방법이 있을까? 가장 간단한 방법이 있다고 한다. 그 방법은 강의를 청중이 알아듣기 쉽게 하는지, 청중이 알아들을 수 없게 하는지 만을 보면 된다고 한다.

비전에도 똑같은 논리가 적용된다. 비전이 너무 추상적이고 어려운 단어로 표현되어 있으면, 그 비전은 구성원 모두에게 공유되기 어렵다. 누구나 쉽게 이해할 수 있는 언어로 간단명료하게 표현되어야 한다. 그것은 '앎의 저주'라고 불리는 것 때문이다. 교장들은 비전을 알기 때문에, 교장에게 비전은 매우 쉽다는 것은 명백하다. 그래서 교장들은 학교 구성원 모두가 비전을 잘 알 것이라고 생각을 한다. 그러나, 그것은 큰 착각이다. 비전이 어렵고 추상적인 단어로 표현되어 있으면 그 내용과 의미를 알기가 쉽지 않다. 예를 들어 마이크로소프트사의 비전은 참으로 이해하기 쉬운 단어로 목표가 명시적이면서도 명료하다. A computer on every desk and in every home (모든 책상과 집에 컴퓨터를). 만약 이 비전의 약간 아쉬운 점을 조금 보완한다면 '0000년까지~'를 넣었으면 더 좋았을 것이라는 생각을 한다.

이처럼, 학교 구성원들이 학교 비전을 잘 기억하고, 그 비전을 실현하기 위해 노력하게 할 것인가는 비전을 얼마나 쉽고 간명하게 표현했느냐에 달려있다. 비전은 알기 쉽고, 명료하게 제시되어야만 한다. 그런 비전만이 학교 구성원들에게 잘 기억되고, 잘 실천될 수 있다.

비전은 학교경영의 방향타이자 매직이다.

헬렌 켈러는 눈이 보이지 않는 장애 속에서도 여성의 인권과 반전 운동 등의 분야를 포함한 많은 영역에서 훌륭한 업적을 남긴 인물이다. 그녀는 '장님으로 태어난 것보다 못한 것이 무엇이냐?'는 질문에 '시력은 있지만, 비전이 없는 것이겠지요'라고 답했다고 한다. 눈이 안 보이는 것보다 비전 없는 사람이 더 가엾다는 말이다. 비전이 있어야 그걸 달성하기 위해 열심히 노력할 수 있고 시행착오를 줄일 수 있으니, 비전을 올바르고 명확히 설정해야 한다는 것을 강조한 것이다.

고로 비전은 학교경영에 있어서 북극성의 역할을 하게 된다. 어떤 측면에서 보면, 지도자의 역량 중에 중요한 것이 조직의 비전을 제대로 제시하느냐와 그 비전을 구성원들에게 어떻게 공유시키는가이다. 세계적인 기업인 제너럴 일렉트릭을 회생시킨 경영자 잭 웰치는 지도자는 사람들이 비전을 볼 수 있게 할 뿐만 아니라, 그것을 생활화하고 호흡할 수 있게 해야 한다고 말하였다.

비전은 마술과 같다. 모든 일이 이루어질 수 있는 미래의 가능성이며 크고 대담한 생각이다. 그렇기에 비전 없는 삶은 캄캄한 터널을 지나는 것과 같다. 만약 개인이나 조직에 비전이 존재하지 않는다면, 아무리 시급한 일이라도 일단 멈추고 며칠, 몇 달이 걸리더라도 이를 먼저 세워야 한다.

교장은 교직원들과 함께 비전을 수립하고 그 비전을 실천하도록 힘을 써야 한다. 교장은 교직원들에게 좀 더 나은 미래를 구상하고 실천할 수 있도록 다양한 기회를 적극적으로 제시해야 구성원들의 자발적 참여를 토대로 조직을 발전시킬 수 있다. 맥스 랜즈버그가 그의 책 〈The Tools of Leadership〉에서 비전 제시의 좋은 예로 핸리 포드의 예를 들고 있다.

나는 위대한 대중을 위한 자동차를 만들 것이다. 가격을 낮춰 제대로 월급을 받는 사람이 자동차를 소유하지 못하는 일이 없게 할 것이며, 가족과 함께 신이 주신 탁 트인 공간에서 즐거운 시간의 축복을 누릴 수 있게 할 것이다. ....

내가 이 모든 일을 다 이루었을 때 모든 사람은 자동차를 소유할 수 있을 것이다. 고속도로에서 말이 사라지게 될 것이고, 자동차가 다니는 것이 당연한 것이 될 것이다. 이를 위해 많은 사람에게 제대로 급여를 지불하는 일자리를 줄 것이다.

자동차 왕 핸리 포드의 이 말은 노동자에게 자동차를 구입하고, 유지할 수 있는 급여를 주기 위해 미국 전체의 노동자들도 자동차를 구매할 수 있다는 비전을 제시하였다. 이로써 당시 상류층만의 전유물만으로 여겨지던 자동차를 노동자들도 살 수 있다는 놀라운 비전을 심어 주었다. 그 결과 노동자들의 노동 동기가 충만해져 노동자들은 놀라운 생산력으로 포드 자동차 회사에 큰 보답을 하였다.

이처럼 학교 비전은 학교 구성원들에게 학교경영의 북극성이자 학교경영에 자발적으로 참여하게 하는 마술(magic)이 된다.

교장에 가장 중요한 일은 비전 수립과 비전 공유다

비전은 그저 '창의 인성교육을 실현하는 서울00교육'과 같은 두리뭉실한 비전은 실현되기가 매우 어렵다. 위와 같은 비전은 어떤 측면에서 보면 교육의 목표라고 할 수 있다. 범위와 목표가 너무나 크고, 추상적이며, 그저 누구나 할 수 있는 좋은 목표다.

누구를 위해서, 무엇 때문에, 어떻게 가야 하는지 정확한 비전을 제시하지 않으면 조직은 언제 좌초될지 모른다. 명확하고 구체적인 비전을 제시하고 모든 구성원이 그 비전을 공유하고 동참해야 한 방향으로 나갈 수 있다. 비전 제시는 리더의 덕목 중에서 가장 중요한 덕목이다. 많은 조직이 생겨나고 있는 현대사회에서 조직의 성공이 강조되고 있는 시대에서 비전의 중요성은 점점 더 강조되고 있다. 이것은 과거의 경영과는 다른 측면이다. 과거에는 중앙에서 강제적으로 통제하거나, 혹은 소수의 두뇌가 모여서 기획하고 그것을 아래로 하달하는 조직이 잘 움직였다. 그러나 이제는 전략적인 기획과 '비전이 있는 사고'라는 지침을 만들어 제시하는 것이 필요한 시대다. 이런 것을 할 수 있느냐 없느냐의 역량이 교장의 능력과 직결된다. 교장은 조직이 가진 총 역량을 동원해서 목표를 가장 효과적으로 달성해가도록 하는 사람이다.

캐나다 맥길대학에 헨리 민츠버그(Henry Mintzberg) 교수는 경영자들을 대상으로 한 연구에서, 최고 경영자가 수행한 활동 중 50퍼센트가 9분 이상 지속되지 못했으며, 10퍼센트만이 1시간을 넘은 것으로 나타났다고 한다. 또한 구두 접촉 중 93퍼센트가 현장에서 예정 없이 이루어진 것이라고 한다. 경영자 시간 중 1퍼센트만 자유로운 시간이며, 업무 내용상 368건의 구두 접촉 중 1건만 특정 현안에 당장 얽매이지 않은 것으로 이것만이 진정한 의미의 전략 수립 관련 업무라고 말한다. 즉, 교장은 큰 그림을 그리는 사람이다. 교장은 다른 사람과 구별되고 그의 조직이 차별화되는 것은 비전과 전략 때문이다. 비약적 표현을 하면 교장은 한 달간 휴가를 갈 수도 있어야 하고, 걸려오는 전화를 받지 않을 수도 있어야 한다. 김명곤 전 문화관광부 장관의 말처럼, 혼자 아무 생각이 없이 멍하니 앉아서 거울을 보거나 창밖을 내다보는 시간을 의도적으로 만드는 것이 경영자로서의 최소한의 임무라고 말한다.

한 방향으로 나아가기 위해서는 조직은 비전, 핵심 가치 그리고 목표를 공유할 수 있어야 한다, 비전과 목표를 만들어내는 것도 중요하지만 조직 구성원들 사이에 끊임없는 쌍방향 소통을 통해 공유가 이루어지도록 해야만 한다. 교장이 조직 구성원들에게 비전을 충분하게 설명하지도 않았는데, 어떻게 다른 사람들이 비전을 알 수 있겠는가? 교장은 비전을 제대로 제시하고, 정확하게 설명해야만 한다. 그렇게 하면 조직의 구성원들이 교장을 이해해 줄 것이고, 더 나아가 교장을 지지해 줄 것이며, 구성원들과의 대화가 더 잘 될 것이고, 학교경영에서의 사업의 우선순위를 정하는 것도 잘 될 것이다.

비전은 그 모습이 구체적으로 쉽게 보이지 않는 경우 공유가 잘되지 않을 수가 있다. 설령 그 모습이 보인다 해도, 비전은 교육철학과 교육 가치관 등과 연관이 되어 있기에 비전이 공유되어 명확하게 구성원들의 마음속에 자리를 잡는 데 시간이 걸린다. 그것은 마치 새로운 습관을 체득화하기 어려운 것처럼, 비전도 학교 구성원들에게 체득화하는 데 상당한 시간이 소요될 수 있다. 교장이 학교 구성원들에게 이렇게 어려운 비전을 공유하게 하기 위해서는 많은 노력이 필요하다. 그래서 교장의 중요한 덕목으로 포기할 줄 모르는 인내심을 꼽는다. 계속하여 설득하고, 지속성을 가지고 인내심을 가지고 설득하고, 또 설득해야만 한다.

편안함을 선물하는 교장이 아닌 꿈을 선물하는 교장이 되자

최근 학교 현장에 새롭게 생겨난 문화중에 하나가 교장의 교직원 눈치 보기다. 더 나아가서는 교장과 교감 간에 '누가 누가 (교직원에게) 잘하나' 게임을 벌이고 있는 학교도 있다고 한다. 이런 현상은 민주적 학교경영에 대한 잘못된 오해와 이로 인한 교원능력개발평가, 교장 청렴도 평가 등이 교육 전문직으로의 전직 인사 등에 반영되거나 매년 그 결과가 공개되면서 나타난 현상으로 추측된다. 그 결과 교장들이 교직원들에게 싫은 이야기를 잘 하지 않으려는 분위기가 조성되어 교장과 교감 간에 갈등의 요인으로 작용이 된다. 특히, 공모 교장으로 가려고 하는 교감들에게 이런 현상은 두드러지게 나타나고 있다.

교장과 교감 간에 교직원이 싫어할 이야기를 서로 미루게 되어, 그 결과 마냥 웃을 수만도 없는 현상이 발생하고 있다. 예를 들어 어떤 교장은 교직원 회의 시에 교사들에게 인기성 발언만을 하는 교감에게 교직원 회의에서 발언하지 않도록 요구하는 일까지 발생하고 있다. 그러나 이런 극단적인 현상은 바람직하지 않다. 교장이 교직원에게 편안함을 주려고 하는 것은, 기본적으로 잘못되었다고 폄하를 할 수 없다. 그러나 분명한 것은 편안함을 주는 그 목적과 의도가 무엇이냐는 것을 따져보아야 할 것이다. 예를 들어 평소 일종의 내부 고객인 교직원들에게 만족 경영, 행복 경영의 일환으로서 인간관계 개선 차원, 소통 강화를 위한 것이라면 바람직하다고 생각한다. 그러나, 그것이 포퓰리즘이나 인기 영합주의적 의도에서 나온 행동이라면 그것은 고민이 필요하다.

비전의 제시는 교장에게 매우 중요한 덕목이다. 최근에 젊은 교사들은 본인들에게 편안함을 주는 교장보다는 꿈을 주는 교장, 비전을 제시하는 교장을 더 좋아한다고 한다. 지금 MZ세대들은 소비에서도 비슷한 경향을 보인다. 다른 사람들이 좋아하는 것이 아닌, 나만의 생각, 나만의 가치를 추구하는 가치 추구형 소비, 취향 소비를 한다고 한다. 마찬가지로 교장은 학교의 구성원들이 자신이 가진 잠재력을 최대한 발휘할 수 있도록 하는 교장이 되어야 한다. 교장은 학교의 구성원들이 본인도 잘 모르는 능력을 알게 해주어야 하고, 잠재적인 능력을 발견해 주어서 꿈을 갖도록 해야 한다. 이것은 교장에게 있어서 중요한 덕목이다.

"저는 평생 일을 해본 적이 없습니다. 그저 너무나도 즐겁고 재미있는 방송을 40년 가까이 해왔을 뿐입니다. 꿈이 바로 저의 일입니다."

영국의 유명한 방송인인 테리 웨건(Terry Wagan)이 한 말이다.

"도대체 어떻게 하면 재미있게 일을 할 수 있느냐"라는 질문에 대한 최고의 대답이다. 비전은 즐거움의 핵심이며 우리를 움직이게 하는 힘이다. 지금 내가 하고 있는 일이 내가 원하는 인생의 꿈과 비전에 일치되어 있다면, 우린 어떤 상황에서도 즐겁게 일을 할 수 있다.

주위를 둘러보면 비전이 있는 사람은 항상 즐겁게 일한다는 것을 쉽게 알 수 있다. 또한 즐겁게 일하는 사람은 인생에 대한 비전이 확실한 사람이다.

캘리포니아 항공회사의 사례는 비전이 얼마나 큰 즐거움인지 보여주는 대표적인 사례이다. 이 회사의 부서 중에 매년 최고의 만족과 실적을 보여주는 부서가 있었는데 놀랍게도 비행기의 엔진을 청소하는 부서였다. 그 부서원들은 모두 파란색의 심장외과 수술복을 입고 있었다. 어떤 컨설턴트가 이들에게 왜 수술복을 입느냐는 질문에 그들은 이렇게 대답했다.

"우리는 비행기의 심장인 엔진을 청소하며 수술하는 사람들입니다. 사람의 심장을 고치듯이 우린 비행기의 심장을 고치는 의사입니다."

그들의 꿈은 바로 비행기를 고치는 의사였던 것이었다. 가장 짧은 시간에 즐거운 사람이 되는 유일한 방법은 자신의 꿈과 비전을 생각하는 것이다. 2초~ 3초 안에 떨어지는 별똥별에 대고 소원을 이야기할 수 있을 정도로 간절하다면 일터에서든 가정에서든 반드시 행복할 수 있다. 아무리 부지런한 자도 비전을 소유하고 일을 즐기는 자를 능가할 수 없다.

세계적인 경영학자인 피터 드러커가 열세 살 때, 필리글러 선생님이 수업 시간에 들어와 한 사람 한 사람에게 이런 질문을 했다.

"너희들은 죽은 뒤에 어떤 사람으로 기억되길 바라느냐?"

아무도 대답하는 사람이 없었다. 잠시 있다가 선생님은 껄껄 웃으면서,

"나는 너희들이 이 질문에 대답을 할 수 있을 거라고 기대하지 않았다. 너희들이 이 질문에 대답하기에는 아직 어리다. 하지만 오십 살이 될 때까지 여전히 이 질문에 답할 수 없다면 그 사람은 인생을 잘못 살았다고 봐야 할 것이다."

그 후 피터 드러커는 졸업 60주년 동창회에서 동창들을 만났다. 그런데 동창들 사이에서 옛날 필리글러 선생님의 이야기가 나왔다. 그날 모인 친구들은 필리글러 선생님의 질문을 기억하고 있었고, 대부분 그 질문이 자신들의 인생의 방향을 바꾸어 놓았다고 말했다. 그들은 어째서 대다수가 필리글러 선생님의 질문을 기억하고 있었을까? 선생님이 그들에게 편안함을 준 리더가 아닌 진정한 리더로서 존재했기 때문이다. 필리글러 선생님은 이미 학생들의 내면을 꿰뚫어 보고 있었고, 그들에게 삶의 멘토가 될 만한 질문을 던진 것이다. 필리글러 선생님의 제자 중에는 피터 드러커와 같이 성공한 리더가 여러 명 배출되었다.

필리글러 선생님처럼 교직원들에게 꿈을 선물하는 교장은 누구나 될 수 있다. 그 길은 바로 좋은 비전을 함께 수립하고 같이 공유하는 것이다.

학교 비전 수립의 전략

❖ 구성원들의 집단지성을 발휘하게 하자

비전의 공유는 매우 힘든 일이다. 구성원이 학교의 비전을 공유하고 있다면 학교 조직은 성공한 것이나 다름없다. 따라서, 비전을 공유하게 하기 위해서는 비전을 수립할 때 집단지성이 발휘되도록 해야 한다. 연구부장, 교육과정 부장 등 소수의 사람만이 비전 수립 프로젝트를 진행하는 것은 지양해야 한다. 가급적 모든 부장이 비전 수립 프로젝트에 처음부터 함께 참여해야 한다. 종종 연구부장, 교육과정부장이 비전을 수립하고 다른 부장들은 연구부장, 교육과정부장이 만들어낸 비전을 기다린다는 말을 종종 듣는다.

연구부장 등 소수가 단독으로 비전 수립을 주관하고 다른 부장들은 그 결과를 기다리는 경우, 비전은 제대로 기능을 하지 못할 가능성이 매우 많다. 따라서, 부장들, 기획 회의 구성원 모두가 참여하지 않고 일부 사람만이 단독으로 비전 수립을 진행하면 다음과 같은 문제점이 발생할 수 있다.

첫째, 화려하고 멋진 문구의 나열이 될 수 있다.

화려하고 멋진 비전은 학교 교육의 방향성을 효과적으로 제시할 수 없다. 예를 들어 '최고의 학교를 만들고…', '글로벌 리더를 양성하고…', '선도자가 되고…', '세상을 변화시키고…', '세상을 열광시키고…'등의 비전은 멋진 대신 달성할 목표가 없으며 구체성이 부족한 비전이다. 오히려 이것은 미션에 가깝다고 할 수 있다. 비전은 교장의 임기 4년 동안 '4년 후에 달성할 모습'을 미션보다 좀 더 구체적으로 제시하는 것이 바람직하다고 생각한다.

가슴 설레는 비전과 뜬구름 잡는 비전은 연관성이 거의 없다. 비전을 달성하려면 거기로 가기 위한 핵심적인 결과물(목표)이 있어야 한다. 학교에 있어 성장과 발전에 대한 구체적 목표가 없는 비전은 지속성이 없고 생명력이 없다. 그렇기에 그러한 비전은 구성원들에게 기억되기 어렵다.

둘째, 도전적인 큰 목표를 비전으로 정하지 못할 수 있다.

비전은 도전적인 큰 목표가 아니라면 세울 이유가 없다. 차라리 그러한 경우에는 비전을 세우지 말고 위로와 격려를 하는 것이 더 나은 경영 전략이 될 수도 있다. 만약 비전이 없이 '그냥 하루하루 열심히 살자. 그러다 보면 어떻게 되지 않겠어. 잘 될 것이라고 긍정적인 생각을 가지고 근무하자'라고 한다면, 제대로 학교경영이 이루어질 수 있을까? 이런 경우는 학교경영을 희화화하는 이야기[55]가 되고 만다.

비전은 다른 차원에서 보면 학교 경영자가 조직 구성원에게 무엇인가를 주고, 학교 경영자는 조직 구성원으로부터 무엇인가를 돌려받아야 하는 것이 내재하고 있어야 한다.

연구부장, 교육과정 부장의 교육과정 수립부서에서 4년 후를 정확하게 예측할 수 없는 상태에서 각종 교육과정 설문 조사와 자료를 통해 사업 목표를 정하는 경우 변화를 원하는 것은 잘 나오지 않는다. 본인들의 주도로 일거리를 만들어 교직원을 힘들게 하였다는 불평과 비판을 듣고 싶지 않기 때문이다. 교장, 교감이 그토록 듣기 싫어하는 불평과 비난을 부장 선생님들이 들으려고 할까? 인간의 본능이라는 측면에서 보면 그렇지 않을 수밖에 없다. 따라서, 연구부장, 교육과정부장은 단지 초안을 기획하는 사람이며, 부장들이 모두 참여한 가운데 그 비전이 논의되고, 수립되면, 그 이후 교직원 모두가 참여한 비전 수립 워크숍에서 기획(부장) 회의에서 의논한 안들이 부결되는 경우는 드물다.

즉, 연구부장, 교육과정 부장 등이 주도적으로 전략목표를 세우게 되면, 그들은 먼저 '직원들이 어떻게 생각할까? 어떻게 설득하지?'라는 것을 머리에 떠올리게 된다. 이런 마음 자세로 수립한 목표는 직원들이 참여한 비전 수립 워크숍의 목표보다 보수적일 수밖에 없다. 가끔 비전 수립에 참여한 교직원들이 목표를 낮게 설정하고 합의하려는 모습을 보일 때가 있다. 이유 중 하나는, 교직원들이 비전 수립에 공감대가 낮기 때문이다. 그렇게 되면, 교직원들은 숙제할 때처럼 그 자리에 앉아 빨리 워크숍이 끝나길 바라는 경우다. 비전 수립에서 연구부장, 교육과정 부장 등이 제대로 역할을 해야 하는 이유다.

55) 만약 이렇게 된다면 학교경영의 전문성은 그 가치가 평가 절하되어, 학교경영은 누구나 할 수 있는 것으로 치부될 수 있는 위험한 모습이라고 생각한다.

셋째, 비전 달성을 위한 실행력을 확보할 수 없다.

실행력을 확보하려면 내재화 즉, 전 교직원이 비전을 달성해야 할 목표라고 받아들이고 전 조직원이 매진해야 한다. 연구부장, 교육과정부장 등이 만들어 제시하는 비전은 교직원과 단위 조직에 의무와 부담감만을 안기는 경우가 있다. 교장이 비전을 제시할 때마다 교직원이 부담감을 느끼고, 또한 교장이 조직을 압박하는 수단으로 활용한다면 비전은 비전인데 비전이 아니게 된다.

비전을 내재화해 신념화하기 위한 가장 좋은 방법은 스스로 만들게 하는 것이다. 비전 수립에 참여해 고민하게 하고, 말하게 하고, 토론하게 하고, 합의하게 만들면 학교의 비전은 나의 비전이 된다. 비전 달성 실행력 확보에 가장 좋으면서도 올바른 방법은 교직원들의 참여다. 연구부장과 교육과정부장 등은 비전의 초안을 수립하고, 다른 부장들은 수립된 비전 초안을 가지고 충분한 토론을 하게 한다. 부장은 비전 초안을 기획 회의를 통해서 충분히 토론을 전개하고, 수정된 비전을 교직원들에게 비전의 내재화를 통해 실행력을 높일 수 있는 지원역할을 하도록 해야 한다.

연구부장, 교육과정부장 등이 단독으로 추진하는 비전 수립은 지양하는 것이 좋다. 비전 수립은 중장기 목표 설정이라는 측면에서 모든 부장의 참여가 필요하다. 한편 다른 조직보다 사람이 중심인 교직문화의 측면에서 보면 비전의 수립은 조직문화의 중요한 출발점이 되는 활동이자. 시발점이 되는 움직임이다. 이것이 비전 수립에 모든 부장이 초기부터 참여해야 하는 이유이기도 하다. 비전이 수립된 후에는 실행을 위해서 모든 부장이 비전 달성을 위한 전략을 수립해야 하고 실행력 강화를 위한 학교 조직문화 바꾸기 활동을 전개해야 한다.

학교경영에서 학교 비전 수립과 비전 내재화에 교직원들의 적극적인 참여가 보장될 수 있는, 대 전제가 모든 부장의 적극적인 협업과 참여다.

❖ 학생 교육을 최우선 가치로 두되, 교직원의 욕망도 고려하자

학교경영이 비교적 잘 이루어지고 있는 학교라 하더라도 대규모 학교의 경우 많은 교직원이 있기에 효율적인 운영이 어려운 경우가 많다. 학교경영이 잘 이루어지려면 학교의 미션, 학교의 비전, 학교경영의 핵심 가치가 잘 수립되고 공유되어야 한다.

매년 새로운 교장이 부임 해오면 학교의 비전을 세우는 일을 한다. 학교 비전이 우리에게 필요한 이유는 스스로 작동하는 구성원들을 만들어내는 핵심 장치이기 때문이다. 개별적인 노력보다는 함께 방향성을 공유하는 공동체 구성원으로서 노력이 우리가 성취하고자 하는 목표를 좀 더 쉽고 재미있게 만들어갈 수 있는 가능성을 가지고 있기 때문이다. 최근에 와서 점차 많은 학교에서 공통으로 나타나는 현상들이 있다. 그것은 학교 비전과 핵심 가치를 그저 형식적으로 이야기하는 것에서 벗어나서 실질적인 변화를 일으키기 위한 전략의 도구로 그 가능성을 탐색하는 시도가 이어지고 있다.

중요한 것은 비전이 지금까지의 암묵적 동의에서 실천적 전략적 도움의 도구로 변화되기 위해서는 학교 공동체에서도 우리가 지향해야 할 방향성이 공동체와 공유되어야 한다. 또한, 학교의 비전을 수립하는 일이 학교 교육의 본질적 기능을 함께 나누는 자리라고 한다면, 코로나 19라는 힘든 시기도 조금은 쉽게 극복할 수있는 힘이 생길 수 있다고 생각한다. 전략적 도구로 비전을 활용하려면 제일 중요한 것이, 무엇을 보고 싶은가?에 대한 막연한 기대가 아닌 학생들에게 필요한 교육과 그 교육의 요구를 충족시켜줄 자원(인적, 물적, 지역) 그리고 그 교육의 요구를 실행하기 위한 시스템에 대한 이해 등의 복합적인 요소가 고려되어야 한다.

비전에는 교육목표와 교직원들의 직장목표가 포함되어야만 한다. 직원들에게 직장목표는 중요하다. 복지, 조직문화, 근무환경, 사기진작 방안 등을 포괄적으로 포함하는 목표가 담겨야 한다. 앞으로 4년 기한의 비전을 정한다고 할 때 대표적인 항목인 직원들이 원하는 복지와 근무환경 개선 등은 어느 수준일까? 이를 위해서는 교직원들은 학교 예산이 어느 정도 증가해야 할까? 등의 고민을 하게 된다. 고로 추진 과제 등을 정할 때 교직원들이 쉽게 합의할 수 있는 이유이기도 하다.

학교경영의 출발은 내부 교직원의 만족감 증진, 행복감 증진이 출발점이 되어야 한다.

학교 비전 수립의 방법

❖ 구성원들의 집단지성을 발휘하게 하자

학교 비전을 수립하는 일은 개인으로 보면 '삶의 목표를 세우는 것과 같다'라고 할 수 있다. 고로, 학교 비전을 수립하는 일은 학교 철학을 만드는 일, 학교 운영의 원칙을 세우는 매우 중요한 일이다. 즉, 학교 비전을 수립하는 것은 학생들을 중심에 두고 학교 문화를, 교육과정을, 수업을 변화시키는 기준점이자, 출발점이 되는 것이다. 고로 이 작업에는 필수적으로 학교의 변화를 수반하게 된다. 이런 중요한 일을 하는 데에 있어서 좀 더 시간을 가지고 충분한 사전 준비, 철저한 준비는 필수다.

절차에 대해서 핵심적인 것을 중심으로 설명을 하고자 한다.

첫째, 올해 교육과정 평가회를 각 부서별(학년부 포함)로 먼저 실시하여야 한다. 11월경부터 각 부서별로 특수부장, 학년 부장 중심으로 올해 한 일, 개선해야 할 점, 잘된 점, 신학년에 새로 추가해야 할 점 등을 토론하도록 하고 토론의 결과는 간단한 문서로 제출하도록 한다.

또한 이때 새 학교에 부임했을 경우에 학교 비전 수립을 위한 다음 내용도 포함되도록 해야 한다.

'현재의 핵심 교육, 핵심 사업, 미래 교육은 무엇입니까?'

'4년 후까지 교육에 영향을 줄 수 있는 환경 요인들은 무엇입니까?'

'4년 후 교육의 핵심 내용은 어떻게 펼쳐지고 있을까?'

둘째, 각 부서별로 논의되고, 토의된 내용을 중심으로 기획(부장) 회의에서 여러 주에 걸쳐서 신학년에 전개할 학교 교육 내용에 대해 충분한 논의를 한다. 특히, 신규 교장님의 경우에는 학교 비전을 수립하는 데 필요한 다음 사항의 논의가 먼저 필요하다. '우리가 바라는 학부모상, 학생들이 바라는 교사상, 우리가 바라는 학생상, 우리 모두가 바라는 학교의 모습, 학교 교육 목표, 교장 경영관 등'.

셋째, 올해 교육과정 운영에 대한 평가를 설문으로 한다. 학생, 학부모, 교직원을 대상으로 비교적 상세한 내용으로 설문하고, 필요한 경우에는 학교 비전 등도 포함되도록 한다.

넷째, 설문 결과를 바탕으로 기획(부장) 회의에서 비전 수립, 신학년 학교 교육과정 운영 방향 등에 대한 회의를 개최하여 충분한 논의를 한다.

다섯째, 학교 비전 수립 시 꼭 주의를 기울여야 하는 두 가지가 있다. 하나는, 미래와 관련된 자료를 조사하고 분석하게 하는 것이다. 예를 들어, 교육부의 신학년 교육정책 방향, 신학년 시·도교육청의 시책 방향, 신학년 교육지원청의 장학 방향 등에 대한 분석이 필요하다. 이러한 일련의 작업은 조직 전체의 시각을 미래로 향하게 하는 효과를 발휘한다.

다른 하나는, 신학년 예산 상황을 고려해야 한다. 행정실을 통하거나 다른 방법을 통해 다양하게 신학년도 예산 상황을 분석해야만 한다.

❖ **당일 워크숍은 의견이 자유롭게 개진되도록 "YES AND" 화법으로**

케이(Alan Kay)의 '미래를 예측하는 최선의 방법은 미래를 발명하는 것이다 (The best way to predict the future is to invent it.)' 라는 그의 주장처럼 불확실성이 일상이 된 시대, 미래에 대한 가장 정확한 예측은 구성원과 함께할 공통의 미래를 만들어가는 것이다. 그리고 다양한 구성원들이 함께 그리는 미래 비전이란 교육목표만이 아닌, 내가 속한 조직이 어떤 모습으로 성장하고, 또 어떻게 그런 성장을 함께 이루어 갈 것인지에 대한 전략을 갖춘 모습이어야 한다. 보통 학교에서 1박 2일로 진행하는 비전 수립 워크숍은 이런 측면에서 매우 중요한 회의이자 행사다. 이때 워크숍을 진행하면서 필요한 가장 중요한 회의 원칙 한 가지를 소개하고자 한다. 픽사의 공동참업자이자 CEO인 에드 캣멀의 회의 방법을 이미 앞의 참여형 회의문화 만들기에서 소개를 하였다. 그러나, 어떤 회의에서도 조직 구성원의 창의성을 최대한 발휘하게 하는 데, 이끌어내는 데 이 회의 방법은 매우 유용하다. 따라서, 워크숍에서 다시 한반 이 회의 원칙을 강조할 필요가 있다. 구체적인 방법은 에드 켓멀이 쓴 책 〈창의성을 지휘하라〉라는 책에 잘 나와 있다. 그중에 참고할 만한 것은 두 가지 만을 안내하고자 한다.

첫째. 에드 캣멀은 회의에서 누구나 두려움 없이 아이디어나 의견을 얘기할 수 있어야 한다고 말한다. 비난받을 걱정과 두려움이 앞선다면 새롭고 다양한 아이디어가 나올 수 없고 이는 창의성이 중요한 픽사에서는 절대 용납될 수 없는 문제이기 때문이다.

심리적 안정감을 위해 에드 캣멀은 물리적 변화도 시도했다. 회의 참석자들이 서로 비슷한 거리를 유지하며 앉을 수 있도록 회의실의 길고 좁은 테이블을 정사각형의 테이블로 바꿨다.

둘째, 플러싱(plusing) 피드백이다. 회의 시에 누가 어떤 의견을 내더라도, '......, but, ...'이 아닌 'Yes And'화법으로 하는 것이다. 이 화법은 다른 구성원의 의견을 비판하는 것을 방지하고 누군가가 어떤 아이디어라도 제시를 한다면 그 아이디어를 발전시키기 위한 것이다.

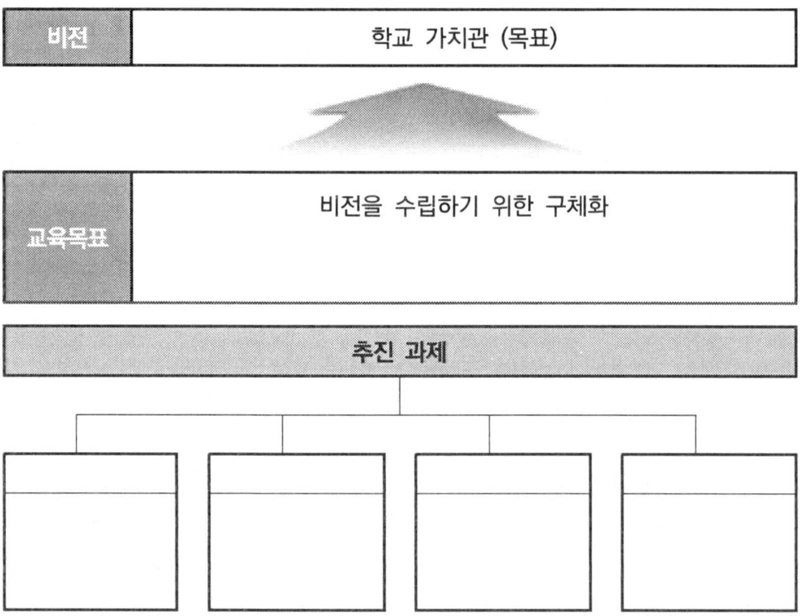

〈그림 1〉 교육비전 수립 위한 자료(비전, 교육목표, 주요 추진과제)

학교 비전의 실행과 다음 비전 준비

❖ 사람을 움직이게 하는 세종의 리더십을 배우자

세종실록을 보면 세종 임금 시대에도 권한의 위임을 놓고 엄청난 논쟁이 벌어진다. 세종 임금 즉위 후 얼마 지나지 않아 김점과 허조가 이를 두고 논쟁을 벌인 적이 있다. 김점은 세종 임금의 유력한 외척이었고, 허조는 사대부 출신의 전형적인 엘리트 관료였다. 이들은 세종 앞에서도 임금은 아랑곳하지 않고 거의 싸우다시피 하는 데, 그 싸움의 쟁점이 바로 '왕의 권한 위임을 어디까지 할 것인가?' 였다. 일단 김점은 중국의 황제처럼 왕이 모든 것을 총람해 하나하나 챙겨야 한다고 주장을 했다. 대국인 중국도 그렇게 한다(실제 어떤지 와는 관계없이)는 것이 주장의 핵심 내용이었다. 반면에 허조는 이것을 극렬히 반대했다. 허조는 중국으로부터 배워야 할 것도 있지만 배우지 말아야 할 것도 있다며 왕의 역할은 일을 잘하는 인재를 잘 찾아내서 믿고 맡기는 것이라고 주장했다.

파저강(지금의 압록강 중류 동가강) 토벌에서 승전보를 알린 최윤덕에게도 임금은 철저하게 위임했고, 이후 북방 개척을 이룬 김종서에게도 또한 그랬다는 것이다. 심지어 누가 김종서를 모함하자 의심나면 맡기지 말고, 맡겼으면 의심하지 말아야 한다고 하며 김종서를 보호했다. 실제로 세종 임금은 국방 분야의 경우 정흠지, 김종서 등에게 지휘권과 인사권을 통째로 위임했었다.

우리는 세종 임금을 통해 리더가 무엇에 관심을 가져야 하는지, 리더는 어디에 집중해야 하는지를 알 수 있다. 세종의 리더십은 우리가 공부하고 연구해야 할 대상이다. 1450년 음력 2월 세종 임금이 사망했을 때, 신하들이 한마디로 요약한 세종 임금 정치의 비결은. 강거목장(綱擧目張)이었다. 강거목장의 의미는 임금이 그물의 벼리(綱

(강): 그물을 잡아당기는 그물의 제일 윗줄을 의미)를 들어 올리면(擧) 그물 눈(目)이 저절로 펴진다(張)는 뜻이다. 즉, 중요 부분만 움직이면 나머지는 저절로 따라온다는 의미다. 세종리더십 연구소 박현모 소장은 이를 두고서 세종 임금의 리더십에 빗대어, 불이 났을 경우 휘하의 관리들에게 물동이를 들고 달려가서 불을 끄라고 하는 일인지용은 낮은 수준의 인재 쓰기이며, 관리들에게 권한을 주어 많은 사람을 움직여 불을 끄게 하는 이른바 조편사인의 위임경영을 할 때 벼리 장악력이 높아진다고 보았다. 세종 임금은 지금으로부터 약 600여년 전에 오늘날의 위임경영 장점을 파악하고 활용해 온 것이다. 학교경영에서 세종 임금이 하신 말씀을 참고해 볼 필요가 있다. '의심나면 맡기지 말고, 맡겼으면 의심하지 말라.'

❖ 오늘은 교감에게 위임하고, 교장은 미래를 준비하자

우리나라가 추격(fast-follower) 국가 시대에는 관리형 리더가 더없이 빛을 발했다. 마치 학원에서는 강사가 정해진 절대적 진리나 절대적 지식(기출문제, 예상문제 등)을 계획성이 있게 월별, 주별, 날짜별, 시간별로 잘게 나누어서 촘촘히 학생이 잘 외울 수 있도록 안내하고, 관리하는 강사가 유능한 강사인 것처럼 말이다. 추격경제 시대에는 이처럼 학원 강사처럼 철저하게 초 단위까지 관리해주는 관리형 리더가 훌륭한 리더였다. 이러한 리더는 경영자라기보다는 관리자라고 할 수 있다. 이런 관리자는 숲을 보기는 고사하고, 나무도 잘 보지 못하고, 나뭇잎만을 보게 된다. 이런 관리자를 마이크로 매니저, 나노 매니저라고 한다.

그러나 이제는 한국도 창조국가, 창조사회(first-mover)가 되어서, 모방을 할 수 있는 대상 국가, 대상 기업, 대상 학교가 거의 없다. 예를 들어 삼성전자가 반도체 부문에서 어떤 국가를, 어떤 기업을 모방하겠는가? 창조기업에서는 과거와 같은 관리자형 리더, 나노형 리더, 마이크로형 리더는 존립하기 어렵게 되었다. 이제 기업에서도 리더는 권한을 과감히 위임하고 미래를 준비하는 데 온 정성을 기울이고 있다.

교장도 마찬가지다. 학교를 둘러싸고 있는 환경이 수시로 급격하게 변화되고 있다. 특히 최근 코로나 19 사태 속에서는 교육정책의 환경, 학교의 교육환경이 시시각각으로 변화하고 있다. 이제 교장이 관리형 리더인 만기친람[56]을 탈피해야 한다. 이런 마이크로형, 나노형 관리지향 리더는 자신이 현안을 직접 챙기므로 학교가 잘 돌아간다고 생각하기 마련이고, 스스로 그런 생각에 빠져서 높은 성취감을 가지게 된다. 그러나, 내가 움직여야만 학교가 돌아간다는 함정에 빠지기 쉽다. 그렇게 되면 교감을 비롯한 부장님들이 할 일이 없어 무능해지거나 무능한 것처럼 보이게 되어 교장의 지시가 없이는 움직이지 않는 복지부동의 조직 구성원으로 변하게 된다.

서양의 마이크로 매니지먼트(micro-management)가 비슷한 의미다. 이것은 높은 사람이 낮은 사람의 업무를 일일이 참견하는 것을 뜻한다. 윗사람이 아랫사람의 부서를 수시로 순시하고, 개개인의 일상생활이나 의식주 등에 세세한 관심을 보이면 아주 잘하는 것으로 평가하고 바람직한 근무태도로 권장하는 것이 현실이다. 그러나, 미국의 경우 고위직이 중간 간부, 부하의 일을 일일이 간섭하는 경우 마이크로 매니지먼트라고 하여 지적을 받는다. 심지어, 의회는 대통령을 비롯한 모든 공직자가 마이크로 매니지먼트인지 아닌지를 감독한다고 한다.

현재 학교의 문제는 자신이 하는 것이 마이크로 매니지먼트라는

56) 임금이 직접 국가의 모든 현안을 챙기는 것처럼, 교장이 모든 일을 챙기는 것을 말한다.

것을 알면서도 상급자에게 좋은 인상을 주기 위하여 세부적인 사항에 일부러 관심을 가지는 사람이 있다는 것이다. 그러나, 이제는 위임에 의한 리더십, 시스템에 의한 경영방식에 관한 깊은 고민해 볼 때다. 위임에 의한 리더십이나 시스템에 의한 경영은 구성원의 능력을 신장시키고 책임감을 높여주며 조직에 대한 참여도를 높여주게 되어 조직이 활성화되고 조직에 대한 애착을 갖게 된다. 오늘날과 같이 복잡다단한 사회에서 혼자만의 결정보다 다수의 능력을 기반으로 하는 결정들이, 보다 안전하고 효과적일 수 있다.

학교와 같은 조직에서도 이는 마찬가지다. 교장이 어떤 방식으로 경영을 하느냐에 따라 조직이 잘 굴러가기도 하고, 삐걱거리거나 의기소침해지기도 한다. 다시 말하면, 교장의 경영방식, 스타일에 따라 건강하고 강했던 학교 조직이 나약한 조직으로 추락하는 경우가 많다. 어떤 방식의 리더십을 발휘하느냐에 따라 상황이 달라진다. 아랫사람을 믿어주고 북돋아 주며 책임을 다하도록 요구하는 위임의 리더십, 자발적으로 알아서 행동할 수 있는 시스템에 의한 경영이 필요하다. 이를 위해서는, 보다 과감하게 권한을 교감에게 위임해야 한다. 물론 위임은 사실 쉬운 것이 아니다. 또 다른 측면에서 보면 많은 교장이 위임에 대해 힘들어한다. 이것은 어쩌면 당연한 방어 본능의 결과다. '내가 위임을 해주었을 경우 교감이 실수하면 어떡하지?', '내가 통제할 수 없는 상황이 발생하여 일이 틀어지면 어떻게 하나'라고 걱정하는 것은 본능이다.

그러나, 한 조직이 위기에 처하는 것을 살펴보면 대부분 원인이 리더가 미래를 제대로 대비하지 못했기 때문에 발생한다. 그래서 리더의 중요한 일과 중 하나는, 미래를 대비하는 것이다. 아주 중요한 문제가 아니면 과감하게 교감에게 위임하고, 쓰나미가 현재 어디에 오고는 지, 태풍이 오면 우리 학교는 무엇을 대비해야 하는지, 코로나

19로 비대면 수업이 계속된다면 학교 경영은 어떻게 해야 할지 등, 미래를 대비하는 일, 위기를 대비하는 일에 교장은 온 신경을 쏟아야 한다.

교장 머릿속에서는 항상, 첫째도 내일, 둘째도 내일, 셋째로 내일을 생각해야 한다.

❖ 최소한 1년 앞을 보는 경영을 하자

코로나 19 상황 속에서 교장들은 매우 힘든 일상을 보내고 있다. 주변을 살펴보면 격무와 스트레스에 시달려 이명증, 이석증 등 다양한 병으로 고통을 당하고 있는 교장들을 보게 된다. 코로나19 팬데믹 이후 유독 이렇게 질병으로 고통을 받는 교장님들이 증가하는 가장 큰 이유는 코로나 19라는 초유의 사태 속에서 학교를 경영하기가 매우 어렵다라는 증거이다. 코로나 19라는 상황에서 교장을 가장 힘들게 하는 것들은 무엇일까? 미래에 대한 불확실성 증가, 미래에 대한 불안 심리라고 본다.

자동차를 타면 멀미를 하는 사람이 있다. 차멀미는 차가 출발하고 설 때 귀에 있는 평형기관에 충격을 주기 때문이라고 한다. 그런데, 신기하게도 본인이 자동차를 운전하면 차멀미를 하지 않는다. 그 원인을 일반적으로 의학계에서는 예측 가능성에 두고 있다. 자기가 자동차를 운전하게 되면, 예측이 가능하기 때문이다. 이처럼 미래를 내다볼 수 없다는 불안감은 우리 신체에 고통을 수반한다.

아름답지 않은 과거의 추억이지만 중학교, 고등학교 다닐 때, 교련 선생님(?), 체육 선생님(?)들에게 집단 체벌을 받은 경우가 있을 것이다. 엉덩이를 맞는 고통을 줄이기 위하여 최대한 줄의 뒤로 가서 선생님의 체력이 거의 다 소진된 뒤에 맞으려고 노력한 적이 있다. 그런데, 그 선택이 꼭 현명한 선택이었을까? 아니라는 것을 우리들은 경험을 통해 알고 있다. 육중한 체구에서 내리치는 '사랑의 매'라고 쓰인 몽둥이(?)로 친구의 엉덩이를 내리칠 때 나는 '딱~~!!'소리가 들릴 때마다 심장이 벌렁벌렁 뛰고, 머리에서 느끼는 고통은 친구가 아닌 내가 맞는 것과 다를 바 없었다. 내 순서까지 기다린다는 것이 너무 힘들고 고통스러워 "에이, X!"라고 하면서 달려 나가 맞는 친구들을 봤었다. 바로 그것이다. 미래 불안이 우리에게 엄청난 고통을 가져다주는 것이다.

교장은 학교 교직원들에게 행복을 선물할 수는 없지만, 미래 불안의 고통을 주는 것은 피해야 한다. 이를 위해서 교장은 교직원들에게 미래에 대한 불확실성 요인을 최대한 줄여주어야 한다. 교장은 최소한 1년 앞을 내다보는 학교경영을 해야만 한다.

코로나 19 상황 속에서 교장을 가장 힘들게 하고, 병을 앓게 한 원인은 무엇이었을까? 그 원인 중의 하나는 바로 정부 당국의 예측 불가능한 행정이었다. 정부의 예측 불가능성은 교장을 불안에 떨게 했다. 학교의 등교 수업일을 교직원 의견 수렴, 학부모 의견 수렴 등을 하여 어렵게 정해놓으면 교육부의 공문 한 장으로 바꾸는 일이 다반사였었고, 비일비재하였다. 그 순간 그 순간이 교장들에게는 불안을 넘어 공포의 순간으로 다가왔다. 자본주의 치열한 경쟁 속에서 살아남기 위해 모두가 자기의 이익을 위해 한 치의 양보도 없는 조직에서 어렵게 '대타협'을 이루어 놓았지만, 높은 분(교육부 장관)들의 말 한마디로, 높은 기관의 공문 하나로 바꾸어 버리는 현실, 없었던 일이 되어버리는 현실은 참으로 안타깝고 참담했었다.

조직에서 한 사람을 무능한 사람으로 투명 인간으로 만드는 가장 좋은 방법은 그 사람과 어렵게 결정을 하고 그 결정을 백지화하는 것이라고 한다. 그것은 시지푸스의 신화에서처럼 내가 하는 일이 의미가 없는 일이라고 하는 것을 아는 순간 인간은 무너진다고 한다.

2020년부터 시작된 코로나 19로 인하여 교장들은 이런 일을 수없이 겪었다. 어찌 병이 나지 않을 수 있겠는가? 또한, 개학이 며칠 남지 않은 상황임에도 아무런 결정을 내려주지 않는 교육 당국(교육부)을 보면서 불안감은 극대화될 수밖에 없었다.

교직원들도 마찬가지다. 교장의 학교 정책에 대한 불확실성은 교직원의 불안감을 증폭시킨다. 어떤 교사는 미래의 불확실성에 대한 두려움의 정도를 표현하는 것을 들은 적이 있다. 그 교사는 '미래에 대한 확실성만 담보되고, 아이들을 위한 교육을 한다는 보장만 있다면, 차라리 민주적인 교장보다 권위주의형 교장, 심지어 독재형 교장이 낫다고 생각해요'라는 표현을 하였다.

교장은 기획(부장) 회의에서 오늘의 문제보다는 최소한 1달 앞, 6개월 앞, 1년 앞을 내다볼 수 있는 문제에 대해 지속적으로 이야기를 던져야 한다. 그렇게 하면 교직원들이 미래에 대해 고민하게 되며, 교직원들의 시각과 관심이 미래로 향하게 된다. 대신 현재의 문제는 교감에게 과감하게 위임해야 한다. 교장은 미래를 살피는 경영을 해야 한다. 교장은 최소한 1달 후의 교육, 6개월 후 교육 방향, 1년 후의 교육 방향에 대해 고민하고 말해야 한다.

학급 담임 배정, 업무분장을 참여형 의사 결정하기

초등학교 교직 문화는 중학교, 고등학교와 다른 점이 여러 가지가 있다. 그중에 하나가 학급 담임 중심의 문화와 다른 하나가 동학년(단위) 중심의 문화이다. 최근 들어 초등학교에서 교직의 여성화가 급속하게 진행되면서 동학년끼리 긴밀한 인간관계를 유지하는 동학년 중심의 문화가 더욱 공고해지고 있다. 이런 상황이기에 동학년을 누구와 하는가는 중요하다. 즉, 동학년을 누구와 하는가에 따라서

1년이 심리적으로 편할 수도 있고, 심리적으로 1년이 매우 불편할 수도 있기 때문이다. 이런 초등학교의 교직 문화 특성 때문에 초등학교에서의 학년 배정 및 담임 배정은 어떤 의사결정보다도 중요하다. 만약 학년 배정, 학급 담임 배정에 문제가 발생하면 1년 동안 학교가 시끄럽게 된다. 이렇게 중요한 학년 배정, 담임 배정에 공화주의, 참여형 의사결정을 도입하는 것이 바람직하다.

먼저 담임 배정에 공화주의, 참여형 의사결정을 하기 위해서는 먼저 선결되어야 하는 것이 있다. 담임 배정의 과학화라고 할 수 있는 소위 점수제의 도입이다. 이런 점수제의 도입은 모든 제도가 그러하듯이 장단점이 있다. 그러나, 최근 초등학교에도 MZ세대의 수가 점차 늘어나면서 학교 행정도 그들이 추구하고 바라는 가치인 공정성을 중시하지 않을 수 없다. 그들의 시각으로 보면 점수제가 절차의 정당성 차원에서 오히려 긍정적인 면이 더 확보될 수 있다. 그러나, 반면에 단점도 있다. 소위 고경력 교사들에게 불편한 상황이 발생할 수 있다. 그러나, 현재로서는 점수제보다 더 나은 학년 배정 및 담임 배정 제도가 없다면 이 제도를 불가피하게 시행할 수밖에 없는 상황이라고 한다면, 이 부분은 교장의 리더십을 통해서 어느 정도는 극복할 수 있고 극복하도록 해야 한다.

그럼 참여형 의사결정을 통한 담임 배정의 절차에 대하여 간략히 설명하면 다음과 같다.

1단계 인사위원회를 개최하여 신학년도 인사원칙에 대한 기본적인 협의를 한다. 사실은 이 1단계가 매우 중요하다. 일반적으로 대도시의 초등학교에서는 점수제를 실시하고 있다. 다만 지역과 학교의 상황에 따라 어떤 학년에 점수를 가장 많이 주고 어떤 학년에 점수를 가장 적게 줄 지에 대한 합의가 필요하다. 또한, 중간에 담임이 교체되는 경우 점수를 얼마를 부여할지에 대한 합의 등 많은 시간을 들여 충분한 협의와 합의가 필요하다.

2단계 인사위원회에서 1차 충분한 논의를 한 후 점수제 등 필요한 인사원칙에 대한 합의가 이루어졌으면 교직원 회의를 통해 전체 교직원의 승인을 받도록 한다.

3단계 각기 희망서를 작성(제 1희망부터 제 3희망까지 써내도록 하되, 저학년, 중학년, 고학년을 반드시 1개씩 작성) 하도록 한다. 이 단계에서 서로 간에 오해가 없도록 제 1희망부터 제3희망까지 저, 중, 고학년을 1개씩 모두 쓰도록 해야 한다. 이 원칙에 반해 작성한 경우는 반드시 희망서를 다시 작성하도록 요청을 해야 한다. 일반적으로 희망서 작성이 원칙대로 되지 않으면 어려움이 발생이 되고 나중에 '내가 희망하지도 않은 학년을 배정했다. 인사원칙에 어긋나는 인사를 했다'라는 본말이 전도된 주장을 하는 사람이 나오게 만드는 빌미를 주게 된다. 항상 인사의 불만은 예외적인 곳에서 발생한다. 그런 사람들은 자기만은 예외적인 특혜를 바라는 사람이다. 처음부터 그런 인식을 갖지 못하도록 예방을 하지 않으면 불씨가 되어 나중에 큰 문제로 비화가 된다. 결국에는 1년 동안 학교경영에 많은 지장을 초래하게 된다.

4단계 인사위원회를 개최한다. 이때 교장은 신학년도 학교경영 중점 등을 이야기하고 인사위원회에서 내년도 학교경영을 위해 고려해야 주어야 할 점을 당부한다. 인사위원회에서는 신학년도 인사원칙에 의거 1차, 2차, 3차 등 인사위원 모두가 만장일치로 합의하는 안이 도출될 때까지 협의를 계속하도록 한다.

5단계 인사위원회 합의안이 나오면 교장은 그 안을 보고받고 교감 등과 논의를 하고, 문제점이 있으면 문제점을 지적하여 재논의 요청을 한다. 재논의된 인사위원회 안을 보고받고 교감과 협의하여 문제점이 없다고 판단되면 시안을 전체 교직원회에서 발표한다. 이때 시안을 발표할 때는 PPT자료를 만들어 발표한다. 발표 시안에는 신학년도 교장이 중점을 둔 인사 방향, 학년 배정 및 담임 배정 인사 시 어려웠던 점 등과 함께 본인이 희망한 학년, 본교에서 역임한 학년, 본인의 본교에서의 누적 총점수 등의 교사 자료를 공개하여 절차의 공정성과 절차적 정당성을 확보하도록 한다. 그리고, 즉석에서 이의신청을 받거나, 개인적으로 교장, 교감에게 대면 혹은 전화, 메일 등 비대면 이의신청의 기한을 정하도록 한다. 만약, 이의신청이 있으면 당사자에게 설명하고 설명만으로 해결되면 다음 단계를 진행하며, 혹시라도 시안에 문제가 있으면 인사위원회를 다시 개최하여 재논의를 한 후 필요한 경우 바로 인사 가안을 수정한다.

6단계 이의신청이 없으면 시안대로 발표를 하고, 수정이 있으며 수정한 사유와 수정한 내용 등을 포함하여 최종안을 발표한다.

업무분장은 학년, 학급 담임 발표 후 발표한다. 업무분장도 원칙은 인사위원회에서 정하도록 한다. 업무도 곤란도 등을 고려하여 등급을 ABC 등으로 나눈다. 업무는 학년 및 학급 선호도와 반대로 배정되도록 한다. 만약 (가)라는 교사가 신학년도에 선호하는 학년, 학급을 배정받았다고 하면 업무는 가장 힘든 A업무를 배정을 받는 방식으로 배정을 한다. 만약 (나)라는 교사가 신학년도에 가장 비선호하는 학년, 학급을 배정받았다면 업무는 가장 가벼운 C등급 업무를 배정받는 방식이다. 그 구체적인 것은 학년 학급 담임 배정과 유사하므로 구체적인 과정은 생략한다.

참여형 의사결정을 통한 학급담임 배정 등은 장점과 단점이 있다. 장점으로는 의사결정의 투명성 확보, 교사들이 학교 전체를 보게 되고, 의사소통 과정에서 개인에 대한 이해를 하게 되어 조직의 응집력이 커진다. 반면에 단점으로는 앞에서 언급한 것처럼 경력이 많은 교사들이 상대적으로 불이익을 받을 수 있게 된다. 따라서, 참여형 의사결정은 학교의 교직문화를 잘 고려하여야 부작용을 줄일 수 있다.

제18장 학교 교육과정을 함께 만들기

학교교육과정의 개념이 제대로 정립되었는가?

교육과정에는 여러 수준의 개념이 들어있다. 행정적으로 보면, 국가에서 관리하는 교육과정의 기준이 있고, 학교에는 당연히 그 학교만의 교육과정이 들어있어야 한다. 학교교육과정이 없다면 교과서가 교수·학습의 기본자료로서 절대적 역할을 하고 있는 우리나라 상황으로 보면 '그냥 교과서대로만 가르치면 되지'라는 뜻이 된다. 즉 전국의 모든 학교에서 지역성이나 학교 여건에 대한 고려 없이 획일적으로 가르치고 배우는 교육이 이루어지게 된다는 의미다. 교과서대로만 가르치는 사람들이 어떻게 교육의 효과성(effectiveness), 적합성(suitability)이나 다양성(variety)을 이야기할 수 있고, 무슨 근거로 교사의 전문성(professional expertise)을 주장할 수 있겠는가? 어떤 논리로 교육과정이 학생 중심이어야 함을 설명할 수 있겠는가? 교과서대로만 가르치는 데 무슨 교육학이 필요하며, 교과서대로만 가르치는 사람을 진정한 '교육자'라고 부를 수 있겠는가?

우리나라에는 학교교육과정의 실제적 개념이 제6차 교육과정에 와서 도입되었다고 볼 수 있다. 즉, 제6차 교육과정에서는 교육과정 결정권을 교육부와 교육청, 학교(교사)가 적절히 분담하여 교육부에서는 '교육과정기준'을 개정·고시·관리하는 일, 각 교육청은 그 시·도의 학교급별 '교육과정 편성·운영지침'을 만들어 시행하는 일, 전국의 각 학교는 그 학교만의 교육과정을 편성·운영, 평가하는 일을 맡게 된 것이다. 그러나 그때만 해도 우리는 '편성·운영지침'이 무엇인지, 학교교육과정이 무엇인지를 잘 몰랐다. 그래서 어떤 학교에서는 '학교경영계획'과 '학교교육과정'을 따로 만들어 학교를 방문하는 사람에게 두 가지를 모두 내놓거나 방문자의 성향에 따라 이것 혹은 저것을 선택하여 내놓기도 했었다. 이와 같이 교육과정의 변화에 대한 고민이 없는 학교라면 그 학교의 교육이 제대로 이루어지지 않을 것은 불을 보듯 뻔한 일이다.

이렇게 중요한 학교교육과정의 개념은 어느 정도로 정립되어 있을까? 우리가 학교교육과정이라는 것을 인식하게 된 제6차 교육과정에 이어 다시 제7차 교육과정이 나왔고, 국가교육위원회에서 2022 개정 교육과정을 논란 속에 공포하였다. 우리가 학교교육과정에 대한 고민을 시작한 지가 벌써 20년이 넘었다. 그러나, 아직도 학교교육과정이 제대로 정착되었다고 보기 어렵다. 그 원인은 여러가지가 있으나 무엇보다도 국가수준의 교육과정이 지나치게 상세화되어 있다는 점이다. 이것은 장점이 될 수 있으나, 학교교육과정의 자율성 확보에 장애물이 되고 있다. 다시 말하면 국가수준 교육과정의 지나친 상세화는 교육청과 학교 수준에서 해야할 일까지 자세하게 제시를 하였다. 이것은 결국 시·도교육청과 학교단위에서의 교육과정 역량을 키우는 데 큰 짐이 되고 있다.

한편, 시·도교육청에서 제시하는 지침은 당연히 국가 기준과 학교교육과정 사이에서 그 연계를 원활히 하는 구실을 해야 하겠지만, 그 속에 학교교육과정을 편성·운영, 평가하는 데 필요한 특별한 제안이 들어있지 않다. 현재 전국적인 상황을 보면 제6차 교육과정기의 지침 수준을 크게 벗어나지 못하고 있는 상황이다. 그러므로 이 시점에서 우리는 교육과정 편성·운영, 평가에 관한 시·도 지침 혹은 시·도

교육청의 역할을 종합적으로 재검토해 볼 필요가 있다.

각 학교에서 편성하는 학교·학년·학급·교과목별 교육과정 또한 마찬가지다. 학교교육과정은 학년·학급·교과목별 교육과정 편성에 유념할 만한 미션이나 메시지를 주지 못하고 있다. 그것은 학교교육과정을 근거로 하여 수업을 하거나 교육활동을 계획하는 교사가 별로 없는 것만 보아도 알 수 있다. 학년·학급·교과목별 교육과정 편성은 국가 기준에서는 허용사항으로 되어 있으나 전국적으로 대체로 이 세 가지 교육과정을 다 만들고 있는 것 같다. 따라서 당연히 학교교육과정은 학년교육과정을 작성하는 데 필요한 문서가 되어야 하고, 학년교육과정은 다시 학급·교과목별 교육과정을 편성하는 데 필요한 문서가 되어야 한다. 그러나 이 네 가지가 서로 간에 연관성이 부족하다. 그러므로 교사들은 학교교육과정을 참조하지 않고 학년·학급 교육과정을 편성하고 있으며, 학년교육과정을 참조하지 않고 학급·교과목별 교육과정을 편성하고 있다. 솔직히 교사들은 여러 가지의 교육과정을 각기 따로 만들고 있으며, 그것도 이 학교 저 학교의 자료들을 보고 적당히 문서의 형식만 갖추고 있다. 따라서 이러한 교육과정 문서를 만드는 일은 다른 학교 교육과정을 복사하여 가져다 붙이는 단순 작업으로 변질이 되었다.

또, 그 내용을 구체적으로 보면 아직도 종전의 학교경영계획 형태의 계획이 수립되고 있다. 겉으로는 교육과정 중심 교육계획이라고 할 수 있으나 자세히 살펴보면 핵심이 되어야 할 교과·영역별 계획은 아주 단순하게 작성되고 있다. 좋게 보아 '교육과정 지원활동'이라고 할 수 있는 많은 시책이나 특별실 활용 같은 것에 대해서는 아주 구체적으로 계획이 되어 있다. 다시 말하면 핵심이 되는 것에 대해서는 대충 넘어가고 오히려 그렇게 중요하지는 않은 것에 대해서는 아주 자세히 계획하고 있다. 아마도 교육과정 중심의 학교교육계획을 수립하는 일이 그리 간단한 작업이 아니다. 게다가 교육과정에 대한 어느 정도의 전문성도 갖추어야 하는데, 교과서대로 가르치는데 익숙한 교원들이 학교 교육과정의 필요성을 제대로 인식할 필요가 없기에 그동안의 관례대로 학교경영계획의 수준을 크게 벗어나지 못하고 있다. 한동안 교육부에서 100대 교육과정을 시상하면서 각 시·도의 교육청에서도 학교교육과정에 대해 관심을 가지면서 그나마 각 학교에서 학교교육과정에 대한 관심이 제고되어 가고 있었다. 그러나, 지금은 누구도 제대로 된 관심을 가지는 경우가 드물다. 거기에 부장교사 기피 풍토가 더해져서 교육과정부장에게 힘든 업무를 부여할 수 없다. 더군다나 학교내 의무적인 규정으로 강제로 업무를 맡은 부장은 교사들 눈치를 볼 수밖에 없다. 그 결과 학교교육과정이 최소한의 형식만 갖추어도 넘어가면서 현재 상황에 이르렀다고 생각한다.

이러한 경향은, 우리가 종전의 관리중심 교육계획 수립에 익숙해져 있기에 일어나고 있다. 다시 말하면 사고방식이나 시스템은 종전대로 두고 '학생 중심'이니 '교육과정 중심'이니 하고 말만 바꾸었다. 상황이 이렇게 되다보니 실제로는 교육과정 운영이 크게 개선되지 않았다. 도대체 왜 이런 현상이 되풀이되고 있을까? 근본적인 원인은 우리가 교육과정의 개념과 필요성, 중요성 등을 제대로 파악하고 있지 않은 데서 비롯된다고 할 수 있다. 더 구체적으로 말하면 교장이나 교사들이나 교육과정을 단순히 '교육내용'으로만 보고 있다는 것을 의미한다. 드러내놓고 말은 하지 않고 있지만 '그까짓 교육과정이나 학교교육과정이 없어도 교육은 큰 문제 없이 진행될 수 있다'는 관점을 가지고 있음을 말한다. 즉, 그것은 교육을 교과서를 가르치는 것으로 생각하고 있다는 전제가 깔려있기 때문에 일어나는 일이다.

그러나, 분명한 것은 학교는 학교의 교육과정을 편성·운영하기 위해 있고, 교과서는 기본적인 교수·학습자료이며, 교육부와 교육청의 교육행정은 학교의 교육과정 운영을 지원하는 기능을 한다. 어떻게 보면 교육과정에 대한 이러한 인식의 부족으로 우리 교육은 오랫동안 이 문제를 해결하지 못하고 있다. 교육과정이 교육의 핵심이라는 것을 이해하고, 교육과정의 개념, 필요성 및 중요성을 알았더라면 이 문제는 이미 해결이 되었을 것이다. 교장은 물론 교육행정가들도 '교육과정이 교육행정의 중심이 되어야 한다'라고 말로만 하지 말고 실천할 수 있어야 우리 교육이 제대로 발전할 수 있다.

일반적으로 정의하기를 교육과정은 '학습자에게 제공할 학습경험을 선정·조직하고 그 경험의 질을 구체적으로 관리하는 교육의 기본 설계도'라고 한다. 즉, '왜, 무엇을, 어떻게, 어느 수준과 범위로 가르치고 평가하느냐'를 계획한 '설계도'이다. 그렇기에 교육과정은 교육목표와 교육내용, 교육 방법, 교육평가까지 포괄하는 개념이다. 또한, 교육과정은 지원관리 기능인 교육행정, 재정, 교원양성·수급·연수, 교과서 등 각종 교재개발·보급, 입시제도, 교육시설·설비 등에 대한 정책 수립과 집행의 근거가 되고 있다. 따라서 학교교육과정은 그 학교의 교과·영역별 교육활동의 목표와 내용, 교육 방법, 교육평가를 계획한 문서일 뿐만 아니라 그 학교의 행정, 재정, 교직원 조직·연수, 교수·학습자료와 시설·설비의 확보·활용의 근거가 된다. 따라서 조금 과장하여 표현하면 학교에서 일어나는 모든 일은 학교교육과정을 근거로 하여 판단·구상·협의·결정·평가해야 한다는 것이다.

교장의 교육과정 리더십이 왜 중요한가?

교육과정은 학교 교육 현장에서 교사와 학생 간의 교육적 상호작용을 통하여 소기의 성과를 거둘 때 그 의의가 나타나게 된다. 이러한 점에 비추어 볼 때, 학교에서의 교육과정 개발은 국가수준의 교육과정 개발체제가 갖는 단점과 문제점을 극복하고 보완하고자 하는 것이다. 이것은 기존의 학교 중심 교육과정을 바라보는 시각이었던 하나의 '슬로건'이라는 관점에서 벗어나야 함을 의미한다. 역사적으로 볼 때, '학교중심 교육과정 개발(School-Based Curriculum Development)'이라는 아이디어는 교육과정 개발에 관한 중앙집권적 의사결정 체제가 갖는 문제점에 대한 반작용으로 제기되었다.

1950년대에 미국과 영국의 경우, 보다 질 높은 교육과정 개발의 필요성 때문에 국가적 차원에서 대규모의 재정지원 속에 각 학문영역의 전문가들을 중심으로 새로운 교육과정을 개발하여 각급 학교에서 활용토록 하였다. 그러나 새로 개발된 교육과정은 '위에서 아래로의(Top-down)' 형태를 띠게 됨으로써 학교 현장에서 활용이 극히 미흡했다. 이것은 교육과정 개발 주체와 실행 주체(교사) 사이에는 필연적인 간격이 존재하며, 따라서 외부에서 개발되어 교사에게 전달되는 형태의 교육과정은 아무리 좋은 것이라도 그것이 의도하는 소기의 목적을 달성하는 데는 근본적인 한계가 있음을 시사한다. 즉, 학교에서는 중앙정부에서 개발한 교육과정을 실행하는 데 있어서 문제점과 불만족, 교사의 전문적인 지위와 권위의 상승 요구 등으로 교육과정 개발에 관한 지방 분권적 의사결정 체제가 요구되었고, 나아가 지역사회와 학생의 요구에 맞는 교육과정 개발이 요청되었다. 그 결과, 1970년대 후반과 1980년대 초반에 이르러 교육과정 전문가들은 교사를 교육과정의 수용자, 즉 외부에서 개발된 교육과정을 학교교육 현장에서 실천하는 사람으로 인식하기보다는 교육과정 개발 과정에서 보다 많은 공헌을 할 수 있는 전문가로 인정하게 되었다. 이러한 시대적 흐름 속에서 교육과정 분야에서는 교사가 주체가 되는 학교 중심 교육과정 개발로 이어졌다.

그러나 학교중심 교육과정 개발은 교육과정 개발에 관한 권한이 중앙정부에서 각급 학교로 이양되는 것을 의미하지만, 지방분권적인 교육과정 개발체제를 취하고 있던 미국이나 영국 등의 여러 나라에서는 이미 이전부터 학교 중심 교육과정이 개발되고 운영이 되어왔다. 단지 1970년대와 1980년대에 접어들면서 확산이 된 학교 중심 교육과정 개발과 의의는 보다 더 다양해졌으나, 공통점은 교육과정 개발 권한이 학교에 있다는 점이다. 예를 들어, 영국의 Skilbeck (1984)은 학교 중심 교육과정을 '학교의 구성원인 학생의 학습을 위한 프로그램을 학교가 계획하고, 설계하고, 실행하여 평가하는 교육과정'으로 정의하고 있다. 특히 이 정의에서는 교사와 학생 수준에서 이루어지는 가치, 규범, 절차, 역할 등을 포함하는 교육과정 의사결정에 주안점을 두고 있다.

앞에서 살펴보았듯이, 학교 중심 교육과정은 각급 학교와 교사가 단순히 교육과정 실행자 역할을 수행토록 하는 국가 수준의 교육과정과 대조를 이루는 개념이다. 학교 중심 교육과정은 국가나 지역교육청 수준에서 개발된 교육과정을 각급 학교에서 채택, 변용하기도 하고, 독자적으로 교육과정을 개발하기도 한다. 이러한 점에서 교육과정에 관한 중앙집권적(국가 수준) 개발체제와 지방분권적(학교 중심) 개발체제는 서로 대립이 되는 개념이지만, 교육과정 개발이라는 연속선상에 있다는 사실에 비추어 볼 때, 실제로 양자 간에는 서로 영향을 주고받는다고 할 수 있다.

우리나라에서는 제6차 교육과정에서 '학교 교육과정'이라는 용어가 등장함으로써 종래의 중앙집권적 의사결정 권한의 일부가 학교에 이양되는 양상을 보여주었다. 즉 시·도교육청과 각급 학교에 역할을 분담하도록 함으로써 교육과정에 대한 자율재량권과 책임 일부를 나누어 교육의 자율성을 확대하고 현장 교사의 교육에 대한 책무성과 전문성 신장을 도모하고 있다. 그리고 현재 시행 중인 2015 개정 교육과정에서의 기조는 국가는 교육과정 편성·개발과 운영의 기본적인 지침을 안내하고, 교육과정을 개발하고 운영하는 권한은 시·도교육청과 각급 학교가 행사하도록 하고 있다.

그렇다면 위와 같은 상황에서 학교 수준에서 학교교육과정을 편성하고 운영해야 할 필요성을 살펴보면 다음과 같다. 첫째, 교육의 효과성(effectiveness)을 높이도록 하기 위해 필요하다. 학교 교육과정의 편성을 통하여 국가 수준의 교육과정을 당해 학교의 실정에 알맞게 지속적으로 보완, 조정함으로써 학생의 실태에 적합한 학습자 중심의 교육과정을 다양하게 운영할 수 있다. 전국 공통의 일반적인 국가 수준의 기준을 그대로 획일적으로 시행하는 것은 학생 개개인의 능력과 적성에 맞는 교육의 개별화, 다양화, 자율화를 꾀하기가 어려울 뿐만 아니라 융통성 있는 운영과 적극적인 교수·학습의 상호 작용이 효과적으로 이루어질 수 없는 것이다.

둘째, 교육의 적합성(suitability)을 높이기 위해 필요하다. 지역이나 학교의 특수성, 교육의 실태, 학생·교원·학부모의 요구와 필요를 반영하여 해당 학교의 교육 중점을 설정, 운영함으로써 학교 교육의 적합성을 높일 수 있다. 학교 교육과정의 편성 및 운영은 국가 수준의 공통성과 지역, 학교, 개인 수준의 다양성을 동시에 추구하는 교육과정의 성격을 지니고 있으므로 교원, 학생, 학부모가 함께 실현해 나가는 교육적인 노력이 필요하다고 하겠다.

셋째, 교원의 자율성(autonomy)과 전문성(professional expertise)을 신장시키는 데 필요하다. 학생들의 능력과 욕구를 잘 이해하고 학교의 지역적인 특수성을 잘 알고 있는 교사들이 학교교육과정 편성 및 운영과정에 능동적으로 참여하도록 유도할 수 있다. 이렇게 학교교육과정 편성 및 운영에의 참여는 교사의 자율성과 전문성을 신장시킬 수 있다. 학교교육과정의 편성과 운영은 교원의 전문적인 업무이다. 교원이 교육과정을 편성하고 운영하기에 교직을 전문직이라고 하는 것이며, 이 업무를 수행하는 일은 교원의 고유한 전문적인 영역이다. 또한 지역이나 학교의 실정에 따라 특색이 있게 운영하도록 자율재량권이 부여되어 있기에 교원의 자율성이 발휘되도록 이를 보장해주고 지원해주어야 한다.

넷째, 교육의 다양성(variety)을 추구하기 위해 필요하다. 우리나라의 초·중등 교육은 획일성이 커다란 문제로 지적되어 왔다. 획일화된 교육내용, 방법과 교육환경에서 탈피하여 학생, 교원, 학교의 실정에 알맞은 다양한 교육으로 변화시켜 나가기 위해서는 학교교육과정이 필요한 것이다. 그러기 위해서는 '교과서 중심의 학교 교육 체제'에서 벗어나 '교육과정 중심의 학교 교육 체제'로 하루 빨리 전환해야 교육의 다양성을 실현할 수 있다.

다섯째, 학습자 중심의 교육을 구현하기 위해 필요하다. 학생들은 개개인의 적성, 능력, 흥미나 관심, 장래 진로에 따라 개인차가 있다. 특히 2022 개정 교육과정은 자율과 창의를 바탕으로 한 학습자 중심의 교육과정이다. 이러한 교육수요자(학생, 학습자)의 다양한 요구와 흥미, 적성을 수용하고, 교육내용에 대한 학생 선택권을 확대하기 위해서는 학생의 발달 단계에 알맞은 당해 학교의 교육과정이 필요한 것이다. 학교 교육과정의 편성 및 운영을 통하여 학생 개개인의 특기, 관심, 흥미를 담은 새로운 영역과 내용을 설정함으로써 학습자 중심의 다양한 교육과정이 융통성 있고 탄력적으로 운영될 수 있을 것이다.

학교교육과정은 이렇게 중요하다. 그러나 학교 현실은 그렇지 않다. 현재 우리나라 학교 행정은 학교 내외적으로 급변하고 있다. 이렇게 급변하는 상황 속에서 학교 행정을 하기 위해서는 대단한 노력이 필요하다. 그러나 무엇보다도 학교 행정에서 가장 중요한 것은 무엇일까? 그것은 질 높은 교육을 할 수 있도록 지원하는 것이다. 그러기 위해서는 교수·학습 지원이 잘 이루어져야 한다. 그러나 우리 현실은 그렇지 않다. 이것은 일반 행정과 다름없는 방식으로의 제도나 인사 등으로 인한 것이다. 교육적 색채를 띠어야 교육정책이라고 할 수 있고 교육의 질 향상이 높아질 것이다. 가장 중요한 고객인 학생들의 교육적 만족도를 높이기 위해서는 일반적인 교육정책이나 행정이 아니라 교육적인 정책과 행정을 펼쳐야 할 것이다. 교육적인 행정과 정책은 교육목표, 교육과정, 교수·학습, 교육평가 등의 정책을 그 중심에 두는 것이어야 할 것이다. 학교에서의 학생의 교육 경험의 질을 고도화하는 것은 교사의 전문적인 과업이다. 모든 교육 사무 행정 업무는 이를 지원해야 할 것이다. 특히 교육목표와 교육과정은 학교에서 제공하는 교육 서비스에서 가장 중요한 것이다. 교육과정은 거시적인 교육정책 및 교육행정과 미시적인 학교 수업 현장을 연계하는 중간자 역할(linking pin)을 수행하는 것이다.

교육정책은 교육정책다운 교육정책을 할 줄 아는 교육행정을 요구한다. 그러나 단위학교에서의 교장들의 교육과정 문해력(curriculum literacy)은 높은 편이 아니다. 그 결과 교육과정이 학교 행정의 중심에 있지 못하고 있다. 그러나 이제는 학생들의 교육 경험의 질을 높이기 위한 좋은 품질의 학습 기회를 어떻게 만들어 낼 것인가가 학교 교육정책의 핵심이어야 할 것이다. 학교, 교원 등 교육제공자의 교육적 결정과 출발 및 여건 속에서 행사할 수 있는 자율성, 교육적 수행 과정의 전문성, 교육 수행 결과의 책무성에 대한 제고가 요구된다. 다른 수혜자보다 학생, 다른 업무보다 수업이 중심이 되어야 한다. 따라서 교원들의 책무성에 대한 평가도 핵심이 학교와 교원이 학생에게 제공하는 교육 서비스에 대한 만족도와 교육의 질 향상이 되어야 한다. 교원이 다른 사무 행정업무보다 교육적 본질 업무에 충실히 준비하고 실행하고 결과에 대해 책임질 수 있도록 행정적인 지원이 요구된다.

최근 교원평가에 대한 관심이 점차 높아지고 있다. 이 원인을 살펴보면 과거에 비해 교원들의 책무성이 낮아진 것에 기인한다. 과거에 교원들은 사회적 지위가 높았고, 학생들의 존경을 받았던 원인도 있으나 이유야 어떠하든 학생들을 열심히 가르쳤다. 그렇기에 최근처럼 체벌도 그렇게 큰 사회적 문제가 되지 않았다. 열심히 가르치지 않아서가 문제가 아니라 오히려 열심히 가르쳐서 문제가 되었다. 공부하지 않겠다는 학생들을 체벌하면서 가르쳤고, 밤에는 무료로 돈을 받지 않고 학생들을 가르쳤으며, 학생들이 돈이 없어 상급 학교를 진학할 수 없을 때는 선생님이 입학금과 등록금을 대신 내주는 일도 비일비재했다. 그러나 최근에는 이런 교사들의 숫자는 많지 않다. 이제 교사들은 어느 직장의 한 직업인으로 전락을 하고 있다. 이런 상황에서 교육행정은 잘 가르치지 못하는 교원에 대한 대책이 시급히 마련되어야 할 것이며, 단위학교 내에서도 잘 가르치는 교사가 우대받고 승진할 수 있도록 방안을 마련해야 한다. 이것이 고품격 교육행정의 핵심이다. 이것을 실현하지 않고는 고품격 학교행정을 구현하기는 어렵다.

학교가 지식 기반 사회의 요구와 도전에 부응하는 교육 시스템으로 변화하기 위해서는 '교육의 질'을 향상을 위한 의지가 필요하다. 학교는 학생들이 사회적 변화에 대응할 수 있는 능력 예컨대, 자기주도적 학습 능력, 정보화 능력 등을 길러주도록 노력해야 하며, 다양한 요구를 충족시켜주기 위한 제도적 장치들, 즉 학생의 교과목 선택권 확대, 전통적 교과목 위주의 교육에서 다양한 새 시대의 주제들을 교육에 포용하는 등의 대안을 마련해야 한다. 또한, 학교는 국가수준의 교육과정이 제시하는 방향과 주요 내용을 올바로 파악하고,

이를 근거로 하여 당해 학교의 '창의적인 학교 교육과정'을 편성하여야 한다. 목표 설정에서 학습 내용 선정, 학습 내용 조직, 교수·학습, 평가에 이르는 일련의 전 과정에 대한 충실한 교육과정 평가를 통해 학교 '교육의 질'을 유지, 관리하는 일이야말로 교장의 가장 중요한 임무라 할 것이다.

이런 점에서 학교 공동체 구성원 중심의 자율적인 교육과정 편성과 자체 평가 문화의 정착, 구성원들의 교육과정 전문성의 신장을 위한 교사의 교육과정에 대한 질 관리(quality control of the curriculum) 의무 등이 강조된다고 할 것이다. 그 이유는, 지금은 그 어느 때보다 교육의 질이 중시되고 있으며 학교 수준의 책무성이 강조되고 있기 때문이다. 다시 말하면, 교육과정이 제5차, 제6차, 제7차(제8차), 2015 개정 교육과정으로 변화하면서 교육과정에 대한 기본 관점이 크게 변화하였다. 제6차에 이르러 교육과정 편성·운영권을 시·도와 학교에 위임하기 시작함으로써 '지방 분권적 교육과정 체제'로 전환하였으며, 그 결과 각 학교는 학교 교육과정을 편성하게 되었다. 그러나, 교육과정에 대한 해석권이 전적으로 국가에 있었고 각 시·도교육청은 편성 모형을 제시하여 각 학교로 하여금 선택하게 함으로써 각 학교마다 학교 교육과정이 존재하기는 하나 거의 유사한 형태이었다.

2015 개정 교육과정에 와서는 교육과정 편성·운영권이 대폭 시·도와 학교에 위임되어 국가 기준에는 전국 공통의 일반적, 공통적 사항만 규정하고, 나머지는 시·도 지침에 제시하거나, 전적으로 학교가 결정하도록 함으로써 각 학교 교육과정은 조금씩 다양한 모습을 띠게 되었다. 각 학교는 지역의 특성, 학생 집단의 특성, 학부모의 요구 수준, 교사 조직의 특성, 교장의 교육철학 등을 고려하여 다양하고 특성 있는 교육과정을 만들어 운영하게 되었다. 따라서, 2022 개정

교육과정에서의 학교 교육과정의 중요성은 그 어느 때 보다 커졌다고 할 수 있다.

지역을 품은 학교교육과정 편성과 운영이 학교 교육의 성패를 가른다.

우리나라는 제6차 교육과정 이후 국가 수준의 교육과정 의사결정 권한이 시·도교육청 및 각급 학교 수준으로 이양되고 있다. 이것은 궁극적으로는 학교의 물적, 인적 자원 및 지역사회의 요구 등을 수용하는 학교중심 교육과정을 개발하고 운영할 수 있도록 하였고, 학교중심 교육과정 개발과 운영에 관한 관심을 확대하였고, 또 이를 요구하게 되었다. 2022 개정 교육과정에서 밝히고 있는 교육과정의 체계를 보면 크게 3단계로 나누고 있다. 즉, 국가 수준의 교육과정 - 시·도 수준의 지역교육과정 - 학교 수준의 학교교육과정으로 나누고 있다.

국가교육과정에 대해서는 이미 잘 알고 있다고 판단되기에 설명을 생략하고 여기서는 지역 교육과정을 살펴보면, 지역 교육과정은 지역적 특성을 반영한 교육과정을 말한다. 일단 지역 교육과정을 이해하려면 유사한 개념과 비교하여 이해할 필요가 있다. 일반적으로는 이해하기를 '지역수준 교육과정'을 줄여서 지역 교육과정이라고도 부르는데, 이는 시·도교육청이 주관하는 교육과정을 말한다. 이는 국가수준 교육과정과 학교수준 교육과정의 교량 역할을 하는 교육과정이다. 한편, '지역화 교육과정'은 '국가 교육과정의 지역화'를 의미한다. 예컨대, 초등학교 3, 4학년 사회과 교육과정을 구현하는 데 있어서 보완하는 교육과정이다. 즉, 우리 고장을 이해하기 단원과 관련하여 이를 보완할 지역화 교재를 개발하여 병행 사용하는 것이다. '지역연계 교육과정'은 지역사회와 연계하여 지역적 특성을 반영한 교육과정을 말한다. 지역연계 교육과정은 교육과정 운영 주체와 관련하여 학교로 국한하지 않고 지역사회와의 거버넌스 구축을 전제로 운영하는 교육과정을 의미한다. 그러므로 '지역 교육과정' 안에 '지역수준 교육과정', '지역화 교육과정', '지역연계 교육과정' 등이 포함되어 있다고 할 수 있다.

최근 고시된 2022 개정 교육과정 총론을 보면 지역 교육과정을 예전보다 더 강조하고 있다. 학교 교육과정 자율권 확대에 따라 교과(군)별 및 창의적 체험활동의 20퍼센트 범위에서 시수 증감하도록 개정하였다. 여기에서 교육과정 재구성 시 지역연계 교육과정으로 구현할 수 있도록 하였다. 즉, 학교 자율시간 확보를 통해 다양한 학교 개설과목을 신설하고, 지역연계 특색프로그램 등을 운영할 수 있도록 하였다. 초등학교에서 다양하고 특색있는 지역과 연계한 교육과정 운영 및 학교 여건과 학생의 필요에 맞춘 선택과목을 신설하여 운영할 수 있다. 지역연계 선택 활동, 삶과 학습에 필요한 기초 소양, 학습 진단과 개별 보정 교육, 진로 선택 활동 등을 교과목 및 창의적 체험활동으로 편성·운영이 가능하다.

필자는 새롭게 지역사회를 품은 학교교육과정을 제시하고자 한다. 여기서 '지역을 품은'의 의미를 명료하게 하기 위해서는 앞에서 기술한 '지역 교육과정'과의 같은 점과 차이점을 알아보는 것이 필요하다. 첫째, 차이점을 보면, 위계상의 차이다. '지역 교육과정'은 시·도 교육청 차원이라고 한다면, '지역을 품은'은 학교 교육과정 차원이다. 둘째, 같은 점을 보면 품는 대상이나 내용의 면에서는 같거나 매우 유사하다고 할 수 있다. 이해를 돕기 위하여 그림으로 제시하면 아래 〈그림 2〉와 같다.

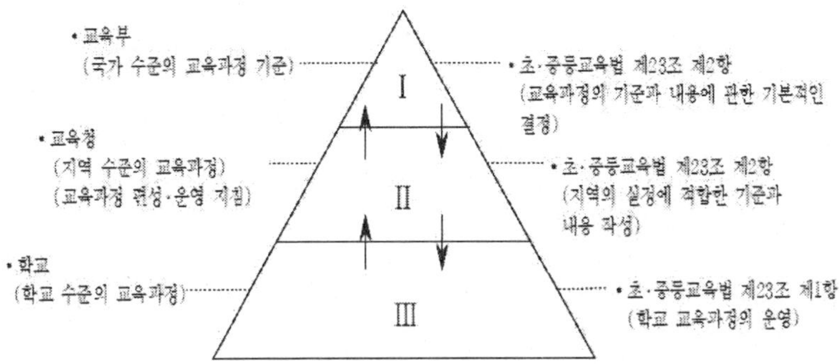

〈그림 2〉 교육과정 수준

지역사회를 품은 학교교육과정의 구체적 내용을 살펴보고자 한다. 지역사회를 품은 학교교육과정은 크게 세 가지 면에서 필자가 경험한 것과 다른 학교의 사례를 제시하고자 한다.

첫째, 교육과정 차원이다. 교육과정 차원은 말 그대로 지역사회를 교육과정에 녹여 넣어 가급적 1학년부터 6학년까지의 교육과정에 편성하여 운영하는 것이다. 예를 들어 서울 충무초등학교에서 운영하는 이순신 교육과정이다. 충무초등학교에서는 학교 인근에서 출생한 이순신 장군의 정신을 계승하고 발전시키기 위하여 '리틀 충무공의 행복교육'으로 명명한 학교교육과정을 운영하고 있다. 이 학교에서는 '충무공 정신 계승 함양을 통한 인성·리더십 함양교육'을 제1의 학교 특색 교육목표로 설정하여 운영하고 있다. 이를 위하여 충무공 정신을 내면화를 하기 위해 매월 1회 충무공 정신 실천 자기 확인을 하고, 리틀 충무공 다짐식 및 명예장 수여, 학년별 충무공 정신 작은 실천운동 실시, 4학년과 6학년에서 국궁 교육을 실시하고 있다. 충무공 탄신일인 4월 28일에는 문예 행사를 비롯한 다양한 행사를 기획하여 운영하고 있다. 또한 이순신 장군 리더십 캠프를 운영하기도 한다. 이처럼 일부이기는 하나 지역사회의 자원을 교육과정에 녹여서 운영할 수 있다.

필자의 생각으로는 좀 더 교육과정에 녹여 넣을 수 있다고 본다. 첫째, 이순신 장군의 정신을 분석하여 교과에서 교육할 수 있다. 예를들어, 도덕, 사회, 국어 교과 등의 과목에서 교육을 할 수 있고, 미술, 음악, 체육 시간 등에서는 이순신 장군의 노래 가사 써보기, 작곡하기, 영정 그림 그리기, 한산도 전투 그림 그리기 등 다양한 활동을 할 수 있다. 둘째, 체험활동을 운영할 수 있다. 예를들어, 아산 현충사를 방문하는 프로그램을 운영할 수 있고, 고학년의 경우 이순신 장군의 유적지인 한산도, 여수 등을 활용한 1박 2일, 또는 2박 3일의 수학여행 프로그램도 운영할 수 있다.

다른 학교의 사례 하나를 더 소개하고자 한다. 경상북도에 있는 K초등학교의 사례인데, K초등학교의 교육과정을 중심으로 살펴보고자 한다. K초등학교는 2015 개정 교육과정 역량을 신라 5화랑 정신과 연계하여 K학교 고유의 역량을 설정한 것이 특징이다. 이를 바탕으로 신라 5화랑 정신인 선덕의 지, 기파랑 의, 죽지랑 미, 김 유신 예, 사다함 애는 K교육 핵심역량이다. 이러한 신라 5화랑의 정신을 이어가되 시대적 흐름과 교육 주체들의 요구를 반영하여 행복 교육을 추구하는 K교육의 행복 비전이다. K교육은 경북 정체성 교육인 올곧음, 어울림, 신바람, 나아감을 선도하는 학교로 교육과정에 지역 특색의 스토리텔링을 입힌 것이 특징이다. 이러한 교육과정 실행을 위해 워크숍과 2020학년도에 운영할 프로젝트를 설계하고, 교육과정 워크숍 및 협의 회의를 진행하였다. 또한 학부모의 다양한 의견도 확인하였다.

K초등학교는 핵심 성취기준 중심 교육과정 운영 및 역량 중심 학년별 프로젝트 학습 학기당 1회 운영, 경북 정체성 교육 창의적 체험활동 프로젝트 운영 등 맥락 있는 교육과정 운영을 중심으로 하여 거

품 빼기, 맥락 잡기 등 교육과정 수립, 융합하기, 관계 맺기 등 교과 수업 운영 원칙, 배움 나눔, 비전 세움 등 배움 실천 원칙을 운영의 기본 원칙으로 설정하고 있다. 중점 시수 편성 시 1~2학년군, 3~4학년군, 5~6학년군 등 3개의 학년군으로 구분하여 무리한 증감보다 실제 운영에 초점을 두고, 핵심 성취기준의 의미를 살리기 위해 융합수업을 진행하며, 학습량을 감축하였다.

둘째, 지역 인사를 활용한 학교교육과정의 운영이다. 이 방안은 이미 많은 학교에서 실시를 하고 있기에 자세한 설명을 필요하지 않다고 보아, 간략하게 소개하고자 한다.

하나는, 학생 동아리 운영이다. 일반적으로 학교에서 운영하는 학생 동아리는 교사 중심의 동아리를 운영하고 있다. 교사들이 지도할 수 있는 역량 범위 안에서 학생 동아리를 운영하고 있기에 학생들의 참여도와 만족도는 낮다. 그러나, 패러다임을 바꾸어서 지역사회 인사를 활용하는 방안을 제시하고자 한다. 학생동아리 운영 단계를 제시하면 1) 학생의 동아리 운영 계획을 수립한다. 2) 학생들에게 그 운영 취지를 충분히 설명한다. 3) 학생들의 신청을 받는다. 4) 전 교사를 대상으로 지도교사를 배정한다. 이때 교사가 지도를 할 수 있으면, 교사가 직접 담당을 하고, 교사가 직접 담당할 수 없으면 외부 지역 인사를 초청한다. 예를 들어 학생들이 댄스동아리 구성을 요청했는데, 교사 중에 지도할 사람이 없다면 지역 인사를 활용하는 것이다. 이때 지도교사는 교사가, 강사는 외부인사가 한다. 단, 외부인사를 활용한 부서의 학생 동아리 지도교사는 평소 업무가 많은 부장교사를 배정한다. 5) 학생들에게 구체적으로 지도교사, 활동 장소를 배정하여 알린다. 6) 4월초 부터 동아리 활동 개시한다. 7) 동아리 운영 마지막 날은 동아리 활동 발표회를 개최한다.

다른 것은, 학교 대운동회 운영 시의 지역 인사 활용이다. 요즘 학교에서 대운동회를 외부 업체에 외주를 주는 경우가 있다. 이것은 우리 스스로 교육 전문성이 없음을 공개하는 일이다. 교사가 대운동회를 담당할 수 없음은 놀라운 일이다. 교육 외주화의 역사의 시발점은 학생수련이었다. 이것은 어떤 측면에서 충분히 이해되는 면이다. 학생수련은 교육을 하는 장소와 시설 등이 학교 밖이기 때문에 여러가지 문제들이 있었다. 그런 면에서 교육계 내부자든 외부자든 학생수련의 외주화는 누구든지 이해를 할 수 있었다. 그러나 대운동회의 외주화는 학생수련과는 많은 면에서 차이가 있다. 교내에서 이루어지는 교육활동을 외주화를 한다면, 예를들어, 요즘 교사들이 가장 힘들다는 생활지도 그리고, 체육수업, 영어수업 등도 모두 외주화하자는 주장이 나올 것으로 예상된다. 그런데, 교사들이 힘들다는 논리로 과연 외주를 주어야 하는지? 이런 식으로 전개되면 교사의 전문성에 대한 회의가 일어날 수 있고 그에 따른 많은 부작용이 우려되는 상황에 놓이게 된다.

필자는 그래서 지역사회 인사를 활용하자는 제안을 한다. 대운동회 시에 교사들이 가장 힘들어하는 것이 프로그램을 진행하면서 내가 담임하고 있는 학생들의 지도이다. 이것은 학부모, 지역 인사를 활용하여 준비물을 준비하게 한다든지, 달리기 진행 시 준비와 출발 등의 업무 도움을 받는 방안이 있다. 필자가 이렇게 대운동회를 진행해 본 결과 만족도가 높았다. 특히, 대운동회 행사에 참여한 지역 인사, 학부모들의 만족도가 생각보다 높았다. 자녀의 활동하는 모습을 아주 가까이서 볼 수 있어서 좋았고, 교사들이 이렇게 고생한다는 것을 생생하게 느끼게 되어 앞으로 학교에서 하는 일은 무조건 협조하겠다는 말씀을 듣게 되었다.

셋째 지역 시설을 활용한 학교교육과정운영이다. 전교생을 대상으로는 하는 학교 행사를 하려면 항상 시설이 문제가 된다. 체육관은 학생 수용의 측면에서 크기는 적당하나 음향 시설과 난방이 문제가 된다. 강당은 크기가 문제가 된다. 이런 문제점을 해결을 할 수 있는 방법이 지역사회 시설을 활용하는 것이다. 예를들어, 교회, 성당, 사찰 등을 이용할 수 있다. 필자는 학교에서 교장을 하면서 교회 시설, 성당 시설을 이용하여 학생들의 학예회를 진행한 경험이 있다. 장점은 음향, 조명 시설이 너무 좋아 행사의 만족도가 매우 높다. 또한, 행사 시간대를 저녁 시간에 운영을 하면 맞벌이 학부모의 참여가 확대된다. 부모 또는 조부모 등이 학생과 함께 오기 때문에 학생 안전에 문제가 없다. 다만, 한 가지 전제되어야 하는 것은 종교 편향성 문제이다. 이것은 학부모의 의견 수렴, 이용하는 대상 종교 기관과의 충분한 소통이 필요하다.

지역을 품은 학교교육과정 편성·운영의 과제

지역을 품은 학교교육과정 편성·운영이 성공을 거두기 위해서는 많은 노력과 함께 고려해야 할 점이 많다.

첫째, 지역연계 교육과정 운영 시 운영 주체와 방식은 가급적 학교 주도 마을 협력 모델로 추진하는 것이 좋다. 지역연계 교육과정 운영 방식은 학교주도 마을 협력 모델, 주민 주도 학교 협력 모델, 학교-마을 공동 기획 모델 등이 있다. 이 중에서 학교주도 마을 협력 모델이 더 좋은 이유는 교육과정에 대한 전문성을 교사가 가지고 있고, 학교 교육과정을 구현하는 주체가 교사이기 때문이다. 그리고 학교 주도형으로 진행되어야 지역연계 교육과정을 보다 폭넓게 이해하고 체계적으로 접근할 수 있기 때문이다.

주민 주도 학교 협력 모델은 마을 주민의 참여가 많은 장점이 있으나, 교사들의 교육과정 운영에 있어서 소외되기 쉽고, 지역교육활동가의 개인적인 성향과 배경에 따라 특정 주제로 치우칠 가능성이 있다. 학교-마을 공동 기획 모델은 이상적이긴 하지만 교사와 지역교육활동가가 의견이 충돌되는 경우, 조정하기 힘든 문제점을 가지고 있다. 그래서 학교가 주도하여 지역연계 교육과정의 기본방향을 정하고 지역교육활동가들의 협력과 참여를 유도하는 방식으로 진행하는 것이 좋다. 예컨대, 교사들이 학교 교육과정 디자인 워크숍을 통해 중핵 교육과정을 디자인하고, 이를 기반으로 지역 교육활동가들이 함께하는 지역연계 교육과정 개발 워크숍으로 진행하면 좋을 것이다.

둘째, 학교에서 지역 교육과정을 구현하고자 할 때 학교의 특수성을 고려하여 다양하고 점진적인 모델이 제시될 필요가 있다. 대개 지역 교육과정은 대도시 큰 학교보다 지역사회가 활성화되어 있는 농산어촌의 작은 학교가 더 활성화되어 있는 경우가 많고, 입시에 많은 영향을 받는 중고등학교보다는 입시에 대한 영향이 적은 초등학교인 경우가 많다. 그러므로 학교 상황과 특성에 따라 지역 교육과정을 적용하는 데 있어 낮은 수준(창체나 학교행사 차원에서 부분적으로 적용하기)부터 점차 높은 수준(교육과정 재구성, 학교 특색 과목 개발)으로 나아갈 수 있도록 유도하면 좋을 것이다. 교육과정 재구성도 짜깁기 수준으로 시작하여 점차 물리적 통합 수업 방식에서 화학적 융합 수업 방식으로 진화하고, 공동 수업디자인 방식을 넘어 공동교육과정 개발 방식으로 발전할 수 있어야 할 것이다.

셋째, 과목의 특성을 반영한 지역 교육과정 모델을 운영해야 한다. 초등학교에서는 내가 살고 있는 작은 지역인 '마을'을 중심으로 일상적인 삶과 연결하여 접근하는 것이 필요하다. 학생들이 우리 마을의 특성을 이해하고 마을의 대표적인 공간들을 탐방하고 다양한 체험과 경험을 통하여 우리 마을을 사랑할 수 있도록 접근하는 것이 필요하다. 그래서 지역 연계 수업 시 매체 활용 수업이나 현장 체험활동을 상대적으로 강조할 수 있을 것이다.

지역 교육과정 관련 수업 시 사회쟁점 토론 수업이나 프로젝트 기반 수업으로 접근하고, 지역사회와 생태전환교육, 지역사회와 세계시민교육 등 지역적 특수성과 보편적 주제를 연결하여 접근하는 것이 좋을 것이다.

넷째, 교사의 교육과정 디자인 역량을 강화할 필요가 있다. 초등학교 교사는 여러 교과목을 가르치고 있기에 융합 수업에 대한 접근이 상대적으로 잘 이루어질 수 있다. 그러나, 교사의 역량에 대한 논란은 계속되고 있다. 교사의 학교 교육과정 디자인 역량을 기르기 위한 연수와 워크숍, 컨설팅 등이 학교 안에서 정기적으로 진행될 필요가 있다. 특히 전문적 학습공동체나 학년협의회에서 지역 교육과정을 다루는 것이 필요하다.

다섯째, 지역 교육과정의 활성화를 위한 제도적 지원체제가 마련되고 관련 예산이 확보되어야 한다. 시·도교육청 차원에서 관련 종합 지침 및 매뉴얼의 제공, 관련 연수 실시, 컨설팅 지원 등이 있으면 좋을 것이다. 교육지원청 차원에서 지역 교육과정 활동을 위해 초등학교 사회과 지역화 교재개발이나 지역 교육과정 관련 프로젝트 및 융합 수업 교재개발을 주도할 수 있다. 학교와 지역사회를 연결할 수 있도록 도움을 주거나 행정적인 번거로움을 줄일 수 있는 방안을 제공하면 좋을 것이다. 공립학교 교사의 경우, 교사들이 자기 학교가 속한 지역에 거주하지 않은 경우도 있다. 교육지원청 차원에서 자기 학교에 속한 지역에 거주하는 교사들에게 유리한 인센티브를 제공하거나 최신식 관사 제공 등을 통해 안정적으로 거주할 수 있는 여건을 마련하는 노력도 필요할 것이다.

또한 지역 교육과정을 운영할 수 있는 예산이 필요하다. 마을 강사를 위한 인건비, 교육비, 체험 활동비, 관련 시설 보완, 지역연계 교육과정 개발비 및 학교 교과서 제작 등은 예산이 있어야 가능한 것들이다. 이를 위해 교육청 차원에서의 예산 지원도 필요하지만, 지자체에서도 관심을 가지고 예산 지원을 할 수 있어야 한다. 민관학의 협력 체제를 구축하여 우리 지역사회를 지속 가능한 발전 구조로 만들기 위한 노력을 해야 할 것이다.

학교 교육과정의 편성·운영 절차

이제 학교 교육의 성패는 학교교육과정을 어떻게 편성하고 운영하느냐에 따라 달라지는 시대가 되었다. 따라서, 학교교육과정의 편성·운영시 다음과 같은 장점들이 충분히 발현되도록 해야 한다.

첫째, 학교교육과정 편성·운영은 특정적(particularistic)이어서 각 학교가 가지고 있는 지역사회와 학생들의 특정한 요구에 초점을 맞추어 편성·운영된다. 따라서, 각 학교의 학교교육과정 편성·운영은 교육과정에 대한 학교 안팎의 요구가 학교마다 다른 만큼 내용 면에 있어서 서로 독특하고 상이하게 편성·운영된다.

둘째, 학교교육과정 편성·운영은 틀 적응적(frame adaptive)이어서 반드시 국가나 지역교육과정에 반하여 구성되는 것이 아니고 오히려 그런 교육과정들을 기초로 학교의 특정한 상황에 맞게 조화를 시키는 활동이다. 따라서, 학교교육과정 편성·운영은 국가 수준의 교육과정과 시·도교육청에서 제공하는 교육과정 편성·운영 지침 등 교육청에서 제공하는 교육과정 틀을 기준으로 학교가 자율적으로 특색이 있게 편성·운영하는 활동이다.

셋째, 학교교육과정 편성·운영은 과정 중심적(process-oriented)이어서 교육과정 편성·운영의 전략적 측면에서 보면 결과보다는 편성·운영 과정 그 자체에 중요성을 둔다. 환언하면, 학교교육과정 편성·운영은 최종적인 결과인 프로그램 산출이 중요하다. 그러나 더 중요한 것은 산출을 내기까지의 과정을 통해 학교 구성원들이 학교교육과정의 의미와 중요성을 이해하고, 자율성·협동성을 발휘하고 전문성을 신장시키는 측면을 더욱 중요하게 생각하는 활동이다.

넷째, 학교교육과정 편성·운영은 참여적(participatory)이어서, 교사들이 변화를 위한 계획을 세우는 데 있어 서로 협동하는 것이 적절한 교육과정 편성·운영 방식이자 모습이라고 본다. 고로, 비록 어느 교사 한 사람의 노력으로 뛰어난 수준의 학교교육과정을 편성하였다 하더라도 그것은 바람직하지 않으며, 또한 성공하기도 어렵다. 왜냐하면, 학교교육과정은 그 본질이 집단적 사고의 산물이자 집단적 지식이기 때문이다. 따라서 교사들의 협동적 참여와 민주적 의사결정이 배제된 학교교육과정은 학교 구성원들의 학교교육과정에 대한 인식의 공유를 끌어내지 못하기 때문에 그 실행의 과정에서 소기의 성과를 기대할 수 없게 된다.

다섯째, 학교교육과정 편성·운영은 전제적(preliminary)이어서, 편성된 교육과정은 실행한 후에 평가를 통해 얼마든지 수정될 수 있기에 실험적이고 개방적인 특징을 지닌다. 학교교육과정은 일회적이고 정적인 개념이 아니고 계속적이고 동적인 개념으로서 해를 거듭하면서 꾸준히 발전되어 나가는 프로그램이다. 따라서 주어진 것이 아니라, 만들어가는 것, 보완해 가는 것이다.

여섯째, 학교교육과정 편성·운영은 교사의 역할을 확대(role extensive)하는 것이어서, 학급으로 제한이 되어 있는 교사의 역할 범위를 좀 더 넓은 범위까지 확대하게 되고, 그 결과로 교사들은 기존의 역할에 변화와 융통성을 주어야 할 것을 요구받고 있다. 전통적으로 교사들은 외부로부터 주어진 내용을 학급 내에서 학생들에게 수업을 통해 전달하는 수동적이고 타율적인 역할에만 머물러 있었다. 그러나 학교교육과정 편성·운영은 교사들이 그런 역할을 넘어서서 때로는 교육과정 학자, 교과 전문가, 교육과정 해설 및 자문가 등 교육학자의 역할과 함께 새로운 지식의 창조자로서의 능동적이고 전문적인 역할을 새로이 요구하고 있다.

학교 교육과정을 편성하고 운영하기 위해서는 일반적으로 절차에 따라 진행하는 것이 바람직하다고 할 수 있다. 그러면 학교 교육과정을 편성하고 운영하는 절차에 대해 살펴보도록 본다. 2015 개정 교육과정을 바탕으로 학교 교육과정을 편성하고 운영하기 위한 절차는 어떻게 될까? 학교 교육과정의 편성 및 운영을 위해서는 가장 먼저 학교 교육과정 편성 운영위원회를 조직해야 하며, 국가 수준 교육과정과 각 시·도교육청 단계에서 교육과정의 편성과 운영지침을 분석해야 한다. 이렇게 분석된 내용에 대해서 기초 조사를 실시하고, 학교 교육과정 편성의 기본방향을 수립한다. 전문가의 조언에 따라 학교 교육과정의 시안을 작성한 후에는 본격적으로 학교 교육과정을 운영한 후 교육과정 평가 및 개선을 통해 다음 교육과정 운영을 위한 기초를 마련하게 된다.

일반적으로 각 학교에서 학교교육과정에서 오랜 기간 학교교육과정을 편성하여 운영해오고 있어 비교적 절차, 내용 등이 지역과 학교의 특성을 고려하여 잘 운영되고 있다. 그래서 여기서는 〈표 1〉로 대신하고자 한다.

〈표 1〉 학교 교육과정 편성·운영 절차

단계	절 차
준비 및 계획 단계	1. 학교교육과정위원회 조직과 교육과정 편성 계획 수립 - 학교 교육과정 위원회 조직 - 구성원 조직 및 임무, 역할의 구체화 - 학교 업무 추진 일정 계획 수립 ► 학교 교육과정 편성 계획 수립
	⇩
	2. 국가 수준, 서울시교육청 교육과정 편성·운영 지침 분석 및 시사점 추출 - 교과부 고시 교육과정, 서울시교육청 초등학교 교육과정 편성 운영 지침 분석 - 관계법령(교육기본법, 초·중등 교육법 시행령 등)분석 - 서울시교육청의 교육지표, 정책방향, 역점과제 분석 - 각 교육지원청 교육 분석 ► 학교 교육과정에 반영할 시사점을 일관성 있고 체계적으로 추출
	⇩
	3. 각종 실태 조사 분석(설문 및 면담) 및 시사점 추출 - 교사, 학생, 학부모, 학교여건, 지역사회 여건의 실태 분석 및 요구 조사 - 교과, 창의적 체험활동 교육과정 평가의 운영 실태 분석 - 학교 시설 설비 실태 분석 - 교육지원청 관내 학교, 지역사회의 시설, 인적, 물적 자료 등 실태 분석 ► 학교교육과정에 반영할 시사점 추출
편성 단계	4. 학교교육과정 편성·운영의 기본 방향 및 구성 체제 결정 - 교장의 경영 방침 설정 - 학교 교육 목표 및 노력 중점 과제 설정 - 학교교육과정 구성 방침 및 체제 결정 - 학교·학급 교육과정 작성 방향 및 구성 체제 결정 - 학교, 학년, 학급 교과별 교수 · 학습 계획 수립 - 교과, 영역, 학년별 지도 중점 설정 - 창의적 체험활동교육 중점 설정 - 학교 중·장기 교육 발전계획 수립 ► 편성·운영의 기본 원칙 결정
	⇩
	5. 학교 교육과정 시안 작성 - 편제와 시간 배당, 수업 일수 및 수업 시수 확보와 조정 - 학교 연간 행사 계획 - 교과, 창의적 체험활동교육과정 연간 운영 계획 - 교과과정 평가 계획 - 입학 초기 학교 적응 활동 지도 계획 - 일과 운영 계획, 생활 지도 계획 - 교과 전담운영, 특별실 및 운동장 활용 계획 수립 - 학교 특성화 교육 계획 ► 학교 특성화를 살리는 창의적인 교육 활동 계획 수립
	⇩

단계	내용
편성 단계	6. 학교교육과정 시안 심의·확정 - 시안 심의, 검토 분석 - 추출된 문제점 반영, 시안의 수정 ·보완 ▶ 학교·학년 교육과정의 확정
	⇩
운영 단계	7. 학교교육과정의 운영 - 교육과정의 정상적인 운영 - 지속적인 연수 실시, 교내 자율 장학의 활성화 - 운영상의 문제점에 대해 협의를 통해 탄력적으로 대처 - 교내 장학 협의, 학년 협의, 연구분과 협의를 통한 교육과정 수정·보완 ▶ 학교교육과정의 융통성 있는 운영 (시간운영, 장소활용, 학습내용 조정, 집단편성 등)
	⇩
평가 단계	8. 학교 교육과정 평가 및 개선 - 교과, 창의적 체험활동 편성·운영 수시 평가 및 자료 수집 - 평가 기준에 따른 교육 과정 중심 평가 ▶ 개선점 추출, 다음해의 학교 교육과정 편성·운영에 반영

학급 교육과정의 편성·운영 실질화시대 도래

학교교육과정을 제대로 편성하여 운영하는 것이 중요한 일이고 이 과정이 의미있는 과정이 되게 하려면 어떤 방안이 있을까? 먼저, 국가 수준의 교육과정-시·도교육청 교육과정 편성·운영지침-학교교육과정의 시스템을 학교교육과정에도 적용하는 것이 필요하다. 지금처럼 매년 학교교육과정을 전면적으로 작성하지 말고 교장이 부임하여 일단 학교교육과정을 한번 편성하면 같은 교장이 재직하는 동안에는 비전, 학교장 경영관, 교육 목표 등은 큰 틀은 유지한다. 다만 매년 교육청에서 요구하는 것, 학교 구성원의 요구 등을 반영하여 부분적인 수정을 한다. 학년 교육과정은 학교교육과정을 근거로 작성을 한다. 그리고 그 문서 등을 보고 학급교육과정을 작성한다.

필자는 초등학교의 경우 학급 담임을 중심으로 주로 교육이 이루어지고 있기에 사실은 학급교육과정의 편성과 운영이 중요하다고 생각한다. 지금은 학급교육과정의 편성과 운영이 꼭 잘되고 있다고 평가하기 어렵다. 그러나, 필자의 생각은 조금 다르다. 교사들이 머리에 들어있는 학급 교육과정의 내용을 문서화하지 못할 뿐이다. 비록 문서화가 되어 있지는 않으나 이미 교사들은 본인 나름의 특색있는 학급교육과정을 잘 운영하고 있다. 즉 교사들은 자신들이 교실에서 실천하고 있는 학급 교육활동을 문서로 만드는 경험이 적어서 문서화된 학급교육과정을 만드는 데 어려움을 겪고 있다. 고로, 실제 학급에서 이루어지고 있는 많은 교육활동 등을 문서화 경험, 문서화 체험을 해본다면 좋은 학급교육과정이 수립될 수 있다. 이를 위해서는 집단 지성이 필요하다. 필자의 경험에 의하면 MZ세대 교사들이 함께 동학년을 하면서 논의하여 합의된 '공동 학급교육과정'을 운영하는 사례를 보았다. 이들이 학급 교육과정 중 일부를 책으로 출판하기도 하는 것을 보면서 MZ세대의 가능성, 학급 교육과정의 가능성을 보았다.

이제 교육부, 교육청이 노력해야 할 것은 교육과정을 전문적으로 연구하는 학자와 현장의 교사 등이 공동연구를 통해서 학급교육과정을 산출하는 것이다. 공동연구는 1년의 짧은 연구가 아니라 중기적인 관점에서 긴 호흡의 공동연구가 필요하다. 즉, 교육과정 정책에 결정적 권한을 가진 교육행정가 중에서 학교교육과정이 교육행정의 핵심이며 그 개선이야말로 진정한 교육혁신이라는 것을 인식하고 학교교육과정 편성을 연구·지도하고 평가·개선하는 일에 나서야 한다. 그러나, 현실은 나는 매우 바쁜 사람이므로 그런 것은 각 학교에서 알아서 해야지 식의 반응을 보이는 중앙정부나 지방교육청의 교육관료가 많다. 심지어는 학교의 교육과정을 연구·관리·장학하는 제대로 된 조직조차 없는 교육청도 있다. 이제는 교장도 학교교육과정을 넘어 학급 교육과정이 제대로 편성되어 운영되도록 관심을 가져야 한다. 이를 위해서는 교사들의 축적된 경험 그러나 머릿속에서 맴돌고 있는 좋은 아이디어 등을 끌어내는 일이 필요하다. 이렇게 하기 위해서는 한 사람에 의해서는 어려운 작업이므로 여러 사람이 함께하는 집단지성이 필요하다.

제19장 학교 예산을 함께 편성하기

학교회계제도는 단위학교 자율책임 경영제 실현의 출발점

자율적 학교 모형의 한 예로서 학교단위 책임경영은 자원의 배분과 관련한 의사결정을 하기 위하여 학교 수준의 권위를 의미있게 끊임없이 분권화하는 것이라고 정의할 수 있다. 여기서의 자원이란 지식, 기술, 권력, 자료, 사람, 시간 및 재정을 포함하는 것이다. 특히 학교단위 책임경영은 학교의 정책이나 의사결정의 과정에 교직원과 학부모들의 더 많은 참여를 통해서 이루어질 수 있다. 그러므로 의사결정이 교장 개인이 아닌 이해관계자들의 집단적인 참여로 이루어져야 하고, 학생의 교육 문제에 있어서는 교사들의 전문성에 기초해야 한다. 이와 같은 학교단위 예산제는 학생 수, 학생의 교육적 필요, 학교의 특성에 따른 객관적인 필요 등에 기초하여 총액으로 단위학교에 재정을 배분하는 제도이다. 곧 교육청의 예산이 정해진 공식에 의하여 학교로 배분되면 학교의 교장이 교사, 학부모의 자문을 받아 학교교육비의 배분 기준 유형을 정하는 것이다. 따라서, 재정 운영의 분권화를 통한 학교단위 예산제가 단위학교의 효율성 및 효과성 향상을 위해서는 다음과 같은 방향으로 운영되어야 한다.

첫째, 학교단위 예산제는 효과적인 학교단위 책임경영의 핵심적인 요소이다. 학교단위 예산제는 학생들의 필요를 보다 잘 아는 학부모, 교사, 학교 행정가들이 의사결정 과정에 참여함으로써 의사결정에서 학생들의 필요에 초점을 맞출 수 있으며, 이는 자원배분의 효과성 또는 생산성의 증대를 가져올 수 있다.

둘째, 단위학교의 재정, 인사, 교육과정에 대한 결정권을 확대함으로써 개별 학교들은 학생과 학교의 필요에 맞출 수 있고 학교의 자원을 적합한 프로그램과 서비스에 투자할 수 있는 신축성을 높일 수 있다. 따라서 단위학교의 교수활동 프로그램 신축성을 증대시켜야 한다.

셋째, 학교 행정가, 교사, 학부모 등을 학교 의사결정에 함께 참여시킴으로써 학교 구성원들의 역량을 강화하고 학교의 변화에 대한 의지와 변화에 대한 지원을 높여야 한다.

넷째, 학교단위 예산제도는 학교의 목표와 우선순위, 학교계획, 학생의 성취, 인사, 학교재정 등에 대한 정보를 진단하고 활용해야 한다.

다섯째, 단위학교에 대한 재정 배분을 시민들에게 공개함으로써 단위학교 간에 그리고 초·중·고등학교의 학교급 간에 재정 배분의 공정성에 대한 논의를 활성화시켜야 한다.

이러한 학교단위 예산제도는 몇 가지의 장점이 있다. 첫째로 책무성을 증가시킬 수 있고, 둘째로 특별한 교육적 배려가 필요한 학생들의 요구를 반영할 수 있으며, 셋째로 예산편성 과정에 교직원들과 학부모들의 참여를 증대할 수 있다는 점이다. 그러나 이 제도의 성패는 교육감이나 교육장과 교장 간의 관계에 있어서 교장은 학교의 특수성을 충족하는 재량권을 발휘함과 동시에 교육청 전체의 목표 달성과 계속성을 유지하기 위해 유기적인 협조를 하는데 달려있다.

이렇게 학교단위 책임경영제를 실현하기 위해 도입된 학교회계제도는 단위학교가 예산편성권을 갖게 됨에 따라 자체 수입을 직접 사용할 수 있게 되었다. 이전까지는 학교시설물을 외부기관이 사용할 때 받은 사용료를 국고나 교육비특별회계금고로 직접 납부를 하게 되어 대부분의 학교는 사용료를 학교에서 직접 사용할 수 없었다. 그러나 학교회계제도가 시행되면서 사용료의 전액을 학교에서 직접 사용할 수 있게 되어 학교가 자체수입 확보를 위해 노력할 동기를 갖도록 하였다.

또한 학교회계의 도입으로 단위학교는 교육청의 하부 기관에서 하나의 자치 기구로 지위가 바뀌었다. 교육행정 체계상 단위학교는 지방자치단체가 설치·경영하는 교육기관이지만, 예산편성권을 가지고 있는 자치 기구가 되었다는 뜻이다. 법체계상으로만 보면 시·도의 교육비특별회계는「지방교육자치에 관한법률」에 의해 설치된 특별회계이며, 학교회계는「초·중등교육법에」 의해 설치된 일종의 특별회계이므로 양자는 종속관계가 아닌 대등한 관계로 볼 수 있다. 단위학교에서 회계업무를 처리할 때도 시·도교육비특별회계재무회계규칙을 따르지 아니하고 독자적인 교육부령인 국립 및 공립 초·중등학교회계규칙을 따르게 되어 있다.

회계 예산의 통합으로 재정 운영의 효율성이 증대되고 회계연도가 학년도와 일치되어 교육활동을 효과적으로 지원·예산 집행 잔액을 이월 사용할 수 있고, 각종 사용료 등도 학교 자체 예산에 편성하여 사용하게 됨으로써 세입 재원이 증대 및 노력 여하에 따라 학교 재정의 확충 조성이 가능하게 되었다.

즉, 학교회계제도는 회계연도를 3월 1일에서 이듬해 2월 말일로 설정하여 학년도와 일치시킴으로써 학사운영과 재정 운영이 일치됨으로써 단위학교 재정이 효과적으로 교육과정 운영을 뒷받침할 수 있게 되었다. 또한 학교회계제도가 도입됨으로써 단위학교는 대부분의 사업비를 학년도 개시 이전에 교육부나 교육청으로부터 총액으로 배부받을 수 있게 되었다. 이전에는 학교에 배부되는 각종 경비가 아무런 예고 없이 학기 중에 갑자기 배부되어 이미 학교 자체 예산으로 사업을 집행한 경우 중복 투자가 되는 경우가 있었으나, 이제는 연간 지원될 예산의 총 규모를 학교가 미리 알 수 있어 효율적인 재정 운영을 도모할 수 있게 되었다.

한편, 학교회계제도의 도입으로 자금 이월이 가능하게 되어 회계연도 말의 집중적인 예산 집행으로 인한 낭비 요인을 제거할 수 있게 되었다. 이전까지는 교육부나 교육청에서 지원되는 경비의 경우 교육청의 회계연도가 종료되면 잔액을 전액 반납하여 이월이 허용되지 않았다. 따라서 회계연도 말이 되면 자금을 반납하지 않으려고 우선순위가 뒤지는 학습 기자재를 구입하는 경우 등 비효율적인 예산 집행이 많았었다.

회계별로 장부와 통장을 관리하는 체제에서 통합장부로 운영함으로써 회계업무가 간소화되고 전산화가 되어 업무가 투명하게 되었다. 즉, 학교회계제도의 도입으로 학교의 실정에 따라 통합장부를 사용할 수 있게 됨에 따라 학교 실정에 맞는 회계 관리가 가능해졌고, 재원에 따른 사용 목적 구분 없이 학교 실정에 따라 자율적으로 세출예산을 편성할 수 있게 되었다. 이전까지는 경비의 종류에 따라 서로 다른 회계 지침을 적용하여 자금별로 별도의 회계를 운영하고 장부관리를 해왔고, 세입재원별로 사용 목적에 따라 세출예산을 편성해 왔다. 그러나 이제는 다양한 형태의 장부 정리가 가능해졌고, 회계관리의 합법성보다 타당성을 추구할 수 있게 되었다.

각각의 경비로 관리 운영되던 학교재정이 하나의 회계로 통합되어 복잡한 학교재정을 좀 더 쉽게 파악할 수 있고, 학교의 예산 과정과 결산이 공개됨으로써 재정의 투명성이 확보되었다. 또한 예산 편성 과정에 교직원 및 학운위원의 참여를 증대시키고 교육 수요자인 학부모와 학생의 요구 및 의견을 반영함으로써 학교재정 운영의 민주화에 기여하였다.

교장이 알아야 할 학교 재정관리와 재정 기준

학교 재정[57]은 학교가 교육활동에 필요한 경비를 조달하고 그것을 합목적적으로 관리·지출하는 경제행위이며, 집행한 성과를 종합적으로 분석하는 것으로서 교육재정의 좁은 의미로도 사용된다. 학교 재정은 경제행위인 이상 수입과 지출이 있다. 따라서, 학교 재정은 예산의 형식으로 구체화 된다. 즉, 경비 조달에 관한 세입과 경비 지출에 관한 세출로 구분된다. 세출예산은 회계 절차에 의해 집행되며, 그 결과를 결산하도록 되어 있다. 최근의 학교 재정은 그 운영에 있어서 자율성이 크게 신장되는 방향으로 가고 있다. 단위학교 예산을 근간으로 한 학교 예산의 통합 운영과 도급 경비제의 확대 실시 등은 학교 재정 운영의 자율성이 신장되고 있음을 보여주는 것이다.

교장이 되면 처음 해보는 업무 중 하나가 재정관리이고, 재정관리 업무는 매우 중요한 업무이다. 학교의 재정은 전년도의 예산 편성에 의해 1년 동안의 살림이 이루어지기 때문에 예산계획과 집행을 어떻게 하느냐에 따라 학교 운영의 성패가 좌우될 수도 있다. 그것은 교장이 본인의 교육철학을 구현하고 싶은 사업을 뒷받침해줄 수 있는 것이 예산이기 때문이다. 아무리 좋은 비전과 훌륭한 교육 목표를 가지고 있다고 해도 예산이 편성되지 않으면 사업을 진행할 수 없기 때문이다.

재정관리는 교장의 직무 중에서 가장 생소한 업무이기에, 다른 면에서 보면 어려운 업무이기도 하다. 다른 장학업무는 열심히 하지 않

57) 학교 재정과 학교 회계(제도)는 엄밀하게 표현하며 구별되는 개념이다. 학교 재정은 학교 회계보다는 좀 더 큰 범위의 개념이다. 학교 회계(제도)는 단위학교의 자율성을 높이기 위하여 학교의 모든 세입·세출을 일원화하고 학운위 심의 및 교사의 참여를 통해 단위학교가 필요한 우선순위에 따라 자율적으로 예산을 편성 운영하도록 하는 학교 회계제도를 말한다. 그러나 본책에서는 문맥에 따라서는 두 가지를 혼용하여 사용하고자 한다.

아도 크게 표시가 나지 않을 수 있으나, 재정 업무는 조금만 잘못해도 금방 표시가 나고, 사회문제가 되기도 하며, 심지어는 본인의 교직 생활에도 큰 오점을 남기기도 한다.

재정관리는 자금의 횡령, 업자와의 부정한 결탁 등을 방지하기 위하여 절차상 촘촘한 규정 등을 정해놓고 있어 그 절차대로 해야만 한다. 한편, 교장이 학교 예산 편성 지침을 비롯한 회계규정에 대한 전문성이 결여가 되고, 관심이 부족하게 되면 행정실장 임의대로 예산을 편성할 수 있다. 교사들은 학교에 배정된 총예산은 무시하고 각 부서 예산을 요구하여 재정관리를 어렵게 하는 경우도 발생한다. 그리고, 학교 회계의 자율성 증진에도 불구하고 교육청에서 요구하는 시책사업, 권장사업 등이 많아 학교의 예산 편성과 운영을 어렵게 할 수도 있다.

어떤 측면에서 보면 학교 회계제도는 그 절차가 까다롭기에 학교 회계규정을 모르고서는 학교 운영을 제대로 할 수 없다. 따라서, 학교 회계에 대해서는 교장은 물론, 학교 구성원 모두가 관심을 가져야 한다. 특히, 교장은 학교회계제도에 대해 관심을 가지고 교육과정을 잘 운영할 수 있도록 하여야 한다. 이를 위해서 교육과정 운영을 중심에 두고 학교 구성원들이 서로 도와가면서 충분한 협의하여 사업 예산을 편성한다면 교장이 소망하는 학교 교육의 목적을 달성할 수 있다.

또한 교장은 재정관리를 효과적으로 하기 위해서는 교장은 몇 가지의 기준을 가지고 있어야 하는 데 지면 관계상 몇 가지만을 간략하게 소개하면 다음과 같다.

첫째. 학교 예산의 편성 시 우선순위를 고려해야 한다. 학교 예산을 편성할 때, 가장 우선 고려되어야 하는 것은 학생을 위한 예산 편성이 되어야 하며, 다음으로 교직원의 복지를 위한 예산 편성이다.

그다음으로 고려되어야 하는 예산이 학교 시설 투자이다. 그러나, 시설 예산이라 하더라도 학생 안전과 관련된 예산은 무엇보다도 제일 먼저 편성되어야 한다.

둘째, 교육청에서 제시해준 예산 지침서를 바탕으로 학교 실정에 맞도록 예산을 조정하는 역할을 해야 한다. 교장에게 있어서 예산을 편성하고 집행하는 일은 자주 해본 일이 아니기 때문에 어려운 일이 될 수 있다. 예산에 관한 것은 국민의 세금을 사용하는 것이기 때문에 상세하게 규정을 해 놓고 있기에 규정을 잘 준수해야 한다. 고로 예산을 잘 편성하기 위해서는 예산 편성 지침서나 예산 집행 지침서 등 관련 규정들을 항상 옆에 두고 보아야 한다. 그러면서 교장의 교육철학이나 비전을 구현할 수 있도록 사업예산을 꼭 편성되도록 해야 한다.

셋째, 예산 편성은 교장이나 행정실장 중심으로 의견의 반영되는 것을 피하고, 가능한 전 교직원의 의견이 반영되도록 해야 한다. 학교 운영의 성공과 실패는 학교 구성원이 얼마나 많은 사람이 적극적으로 참여하느냐에 달여 있다고 보아도 과언이 아니다. 고로 학교 운영은 교장 혼자서 할 수가 없다. 이런 관점에서 학교 예산 편성도 마찬가지로 학교 구성원이 얼마나 많이 참여하고, 얼마나 적극적으로 참여하느냐에 달려 있다. 따라서, 시간이 걸리더라도 교직원들과의 협의의 과정 의견 수렴 과정, 동의의 과정이 필요하다.

넷째, 예산의 집행은 투명해야 한다. 교장의 리더십 확보의 알파와 오메가는 윤리적 리더십의 확보 여부다. 윤리적 리더십의 확보는 예산 집행의 투명성 확보가 중요하다. 예산 집행이 투명하지 않으면 교장이 행정실과 밀착되었다는 편견을 갖게 된다. 고로, 물품을 구매하거나 행사와 관련된 업체를 선정하거나 할 때 교장이 관여하게 되면 부정적인 인식이 싹트게 된다.

학교 공동체 구성원이 함께하는 학교 예산 편성 절차

학교 예산편성의 절차를 지면 관계상 간략히 살펴보면 다음과 같다.

첫째, 단위학교 예산 편성 작업 개시

단위학교에서는 매년 11월 말까지 관할 교육지원청으로부터 단위학교에 시달되는 예산 편성 기본지침을 바탕으로 12월이 되면 학교의 예산 편성 방향을 결정한다. 그리고, 소속 교직원에게 개략적인 내년도 예산 규모 계획을 알려준다. 그리고, 모든 교직원들에게 내년도 예산요구서 작성 준비를 하도록 한다.

둘째, 학교 구성원에 대한 사전 교육 실시

학교 예산을 자율적이고 효율적으로 편성하기 위해서는 소속 교직원이 예산에 대해 잘 알고 적극적으로 참여해야 한다. 소속 교직원이 예산 과정에 적극적으로 참여하기 위해서 교직원을 대상으로 학교 예산 과정, 가용재원 규모, 학교 운영의 기본 방향, 예산요구서 제출의 필요성 등 학교 재정 운영에 대한 전반적인 사항을 자체적으로 교육해야 한다. 필요한 경우 교장은 내년도 예산 편성이 합리적이고 효율적으로 이루어지도록 하기 위해서는 전년도 예산을 심사 분석하여 교사들이 충분히 이해를 할 수 있도록 자료를 제공하여 설명해주고 내년도 예산요구서를 받도록 안내한다.

셋째, 교직원의 예산요구서 제출

학교의 예산은 교직원의 예산요구서에 기초하여 편성된다. 이를 위해서 교직원이 개인별로 예산요구서를 제출하고, 각 부에서는 이를 취합하고 조정하여 부서별 예산요구서를 작성하여 행정실에 제출한다. 교직원들이 예산요구서를 작성할 때 학교에서는 학교의 가용

재원, 부서별 가용재원을 미리 알려주어 예산의 범위 내에서 예산 요구를 할 수 있도록 하여야 무리한 예산 요구를 하지 않게 된다. 만약 교육청에서 통보가 오지 않았을 경우 전년도 예산을 기준으로 내년도 예상 예산 규모를 고려하여 작성하도록 안내한다. 이때, 예산의 항목을 교육과정 중심과 사업 중심으로 설정하여 부별로 제출한 자료를 참조해서 편성한다. 각 부에서 예산요구서를 제출할 때 구체적인 내용으로는 부별 우선순위, 사업명, 집행 시기(분기), 예산 내역 및 산출 기초(단가 × 개), 예산요구액, 조정액, 조정 사유 등을 기록하여 제출해야 예산 심사 시 참고가 된다. 그리고, 교직원의 예산요구서 제출단계에서 고려해야 할 것은 학교회계제도의 도입이 단위학교의 자율성을 높이기 위한 것인 만큼 학부모와 학생이 예산 편성에 참여하도록 해야 한다. 즉, 필요한 경우 예산 요구하도록 안내한다.

특히, 학생의 예산이 편성되고 집행되어야 한다. 구성주의 교육이 등장하여 교육계에 여러 가지 영향을 미치고 있다. 교수·학습 과정에도 학생이 적극적으로 참여하고 있다. 그런가 하면, 학생이 사용하는 시설인 도서관, 학급 교실, 놀이터 등의 시설을 할 때, 재건축 등을 할 때 설계 시부터 설계 전문가와 학생이 함께 설계에 관한 공부를 하면서 공동 설계를 하고 있다. 최근에는 학생들 대상의 공모전도 비슷한 방식을 채택하는 곳이 증가하고 있다. 이것은 학생을 대상이 아닌 어느 정도 공동 주체자로 참여시키고 있다. 이처럼 학교에서의 학교 예산 편성과정에 학생도 참여하여 학생회에 관련된 예산을 편성하도록 하여야 한다. 진정한 학교 자치 실현을 위하여 전교 학생회장단에게 예산요구서를 제출하도록 할 필요가 있다. 전교 학생회장단의 경우 전교 학생의 직접 선거를 통해서 구성된다. 이때 회장과 부회장에 출마하는 학생들은 본인들이 내거는 공약에 따라 예산을 사용해야 할 경우가 있다. 이를 위하여 예산의 편성이 필요하다. 그러나, 정확한 소요 예산을 알 수 없기에 일단 올해 수준의 예산을 편성한 후 필요한 경우 추경을 통해 예산을 추가 확보하도록 한다. 이런 과정을 통해 학생들의 민주시민 역량을 길러질 수 있도록 노력해야 한다.

넷째, 학교 단위 연간 총 전입금 등 통보

연간 총 전입금은 서울시교육청 교육비 특별회계에서 학교 회계로 전출하는 재원으로 학교 예산에서 가장 큰 비중을 차지한다. 회계연도 개시 50일 전까지 학교별로 연간 전출해야 할 금액 및 분기별 자금교부계획을 통지하여야 한다. 일반적으로 보면 학교에서 예산 편성이 이루어지고 있는 동안에 관할 교육지원청은 학교회계로 전출되는 금액의 규모 계획 등이 통보된다. 학교에서는 이를 기준으로 구체적인 내용을 수정 및 보완한다.

다섯째, 예산 조정 작업 및 확정·제출

앞서와 같은 과정을 거치면서 단위학교에서는 연간 총 세입규모를 확정하고 부별 또는 전체 조정 회의를 거쳐서 예산안을 확정한다. 이때, 예산 조정 작업은 부장들이 모두 참여하여 조정한다. 특히, 예산 조정 작업은 각 사업의 중요성, 교육청 혹은 학교 단위의 교육시책과의 연관성 등을 고려하여 사업 순위를 정하고 단위학교가 연간 사용할 수 있는 재원의 범위 내에서 지출이 이루어지도록 해야 한다. 필요한 경우 2차, 3차 검토를 거쳐서 확정한다.

특히, 예산조정 작업 시 점증주의 예산관(Incremental budgeting)[58]이 아닌 영기준 예산관(Zero-based budgeting) [59]을 가지고 조정

---

58) 점증주의 예산관은 내년 예산안을 편성할 때 그 기준을 내년 예산이 올해 예산보다 얼마나 더 증액되었는가를 기준으로 총액 증가분만큼 각 사업별로 내년도 사업비를 증액하는 예산관이다. 이런 예산관의 장점은 예산 편성이 쉽다는 점, 예산조정에 큰 어려움이 없다는 점이다.

하도록 해야 한다. 이때 교육과정과 연계한 예산조정이 되어야 한다. 교육과정과 연계하여 내년도 역점사업, 내년도 특색사업 등과 비교하여 예산이 제대로 편성이 되어 있는지 살펴보아야 한다. 또한, 교육과정 편성 회의 시 나왔던 이야기들이 모두 예산에 반영되도록 해야 한다. 이러한 조정 작업을 거쳐 예산안이 확정되는 시기는 전입금 교부계획이 통보된 이후이기에 대략 1월 중순이 된다. 이후 예산안을 확정하여 회계 년도 개시 30일 전까지 학운위에 제출한다.

여섯째, 예산안 심의

제출된 예산안은 학운위에서 심의를 한다. 일반적으로 학교에서는 예산 심의의 효율성을 기하기 위하여 예산심사소위원회를 구성하여 진행한다. 이때 교장은 학교의 교육시책 방향, 재정 여건, 예산 편성 방향 및 내용 등에 대하여 제안 설명을 한다. 필요한 경우 교직원이 출석하여 설명한다.

일곱째, 예산 확정 및 예산 공개

학운위에서 예산안 심의한 후, 회계연도 개시 5일 전까지 교장에게 통보하면, 교장은 예산을 확정한 후, 확정된 예산이 적기에 집행될 수 있도록 교장은 예산 집행에 대해서 행정실장 중심으로 안내를 한다. 이때 공개 기한은 10일 이내이고, 학교 홈페이지 등을 활용하여 공개한다.

---

59) 영기준 예산관은 예산을 편성할 때 모든 사업을 영기준(zero base)에서 검토하여 편성하는 예산관이다. 즉, 이 사업의 필요성, 사업 규모, 횟수, 예산액 등을 포함하여 사업별로 근본적인 검토와 분석을 하여 우선 순위를 설정하며, 허용 예산 범위 수준에서 사업을 결정한다.

〈표 2〉 학교예산편성 절차

구 분	일정	주 요 내 용
학교회계예산편성 기본지침 시달 (교육감)	11.30	○ 회계연도 개시 3개월 전까지 학교에 시달 ○ 서울교육지표 및 발전과제 ○ 학교회계운용 일반사항 및 학교회계 범위 ○ 예산과목 및 과목내용 등 학교예산운영에 관한 제반내용 포함
교직원의 예산요구서 제출 및 예산안의 편성(교장)	12월	○ 예산편성지침 시달 후 소속 교직원을 대상으로 예산편성에 필요한 사항에 대하여 사전 교육 실시(12월 15일까지) ○ 교직원 등으로부터 교육과정 및 학교운영에 소요되는 경비를 계상한 예산요구서를 개인별 또는 부서별로 제출받아 예산안 편성 ○ 교직원회의 또는 부장회의에서 조정회의를 거쳐 예산안 조정(1차 사정)
전입금 교부계획 통지	1.11	○ 관할청으로부터 학교회계로 전출되는 금액의 총 규모 및 분기별 자금교부계획 통보(회계연도 개시 50일전) ○ 목적사업의 경우 대상학교가 지정되는 대로 확정 · 통보
예산조정작업 및 예산안 확정(교장)	1.19	○ 학교의 총 세입규모를 확정 ○ 교직원회의(부장회의)에서 조정회의(2차 사정)를 거쳐 예산안 확정
예산안 제출 및 심의(학교운영위원회)	1.30 ~ 2.23	○ 회계연도 개시 30일전까지 학교운영위원회에 제출 ※ 예산의 효율적인 심의를 위하여 학교운영위원회의 의결로서 예산심사소위원회를 구성 가능(본회의시 심사의견 설명) ○ 학교의 교육시책방향 및 재정여건, 예산편성방향 및 내용에 대한 교장 제안 설명 ○ 예산과 관련된 교직원 의견 청취 ○ 심의 후 회계연도 개시 5일전까지 교장에게 통보
예산확정(교장)	.2.29	○ 학교운영위원회의 예산 심의 통보 후 확정
예산공개(교장)	확정후 10일 이내	○ 가정통신문, 학부모총회, 홈페이지 탑재 등을 통한 예산서 공개 (예산확정 후 10일 이내) ○ 관할청 홈페이지 지정 란에 공개(예산확정 후 10일 이내)
예산보고 (교장→관할청)	3.10	○ 예산확정 후 3월 10일까지 관할청에 보고

학교 예산 편성에 교직원과 학생, 학부모의 참여 확대

❖ 예산 편성과 운영에 학교 구성원 참여 통한 의사결정 필요

현재 시행되고 있는 학교회계제도는 과거에 비교하여 학교 단위 책임경영제의 정착을 위해 많은 점에서 개선되었다. 그러나, 학교단위 책임 경영제를 실질적으로 확보하기 위해서는 학교 구성원의 참여가 매우 필요하다고 생각을 한다. 그러나, 현실은 아직도 교직원 및 학운위원이 예산에 대한 비전문가이기 때문에 활발한 참여와 책임 있는 의사결정이 곤란하다. 따라서 예산 심의 과정에 비전문가들이 형식적으로 심의하기 때문에 심의의 기능을 발휘할 수 없다는 문제점이 있다. 학운위에서 예·결산을 심의한다고는 하지만 학운위원이 예·결산에 대한 전문적인 지식이 없기에 세밀한 분석을 통한 예산안의 수정은 어려운 실정이다. 따라서 교직원 및 학운위원에 대한 회계 연수를 강화되어야 한다.

더욱 중요한 것은 교장은 주요 예산 집행 시 학운위원 또는 학교의 기획위원회 등 대표성 기구와 협의하고 자문을 구해야 한다. 학교단위 책임경영을 실현하기 위한 학교단위 예산제로서의 학교회계제도가 성공적으로 정착하기 위해서는 무엇보다도 학교 재정이 학교 교육활동을 지원하기 위한 수단임을 인식하고 의식의 전환이 필요하다. 학교 공동체로서의 주인의식 속에서 교원·학부모·지역사회의 광범위한 참여를 통하여 교육재정의 공정성, 투명성을 확보함으로써 교육활동의 교육적 효과를 극대화하여야 할 것이다.

학교회계제도에서 허용하고 있는 단위학교의 추가경비 확보허용은 단위학교 구성원들의 협력적 의지를 크게 요구하고 있으며, 이는 단위학교가 지닌 교육적 특수성을 고려한 교육 정상화를 위한 노력이 필요하다. 따라서 교장과 학교 구성원들은 각자 자주적이고 자율적인 학교 운영의 책임자라는 인식하에서 재원확보와 효율적인 활용에 기여하도록 해야 한다. 종래와는 달리 학교 교육이 일부 학교 구성원들에 의해서만 이루어지는 것으로 이해되어서는 안 된다. 지역사회와 학부모들의 적극적인 참여와 노력이 공동으로 이루어질 때 오늘날 안고 있는 교육의 여러 문제를 극복할 수 있다.

이러한 맥락에서 현행 단위학교 회계제도는 학교재정을 하나의 회계로 통합해 복잡하던 학교재정을 쉽게 파악할 수 있게 되었으며, 학교의 예산과정과 결산이 모두 공개되어 학교재정이 어떻게 써지는지를 잘 알 수 있어 학교재정의 투명성을 확보하게 되었다. 국립 및 공립 초·중등학교회계규칙으로 학운위의 심의를 거쳐 확정된 예산 및 결산을 인쇄물, 기타 적당한 방법으로 학부모, 교직원에게 공개하도록 한 것도 학교재정 운영의 투명성을 확보하기 위한 것이다. 따라서, 학부모들은 물론 지역사회의 인사들에 이르기까지 보다 적극적인 학교 운영에 참여로 책무성과 역할을 다하도록 해야 한다.

〈표 3〉 학부모 학생 예산 요구서 계획 예시

❒ **목적** : 예산편성과정에서 학생 및 학부모 의견을 수렴·반영하여 예산의 투명성과 효율성을 높이기 위함

❒ **의견수렴 대상** : 본교에 재학 중인 학생 및 자녀를 둔 학부모

❒ **의견수렴 범위** : 20○년에 희망하는 교육환경개선사업이나 교육사업

❒ **의견수렴 기간** : 20○. ○. ○. ~ 20○. ○. ○.

❒ **의견제출방법** : 개인, 학생회, 학부모회 등을 통해 의견 제출
⇨ 우선순위를 조사하는 방법, 희망 사업을 기술하는 방법 등

❒ **안내방법** : 가정통신문, 홈페이지, 교내 방송, 반별 담임 안내 등

❒ **추후일정**

- 의견수렴내용 부서별 정리 : 20○. ○. ○. ~ 20○. ○. ○.
- 의견수렴내용 부서별 타당성 검토 및 예산요구서 제출 : 20○. ○. ○. ~ 20○. ○. ○.
- 학교기본운영비 교부계획 통보 : 20○. 1. 9.
- 예산조정작업 및 예산안 확정 : 20○. ○. ○. ~ 20○. ○. ○.
- 예산안 제출 : 20○. 1. 29.
- 학교운영위원회 심의 : 20○. ○. ○.
- 예산 확정 : 20○. ○. ○.
- 예산 공개 및 의견수렴 반영결과 안내 : 20○. ○. ○.

〈표 4〉 예산 요구서(학생용, 학부모용)

제안자 인적사항 성명 : 홍길동 (010-0000-0000), 자녀(학반성명) 홍길순

우선순위	사업명	사업시기(월)	예산요구 내역	예산요구액	요구사유
1	(예시)학생 농구대		운동장에 학생 농구대 설치 (2군데 정도)		
2					
산출내역 등 기재가 어려우시면 사업명만 간단히 적으셔도 됩니다					

※ **제출마감일 : 20○년 12월 00일(0요일)까지**

- ❒ 전교학생회의에서 여러 **학생들의 의견을 수렴하여 학생용 예산요구서를 작성**하여 주시기 바랍니다.
- ❒ 학생들의 입장에서 '**학교예산이 사용되었으면 하고 바라는 사업을 중심**'**으로 작성**하시면 됩니다.
- ❒ 정확한 산출내역이나 사업금액을 알기 어려운 경우에는 사업명만 적어 주시고 간단하게 설명을 적어 주셔도 됩니다.
  (예시 참조)
- ❒ 본 서식은 『학교홈페이지>정보공개>행정안내』에 탑재되어 있으니 필요시 활용하시기 바랍니다.
- ❒ 제출하신 예산요구 내역은 예산조정위원회의 조정 및 학교운영위원회의 심의 과정에서 반영되지 않거나, 증감될 수 있음을 알려드립니다.
- ❒ 학교예산요구서 작성 및 학교예산 운영 전반에 관한 문의사항은
  행정실(☎000-0000, 000)로 전화주시면 성실히 답해 드리겠습니다.

교장이 알고 있어야 할 학교 회계 관련 용어 해설

학교를 경영할 때 교장이 겪는 어려움에 하나가 학교 재정의 관리다. 교감 때까지 학교 재정과 학교 회계에 대해 크게 관심을 가질 필요가 없었기 때문이다. 그러나 교장이 되면 교장이 하루에 결재하는 것의 60~70퍼센트는 학교 회계에 관한 것이다. 따라서 교장이 되면 학교 회계에 관한 관심을 가져야 한다. 그중에 특히 회계 관련 용어는 특별한 관심을 가져야 한다.

학교 회계제도에서의 예산인을 바라보는 관점은 성선설이 아니라 성악설이다. 따라서 공무원을 불신하고 있기에 교장과 행정실장이 상호견제를 하도록 시스템이 설계되어 있다. 그런 관점에서 용어를 이해하면 된다. 행정실에서 교장에게 매일 결재가 올라오는 대부분은 예산 지출과 관련된 것이 제일 많고 다음으로는 징수에 관한 것이

다. 교장에게 결재가 올라오는 이유는 교장이 분임징수관이며, 분임경리관(분임재무관)이기 때문이다. 분임징수관은 교장이 학교 재무관리에서 명령기관으로서 세입[60]과 관련하여 징수결정과 납입고지를 할 수 있는 권한을 가진 관직명이다. 분임경리관(분임재무관)은 교장이 학교 재무관리의 명령기관으로서 지출원인행위를 할 수 있는 권한을 가진 관직명이다.

징수행위는 징수행위와 수납행위로 구분된다. 징수행위는 다시 징수결정과 납입고지로 구분된다. 징수행위는 수입의 원인이 되는 대상과 내용을 조사·조정한 자료에 의하여 수입금액을 확정하고 이를 납부 의무자에게 납입고지를 하는 일련의 행정 조치를 말한다. 징수결정은 징수결정과 납입고지로 나눌 수 있다. 징수결정은 교장이 법령 또는 기타의 사유로 세입으로 징수하고자 하는 권리 즉, 세입의 원인, 채무자, 금액 등을 조사하여 납부 의무자가 납부를 해야 할 금액이나 납부 시기 등을 구체적으로 확정하는 단위학교의 내부적 의사결정 행위를 말한다. 납입고지는 교장이 징수결정을 한 후에 납부의무자에 대하여 납부하여야 할 금액, 납부기한, 납부 장소 등을 통지하는 대외적인 의사표시 행위를 말한다.

학교회계 관련 용어는 평소에 잘 들어보지 않은 단어라 이해하기가 쉽지 않다. 징수와 관련되어 예를 들어 설명하면, 만약 학교에서 도서관 리모델링 공사를 한 다고 할 때 공사를 하는 업체는 공사를 하면서 용접하거나 조명 등을 위해 학교 전기를 사용하게 된다. 이때 학교 전기는 국가의 재산이기에 민간업자가 무상으로 사용할 수 있

---

60) 국가와 지방자치단체(이하 '국가'로 약술하여 기술)가 목적을 수행하기 위하여 경비를 지출하고, 또 그 재원이 될 수입을 얻어내야 한다. 이 수입과 지출을 회계연도별로 구분하여 세입 및 세출이라고 하며, 세입·세출은 모두 예산에 편입하여야 한다. 세입은 국가의 제반 수요를 충족하기 위한 지출의 재원이 될 현금의 수납을 의미하며, 세출은 제반 수요를 충족하기 위한 현금의 지급을 의미한다.

는 대상이 아니므로 업자로부터 전기 사용료를 받아야 한다. 이때 도서관 리모델링 업자에게 전기 사용료를 받는 전체의 행정 과정을 징수행위라고 한다. 징수행위 중에 업자로부터 얼마를 전기요금을 받을 것인지를 정부의 기준에 따라 결정하는 결재를 하는 것을 징수결정이라고 한다.

수납행위는 행정실에서 담당하는 업무로 교장이 결재한 징수행위에 근거하여 납부 의무자에게 납부를 하도록 통보를 하고 납부 의무자가 납부를 하는 납입금을 영수하는 행위를 말한다. 학교 회계 세입금의 수납은 학교 회계 출납원이 담당하거나 학교에서 금융기관 또는 체신관서에 수납을 위한 경우에는 해당 금융기관, 체신관서가 담당한다. 교장은 금융기관이나 학교 회계 출납원으로부터 영수필 통지서를 송부를 받았을 때 수입일계표61)를 작성하고, 징수부에 수납 상황을 정리하여야 한다. 이런 일련의 행위는 학교에서는 행정실에서 이 모든 업무를 처리한다.

세출(지출) 관련 행위는 그 과정을 보면 통상 순서에 따라 품의(발의), 지출원인행위, 검사 및 검수, 지출결의 등으로 나눌 수 있다. 세출(지출)은 단위학교의 실제 예산 집행 활동으로 예산의 사용 결정에서부터 지출원인행위에 의한 부담 채무를 이행하기 위하여 현금을 지급할 때까지의 일체의 행위를 말한다. 품의(발의)는 잘 알고 있는 것이지만 업무 담당자가 예산의 범위 내에서 물품, 용역 등을 구매하기 위해서 예산 사용을 요구하는 행위로서, 지출이 수반되는 사업수행을 위한 기안서 작성행위를 말한다. 지출원인행위는 발의에서부터 납품 및 검사까지 완료된 상황으로 학교회계의 지출의 원인이 되는 계약 행위이다. 지출원인행위 제도는 세출예산의 집행을 지출단계

---

61) 보통 수입일계표는 한달에 일회씩 모든 세입과 세출 내역을 행정실에 세입과 세출 담당 업무를 하는 주무관이 작성하여 교장에게 결재를 올린다.

이전부터 통제하기 위한 것으로 교장의 결재를 요구한다. 검사 및 검수는 보통 최초 품의 기안을 한 교직원이 담당한다. 검사는 물품의 성질, 치수, 외관 등 구체적인 항목에 대한 규정요건 등을 확인하는 것이고, 검수는 구매한 제품의 규격과 수량을 확인하는 것이다. 지출결의는 지출원인행위에 대하여 채권자로부터 지급의 청구가 있을 시 원인행위에 대한 청구가 정당한지 확인하고 지출하여야 하며, 세출예산 집행을 증빙서류로 하여 지출결의서를 작성한다.

교장들이 꼭 알아야 할 학교 예산 관련 용어 중 하나가 예산의 이용과 전용이다. 먼저 예산을 편성할 때 사용하는 관항목을 이해해야 한다. 고등학교 다닐 때 동식물을 분류할 때의 분류 명칭이 있었던 것처럼 예산도 대분류, 중분류, 소분류의 명칭이 있다. 그 명칭을 관항목으로 부른다. 이중 관과 항을 입법과목이라고 하고, 목, 세목 등을 행정과목이라고 한다. 그럼 왜 과목을 단순하게 하면 되는 것을 왜 이렇게 입법과목과 행정과목으로 둔 것일까? 이것을 이해하려면 예산제도에 대한 역사를 먼저 이해해야 한다. 예산제도는 영국에서 발달하기 시작했다. 예산제도가 도입이 되기 전 왕은 국민에게 세금을 마음대로 거두고 거둔 세금도 불투명하게 마음대로 집행하였다. 이렇게 되자 귀족들이 왕의 권한을 제한하고자 세금을 걷을 때 의회의 승인을 받도록 하게 되면서 조세법률주의처럼 예산도 국회의 사전 승인을 받도록 한 것이다. 그러나 모든 예산의 사용에 대해 의회의 승인을 받다가 보니 왕이 예산을 투명하게 집행하게 되었다. 그러나, 예산을 편성할 때와는 다른 상황이 발생했음에도 이를 반영할 수 없었고 또, 계획을 변경하려면 국회의 사용전 사전 승인을 받아야 하기에 필요한 시기에 집행할 수 없게 되어 국민이 매우 불편하게 되었다. 그래서 이러한 문제를 해결하고자 행정과목을 두어 동일한 사업 내에서 예산을 변경하여 사용하는 것은 행정부에서 자체적으로 결재를 한 후 사용하도록 유연성을 부여한 것이다.

예산이용은 관과 항간의 예산을 상호 사용하는 것을 말하며 입법과목이기 때문에 학운위의 심의를 거쳐야 한다. 세출예산의 정책사업간 경비의 상호 사용을 말하며 미리 학운위의 심의를 거쳐 예산을 정한 경우에 가능하다. 예산 전용은 항내 목간의 예산변경을 의미하며 행정과목이기에 교장의 재량에 따라 변경이 가능하다. 전용은 모든 목간에 허용되는 것이 아니고 인건비, 시설비의 예산은 다른 목으로 전용할 수 없으며, 업무추진비에 사용하기 위한 경우나 회계연도가 경과된 후에는 전용이 되지 않는다.

출납폐쇄를 설명하기 위해서는 학교 회계연도에 대한 설명이 먼저 필요하다. 학교 회계연도는 과거에는 교육청처럼 1월 1일부터 12월 31일 까지 였다. 그런데 이렇게 운영하면서 생긴 문제점이 발생이 되었다. 하나는, 지방자치 시대를 맞아 다른 지방자치단체들은 주민 직선을 통해 주민 밀착형으로 예산 집행을 하는 등 행정이 질 높은 행정 서비스를 제공하게 되었다. 주민들은 행정기관에서 받는 행정 서비스에 대한 만족도가 높아지게 되었다. 그러나 학교 예산은 이와는 반대로 강력한 통제행정으로 인하여 교장들이 지역사회와 학교 실정에 맞는 예산 편성과 집행을 하기가 어려웠다. 이로 인하여 학부모들의 학교 행정 서비스에 불만이 나날이 증가되었다. 또한 지나친 중앙집권적 예산 운용은 지방자치 시대의 도래라는 시대정신에 정면으로 배치되는 것이었다.

이런 여러 가지 문제를 해결하기 위하여 학운위 제도를 도입하면서 학교 자율성 확대와 학교 자치권을 일부 허용하게 되었다. 이때 학교에 회계제도가 도입되면서 예산의 편성과 집행 및 결산을 학교 자체적으로 하게 된 것이다. 이때 학교 회계연도는 2월 말로 종료가 되나 학년말 불가피하게 예산을 지출하는 상황이 발생한다. 예를 들어 신입생 입학 준비를 위한 물품 구입, 2월 학년말 방학을 통한 공사비 지출 등이다. 이때 회계연도는 이미 종료가 되었으나, 수입과 지출을 통해 마무리할 수 있는 여유시간을 주는 제도를 둔 것이다. 즉, 간략하게 정리하면 학교 회계는 2월 말로 종료되고, 3월 1일부터 3월 20일까지의 20일간을 출납폐쇄기간이라 한다. 이 기간에 전년도 예산으로 새로운 징수행위와 원인행위가 금지되고, 전년도 예산으로 2월 말 이전에 이미 징수가 결정되었거나 원인행위가 이루어진 세입·세출 행위에 대해서 수납과 지출이 완료되어야 하는 기간을 말한다. 수입과 지출행위를 주어진 20일간에 마무리하고 그 이후에는 어떠한 돈의 수입과 지출을 할 수 없다는 것을 의미한다.

학교 예산 관련 용어 중에 꼭 알아두어야 하는 용어를 설명하고자 한다. 우선은 본 예산과 추가경정(약칭 이하 '추경'으로 서술)예산이 있다. 본예산은 학운위의 심의를 거쳐 확정, 성립된 매 회계연도의 최초 예산을 말한다. 추경예산은 일단 본예산이 성립 후에 생긴 사유로 인하여 필요한 경비의 과부족이 생겨 예산을 삭감하거나 예산을 증액할 때 본예산에 추가 또는 변경을 가한 예산을 말한다. 이 부분은 평소 많이 들어보았기에 이해가 쉽게 되었다고 보아 간단히 설명한다.

다음으로는 성립전 예산과 간주처리 예산이 있다. 이 용어는 평소에 자주 들어보지 못한 용어라 좀 설명이 필요하다. 예산은 앞에서 설명한 바대로 국민의 호주머니에 있는 돈을 국가가 가져오는(빼앗아오는) 것이다. 국민의 입장으로 보면 매우 민감할 수밖에 없다. 그래서 예산은 예산법률주의에 의해 매우 엄격하게 절차를 규정해 놓고 있고, 예산 집행 시에도 상세한 규정이 있다. 그런데 이렇게 법과 규정에 의해 촘촘하게 규정을 해 놓아 예산의 투명성은 매우 높다. 그러나, 예산 운용에는 많은 어려움이 따른다. 예산을 편성하고 집행하는 것은 결국에 국민의 삶의 질을 높여 행복하게 하는 것이다. 그러나, 엄격한 절차를 규정해 놓다 보니 즉시에 적시에 예산이 집행이 이루어지지 않는 문제점이 생긴다. 이런 문제점을 개선하고자 교장에게 예산 운용에 자율권, 유연성을 주는 것이 성립전 예산과 간주처리 예산이다. 이는 예산에 즉시성, 시의 적절성을 높이기 위한 제도이다. 먼저 성립전 예산은 국가 또는 지방자치단체 등으로부터 그 용도가 지정되고 소요 전액이 교부된 경비 또는 학운위의 심의를 거친 학부모부담 수입의 수익자 부담수입은 예산의 성립 이전에 이를 사용할 수 있으며, 이를 성립전 예산이라 하고, 이는 동일 회계연도내의 차기 추경예산에 계상하여야 한다. 여기서 '성립전'이라는 말은 '성립'이라는 행위가 있어야 함을 의미한다. 그럼 어떤 상태가 '성립되었다'라는 것인가? 앞에서 설명을 한 바와 같이 예산은 학운위를 통과해야 비로소 학교 예산을 사용할 수 있다. 따라서, '예산이 성립되었다'는 말의 의미는 '교장이 학운위에 제출한 학교 예산안이 학운위에서 심의를 하여 통과했다'는 것을 말한다. 쉽게 설명하면 학운위 심의를 마쳤다는 것이다. 그럼 '성립전 예산'은 학운위 심의를 거치지 않은 예산이라는 말이다. 그렇다면 왜 성립전 예산을 만든 것인가? 앞에서 설명한 것처럼 교장의 학교 예산 운용에 융통성, 유연성을 부여하기 위한 제도이다. 국가, 교육청, 구청들로부터 이미 국회, 시의회의 승인을 받은 돈으로 투명성을 검증받은 안전한 돈이므로 학운위 심의를 지금 당장 받지 않아도 된다는 의미다.

간주처리 예산도 성립전 예산과 같은 맥락이다. 국가 또는 지방자치단체 등으로부터 목적지정 지원금이 교부되었으나, 일정상 현실적으로 학운위를 다시 소집하여 추경을 심의하기가 어려운 경우에 별도의 예산 심의 절차 없이 학운위의 심의를 받은 것으로 간주 처리하여 심의를 생략하고 교장의 예산 확정 과정만으로 성립시키는 예산을 말한다.

세입결산 관련된 것 중 많이 사용하는 용어를 몇 가지 설명하고자 한다. 세입 예산액은 추경예산을 포함한 최종 세입의 예산액을 말한다. 세입 예산액은 올 한해 동안 세입으로 하고자 계획한 모든 세입 예산이다. 세입 예산현액은 예산액과 전년도 이월액을 포함한 예산액이다. 즉, 예산현액은 올해 실제 학교회계(학교 금고, 학교 통장으로)로 들어올 수 있는 세입예산을 말한다. 따라서, 작년에 다 사용하지 못하고 올해로 넘어오는 돈(전년도 이월액)과 올해 세입으로 계획한 세입 예산액을 합친 돈을 말한다. 징수결정액은 법령, 조례, 규칙 등에 의하여 세입의 원인이 되는 사실이 발생하고 이를 징수하기로 결정한 금액을 말한다. 즉, 학교에서 돈을 받기로 하고 교장이 결재한 금액을 말한다. 결산액(수납액)은 징수결정액 중에서 실제로 학교회계에 수납된 금액을 말한다. 미수납액은 징수결정액 중에서 해당 회계연도 내에 수납되지 않은 금액으로 다음 연도 이후에 징수해야 할 금액이다. 불납결손액은 징수결정액 중에서 결손 처분한 금액을 말한다.

세출결산 관련 용어를 설명한다. 세출 예산액은 추경예산을 포함한 최종 세출 예산액을 말한다. 세출 예산현액은 해당 연도에 실제로 지출할 수 있는 금액을 말한다. 다시 말하면 예산액이 아니라, 실제 학교 금고에서 지출할 수 있는 돈을 말한다. 이해의 편의를 위하여 간단한 수식으로 표현하면 좀 나을 것이다.

> 세출 예산현액 = 세출 예산액 + 예비비 지출액 + 전년도 이월액(명시, 사고, 계속비 이월) + 이·전용 등 증감액

세출 결산액(지출액)은 세출 예산현액 중 실제로 지출된 금액을 말하고, 불용액은 세출 예산현액 중에서 지출액과 다음연도 이월액을 제외한 잔액을 말한다. 순세계잉여금은 세계잉여금(세입결산액 - 세출결산액) 중에서 다음 연도 이월액과 보조금 반환 확정액을 차감한 나머지 금액을 말한다. 즉, 사용하고(실제 지출을 한 돈, 다음 연도로 넘기는 돈 등)학교 금고에 남은 돈이라고 보면 된다.

이월비와 관련한 용어를 설명하면 명시이월비, 사고이월비, 계속비가 있다. 이 용어를 설명하기 전에 가정의 예산인 가계와 정부의 예산인 세입세출 예산과의 차이점을 설명한다. 보통 가계에서는 돈을 적게 쓰고 돈을 많이 벌어 오는 것이 선이다. 즉, 지출은 최대한 줄이고, 수입은 최대한 늘리는 것이 최고의 선이다. 그러나 국가 예산에서는 당해 연도에 세입과 제출을 정확하게 일치시키는 것이 원칙이다. 세입이 세출보다 많으면 그만큼 국민으로부터 세금을 필요 이상으로 거둔 것(징수)이다. 즉, 계획성이 없이 불필요하게 국민에게 불편을 끼쳐 국민의 경제생활을 핍박한 것이다. 세출이 세입보다 많으면 이것 또한 국민에게 불편을 끼치는 것이다. 예산을 계획성 있게 편성하지 못했거나 아니면 예산을 방만하게 쓴 것이다. 따라서 국가 예산에서는 세입과 세출을 맞추는 것이 원칙이다. 따라서, 국가에서 예산을 다음 해로 넘기는 것을 엄격히 제한하고 있다. 명시(明示)이월비는 명시(明示)라는 글자의 의미대로 '분명하게 보인다'는 것을 말한다. 즉, 세출예산 중 경비의 성질상 해당 회계연도 안에 지출을 끝내지 못할 것이 예상되어 학운위 사전 심의를 거친 것을 말한다. 명시이월비로서 특히 그 취지를 세입·세출예산에 명시한 이월비를 말한다. 반면에 사고(事故)이월비는 사고(事故)라는 글자의 의미처럼 지출을 해야하는 데, 사고가 발생하여 해당 연도에 지출원인행위를 했으나, 불가피한 사유로 말미암아 그 연도 내에 지출하지 못한 경비와 지출원인행위는 하지 않았으나 그에 관련된 부대 경비의 금액을 말한다.

이해를 돕기 위하여 구체적인 예를 들어 설명하고자 한다. 사고이월은 교육청으로부터 학생용 낡은 책걸상을 교체하라고 1억 원의 예산을 배정받았고 교부도 받았다. 그래서 물품선정 위원회 개최 등을 개최하여 사양과 모델 등도 정하고 업체와 납부 계약도 체결을 마쳤다. 그런데, 코로나19 상황이라 원자재 조달 상황이 원활하지 못하여 업체에서 2월 말까지는 책걸상을 납품할 수 없다는 내용을 12월에 통보해왔다. 이럴 때 지출원인행위를 이미 완료했고 계약까지 마친 상태인데도 업자가 정해진 기간까지 책걸상을 학교에 납품하지 못하므로 학교에서는 돈을 지출할 수 없는 예산을 말한다. 명시이월은 운동장에 풋살장을 만들기 위하여 교육청으로부터 1억 5천만의 예산을 배정 및 교부를 받았다. 그런데, 학부모, 교직원, 학생 모두 운동장이 좁아진다는 일부 의견이 제기되었다. 특히, 학부모의 민원이 발생하여 시간이 흘러가고 있었다. 그러던 중에 학교 담장을 접하고 있는 아파트 주민들의 민원이 발생하여 교육청에서 풋살장 공사 진행을 중지해달라는 요청을 해왔다. 이처럼 예산 지출을 위한 원인행위를 하지 않았고, 예산을 사용하기가 올해는 불가능한 것이 명확할 때 그 예산을 다음 해로 넘기는 것을 명시이월이라고 한다.

다음은 예산배정과 예산 교부를 설명하고자 한다. 예산배정은 교육(지원)청에서 예산을 보냈다는 확약서이다. 다시 말하면, 돈을 보내겠다는 문서(약정서)이다. 예산 교부는 교육(지원)청에서 자금(돈)을 학교 회계 계좌에 입금하는 행위를 말한다. 즉, 예산 교부는 교육청에서 학교 금고(통장)에 돈을 입금하는 것을 말한다.

학교 재정 업무에 달인이 되는 길

❖ 학교의 미션, 비전 달성이 가능하도록 학교 재정 평가제 도입

학교예산의 편성과 운영의 측면에서 보면 가장 보완이 시급한 과정이 결산과정이다. 이것은 중앙부처나 지방자치단체도 마찬가지다. 그러나, 이제는 단위학교의 교육 효과성 제고를 위해서는 학교회계의 집행에 대해 부서별, 사업별로 결산을 하여 사업의 효과와 교육성과를 확인할 수 있어야 할 것이다. 이는 내년도 예산편성 및 집행과정에서의 통제기능을 갖게 될 것이다. 결산의 기능을 보다 발전시키기 위해 학교 자체에서 학교 사업별 성과 평가제 도입이 필요하다. 학교 재정에서 결산이 제 기능을 발휘하도록 하기 위해서는 학교의 재정계획에서부터 편성, 집행, 결산에 이르는 사업의 과정을 종합적으로 평가하여 환류하여 주는 평가의 기능이 도입되어야 한다. 학교 예산에서 편성된 예산을 제대로 집행했느냐도 물론 중요한 문제이고 그것을 평가하는 것도 쉬운 일이 아니다. 그러나, 학교재정의 측면에서 교장을 포함한 학교 구성원이 참여하여 만든 학교의 비전, 교육목표를 실현하기 위해서는 장기적으로 결산의 기능이 보완되도록 해야 한다. 특히 학교회계제도의 도입을 통하여 단위학교의 실질적인 책임경영제가 정착되어가고 있으므로 예산의 편성, 집행, 결산 등의 전 과정에서 비효율, 무책임 등의 낭비 요인을 제거하도록 해야 한다. 이를 통하여 학교예산이 학교의 비전, 교육목표 실현에 얼마나 효과적으로 기여했는지의 종합적인 평가과정이 제도적으로 마련되어야 할 것이다.

학교예산이란 1년간 학교의 수입·지출의 예정표이며 학교의 교육계획을 금액으로 표시한 것이다. 따라서 예산을 심의할 때는 예산서상의 수치의 정확성을 따지는 것도 중요하지만, 학교교육계획에 제시된 대로 학교교육목표의 달성을 위한 교육활동이 효과적으로 전개될 수 있도록 재원이 합리적으로 배분·편성되었는가에 중점을 두어야 한다.

이는 결산에서도 마찬가지로 적용되어야 한다. 결산 시 최종예산과 집행 결과의 차이가 얼마나 발생하였는가에 초점을 두는 것도 중요하다. 그러나, 예산에 반영된 학교교육계획이 얼마나 달성되었는지에 초점을 두어야 한다. 학교예산의 궁극적인 목적은 학교교육계획의 달성, 즉 학교교육의 극대화에 있지 학교예산의 집행에 있는 것은 아니기 때문이다. 이는 성과주의 예·결산을 통해 가능하다 할 것이다. 이를 위해서는 결산에 있어서 예산 편성에서와 마찬가지로 부서별, 학년별, 사업별 결산을 실시하여 사업의 효과와 교육성과를 확인해야 할 것이다. 또한 교장은 최종결산에 앞서 결산지침을 수립하고, 이를 교직원에게 통보하여 교직원이 결산에 적극적으로 참여할 수 있도록 기회를 제공하여야 한다. 성과주의 예·결산이 정착되면, 그동안 관행화되어 왔던 전년도를 따라 하는 예산요구, 예산편성과 예산을 무조건 많이 따고 보자는 사고와 편성된 예산을 모두 사용하는 관행, 집행의 합법성에 초점을 둔 소극적 업무행태를 개선하는 효과를 가져올 것이다. 즉, 성과목표와 객관적 평가체계를 고려하여 예산을 편성·요구하게 되고, 예산 집행에 있어서 책임감을 가지게 된다. 이를 통해 예산 낭비를 줄이는 노력을 하게 된다. 이것은 궁극적으로 학부모와 지역사회의 신뢰도가 높아지게 되고 학교의 교육력이 제고되어 교장이 꿈꾸는 학교의 비전, 교육목표를 충실히 달성할 수 있다.

❖ 회계업무에 타인의 조력 받기

학교회계에 관해 좀 더 많은 내용을 친절하게 설명하고 싶었다. 그러나 지면의 제약이 있어 많은 내용을 담지 못하여 매우 아쉽다. 사실 알고 보면 행정실 업무도 분야도 다양하고 각 분야의 내용도 많다. 회계업무 외에도 시설 업무, 계약 업무 등이 있다. 이런 업무만 하여도 각각 책이 한 권이다. 학교회계와 관련한 용어는 평소에 자주 사용하지 않는 단어라 낯설기에 한번 듣고 입에 익숙하지 않아 불편할 수가 있다. 이것은 어쩌면 당연하다. 유아가 한 단어를 익히려면 약 3,000번을 들어야만 익힐 수 있다고 한다. 이렇게 생각하면 회계 관련 용어가 쉽게 머리에 들어오지 않는 것은 너무도 당연하다. 따라서, 학교회계 관련 용어를 듣고서 금방 귀에 들어오지 않는다고 입에 잘 붙지 않는다고 걱정할 필요는 없다. 누구나 다 그러했기 때문이다.

학교회계 관련 업무를 단 하루 만에 독파할 수 있는 지름길은 없고. 그런 왕도도 없다. 필자가 해본 방법을 간단히 소개하고자 한다. 그러나 이것은 필자만의 방법이므로 교장 여러분은 나름의 방법을 사용하면 된다. 필자가 생각하기에 학교회계를 익히는 방법은 크게 나누어 세 방법으로 나누어 볼 수 있다. 그 기준은 자기주도성과 타인의 도움, 타인의 조력을 얼마나 받을 것인가다. 첫째 방법은 혼자서 터득하는 것이고, 둘째는 내가 주도하면서 필요할 때마다 타인의 도움을 받는 것이고, 셋째는 개인지도를 받는 것처럼 타인의 도움을, 타인의 조력을 받는 것이다.

첫째, 혼자서 주도적으로 타인의 조력을 받지 않고 업무를 파악하는 것이다. 이 방법은 입에 잘 붙지 않는 학교회계 용어를 간단하게 작성하여 업무 수첩의 앞뒷면 속지에 붙여 자주 보았다. 심심하면 보고 또 보았다. 외국에 가서 외국어를 빨리 익히는 방법으로 전문가들이 추천하는 방법의 하나는 실제로 사람을 만나서 사용하는 것이라 한다. 학교회계 관련 용어도 마찬가지다. 회계에서의 용어 중 익숙하지 않은 것은 자주 사용하는 방법밖에 없다. 그래서 예를 들어 행정실장을 만나면 영어를 배울 때 사용하는 방법처럼 그냥 회계 단어를 일부러 써서 물어본다.

"실장님, 올해 순세계잉여금은 얼마나 될 것으로 예상이 되는지요? 그런데 너무 액수가 많으면 교육청으로부터 예산 패널티를 받을 텐데 순세계잉여금 액수를 줄이려면 지금부터 예산 집행 상황을 확인해야 하지 않을까요? 예산회계 시스템에 들어가서 볼 수도 있지만, 미안하지만 2023.6.1.자 현재 사업별 예산집행률 자료 좀 부탁드립니다."

행정실에 다른 직원을 만나도 마찬가지로 학교회계 관련 용어를 일부러 사용해 물어본다.

둘째, 자기주도성을 가지고 학교회계 업무를 파악하되 필요한 경우 타인의 조력을 받는 것이다. 이때 타인은 불특정인이 아니라 멘토[62]를 두는 것이다. 필자는 멘토는 영역별로 모시는 것이 좋다고 생각한다. 다만 최소 두 명은 필요하다고 생각한다. 학교경영 전반에 대한 멘토 한 명, 행정실 업무 관련하여 멘토 한 명이다. 학교경영 전반에 대한 멘토는 존경하고 좋아하는 사람 중 언제든지 부담이 없이 전화를 걸 수 있고 통화가 가능한 사람이어야 한다. 일반직의 경우 사무관 이상의 직급으로 퇴직한 사람이나 현직 고등학교 행정실장과 관계를 맺는 것이 좋다. 교원 중에는 교장 경력이 오래된 퇴직 교장 중에 정하는 게 도움이 된다. 필자도 회계업무처리를 하다가 잘 모르는 것이나, 어려운 상황이 생기면 멘토에게 전화하여 물어보곤 하였다. 그때마다 전화하기가 망설여질 때도 있었으나 전화하여 물어보기를 참 잘했다는 생각이 들었다.

셋째, 가정교사처럼 전적으로 타인의 조력을 받아 학교회계 업무

---

62) 멘토라는 단어의 사전적 의미는 현명하고 신뢰할 수 있는 상담 상대, 지도자, 스승, 선생의 의미이다. 멘토의 상대자를 멘티(mentee) 또는 멘토리(mentoree), 프로테제(Protege)라 한다.

를 파악하는 것이다. 사실 이 방법은 용기를 내기가 어렵지만 가장 확실한 방법이다. 필자도 학교가 아닌 기관에 근무할 때 업무 파악을 위해서는 이런 방법을 사용하여 효과를 보았다. 이 세상에서 '가장 위대한 용기는 모르는 것을 모른다'라고 말하는 것이다. 필자가 여러 기관에 근무할 때 보면 교육청에 부교육감이 새로 부임을 해오거나, 교육부에 국장이나, 실장이 새롭게 부임을 해오면 1개월 정도 고위 간부를 공부시키는 기간으로 한다. 또한 간부 스스로 그렇게 요청하는 경우가 대부분이다. 교장도 부임을 하면 편하게 1개월을 공부하는 기간으로 정하고 잘 모르는 것, 생소한 것, 불확실한 것을 솔직하게 모른다고 하고 물어보면 어떨까 생각한다. 행정실에서 학교회계 관련하여 결재가 올라오면 1개월 정도만 교장실에 와서 설명해달라고 요청한다. 그렇게 되면 교장이 되신 분들은 워낙 뛰어난 학습 능력을 소유하였기에 쉽게 업무를 파악할 수 있다고 확신한다.

참고문헌

강신주(2016). 철학 VS 철학. 오월의 봄.
강원근외 공저(2008). 초등 교육행정론. 교육과학사.
고전(2021). 초등 교육행정의 이론과 실제. 양성원.
김경자외(2003). 창조적 지식기반사회을 위한 학교교육과정론. 교육과학사.
김난도외 공저(2017). 트렌트 코리아 2018. 미래의 창.
김동원 엮음(2011). 학교 교육과정 길라잡이. 도서출판 신정.
김만곤(2016). 인성중심 배움 수업 이야기. 교육과학사.
김만곤(2022). 가르쳐 보고 알게 된 것들. 비상교육.
김승호(2015). 생각의 비밀. 황금사자.
김왕근·조형일(2020). 한국 사람들은 왜 이렇게 서로 싸울까?. 페이퍼로드.
김용·곽덕주·김민성·이승은 공저(2021). 코로나 이후의 교육을 말하다. 지식의 날개.
김용신외 편저(2007). 초등학교 교육과정 해설. 교육과학사.
김용신(2013). 글로벌 시민교육론. 이담북스.
김용옥(2012). 맹자 사람의 길(상, 하). 통나무.
김학진(2022). 이타주의자의 은밀한 뇌구조. 갈매나무.
박권일(2021). 한국의 능력주의. 이데아.
박현모(2014). 세종처럼. 미다스북스.
박정자(2022). 시선은 권력이다. 기파랑.
서정화외 공저(2014). 학교 경영의 이론과 실제. 대영출판사.
손광훈(2010). 인간 행동과 사회 환경. 공동체.
손장권 외 공저(1994). 미드의 사회심리학. 일신사.
송길영(2021). 그냥 하지 말라. 북스톤.

순천향대학교 이순신연구소 엮음(2005). 이순신 리더십을 다시 생각하다. 인디북스.
신임철(2021). 처음 만나는 행동경제학. 페이퍼백.
신재용(2021). 공정한 보상. 홍문사.
이병철(2017). 역사의 시작은 현재다. 개마고원.
이철승(2021). 쌀 재난 국가. 문학과 지성사.
전도근(2017). 교장론. 교육과학사.
조석훈(2021). 교육과 정치:그 오래고 익숙한 관계. 교육과학사.
조석훈(2020). 학교과 교육법. 교육과학사.
최성희(2022). 인간 감성으로 풀어보는 행동경제학 이야기. 시그마프레스.
최염순(2018). 카네기 인간경영 리더십. 씨앗을 뿌리는 사람들.
최인철(2016). 프레임. 21세기북스.
최지웅(2019). 석유는 어떻게 세계를 지배하는가. 출판 부키.
최진봉(2014). 기업의 사회적 책임. 커뮤니케이션북스.
한국교육재정경제학회 편(2009). 학교 재무관리 이론과 실제. 도서출판 하우.
한국교육행정학회 편(2010). 학교경영론. 교육과학사.
함재봉(2000). 유교 자본주의 민주주의. 전통과 현대.
허태균(2022). 어쩌다 한국인. 중앙북스.
홍익희(2014). 유대인 이야기. 행성:B잎새.

Gene E. Hall·Shirley M. Hord 지음, 양성관외 옮김(2011). 학교 변화와 혁신. 학지사.
게리 하멜 지음, 이동현 옮김(2015). 꿀벌과 게릴라. 세종서적.
그레고리 헨더슨 지음, 박행웅·이종삼 옮김(2000). 소용돌이의 한국정치. 한울 아카데미.
노지 츠네요시 지음, 김정환 옮김(2019). 토요타 이야기. 청림출판.
니컬러스 A. 크리스타키스 지음, 이한음 옮김(2022). 블루프린트. 부키.
대니얼 골만 지음, 한창호 옮김(2008). EQ감성지능. 웅진지식하우스.

대니얼 골먼 지음, 박세연 옮김(2014). 포커스. 리더스북.
대니얼 카너먼 지음, 강주헌 옮김(2015). 생각의 해부. 와이즈베리.
대니얼 커너먼 지음, 이창신 옮김(2018). 생각에 관한 생각. 김영사.
대런 애쓰모글루·제임스 A. 로빈슨 지음, 최안규 옮김(2012). 국가는 왜 실패하는가. 시공사.
대런 애쓰모글루·제임스 A. 로빈슨 지음, 장경덕 옮김(2020). 좁은 회랑. 시공사.
댄 로티 지음, 진동섭외 3인 옮김(2017). 미국과 한국의 교직 사회. 양서원.
댄 애리얼리 지음, 장석균 옮김(2018). 상식 밖의 경제학. 청림출판.
데이비드 코드 머레이 지음, 이경석 옮김(2011). 바로잉. 흐름출판.
데이비드 T. 코트라이트 지음, 이지은 옮김(2020). 중독의 시대. 커넥팅.
래스터 서로우 지음, 한기찬 옮김(2005). 지식의 지배. 생각의 나무.
레이 달리오 지음, 고영태 옮김(2018). 원칙. 한빛비즈.
로버트 A. 버겔먼 지음, 이주형 옮김(2008). 전략은 운명이다. 스마트 비즈니스.
로버트 B, 마르크스 지음, 윤영호 옮김(2014). 어떻게 세계는 서양이 주도하게 되었는가. 사이.
로버트 루트번스타인·미셸 루트번스타인 지음, 박종성 옮김(2017), 생각의 탄생. 에코의 서재.
로버트 차알디니 지음, 황해숙 옮김(2019). 설득의 심리학. 21세기북스.
리처드 도킨스 지음, 홍영남·이상임 옮김(2018). 이기적 유전자. 을유문화사.
리처드 탈러 지음, 박세연 옮김(2021). 행동 경제학. 웅진지식하우스.
마이클 센델 지음, 함규진 옮김(2020). 공정하다는 착각. 와이즈베리.
맥스 랜즈버그 지음, 김종현 번역(2002). The Tools of Leadership. 예지.
문영미 지음, 최종훈 옮김(2011). 디퍼런트. 살림 Biz.
미셸 푸코 지음, 이규현 옮김(2020). 광기의 역사. 나남출판.

미치오 카쿠 지음, 박병철 옮김(2015). 마음의 미래. 김영사.
브라이언 그린 지음, 박병철 옮김(2021). 앤드 오브 타임. 와이즈베리.
브라이언 클라스 지음, 서종민 옮김(2022). 권력의 심리학. 웅진지식하우스.
사브리나 코헨-해턴 지음, 김희정 옮김(2020). 소방관의 선택. 북하우스.
사카토 켄지 지음, 고은진 옮김(2003). 메모의 기술. 해바라기.
사피 바칼 지음, 이지연 옮김(2020). 룬샷. 흐름출판.
악셀 호네트 지음, 문성훈·이현재 옮김(2011). 인정투쟁. 사월의 책.
안토니아 펠릭스 지음, 오영숙·정승원 옮김(2003). 콘돌리자 라이스. 일송북.
애덤 그랜트 지음, 이경식 옮김(2021). 씽크 어게인. 한국경제신문.
에드 캣멀외 공저, 윤태경 옮김(2014). 창의성을 지휘하라. 와이즈베리.
에릭 슈미트·제러드 코언 지음, 이진원 옮김(2013). 새로운 디지털 시대. 알키.
에이미 에드먼드슨 지음, 최윤영 옮김(2019). 두려움 없는 조직. 다산북스.
에이미 추아 지음, 김승진 옮김(2020). 정치적 부족주의. 부키.
요코다 히데키 지음, 임해성 옮김(2016). 회사의 목적은 이익이 아니다. 트로이목마.
오구라 기조 지음, 조정환 옮김(2017). 한국은 하나의 철학이다. 모시는 사람들.
유발 하라리 지음, 조현욱 옮김(2015). 호모 사피엔스. 김영사.
제레미 리프킨 지음, 안진환 옮김(2013). 3차 산업혁명. 민음사.
제레미 리프킨 지음, 이영호 옮김(2005). 노동의 종말. 민음사.
조너선 라우시 지음, 조미현 옮김(2021). 지식의 헌법. 에코리브르.
조지프 피시킨 지음, 유강은 옮김(2016). 병목사회. 문예출판사.
조지 허버트 미드 지음, 나은영 옮김(2017). 조지 허버트 미드. 커뮤니케이션북스.

존 가트맨·낸 실버 지음, 임주현 옮김(2003). 행복한 부부 이혼하는 부부. 문학사상사.
존 그레이 지음, 김경숙 옮김(2010). 화성에 온 남자 금성에서 온 여자. 동녘라이프.
존 W. 가드너 지음, 김교흥·이재석 옮김(2016). 의사소통의 리더십. 선인.
존 브룩스 지음, 이충호 옮김(2015). 경영의 모험. 쌤앤 파커스.
존 스튜어트 밀 지음, 박홍규 옮김(2022). 자유론. 문예출판사.
짐 콜린스 지음, 깅주헌 옮김(2015). 좋은 조직을 넘어 위대한 기업으로. 김영사.
켄 블랜차드외 지음, 조천제 옮김(2006). 비전으로 가슴을 뛰게 하라. 21세기북스.
크리스토퍼 차브리스·대니얼 사이먼스 지음, 김명철 옮김(2011). 보이지 않는 고릴라. 김영사.
Peter S. Helbowitsh 지음, 강현석외 옮김(2006). 학교 교육과정 설계론의 새 지평. 아카데미프레스.
토드로즈 지음, 정미나 옮김(2021). 평균의 종말. 21세기북스.
토머스 소웰 지음, 노흥성 옮김(1998). 선택받은 자들의 비전. 자유기업센터.
폴 파머 지음, 김주연·리병도 옮김(2009). 권력의 병리학. 후마니타스.
프리드리히 니체 지음, 윤순식 옮김(2022). 짜라투스라는 이렇게 말했다. 미래지식.
핑켈스타인 지음, 하정필 옮김(2009). 실패에서 배우는 법칙. 민음인.
헤겔 지음, 김양순 옮김(2016). 정신현상학. 동서문화사.
헨리 민츠버그 지음, 김진희 옮김(2018). 이것이 경영이다. 한빛비즈.

Adam Smith(1937). The Wealth of Nations. The Modern Library.
Daniel Goleman(2013). Focus The Hidden Driver of Excellence. Bloomsbury

Hans Finzel(1984). The Top Ten Mistakes Leaders Make. Nexgen.

Harlow G. Unger(1999). School Choice How to Select The best Schools for Your Children. Checkmark Books.

Mike Rose(2009). Why School? Reclaiming Education for All of Us. The New Press.

Patrick Duignan(2006). Educational Leadership, Key Challenges and Ethical Tensions. Cambridge University Press.

Perry M. Smith·Jeffrey W. Foley(2013). Rules & Tools for Leaders. A Perigee Book.

Richard F. Elmore(2008). School Reform from the Inside Out Policy. Practice, and Performance. Harvard Education Press.

Ross McCammon(2016). Works well with Others. Dutton.

국어사전. 백과사전, 종이신문, 인터넷 신문 등

저자 약력

한상윤

- 서울교육대학교 졸업
- 건국대학교 행정학과 졸업
- 건국대학교 대학원 행정학과 졸업
- 서울교육대학교 교육대학원 졸업
- 홍익대학교 대학원 졸업 교육학 박사
- 서울선곡초등학교 외 4교에서 교사
- 서울특별시강동송파교육지원청, 남부교육지원청 장학사
- 서울특별시교육청 장학사
- 서울천호초등학교 교감
- 교육부 교육과정기획과, 학교제도기획과 장학관
- 서울특별시교육청 학교정책과, 기획조정실 장학관
- 서울중광초등학교, 경일초등학교, 봉은초등학교 교장
- 서울특별시교육연구정보원 교육정책연구소 소장
- 서울특별시교육청 교육혁신과 과장, 초등교육과 과장
- 서울특별시학생교육원 원장
- 서울특별시강남서초교육지원청 교육장
- 서울초등교장협의회 회장
- 한국초등교장협의회 회장
- 한국초 · 중 · 고교장 총연합회 회장
- 서울교육대학교, 공주교육대학교, 홍익대학교 강사

저서

- 공저(1996). 수행평가의 이론과 실제. 국립교육평가원.
- 공저(2007). 초등학교 교육과정 해설. 교육과학사.

36.5℃ 365일
인간중심 글로벌 학교경영

2023년 1월 10일 초판 인쇄
2023년 1월 15일 초판 발행

저 자 한상윤
발행자 오동석

발행처 강현출판사
주 소 서울 중랑구 숙선옹주로3길 40 제1호
전 화 010.5712.9630
등 록 2007년 5월 21일(제307-2007-29호)
E-mail oods1205@hanmail.net

♧ 잘못된 책은 교환해 드립니다. 정가 22,000원

ISBN 978-89-94320-95-3 93370